国家社会科学基金青年项目
《中国银行业宏观审慎监管政策工具组合及有效性研究》
(项目编号：15CJY083) 研究成果

Basel III 框架下中国银行业宏观审慎监管工具研究

BASEL III KUANGJIAXIA ZHONGGUO YINHANGYE
HONGGUAN SHENSHEN JIANGUAN GONGJU YANJIU

刘志洋　宋玉颖　著

中国财经出版传媒集团
经济科学出版社
Economic Science Press

图书在版编目（CIP）数据

Basel Ⅲ框架下中国银行业宏观审慎监管工具研究／刘志洋，宋玉颖著 . —北京：经济科学出版社，2019.4
ISBN 978-7-5218-0456-0

Ⅰ.①B… Ⅱ.①刘…②宋… Ⅲ.①银行监管－研究－中国 Ⅳ.①F832.1

中国版本图书馆 CIP 数据核字（2019）第 068485 号

责任编辑：杜 鹏 刘 悦 解 丹
责任校对：靳玉环
责任印制：邱 天

Basel Ⅲ框架下中国银行业宏观审慎监管工具研究

刘志洋 宋玉颖 著

经济科学出版社出版、发行 新华书店经销
社址：北京市海淀区阜成路甲 28 号 邮编：100142
编辑室电话：010-88191441 发行部电话：010-88191522
网址：www.esp.com.cn
电子邮箱：esp_bj@163.com
天猫网店：经济科学出版社旗舰店
网址：http://jjkxcbs.tmall.com
固安华明印业有限公司印装
710×1000 16 开 30 印张 480000 字
2019 年 9 月第 1 版 2019 年 9 月第 1 次印刷
ISBN 978-7-5218-0456-0 定价：128.00 元
（图书出现印装问题，本社负责调换。电话：010-88191510）
（版权所有 侵权必究 打击盗版 举报热线：010-88191661
QQ：2242791300 营销中心电话：010-88191537
电子邮箱：dbts@esp.com.cn）

前　言

2008年金融危机爆发后，加强宏观审慎监管成为国际金融监管改革的主题。中国银行业也积极推行宏观审慎监管，以防范银行业系统性风险。中共十七届五中全会提出"构建逆周期的金融宏观审慎管理制度框架"；2012年全国金融工作会议将系统性风险防范制度作为十大课题之一，将宏观审慎监管作为系统性金融风险防范制度的子课题；"十三五"规划纲要也提出"加强金融宏观审慎管理制度建设"；中国人民银行从2016年起实行宏观审慎评估体系。可见，中国对银行业的宏观审慎监管非常重视。

传统的微观审慎监管无法保障银行体系稳定。巴塞尔协议Ⅲ（Basel Ⅲ）的出台确立了2008年金融危机后银行业监管改革的方向，也确立了银行业宏观审慎监管的实施框架。总体上，Basel Ⅲ以资本充足率监管和流动性监管的组合监管为核心，旨在加强银行业资本质量和流动性管理水平，进而降低银行体系风险。从这个意义上讲，银行业宏观审慎监管的实施离不开传统的微观审慎监管工具。

以往对宏观审慎监管工具的研究比较偏重于宏观。在替代性教规经济学中，宏观层面的知识是通过在微观层次发生的事实性知识而获得的，宏观审慎工具的实施也主要通过对银行施加更高的资本要求和对银行风险敞口控制实现，因此，微观角色在宏观审慎监管中不可或缺。本书以Basel Ⅲ为主要框架，从资本监管和流动性监管工具组合的视角出发，从"宏观—微观"结合的视角对银行业宏观审慎监管进行研究。

具体来讲，本书共分为四篇。第1篇为引论，主要对宏观审慎监管如何"被接受"的过程进行回顾，并从理论与实践两个角度梳理宏观审慎监管政策工具的研究现状及实践经验；第2篇为宏观审慎监管政策工具，主要从偿付能力监管与流动性监管两个视角展开论述，说明宏观审慎监管的核心政策工具仍应以偿付能力监管和流动性监管为核心；第3篇为时间维度下的宏观审慎监管，主要针对Basel Ⅲ逆周期资本调控存在的缺陷提出解决方案，提出了根据银行业信贷供给进行逆周期调控的方案；第4篇为截面维度的宏观审慎监管，主要从流动性风险、薪酬监管等方面对如何稳定中国银行体系进行研究，并提出应用ETF50期权波动率预测商业银行风险，进而提前采取应对措施。

　　本书得到了国家社会科学基金青年项目（项目编号：15CJY083）的支持。作者的博士生导师中国人民大学财政金融学院陈忠阳教授在现代金融风险管理方面给予作者的谆谆教诲，令作者获益匪浅。在全书写作过程中，中国工商银行总行苏辛，中移资本控股有限责任公司刘佳，厦门大学马克思主义学院马克思主义中国化硕士研究生刘洋以及东北师范大学经济学院硕士研究生金鑫、闫琪、李风鹏、刘楚乔、余海龙、李亚飞、张尚、孙玥、李唯一和东北师范大学经济学院本科生张壬都做了很多贡献。全书由刘志洋和宋玉颖负责审校统稿。

　　毋庸讳言，本书难免存在一些瑕疵和纰漏，恳请广大读者批评指正。

作者
2019年3月

目　录

第1篇　引论

第1章　宏观审慎监管发展过程及研究基本框架 ····················· 3
1.1　研究背景 ·· 3
1.2　宏观审慎监管发展脉络概述——如何"被接受"的视角 ········ 5
1.3　宏观审慎监管被迅速接受的决定因素——金融
　　 体系的复杂属性 ·· 12
1.4　宏观审慎监管实施框架 ··· 16
1.5　研究框架、研究方法、创新与不足之处 ···························· 19

第2章　文献综述 ·· 23
2.1　宏观审慎监管的核心框架——Basel Ⅲ出台 ······················· 23
2.2　Basel Ⅲ的核心监管工具——偿付能力监管与流动性监管 ··· 28
2.3　货币政策与宏观审慎监管 ··· 37
2.4　本章小结 ··· 42

第3章　宏观审慎监管政策工具组合及有效性国际实践经验 ······ 43
3.1　宏观审慎监管政策工具实施及有效性国际实践 ················· 43
3.2　亚洲实践经验借鉴 ·· 49
3.3　拉丁美洲国家实践经验借鉴 ·· 64

3.4 欧美实践经验借鉴 ··· 75
3.5 对中国的政策启示 ··· 84

第 2 篇 宏观审慎监管政策工具

第 4 章 金融危机期间 Basel 协议的表现
——以市场风险为例 ··· 93

4.1 Basel 协议市场风险管理发展 ······································ 93
4.2 VaR 预测模型 ·· 95
4.3 研究方法与数据描述 ··· 98
4.4 VaR 预测与每日资本要求测算 ··································· 100
4.5 本章小结 ·· 106

第 5 章 宏观审慎监管主要工具：Basel Ⅲ 之偿付能力监管与流动性监管的组合 ··· 107

5.1 偿付能力监管 ·· 107
5.2 流动性监管 ··· 116
5.3 加强偿付能力监管与流动性监管对宏观经济影响的国际证据 ··· 124
5.4 加强资本监管与流动性监管的影响 ···························· 139
5.5 本章小结 ·· 155

第 6 章 商业银行流动性风险、偿付能力风险与银行体系风险 ··· 157

6.1 偿付能力风险与流动性风险 ····································· 157
6.2 嵌入流动性风险与偿付能力风险的系统性风险测度模型 ····· 161
6.3 商业银行信用风险与流动性风险 ······························· 171
6.4 商业银行流动性风险、偿付能力风险与银行体系风险 ······ 176
6.5 本章小结 ·· 183

第 7 章　货币政策工具的"宏观审慎"效果 ………… 185

- 7.1　历史中的货币政策与金融体系稳定的关系 ………… 185
- 7.2　货币政策与银行体系稳定 ………… 187
- 7.3　货币政策稳定金融体系的局限性 ………… 189
- 7.4　利率水平对银行盈利的影响 ………… 192
- 7.5　宏观审慎视角下的准备金制度与银行信贷供给调控 ………… 199
- 7.6　本章小结 ………… 216

第 3 篇　时间维度下的宏观审慎监管

第 8 章　Basel Ⅲ 逆周期调控工具体系 ………… 221

- 8.1　金融体系的顺周期性 ………… 221
- 8.2　Basel Ⅲ 逆周期资本缓冲体系 ………… 225
- 8.3　Basel Ⅲ 逆周期资本缓冲的表现 ………… 228
- 8.4　本章小结 ………… 237

第 9 章　商业银行行业信贷风险敞口分析 ………… 238

- 9.1　行业风险敞口与商业银行绩效 ………… 238
- 9.2　商业银行绩效变量选择 ………… 239
- 9.3　基于股票收益率数据研究 ………… 240
- 9.4　基于银行财务报表数据研究 ………… 247
- 9.5　中国银行业行业风险敞口预测 ………… 249
- 9.6　本章小结 ………… 255

第 10 章　基于行业信贷供给视角的逆周期调控研究 ………… 256

- 10.1　流动性风险与银行信贷供给 ………… 256
- 10.2　机构记忆假说（IMH） ………… 259
- 10.3　研究方法 ………… 263

10.4　样本数据和实证结果 …………………………………… 266
10.5　基于行业信贷供给的逆周期调控体系建立 …………… 275
10.6　宏观审慎监管调控房地产行业 ………………………… 282
10.7　本章小结 ………………………………………………… 292

第11章　逆周期调控的相关配合制度　294

11.1　金融稳定信息披露制度 ………………………………… 294
11.2　公允价值会计制度 ……………………………………… 305
11.3　本章小结 ………………………………………………… 315

第4篇　截面维度下的宏观审慎监管

第12章　中国股票市场看好入选"全球系统重要性"吗 ……… 321

12.1　2008年金融危机后"系统重要性"的提出 …………… 321
12.2　研究方法 ………………………………………………… 324
12.3　样本数据及实证结果 …………………………………… 327
12.4　本章小结 ………………………………………………… 333

第13章　规模大的银行风险高吗 ……………………………… 335

13.1　金融危机的启示 ………………………………………… 335
13.2　为什么需要关注银行规模 ……………………………… 337
13.3　研究方法 ………………………………………………… 339
13.4　样本分析与实证结果 …………………………………… 340
13.5　本章小结 ………………………………………………… 345

第14章　商业银行流动性风险与银行体系稳定 …………… 347

14.1　商业银行流动性风险与系统性风险 …………………… 347
14.2　商业银行流动性风险与系统性风险贡献度 …………… 350
14.3　流动性风险同业间影响与银行体系稳定 ……………… 362

14.4 本章小结 ……………………………………………… 373

第15章 商业银行高管风险偏好、薪酬机制与商业银行风险 ……………………………………… 375

15.1 商业银行高管风险偏好与商业银行风险 ……………… 375
15.2 金融业高管薪酬机制存在的问题及对策 ……………… 385
15.3 本章小结 ……………………………………………… 394

第16章 系统重要性银行监管研究 ……………………… 395

16.1 系统重要性金融机构识别 ……………………………… 395
16.2 可转换债券视角下增强系统重要性银行损失吸收能力的机制 ………………………………………… 399
16.3 系统重要性银行数据报告模板开发 …………………… 403
16.4 系统重要性银行危机救助机制 ………………………… 411
16.5 系统重要性银行薪酬机制改革 ………………………… 412
16.6 中国系统重要性银行监管 ……………………………… 416

主要参考文献 …………………………………………………… 430

第1篇 引 论

2008年金融危机似乎使得"宏观审慎监管"瞬间被全球接受。其实"宏观审慎监管"被接受经历了复杂的争辩过程，既有政治因素，也有历史的巧合。笔者认为，"宏观审慎监管"被迅速接受，一方面由于先期准备扎实，另一方面也因为主要推动者的积极宣传与推广。分析"宏观审慎监管"被接受的过程可以发现，当前"宏观审慎监管"仍处在理念上被接受、实际运作举步维艰的状态，这与一般监管政策演变方式不符。通过分析主流经济学对金融危机的反思，笔者认为其争议焦点在人类认知局限性与金融体系复杂性这对矛盾关系上，而此矛盾关系是决定"宏观审慎监管"被接受的决定因素。

在实践方面，本篇从工具组合的视角总结了宏观审慎政策工具实施的国际经验，并梳理了宏观审慎监管国际实践的有效性。在经验分析基础上，笔者认为宏观审慎监管政策工具的选择与国家类型和本国国情有关，且实施特点具有组合实施的特征；整体上宏观审慎监管政策工具的实施是有效的。

　　欧美国家的宏观审慎监管实施在监管主体、中央银行的角色定位以及数据库建设方面有许多经验值得中国借鉴，但笔者认为，来自亚洲和拉丁美洲国家的实践经验对中国的借鉴意义更强。亚洲国家的宏观审慎监管实施经验其实比西方国家丰富。本篇第3章从亚洲金融体系的共性出发，着重分析亚洲国家宏观审慎监管的实施特点，并着重分析西亚（以海湾国家为代表）和东（南）亚国家宏观审慎监管的实施概况。基于上述分析，笔者认为虽然亚洲国家实施宏观审慎监管经验工具丰富，但这种丰富性是被动的，受制于货币政策的局限性、国际金融市场和国际资本。因此，笔者认为中国实施宏观审慎监管的首要前提是立足自身，保证实施是主动的。

　　同样，拉丁美洲国家多次经历金融危机，其经济金融政策具有很强的宏观审慎导向性质。这些经验对同样作为新兴市场国家且正在逐渐开放金融体系的中国具有很强的借鉴意义。本篇第3章总结了2008年金融危机后拉丁美洲国家的政策应对，从防止外汇市场风险传染、拨备制度运行完善和重视制度层面建设三个方面论述了拉丁美洲国家应对金融危机的政策，并认为中国政府应加强制度层面建设，使人们信任政府的逆周期宏观审慎调控政策，这样才能有效保证金融体系稳定。

第 1 章

宏观审慎监管发展过程及研究基本框架

宏观审慎监管被接受并不是一帆风顺的,其间充满了各种政治和利益的博弈。其实在2008年金融危机爆发之前,宏观审慎的思想已经被以国际清算银行为阵地的经济学家所提出,但由于对自由市场精神的批判,宏观审慎思想一直被主流经济学家和金融监管当局所忽视。2008年金融危机的爆发使得宏观审慎监管一夜之间被广为接受,至少在监管理念上,不论是金融从业者,还是金融监管当局,都对宏观审慎监管持支持态度。但是,在监管工具上,宏观审慎监管并没有完全形成体系,相关的工具及实施细节仍处在探索之中。

1.1 研究背景

自从20世纪70年代开始,系统性金融危机层出不穷,损失逐年增加。2008年爆发的金融危机使得危机到达了一个"新的高度"。为了降低金融体系统性风险,保证金融体系稳定,实施宏观审慎监管逐渐走上全球金融监管当局的日程。在2008年金融危机爆发前,资本监管是银行业监管的核心,即常说的微观审慎监管。微观审慎监管是一个局部均衡理念的监管方式,其认为个体金融机构的稳定能够保证金融体系的稳定。但2008年金融危机的爆发暴露出微观审慎监管的缺陷。正如时任美联储主席的本·伯南克(Bernanke)在2008年所说,"当前,对于金融监管者最核心的问题是要确定什么是正确的监管理念;在当前的金融监管格局下,监管者往往孤立的关注每个金融机构的稳健程度;但我们存在另外一种监管方式,即宏观审慎监管,它能够使监管者的视野开阔,管理金融体系的系统性风险。"

2008年金融危机爆发后,"宏观审慎监管"似乎"瞬间"被确立为国际金融监管改革的新方向。对于宏观审慎监管,一方面,通过对金融危机的反思,国际监管当局认为,实施宏观审慎监管是监管领域的革命性变化,监管目标、监管核心概念、核心假设、工具使用都需要根据"宏观审慎"的思维方式来改变,对监管理念的颠覆是革命性的;另一方面,真正确立宏观审慎监管的核心地位需要多久是国际监管当局面临的实际问题,此外,如何实施宏观审慎监管也是巨大的挑战。因此,实施宏观审慎监管,既有思想革命性的快速转变,也有漫长的实施过程。而此过程与霍尔(Hall,1993)提出的"政策演变三阶段模型"(即:第一阶段为量化工具的运用,第二阶段为具体制度安排,第三阶段为全社会的认同)既吻合又不吻合。霍尔指出,当监管政策的第三个阶段出现时,监管范式的平移就形成了。然而,与霍尔设想不同的是,"宏观审慎"的范式改变先完成了第三个阶段,而第一个阶段和第二个阶段似乎并没有得到充分发展。如果说监管范式的改变需要三个阶段全部完成才算成功,那么"宏观审慎"监管的完全确立则任重而道远。正如艾克曼、纳尔逊和霍尔丹(Aikman,Nelson and Haldane,2015)指出,"当期宏观审慎监管的状态与第二次世界大战后货币政策的状态类似,数据不全、理论不完善、经验匮乏,这意味着宏观审慎的实施必然会经历不断的试错。"

2008年金融危机似乎让宏观审慎监管一夜之间成为全球金融监管界的新宠儿。似乎接受宏观审慎监管是顺其自然的。其实不然,对宏观审慎监管的接受,在全球金融界经历了许多反复的争论,借助大批学者的积极努力才确立宏观审慎监管成为危机后金融监管改革的新方向。宏观审慎政策的提出起源于一个抽象的想法,即设计金融监管工具来管理金融体系的系统性风险。2008年金融危机的爆发使得宏观审慎监管获得了政治上的支持,不论是国家层面还是全球层面,因为金融周期的非同步性使得货币政策调控的效果非常有限。总之,我们已经了解足够多的原因来实施宏观审慎监管,但许多问题仍旧值得探讨。如何实施宏观审慎监管,应在实践中积累经验,在实践中解决问题。

我国"十三五"规划纲要提出了"加强金融宏观审慎管理制度建设"的艰巨任务，进一步明确了我国金融监管的发展方向，随之"供给侧"改革也提出了化解金融风险的重要任务。由于我国银行体系在金融体系中居于主导和核心地位，因此保证银行业体系稳定是实施宏观审慎监管的重要组成部分。本书在借鉴宏观审慎监管国际实践经验的基础上，从银行经营风险产生的原因和机理出发，探讨宏观审慎监管工具的实施方法和手段，以及宏观审慎监管工具的实施策略，以期为中国宏观审慎监管的实施提供参考。

1.2 宏观审慎监管发展脉络概述
——如何"被接受"的视角

1.2.1 2008年金融危机之前对"宏观审慎"的认识

"宏观审慎监管（macro-prudential）"是2008年金融危机爆发后出现频率很高的词汇之一，但其思想并不是最新出现的。"宏观审慎监管"一词最早出现在库克委员会（Cooke Committee，巴塞尔委员会的前身）在1979年6月28~29日召开的会议上，该会议讨论的议题是分析一家金融机构倒闭会给金融体系的系统性风险带来怎样的影响。"宏观审慎监管"一词最早出现在公开文件中是在7年之后的1986年，国际清算银行在其1986年年报中指出，宏观审慎监管是为了保证金融体系和支付清算系统稳定安全。之后，宏观审慎监管在一些非正规文献中出现过几次。亚洲金融危机爆发后，宏观审慎监管逐渐被许多学者所关注，尤其是国际清算银行研究部的一些学者和经济学家，比如马丁·赫威格（Martin Hellwig）、阿维纳什·珀索（Avinash Persaud）、查尔斯·古德哈特（Charles Goodhart）。同时一些发展经济学家也拥护实施宏观审慎监管，比如乔斯·奥坎波（Jose Ocampo）、斯蒂芬妮·格里菲思－琼斯（Stephanie Griffith－Jones）等。

2000年，国际清算银行总经理安德鲁·克罗克特（Andrew Crockett）将宏观审慎监管与微观审慎监管进行了对比。他提出，宏观审慎监管的对象为金融体系整体，目的是降低金融体系困境对宏观经济产出的负面影响。安德鲁·克罗克特进一步强调，金融体系风险是金融机构集体行为的结果，是内生性的，因此，个体理性行为的加总并不等于集体理性行为。换句话说，金融机构层面的风险分散并不会降低金融体系的整体风险（Haldane，2010）。对于宏观审慎监管，国际学术界和实务界主要从以下几个方面展开了研究。

第一，以克劳迪亚·博里奥（Claudio Borio）、利亚姆·怀特（Whilliam White）为代表的国际清算银行经济学家研究了风险是如何随时间变化而变化的，通过研究信贷周期来研究金融体系的顺周期性问题。顺周期性问题是指金融体系和实体经济的相互加强机制：当经济处在繁荣期时，资产价格上升，风险评级表明风险降低，银行信贷会进一步推动经济繁荣；而当经济处在衰退期时，资产价格下跌，风险评级表明风险上升，银行会收缩信贷投放，使得本已经脆弱的经济体雪上加霜。然而明斯基（Minsky）曾经说过，金融体系最安全的时候往往就是最脆弱的时候。在一个上升的经济繁荣期，由于存在竞争压力，银行会争相提升自己的市场份额，进而会造成银行杠杆率上升，资产价格上涨。此时最优债务结构理论已经不再发挥作用。明斯基（1986）指出，银行杠杆率的上升会将经济体投资发展到无法持续的地步。因此，当资产价格掉头下跌时，经济体会在最需要信贷支持的时候得不到信贷支持。所以国际清算银行的学者建议，应实施逆周期资本调控。

第二，系统性风险问题。金融机构的风险分散策略会使得金融机构资产负债表趋同，进而增加无法分散的系统性风险（Hellwig，1995）。阿维纳什·珀索也指出，大型银行的风险评估模型非常相像。当所有大型银行都使用 VaR 来决定自己的风险限额时，这也就意味着许多银行会同时到达其最大损失值，因此极可能出现同时卖出资产的情况（Avinash Persaud，2000）。在以 Basel II 为核心的风险管理体系框架构建指引中，当所有金融机构都使用 VaR 作为自身风险管理工具时，在资产价格下跌的时期，金融机构将会做同样的事情。

第三，截面维度。截面维度强调银行体系在某一个时点的稳定程度。在此方面的权威专家英格兰银行的安德鲁·霍尔丹（Andrew Haldane）指出，金融工程技术、影子银行和资产证券化技术并没有将金融体系变得更加安全，而是变得更加复杂。因此，一个非预期的小的冲击就会给整个金融体系带来巨大威胁。同时，过度复杂的金融体系会进一步考验人类的认知能力，使得金融风险无法计算。在此分析框架下，安德鲁·霍尔丹与动物学家、物理学家及生态学专家合作进行研究分析，结论表明，金融体系模块化不是很强，不能够自我维持，表现出复杂生态系统的特点。基于此观点，安德鲁·霍尔丹认为，金融监管的半径应该增加，要覆盖影子银行体系，并要通过类似于 Glass–Stegall 类型的法律分离金融业务，因为这些业务给社会造成的成本大于其带来的收益。

总之，宏观审慎监管认识到金融体系的内在不稳定性，其挑战了在金融危机爆发之前居于正统地位的有效市场理论，"宏观审慎"理念对于之前金融监管的"老三样"工具以及金融工程的作用都提出质疑。正如当年的 FSA 指出，正是当年的金融监管工具才造成了金融危机。因此，宏观审慎监管成为巴塞尔资本协议改革的新方向。

1.2.2 为什么"宏观审慎"在金融危机之前没有被足够重视

"宏观审慎"理念既然不是 2008 年之后提出的，我们不禁要问，为什么"宏观审慎"在金融危机爆发之前没有引起足够的重视？"宏观审慎"在 2008 年金融危机爆发前被忽视的主要原因概括为一句话，就是与金融实务部门的操作理念不符。在金融体系繁荣时期，全球两大金融创新和影子银行中心——伦敦和纽约，积极号召通过资本账户盈余来为赤字融资（Baker, 2013）。英国和美国政府均未采取措施阻止大规模资本流入其金融体系，且这些金融交易为政府带来了大量的税收收入。当时，金融化和证券化成为政府发展经济和增长福利的主要方式方法（Finlayson, 2009）。在英国和美国均出现了金融化的政治经济体（Baker, 2010）。虽然宏观审慎学者极力呼吁，过度的金融繁荣会增加金融体系的脆弱性，但在位的政治家希望繁荣持续至其下一次竞选结束，因而不听其劝阻（Warwick Commission, 2009）。而基于 Basel II 发展的金融机构风险管理模型却阴差阳错地与政治家走到了一起，进一步鼓吹金融体系的繁荣（Underhill & Zhang, 2008）。与全球大型银行关系密切的国际金融公司，也将 VaR 推到金融机构风险管理技术的最顶端（Tsingou, 2008）。

"宏观审慎"与主流经济学的认知理念也不尽相同（Baker, 2010）。特纳（Turner, 2011）指出，金融市场理性且能够达到均衡已经成为金融制度的"DNA"了。对"宏观审慎"的实施阻挠最大的应该就是以格林斯潘为代表的中央银行家了。格林斯潘创造了低通胀增长的经济范式,为他在全球金融监管赢得了至高无上的地位,而格林斯潘反对实施宏观审慎监管,因此,全球中央银行无法推动宏观审慎监管的实施。另外,主要的"宏观审慎"呼吁者的宣传也需要改进。正如利亚姆·怀特(William White)指出,"我们是员工,因此我们只是宣传我们的专业成果,但不会关注成果如何被使用。"因此,宏观审慎监管的实施需要研究者的"营销",需要"营销"策略以获得大众的支持。

1.2.3 宏观审慎监管的实施和推广过程

各国金融监管当局已经认识到金融体系的复杂性给金融监管有效实施所带来的挑战,因此,各国金融监管当局都希望通过增强金融计算能力,设计出更为复杂的模型作为金融监管工具。让·克劳德·特里谢(Jean – Claude Trichet)在2008年指出,由于全球金融体系越来越复杂,而金融体系的复杂性是不可避免的,因此,我们需要"驯服"金融体系的复杂性。让·克劳德·特里谢在2011年提到,希望将金融体系脆弱性纳入宏观经济模型框架。他希望通过改进宏观经济模型,使得宏观经济模型更好地捕捉到金融体系的非线性风险,同时,他强调应进一步开发不是建立在理性预期和一般均衡框架下的模型,应该更多地借鉴自然科学的研究方法。总之,虽然宏观审慎理念已经被广为接受,但如何精细化调控监管工具,是否有先期的制度设想以便可以及时采用,都成为宏观审慎监管面临的主要难题。

1. 足够的前期准备。在2008年金融危机期间,有效市场理论仍然居于主体地位。如前所述,宏观审慎监管实施的最大阻碍是如何在金融体系繁荣时期对其施加逆周期调控,因此,尽管国际清算银行有大批宏观审慎监管的拥护者,但其无法推行自己的思想。在金融稳定论坛2008年发布的有关金融危机的早期报告中指出,为了解决金融市场中的流动性困境和压力,监管当局仍然实施"老三样":更高的透明度、更强的披露要求和更高标准的风险管理。然而,当监管当局发现在雷曼兄弟倒闭中需要救助的银行越来越多时,它们意识到当前的监管理念无法解决系统性金融危机。大量资产价格同时下跌无法被有效市场理论解释,因为当市场信息充分时,理性投资者会将资产价格推向均衡,这种大量资产价格同时下跌的情况在有效市场理论中是不会出现的。此时实施宏观审慎监管变得非常必要,因为宏观审慎监管关注金融体系的顺周期性和天生脆弱性。因此,从这个角度讲,宏观审慎监管的实施需要监管指导理论和理念的突破。

宏观审慎理念在金融危机之前已经逐渐形成。克劳迪亚·博里奥(Claudio Borio)在2011年指出,"宏观审慎监管其实一直在悄悄地发展,被一小撮行家所接受。""宏观审慎"在理论上和监管制度构建的设想上已经有了前期准备。因此,当前"宏观审慎"有很大的机会为政府智囊献计献策,这与激进的市场主义者对政府干预金融市场的愤怒相比,更具有可行性(Henderson,2008)。波特(Porter,2003)指出,如果一项监管政策要想被政治家接受,则它需要前期的研究和技术论证以及框架构想。沃尔特·马特里和恩盖尔·伍德(Walter Mattli and Ngaire Woods,2009)指出,"成功的监管改革既要与当前的制度框架相适应,又要有被私人部门广为接受的新的思想。"无疑,宏观审慎监管满足了这两个要求。因此,实施宏观审慎监管在理论上和制度设想上都有了较为充足的前期准备。

2. 积极宣传与推广。虽然宏观审慎监管当前被广为接受,但是被接受的过程并不一定有坚实的基础。在次贷危机爆发后,宏观审慎监管很可能是政治家及时的救命稻草,是政治家解决危机可以快速求救的工具,但是否危机过后宏观审慎监管仍被政治家所重视,我们不得而知(Persaud,2009)。因此,实施宏观审慎监管仍需要大规模的宣传与推广。为了进一步加强宣传,宏观审慎监管的推动者应该加强两个方面:第一,积极向政治家推行自己的监管理念;第二,在重要机构所发布的有关金融危机的报告中积极推广宏观审慎思想。

在对政治家的影响方面,英国学者比较具有代表性。英国经济学家约翰·伊特韦尔(John Eatwell)、查尔斯·古德哈特和阿维纳什·珀索成功地影响了英国当时FSA的新任负责人阿代尔·特纳(Adair Turner)。阿代尔·特纳成为危机之后,在国际金融监管当局推行宏观审慎监管的绝对核心之一,并在金融稳定论坛上提出实施宏观审慎监管。由于金融稳定论坛隶属于G20集团,因此,宏观审慎监管自然也就在2009年进入了G20集团领导人的视线。同时阿代尔·特纳的团队也成功影响了财政部、英格兰银行和内阁相关成员。约翰·伊特韦尔也在给英国财政部、英格兰银行和内阁相关成员准备伦敦 G20 峰会资料时推销其观点（Baker，2013）。与此同时，虽然利亚姆·怀特从国际清算银行退休，但其作为德国 G20 团队的智囊团成员，也在积极推广宏观审慎监管。利亚姆·怀特还结合加拿大银行杠杆率监管的现状在加拿大推广宏观审慎监管（Baker，2013）。从某种意义上讲，由于这些学者成功地说服了英国、德国等欧盟大国，因此，2009 年 G20 峰会才决定让巴塞尔委员会制定有关宏观审慎监管的相关指引。

即便如此，2009 年，有学者宣传，西班牙银行在金融危机期间非常稳定与其实施的动态拨备制度和资本缓冲制度没有关系。因此，这就需要宏观审慎监管支持者要在一系列有关金融危机的研究报告中给予这种思想以反驳。在英国，当时 FSA 的核心报告，Turner Review 所采用的框架都是宏观审慎分析框架。查尔斯·古德和阿维纳什·珀索与另外一位宏观审慎重量级人物安德鲁·克罗克特一同在 2009 年发布了日内瓦报告。同时阿维纳什·珀索进入联合国 Stiglitz 委员会后，将宏观审慎监管成为联合国对危机后的金融改革建议的导向。欧盟的 De Laroisiere Group 报告和 G30 报告也纷纷以推动宏观审慎监管为导向。而在国际清算银行工作的成员，包括克劳迪奥·博里奥（Claudio Borio）、克莱门特（Clement）、加拉蒂（Galati）等，纷纷对巴塞尔委员会施加影响，同时保留了国际清算银行作为宏观审慎的首推者身份。其中克劳迪奥·博里奥自 2013 年 11 月就被任命为 BIS 货币与经济部的负责人。在这些经济学家努力的基础上，各国中央银行，包括美联储、欧洲中央银行、英格兰银行，纷纷推动宏观审慎监管的实施。

1.2.4　2008 年金融危机后"宏观审慎"理念被接受的程度

著名经济学家库恩（Kuhn）在 1996 年提出了"范式平移（paradigm shift）"，即一个范式平移是指一个广为接受的、难以改变的框架在假设前提、相关术语、操作框架甚至是大众普遍心理接受程度都发生了根本的转变。霍尔认为，金融监管政策经常处在这种变化之中，这种变化可以是连续的，也可以是断续的。在 2008 年金融危机爆发前，在世界范围内被全球中央银行、金融监管当局和金融机构广为接受的金融监管理念来自有效市场假说。法玛（Fama）的有效市场假说认为，市场能够有效处理信息，金融市场充满流动性，市场价格是金融资产真实价值的反映。在此理念基础上建立的监管思想为市场出清能够解决所有问题，金融机构的风险管理需要做的就是运用复杂的数理模型管理风险。

1. 政府对宏观审慎的接受程度。2008年金融危机爆发后，似乎在一瞬间，宏观审慎监管被全球金融监管当局普遍接受。英格兰银行主管金融稳定的副行长塔克（Paul Tucker）在2011年的讲话中指出，"我们正在从一个错误的理念中解放出来，我们要认识到金融市场不是有效的，存在大量的非理性行为。"在金融机构风险管理领域，广为接受的风险管理模型是VaR模型。该模型假设金融机构能根据资产价格过去的运动轨迹预测资产价格未来的概率分布，市场价格是市场理性参与者理性交易的结果，能够被计量。在此情况下，监管当局要做的就是加强披露，使得市场价格的形成更加有效。建立在此基础上的代表性监管框架是Basel Ⅱ。廷勾（Tsingou，2008）指出，一旦对金融机构的监管在此框架下进行，监管当局关注的就是具体问题，比如模型运行情况、IT系统状态及处理能力等问题。宏观审慎监管不仅仅反对有效市场假说，还反对新古典经济学和新凯恩斯理论所依据的理性预期假设（White，2009），具体体现在以下三个方面：第一，个体理性最优行为的加总不一定是集体最优的；第二，顺周期性和"羊群行为"的存在会将资产价格推向极端；第三，由于金融体系内部的复杂关联度的存在，一个小的冲击可能会导致整个金融体系的崩溃。从基于理性市场假说到宏观审慎思潮的确立，就是霍尔在1993年提出的第三阶段演变的很好例证，无论从监管当局的认知层面，还是从政策等级层面。至此经过30年的反复争论，宏观审慎理念逐渐深入人心。"宏观审慎"为监管当局提供了制定工具的思想指引，规范金融交易的监管指南（Turner，2011）。理念推动下的金融监管改革进一步推动了监管当局对金融市场的干预和调控。

宏观审慎的主要推动者是专业技术精英，这与霍尔三阶段政策演化模型分析的对象不同。霍尔分析的对象是英国宏观经济的发展状况，推动者是政治家和社会运动者。因此，瑟克尔·怀特（Thirkell White，2009）指出，"宏观审慎"缺少全社会尤其是政治家的广泛支持，这可能是宏观审慎监管的"阿喀琉斯之踵"。而宏观经济往往是政治家谈论的核心内容，相比较而言，金融监管则技术性较强。然而贝克（Baker，1999）指出，英国宏观经济理念的转变很大程度上是由金融体系自由化所推动的，即金融监管的变革会影响政治家所接受的宏观经济理念。

2. 私人金融部门对宏观审慎的接受程度。其实私人金融部门也在积极推动宏观审慎监管。国际金融公司在2011年发布了一个宏观审慎实施手册，理由是需进一步加深私人金融部门对宏观审慎监管的理解，且国际大型银行也需懂得实施宏观审慎监管有利于增强自身的稳定。虽然私人金融部门积极接受宏观审慎监管的理念，但是在政策工具的具体操作和制度框架的制定上，私人金融部门会影响金融监管当局，一个例证就是Basel Ⅲ最终就是私人金融部门与金融监管当局讨价还价的产物。当经济处在繁荣时期，推行逆周期的宏观审慎监管遇到的阻挠会更大。

同时，由于政治家往往受到来自私人部门的压力，也会干预宏观审慎监管的实施。英国的经验表明，财政部已经对宏观审慎监管的实施施加干预，这是因为完整的宏观审慎监管制度框架尚未形成（Baker，2013）。同时阿代尔·特纳指出，"在一个理想的世界中，宏观审慎监管不应以一个高杠杆率的金融体系为出发点。"这从侧面表明，宏观审慎监管逆周期调控的经济优势恰恰可能是其政治软肋，因为政治家希望在经济衰退期放松监管，但不喜欢在经济繁荣期加强监管，私人部门反对其这么做。因此，如何在实施宏观审慎监管中保障实施部门的完全独立性，施行无偏见的逆周期调控，可能是宏观审慎监管所面临的重要制度考验之一。

1.3 宏观审慎监管被迅速接受的决定因素——金融体系的复杂属性

1.3.1 两种思想对危机的反思概述

2008年金融危机爆发后，对金融危机的反思主要有两类思想：新自由主义的外生思想和凯恩斯主义的内生思想（Sinclair，2010）。新自由主义（New Liberalism）认为金融体系运行本身是一种自然现象，就像一部机器一样能够自行运转，而政府的干预会搅乱金融体系的正常运行。而凯恩斯主义则认为，金融体系是人的社会行为的集合，集体对金融体系运转的基本理念的理解会给金融体系带来恐慌和危机。辛克莱（Sinclair，2010）指出，金融危机本身就是金融体系自我毁灭的过程。这与明斯基金融体系脆弱性假说非常接近（Giselle Datz，2013）。

金融体系的复杂属性与金融体系内生不稳定性有共同之处，不仅仅是由于金融体系充满动物的精神，更重要的原因是此复杂系统是非线性动态演化的、具有正向反馈机制、演化路径与初始条件有关的系统。美联储纽约分行在一份报告中指出，宏观审慎监管关注金融体系与实体经济的相互关系使监管当局了解如何通过影响金融监管来促进实体经济的发展；而传统微观审慎监管则将实体经济对金融体系的影响视作外生（Giselle Datz，2013）。其实就新自由主义对金融监管的局限性，学者罗斯（Rosser Jr）在2005年指出，"新自由主义的两大局限性在于，第一，经济体无法自我稳定；第二，理性预期不一定成立"，"如果一个系统对初始条件非常敏感，且表现出短期的动态演进，则一个小的变化就会彻底打乱理性预期假设的系统的自我学习机制。"

其实新自由主义也从复杂性角度认识经济运行。哈耶克[①]也曾经提出过"复杂自适应系统"，并对模型的预测能力持悲观态度。在其著名的诺贝尔获奖发言中，哈耶克在反驳凯恩斯主义时提到，"经济体系非常复杂，以至于没有一个中央政府能够掌握经济体每个参与者的运行信息。"其实，不难发现，新自由主义和凯恩斯主义产生争论的焦点是在经济体过于复杂导致人们存在认知局限性这种情况下，政策该如何制定的问题。两者的共同点均是从经济体复杂性出发。

1.3.2 金融体系的复杂性

在经济学理论中，隐喻比比皆是。麦克洛斯基（McCloskey）指出，"经济学理论的每一步向前，甚至是官方的说辞，都存在隐喻"，"世界就是一个非常复杂的模型，而测度其复杂性的模型是我们手里能够近似其复杂性的工

---

① 20世纪70年代随着"福利国家"政策的破产，新自由主义的影响渐趋衰微。此时以哈耶克为首的朝圣山学社逐渐兴起，提出以恢复古典自由主义为主要内容的新古典自由主义（Neo-liberalism），后被简称为新自由主义，而之前的新自由主义则被直接称为自由主义以示区别。来源：百度百科。

具，而这个复杂的模型本身相对于复杂的真实世界而言，却是非常简单的，但对模型的估计则更为简单。"金融体系所表现出来的复杂性和2008年金融危机爆发之前金融机构所使用模型的简单性（相对于复杂的金融体系而言）是上述逻辑认识的精准反应。的确，金融体系的复杂性给监管当局和金融机构管理金融风险带来了巨大挑战：未来无法预测、监管失效、重要信息缺失、信用评级饱受质疑、金融资产相关性无法预测、金融理论和金融模型无法解释现实等。所有人，投资者、消费者、监管者均无法理解为什么建立如此复杂的模型却难以避免金融危机的爆发，因此，这些人均把金融危机的爆发归因为金融体系过于复杂，以至于金融风险管理举步维艰。

许多学者将金融危机的爆发看做外生于人类的经济行为，与自然灾害相类似。这个思想在凯莉（Kelly）研究1997年亚洲金融危机时就产生了。凯莉在2001年指出，"新加坡政府将1997年亚洲金融危机比作台风，一方面表明危机的罕见性，另一方面也突出了危机的不可控制性质"，"因此危机与恶劣的天气类似，不应该指责政府"。美联储主席伯南克在2010年指出，"金融体系的过度复杂使得非常难以预测金融市场的发展状况"。美国财政部部长盖特纳（Geithner）在2009年住房金融服务委员会听证会上陈述，"金融体系的最大特点就是复杂和动态的，因此监管具有很大的挑战。"欧洲中央银行前主席让·克劳德·特里谢在2008年指出，金融体系杠杆率的上升是全球储蓄过度的结果。他指出，储蓄需要更多的投资渠道，从而增加了对复杂金融产品的需求。这种需求使得全球金融体系存在了广泛的关联度，金融产品之间存在价格的关联度，金融机构之间存在交易对手的关系。这种关联度给全球金融风险管理带来的巨大的挑战。总之，在美国，官方对金融危机的表述都是金融体系复杂，因而衍生出更为复杂的金融产品，进而金融体系变得更加复杂，即"复杂"衍生"复杂"。

1.3.3 金融体系复杂属性使得实施宏观审慎监管被广为接受

在全球金融监管中，从金融体系复杂性认识到实施宏观审慎监管必要性的监管当局的代表是荷兰银行主席诺特·韦林克（Nout Wellink），他在2009年指出，"金融体系关联度非常复杂，因此需要从整体视角监管金融体系，关注金融体系内主体的关联度，而宏观审慎监管能够尽早发现金融体系的脆弱点。"此观点也得到了美联储主席伯克南的呼应,"将宏观审慎监管纳入现行金融监管框架是金融监管的巨大创新"。然而美国政治界却对推行宏观审慎监管热情不高,相反,新成立的金融稳定论坛(Financial Stability Forum)积极在全球范围内推行宏观审慎监管,主要针对由于流动性过剩、杠杆率过高、风险集中度偏高等引发的系统性风险。因此,宏观审慎监管的主要特征应包括:第一,监管客体是系统性风险;第二,对象是金融体系;第三,工具箱仍为审慎监管工具箱。这里需要指出的是,系统性风险不是金融市场参与者风险的简单加总,它是由于金融市场参与者集体行为所产生的一种内生性风险,因而宏观审慎监管需要关注金融机构之间的相关性和共同风险敞口。

对于金融监管来讲,最重要的应是跳出危机爆发之前的监管思路和理念,从认识论角度实现提升。国际清算银行货币经济部和研究统计部副总经理克劳迪亚·博里奥不停劝说各国中央银行,"我们需要重新审视之前我们想当然认为正确的假设","宏观审慎需要政治的支持,将其制度化","2008年金融危机后金融改革应朝向宏观审慎监管方向"。珀索(2009)指出,金融机构持有的资产的传染风险与谁持有同样的资产有很大关系。不同的金融机构风险胃口不同,因此对风险的对冲程度也不同。宏观审慎监管需要关注金融机构的共同风险敞口和交易对手风险,也要关注由于共同风险敞口所引起的顺周期效应(即金融体系繁荣时,所有金融机构信贷投放相同,因此无论在时间维度,还是截面维度,都形成了系统性风险)。

在金融监管认识论层面的提升得到了英格兰银行金融稳定部执行总经理安德鲁·霍尔丹的支持。他在2009年与动物学家罗伯特·梅(Robert May)合作,运用动物学中的传染病研究方法研究雷曼兄弟倒闭所造成传染风险问题。他们得到的结论是,防止传染风险的最佳做法就是对系统关键节点施加更为严格的资本比率和流动性比率要求,该要求与其系统性风险贡献度有关。安德鲁·霍尔丹认为,金融监管应借鉴生物学管理生态系统的思路,从金融系统性风险而不是从个体风险角度来设计监管工具。同时国际清算银行2009年年报也指出,由于人们认知的局限性,在一个极度分散化的金融市场中,我们不可能避免所有危机;我们也不应该避免所有危机,因为这样会阻碍金融创新;然而,我们要关注金融体系的系统性风险,提高金融体系的稳定程度。

随着各国金融精英的呼吁，宏观审慎监管开始在各国逐渐制度化。2010年7月，英格兰银行内部成立金融政策委员会，负责实施宏观审慎监管。美国多德弗兰克法案成立金融稳定监察委员会（Financial Stability Oversight Council，FSOC），实施宏观审慎监管。对于宏观审慎监管的认识，全球金融监管进一步走向明确。FSOC 在 2011 年的年报中指出，虽然无法预测和避免下一次危机，但宏观审慎能够让危机更少，带来的损失更低。

回顾宏观审慎被接受的过程，可以看出，如果可以用"疾风骤雨"形容宏观审慎在理念上被接受的状态，则在具体实施则体现的应是"细水长流"的状态。宏观审慎监管的确立期间充满了经济学理论的争执，且也不乏巨大的政治因素和机缘因素，但究其本质原因，仍是人类认知能力的有限性和金融体系复杂性这一矛盾所推动的。既然历史将宏观审慎监管推向了前台，就应坚定不移地实施宏观审慎监管。

1.4 宏观审慎监管实施框架

对于宏观审慎监管，金融稳定论坛在 2011 年发布的报告中指出，其主要包括三个方面：第一，监管视角；第二，监管目标；第三，监管工具。

1.4.1 监管视角

与微观审慎监管不同，宏观审慎监管的监管视角为金融体系，而不是微观审慎所主要关注的个体金融机构。这一点无论在学术界还是在实务界以及监管当局，基本上均达成共识。

1.4.2 监管目标

金融稳定论坛指出，宏观审慎监管的主要目标是保证金融体系稳定，这也应该是宏观审慎监管的终极目标。但是，将此终极目标和具体实施相结合还有许多问题值得讨论。第一，如何定义金融体系稳定。金融体系稳定意味着金融体系可以有效配置货币资源和金融风险，保证经济正常增长，并能够抵御冲击的爆发。因此，如何定义金融稳定是一个难题，而且金融稳定又同时受到货币政策和财政政策的影响，如何协调这些政策工具也是值得思考的地方。

第二，欧洲系统性风险委员会（European Systemic Risk Board，ERSB）在2012年将系统性风险定义为金融体系的扰动风险（risk of disruption），这种风险能够给实体经济带来负面冲击。如果用管理系统性风险来代替保证金融体系稳定，则目标的陈述更为具体。从风险管理事前性角度出发，宏观审慎监管应不包括危机管理机制，但危机管理机制同样与保证金融体系稳定密切相关。

第三，如果将宏观审慎监管进一步分解，其包含时间维度（time dimension）和截面维度（cross-section dimension）。时间维度强调金融体系风险如何随时间的变化而变化，关注金融体系在经济繁荣期风险积累过多的问题，即我们经常说的信贷快速增长以及流动性泛滥的问题。截面维度则关注在某一个时间点上金融机构的风险敞口暴露以及由于风险敞口暴露所产生的关联性问题。按照这种区分方式，宏观审慎监管的工具设计也要有的放矢。针对时间维度，在控制信贷快速增长方面要施加监管，建立逆周期资本缓冲计提机制，并对杠杆率进行限制。而空间维度层面更多地要关注金融机构共同风险敞口暴露情况（不论间接还是直接），通过设计资本监管工具、流动性风险管理工具、高管薪酬管理激励机制等，防止系统重要性金融机构过度承担风险。

即便把宏观审慎监管分解为时间维度和截面维度，我们仍需要细化实施目标，才能给予实践以指导，增加宏观审慎监管的可操作性。针对此问题，欧洲系统性风险委员会、全球金融系统委员会（The Committee on the Global Financial System，CGFS）和英格兰银行（Bank of England，BOE）分别给出了自己的表述（见表1-1）。

表1-1　　全球主要监管机构对宏观审慎监管中间目标的设定

	信贷增长与杠杆率	流动性风险	金融市场的稳健性
ERSB（2011）"中间目标"	防止信贷和杠杆率过快增长	控制期限错配风险；控制融资风险	金融机构的共同风险敞口；未来对金融机构救助的预期；金融基础设施稳定

续表

	信贷增长与杠杆率	流动性风险	金融市场的稳健性
CGFS（2010）"脆弱性"	控制杠杆率	防止出现市场流动性风险	金融机构之间的关联度
BOE（2011）"关键的放大渠道"	控制杠杆率	控制期限错配	有效配置风险； 解决短视性； 降低金融体系复杂程度

图1-1为宏观审慎监管框架。从图1-1中可以看出，时间维度主要是缓解银行信贷的顺周期性问题，截面维度主要关注系统重要性金融机构的稳定。同时，需要指出的是，本课题认为时间维度与截面维度存在交叉点，此交叉点即为商业银行风险敞口暴露。因为时间维度强调银行信贷助推经济趋势，截面维度强调银行的共同风险敞口导致的间接关联性，而风险敞口本身就是银行信贷的产物。因此，宏观审慎监管两个维度的切点是信贷导致的共同风险敞口。为了控制行业信贷快速增长给金融体系带来的威胁，可以将两者进行组合实施。

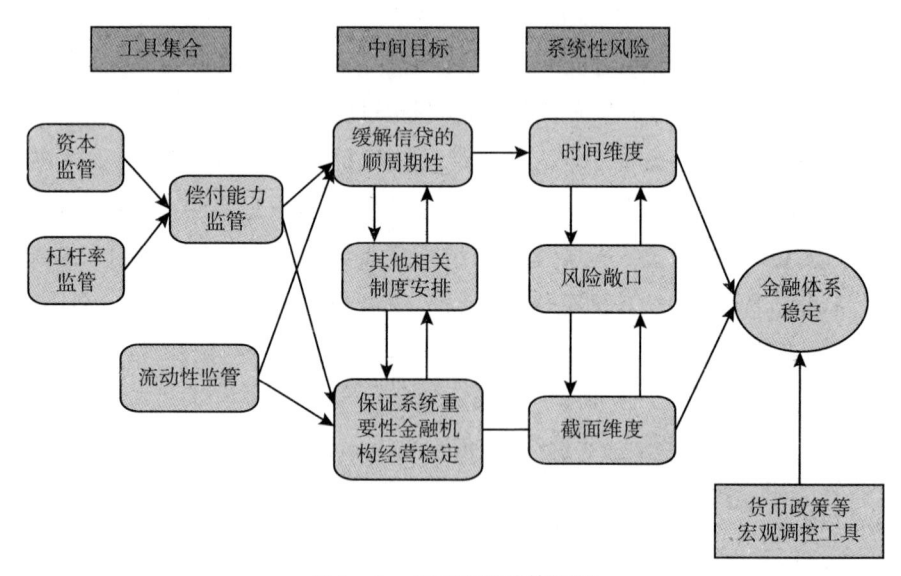

图1-1 宏观审慎监管框架

1.4.3 监管工具

在明确目标基础上，宏观审慎监管需要设计具体的监管工具。根据丁伯根法则（Tinbergen rule），每一个目标的实现至少需要一个有效的监管工具。但在实践中，监管工具实施存在不确定性，而且存在监管套利的可能性，因此，宏观审慎监管针对每一个目标需要多个工具来实现，及为达到宏观审慎监管的目标，宏观审慎监管的实施工具应具有组合的特点。

从整体意义上讲，为了实现保证金融体系稳定的最终目标，宏观审慎监管政策工具应注重组合实施，组合维度应该包括两个方面：第一个是审慎监管工具自身的组合；第二个是宏观审慎监管与货币政策等宏观经济调控工具的组合。在银行偿付能力风险管理方面，需要继续加强资本监管，比如建立资本缓冲机制、建立逆周期资本调控机制，从而进一步加强商业银行的偿付能力。同时，为了保证不存在监管套利，使监管当局对金融体系的信用关系情况有清晰的了解，在资本监管基础上还要对金融机构施加杠杆率监管要求。在流动性监管方面，主要的监管工具就是 Basel Ⅲ 提出的流动性监管指标：流动性覆盖比率和净稳定资金比率。在系统重要性金融机构监管方面，从图 1-1 中可以看出，各种监管方式都会施加给系统重要性金融机构，可以说对系统重要性金融机构的监管是"组合拳"。同时宏观审慎监管还需要相关制度的配合，比如公允价值会计制度的改进、银行业薪酬机制设计的改进、金融稳定信息的披露程度甚至是货币政策的配合等。

1.5 研究框架、研究方法、创新与不足之处

1.5.1 研究框架

本书研究框架见图 1-2。本书共分为四篇。第 1 篇为引论，主要回顾了宏观审慎监管被接受的真实过程，并梳理了亚洲国家、欧美国家和拉丁美洲国家在宏观审慎监管方面的实践经验。第 2 篇为宏观审慎监管政策工具，主

要以 Basel 资本协议为核心展开，从偿付能力监管和流动性监管两个方面研究银行业宏观审慎监管的实施问题，并且从宏观审慎视角对货币政策工具的使用进行了分析。第 3 篇为时间维度下的宏观审慎监管，主要针对 Basel Ⅲ 逆周期调控中缺乏差异性的问题进行分析，并提出了基于行业信贷的逆周期调控思路。第 4 篇为截面维度的宏观审慎监管，主要分析规模、流动性和高管的风险偏好对商业银行风险的影响，并提出基于资本市场中表征风险偏好的波动率指数预测商业银行风险的方法。

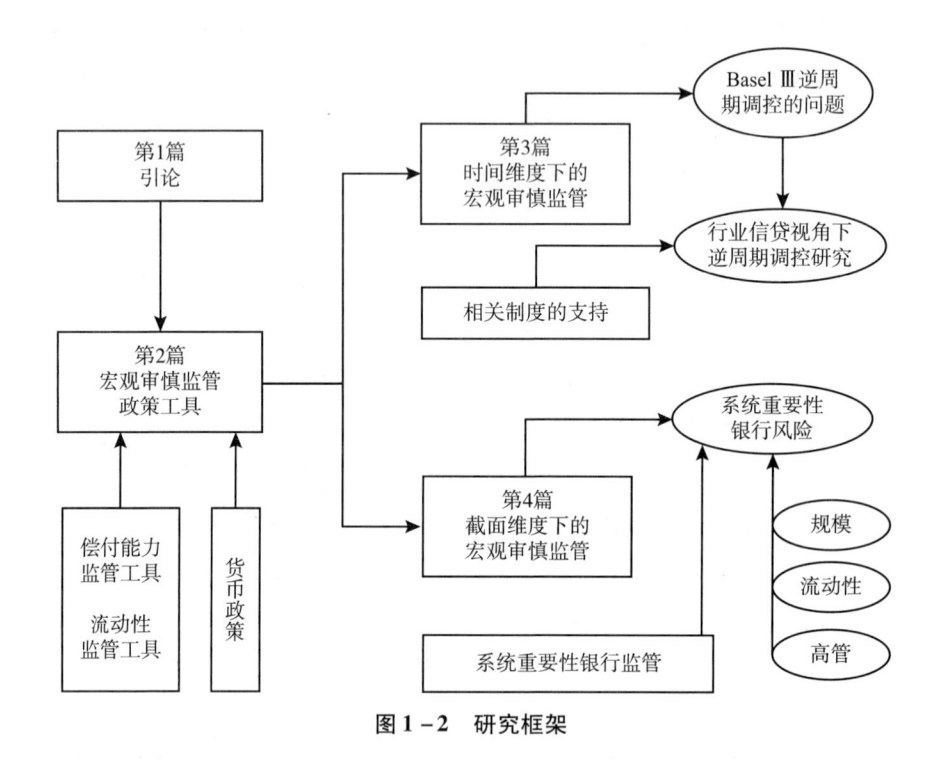

图 1-2 研究框架

1.5.2 研究方法

本书主要的研究方法为：

第一，面板数据回归法。由于本书的主要样本为中国上市商业银行，因此，本书中大量使用面板数据回归，包括 Panel – VAR 计量方法等。

第二，时间序列分析。本书在使用资本市场数据进行分析中，会使用时间序列分析工具,比如向量自回归模型等。

第三,马尔科夫蒙特卡洛模拟(MCMC)与分位数回归结合。在向前预测行业风险敞口方面,本书运用 MCMC 方法进行向前预测,并根据分位数估计系数预测银行风险敞口。

第四,事件分析法和比较分析法。在研究新兴市场国家经验部分,本书运用事件分析法研究宏观审慎监管政策工具组合的实施效果,用比较分析法研究新兴市场国家实施经验对中国的适用性;同时,本书使用事件分析法研究中国股票市场对中国大型商业银行入选全球系统重要性银行的看法。

1.5.3 创新与不足之处

本书的主要创新之处在于:

第一,从微观视角研究银行业宏观审慎监管的实施。作者认为以往对宏观审慎监管工具的研究比较偏重于宏观。在替代性教规经济学传统中,宏观层面的知识是通过在微观层次发生的事实性知识而获得,宏观审慎工具的实施也主要通过对银行施加更高的资本要求和对银行风险敞口控制而实现,因此,微观角色在宏观审慎监管中不可或缺。在宏观审慎政策工具实践中,应针对系统性风险从不同角度实施一系列的宏观审慎监管工具,而不是单一工具,因此,宏观审慎工具应组合实施,即偿付能力监管与流动性监管的组合。

第二,以偿付能力监管工具和流动性监管工具为核心分析了银行业宏观审慎监管的工具箱,实证分析了两者的实施对银行体系风险和宏观经济的影响。

第三,针对 Basel Ⅲ 逆周期资本调控的缺陷,提出了基于行业信贷的逆周期调控框架,强调宏观审慎监管的差异性。

第四,研究了中国股票市场对中国大型商业银行入选全球系统重要性银行的态度,从规模、流动性风险和银行高管风险偏好的视角研究了商业银行风险,并提出用资本市场的波动率指数预测商业银行风险的想法。

本书的不足之处在于:

第一,由于数据可得性原因,无法清晰地对商业银行偿付能力风险和流动性风险进行全方位和高频率的分析。本书的数据频率大多为半年,无法得到频率更加高的商业银行财务数据,因此也就无法清晰地分析银行体系的风险。

第二，没有从宏观审慎监管调控的差异性出发，构建宏观审慎监管与货币政策协同的完整框架。宏观审慎监管应具有差异性，不应仅仅抽象地引入宏观经济模型中，应从宏观审慎监管的差异性出发，将其纳入宏观经济分析模型。

第三，对中国宏观审慎监管实施效果的评估有待进一步研究。中国人民银行在 2016 年开始实施宏观审慎评估，因此，中国实施宏观审慎监管的效果还没有完全表现出来，需要经过一段实践后才能够评价和分析中国宏观审慎监管的实施效果。

第 2 章

文 献 综 述

2008 年金融危机爆发后,以 Basel Ⅲ 为核心的宏观审慎监管逐渐在各个国家开始施行。宏观审慎监管包括两个维度:时间维度和截面维度。时间维度主要关注金融体系的系统性风险状况,防止信贷过快增长;而截面维度强调对系统重要性金融机构的监管以及风险的交叉传染。从国际上实施宏观审慎监管的经验来看,宏观审慎监管的核心工具应是以 Basel Ⅲ 为代表的偿付能力监管工具和流动性监管工具。比如在时间维度方面,主要的监管措施为逆周期资本调控、杠杆率(包括金融机构杠杆率以及个人的杠杆率调控)、对资产风险权重的定向调控等;在截面维度上,主要是加强系统重要性金融机构的资本监管、流动性监管、金融机构的薪酬监管,以控制系统重要性金融机构的风险承担,从而降低系统重要性金融机构的倒闭风险。因此,本书认为,宏观审慎监管工具体系仍以偿付能力监管和流动性监管为核心,并辅之以准备金调控和利率调控等货币政策工具以及公允价值会计和金融稳定信息披露机制等相关制度与措施。

2.1 宏观审慎监管的核心框架——Basel Ⅲ 出台

当前银行业危机爆发的频率越来越频繁。沃尔特(Walter,2010)估计,无论是发达国家还是新兴市场国家,每年银行业危机爆发的概率是 4%~5%。有关银行业危机对 GDP 的影响,学术界的研究主要包含两种:短期影响和长期影响，相关学术研究成果如表2-1所示。从表2-1中可以看出，银行业危机的成本非常高，因此，有必要对银行施加审慎监管来保证银行体系的稳定。

表2-1　　银行业危机的成本（相对于危机爆发前GDP的百分比）

研究成果	平均损失估计	累积损失估计
短期影响		
波多等（Bordo et al., 2001）	6	
德玛固特—昆特等（Demirguc-Kunt et al., 2000）	7	
哈奇孙和诺伊（Hutchison and Noy, 2002）	10	
拉文和瓦伦西亚（Laeven and Valencia, 2008）		20
豪哥等（Haugh et al., 2009）		21
斯柴第等（Cecchetti et al., 2009）		18
霍加斯等（Hoggarth et al., 2002）		16
长期影响		
塞拉和塞斯纳（Cerra and Saxena, 2008）	7.5	158
罗格等（Röger et al., 2010）	9.4	197
夫塞里和齐资尼卡（Furceri and Zdzienicka, 2010）	4.5	210
巴雷尔和利拉德（Barrell and Davis Liadze, 2010）	2	42
博伊德等（Boyd et al., 2005）		302
海登（Haldane, 2010）		200

资料来源：闫美兰等（Meilan Yan et al., 2012）。

2.1.1　Basel Ⅱ与金融危机

2008年金融危机爆发后，对Basel Ⅱ的批评主要来自以下六个方面：第一，资本充足率要求过低，使得银行在危机期间资本迅速消耗至零；第二，Basel Ⅱ与公允价值会计制度的结合造成了银行账面价值的巨大损失；第三，Basel Ⅱ的资本充足率要求本身具有顺周期特点，进而放大了经济周期；第四，Basel Ⅱ将评级托付给外部评级公司，从而形成利益冲突；第五，银行基于Basel Ⅱ计算风险的模型假设是错误的；第六，Basel Ⅱ提供了金融中介剥离高风险资产的机制,进而存在监管套利。然而,2008年金融危机爆发后,对银行业监管的改革同样遵循了 Basel Ⅱ 的基本思想,Basel Ⅲ 是在 Basel Ⅱ 基础之上修订的。无疑,Basel Ⅱ 存在许多不足之处,但把金融危机的爆发归结于 Basel Ⅱ,则有些牵强。

第一,Basel Ⅱ 改革的最终目的是提高银行风险管理水平,而不是一味地要求高的资本充足率。Basel Ⅱ 对 Basel Ⅰ 的修订之所以没有对资本充足率要求做大幅度提高,主要是考虑一旦大幅度提高银行资本充足率要求,必然会出现信贷供给不足,发生信贷配给问题,从而对实体经济的增长产生负面影响,因此可以说这是一个非常务实的改革。在 2004 年 EU 经济与金融事务委员会(Economic and Financial Affairs Council)举办的新闻发布会称:"委员会赞同 Basel Ⅱ 的渐进改革思路,Basel Ⅱ 的发布的目标是通过降低资本成本来提升金融服务水平,增强欧盟金融体系的竞争力。"同时巴塞尔委员会和 G10 集团也达成共识,认为银行的风险管理能力要比更多的资本重要得多。因此,Basel Ⅱ 提供了非常灵活的高级资本计量法。经 BIS 的 Quantitative Impact Studies(QIS)模拟显示,银行采用高级计量法会大量节约资本,因此,Basel Ⅱ 的基本改革思路并不是要提高资本充足程度,而是以资本充足率为中介,其最终目的是提高银行风险管理能力。

第二,Basel Ⅱ 也存在一些顺周期性的缓释机制。比如,在 Basel Ⅱ 第二次征求意见稿中,巴塞尔委员会提出了缓释顺周期问题的方案,包括要求降低银行估计的风险参数的波动性、要求银行可以降低资本对借款人信用等级下降的敏感性、调整对于中小企业贷款的风险权重等。同时 Basel Ⅱ 第二支柱提出了前瞻性的资本充足率评估和压力情景评估,并提出了在经济繁荣期建立资本缓冲的方案,以备不时之需。然而金融危机的迅速爆发使得大多数金融机构还未实施这些准则,就已经遭受了损失。同时,一些实际经验证据表明,危机中银行资本充足率降低与周期性因素关系不大,比如意大利银行业危机期间整体资本充足率水平下降,但其银行账户借款人违约率仅仅从 2007 年的 0.8% 上升至 2008 年的 0.9%。从这个意义角度讲,这也是危机后巴塞尔协议改革仍旧延续 Basel Ⅱ 的原因。

2.1.2 Basel Ⅲ监管改革理念

2008年金融危机爆发后,为了进一步增强全球银行业的稳健程度,巴塞尔委员会发布了Basel Ⅲ,尽量降低由于金融体系的不稳定给实体经济带来的负面影响。Basel Ⅲ主要强调对银行业同时施加资本监管和流动性监管。然而,虽然加强对银行业监管有助于降低危机爆发的概率以及对实体经济的负面影响,但是也会带来额外的监管成本,因而可以说Basel Ⅲ对实体经济的影响有好有坏。其负面影响主要在于商业银行会通过增加借款利率来补偿持有流动性资产和高额资本充足率要求所带来的成本的增加。由于商业银行的信贷功能和金融市场不是完全可以相互替代,因此,会影响经济体的投资和实际产出。中国银监会作为巴塞尔委员会成员,也在积极推进Basel Ⅲ的实施。中国于2012年1月1日开始执行"中国版Basel Ⅲ",提高资本充足率、杠杆率、流动性等监管标准,对核心一级资本充足率、杠杆约束率要求更高。同时,2013年10月中国银监会发布《商业银行流动性风险管理办法(试行)》,2015年12月21日印发《商业银行流动性覆盖率信息披露办法》。这些都表明,中国实施Basel Ⅲ已经是大势所趋。

宏观审慎的主要推动者之一利亚姆·怀特曾经将奥地利学派作为宏观审慎的主要思想来源,然而随后利亚姆·怀特认为宏观审慎的主要思想来源为海曼·明斯基更为合适。因此利亚姆·怀特(2009)指出,事实上,找到宏观审慎监管思想来源的主要挑战在于如何将明斯基的凯恩斯分析框架与奥地利学派的思想进行融合。特纳(2011)指出,由于金融体系天生就是不稳定的,其中充满了短视行为、非理性繁荣、"羊群行为",因此,宏观审慎的思想来源应该更主要的是来源于明斯基的金融脆弱性假说。正如明斯基在1982年指出,"我们需要及时反思经济运行过程,在这个过程中,投资、资本所有权以及随之而来的金融活动应该是理论研究的核心;当我们明白了经济的运行过程时,其内部不稳定性就会显而易见;只有在理论上认识到经济体存在内部不稳定性,我们才能够去约束干预它。"在此理念的推动下,金融危机爆发后,监管当局"从询问银行做了什么"的微观审慎监管,发展到"告诉银行做什么"的宏观审慎监管,标志性事件是Basel Ⅲ出台。

Basel Ⅲ反映了制度经济学学者提出的分层(layering)的特点,即Basel Ⅲ

继承了 Basel Ⅱ 的思想，但对 Basel Ⅱ 进行了修正、补充和完善（见表 2-2）。其实"分层式"监管改革的特点不仅仅是在现有基础上的补充完善，它还体现了监管改革中相应主体的角色规定问题。比如，在"分层式"监管改革中存在否决者（veto players），其角色是可以保留旧有的框架，但无权阻止新的规则的设定；在"分层式"监管改革中存在变革者（change agents），其角色是从内部开始对监管体系的改革施加影响，以求在原有基础上增加新的规则（Mahoney and Thelen，2010）。"分层式"监管改革与 Basel Ⅲ 的出台特征非常类似。比如，Basel Ⅱ 的微观审慎监管做法并没有被抛弃，反之 Basel Ⅲ 继承了资本监管的一贯理念，且在基础上增加了宏观审慎工具，比如逆周期资本缓冲、系统重要性金融机构资本计提等，均是资本监管理念的拓展。

表 2-2　　　　　　　　　Basel Ⅱ 与 Basel Ⅲ 比较

特点	Basel Ⅱ	Basel Ⅲ
工具	市场纪律； 增强透明度； 加强风险管理体系建设（VaR 系统）	杠杆率要求； 逆周期资本缓冲； 系统重要性金融机构监管
对金融市场的观点	虽然存在短期波动，但整体有效； 市场参与者需要更多的信息，但是需要市场参与者自己处理信息	金融市场有内在的顺周期性，存在"羊群行为"； 金融创新会增加金融体系复杂程度，进而使金融体系不稳定
监管理念	监管当局询问金融机构在做什么； 以 VaR 为代表的微观审慎监管可以保证金融体系稳定； 金融创新和影子银行增加了金融体系的风险管理手段，因此保证金融体系稳定	监管当局告诉金融机构什么该做，什么不该做； VaR 系统会造成顺周期性问题； 金融创新和影子银行增加了金融体系的脆弱性； 资本应对系统性风险敏感

Basel Ⅲ 之所以保留了 Basel Ⅱ 的一贯做法，除了理论层面的因素外，还有一些因素。第一，国际清算银行的宏观审慎专家无法说服金融业界取消资本监管理念以及 VaR 方法体系，甚至还有金融从业者阻止实施逆周期资本缓冲（Young，2013）。第二，宏观审慎监管工具都是微观审慎监管工具的延伸。第三，代表国际银行家的国际金融公司成功地影响了 Basel Ⅲ 的制定与

出台。正如特纳指出，Basel Ⅲ 比开始预想的要宽松得多。第四，英国、美国、瑞士希望增加资本充足率要求，但欧盟不希望。国家之间金融体系的竞争稀释了 Basel Ⅲ 的权威，也给金融从业者带来监管套利的空间（Helleiner，2012）。

但是，需要指出的是，Basel Ⅲ 的出台并不代表宏观审慎监管的完全实施，宏观审慎监管并非完全高枕无忧。以英国为例，英格兰银行认为保障金融体系稳定，资本监管要求应该高于任何一家银行倒闭所带来的损失，因此英格兰银行认为资本充足率应该是风险加权资产的 15%～20%（Turner，2011）。然而英格兰银行官员也指出，虽然从长期来看此资本充足率要求不会对经济产生负面影响，但是从银行杠杆率过高的时点实施此要求，不利于经济的尽快恢复。而此观点也被国际清算银行的宏观审慎专家接受，即宏观审慎监管实施方向是正确的，但不能一蹴而就，因为现实比理想状况更加脆弱。此时，一些国际银行家又以高资本充足率会降低信贷供给从而减缓经济增长相要挟，因此，Basel Ⅲ 远没有达到其预想的目标（Hanson et al.，2015），许多规定均得到 2019 年再开始实施。Basel Ⅲ 明显地表现出宏观审慎监管实施的渐进性特点。同时逆周期资本缓冲给予各国很大的调控空间，因而各国政府在实施宏观审慎监管时一定会考虑各种政治因素，这也会减慢宏观审慎监管的实施进度。

2.2 Basel Ⅲ 的核心监管工具——偿付能力监管与流动性监管

著名中央银行家古德哈特曾经说过，"商业银行的流动性与偿付能力是一对孪生兄弟。"流动性遭遇危机的商业银行能迅速失去偿付能力，反过来，一家没有偿付能力的商业银行一定是没有流动性的。其实在巴塞尔委员会 1975 年成立之际，当时的委员会主席乔治·布伦登（George Blunden）就提出了要同时加强偿付能力监管和流动性监管。但由于种种原因，巴塞尔资本协议仅仅遏制住了国际商业银行资本充足率下滑的趋势，但对流动性的监管相对不足。比如在英国，蒂姆·康顿（Tim Congdon）在 2007 年 9 月《金融时报》发表的文章中指出，20 世纪 50 年代，英国银行业流动性资产持有量占总资产大概 30%，但在 2007 年流动性资产仅为资产总额的 0.5%、负债的 1%。因此，对于宏观审慎监管来讲，既要加强以资本监管为代表的偿付能力监管，又要重视流动性风险的监管。

2.2.1 流动性风险与偿付能力风险的关系

1. 商业银行流动性风险与信用风险的交互关系。商业银行信用风险是决定商业银行资本充足率的主要变量。在过去的 50~60 年中，关注商业银行流动性风险和信用风险关系的文献非常多。无论是布赖恩特（Bryant，1980）以及戴尔蒙德和荻伯威格（Diamond and Dybvig，1983）开创的经典金融中介理论，还是以 Monti - Klein 分析框架为代表性的产业组织理论，都认为商业银行流动性风险和信用风险紧密相关。普里西玛（Prisman，1986）在 Monti - Klein 分析框架下同时考虑了借款人违约率和突然没有融资来源两种情况。普里西玛等假设商业银行在给定的资本和负债结构下最大化存贷差，以最大化盈利，且他们将流动性风险看成是造成盈利降低的成本，因此，贷款违约会增加流动性风险，因为其降低了现金流入，继而造成资产贬值。普里西玛等得出结论：商业银行流动性风险与信用风险是正相关的。金融中介理论也支持此结论。伊耶和普里（Iyer and Puri，2012）认为，由于银行风险资产未来存在不确定性，因此，恐慌会造成银行的挤兑危机。总之，这两种理论均认为流动性风险和信用风险会共同影响银行体系的稳定。

2008 年金融危机爆发后，许多学者认为流动性风险与信用风险存在正相关性，比如，阿查里亚和维斯瓦纳坦（Acharya and Viswanathan，2011）、戈顿和梅特里克（Gorton and Metrick，2012）等。他们的主要观点是，银行对太多的经济效益差的项目进行融资，如果这些项目贬值，存款人就会要求取回存款，高信用风险通过存款人的取款引发高流动性风险。阿查里亚和维斯瓦纳坦指出，银行的负债需要不断向前滚动，因此，负债越多，银行面临的流动性风险越高，当危机爆发后出现资产贬值，银行流动性风险会更大。戈顿和梅特里克实证分析表明，在资产证券化快速发展的环境下，由于投资者恐慌造成银行挤兑可能随时发生。戈顿和梅特里克（2012）认为，金融危机期间银行间市场的融资成本加大是造成银行出现信用风险的主要原因。

然而还有一些学者认为，流动性风险与信用风险存在负相关性，代表性研究包括：瓦格纳（Wagner，2007）、蔡和塔科尔（Cai and Thakor，2008）、加特夫等（Gatev et al.，2009）、阿查里亚等（2010）以及阿查里亚和纳克维（Naqvi，2012）。然而这些研究对于流动性风险和信用风险都专注于某一视角，比如专注于资产抛售导致的流动性风险以及银行由于贷款承诺出现的信用风险等。总体来讲，国际大多数学者认为流动性风险与信用风险存在正相关性。

2. 流动性风险与银行资本充足率。银行资本充足率是表征银行偿付能力的核心指标。资本是银行风险承担的底线，是吸收损失的最后屏障。银行持有资本的原因主要是承担风险，避免银行遭受挤兑。银行的主要功能是创造流动性，因此，银行流动性创造越多，银行流动性风险越高。资本会影响银行流动性创造能力。大量文献研究了银行资本与流动性创造之间的关系。

金融脆弱挤出（financial fragility-crowding out）效应假设认为，高资本充足率降低银行流动性创造的功能。银行从投资者处获取融资，并对企业进行融资。企业可能不会非常努力地生产，因此，其获得银行融资能力是有限的（Diamond and Rajan，2001）。然而银行也存在不履行其责任的可能，这对银行获得资金也会带来负面影响。存款合约可以解决银行不努力的问题，因为一旦银行出现问题，存款者会从银行取出存款，进而最大化银行流动性创造（Diamond and Rajan，2001）。但银行股东却无法取回资金，这会降低股东出资意愿，因而降低银行流动性创造。因此，戴尔蒙德和拉詹（2001）认为高资本充足率会降低银行流动性创造水平。值得注意的是，戴尔蒙德和拉詹的研究结论是建立在存款保险制度不完备基础之上，如果存款保险制度完备，存款合约的监督作用将会大为降低。戈顿和温顿（Gorton and Winton，2000）认为高资本充足率会对存款产生挤出效应。他们认为存款是投资者对冲流动性风险的有效工具，高资本充足率无疑将资金从存款向资本转移，从而降低整体流动性水平。

贝格尔和鲍曼（Berger and Bouwman，2009）认为金融脆弱挤出效应假设对于小型银行更为适用。戴尔蒙德和拉詹模型的核心假设是银行会运用其特殊技能监督借款人。贝格尔等（Berger et al.，2005）的研究表明，小型银行往往存在大量的关系型借款，从而需要银行更多的监督。虽然戈顿和温顿的模型理论上适用于所有银行，但实证分析表明其对小型银行的适用性更好。戈顿和温顿的模型存在单一的、无法分割的资本市场，所以更多的股本投资意味着更少的存款性资金。贝格尔和鲍曼认为，在现实中资本市场处在分割状态，投资者投资风格迥异，对银行股本投资的增加可能会挤出其他股本投资，但对存款资金总量却没有影响。也就是说，银行资本总量的改变可能会导致均衡的调整，但调整的范围可能没有波及银行存款。另外，贝格尔和鲍曼还认为银行资本总量占资本市场的比率很低，即使存在戈顿和温顿提到的挤出效应，该效应对大银行的影响应该比小银行要小许多，因为小银行的经营地域狭小，不存在市场分割，投资小银行股权和存款的投资者会存在重复，挤出效应也更容易发生。此外，小银行资本结构简单，基本是存款加股本型，但大银行除了存款和股本外，还可能存在其他负债形式，因此资本要求的增加可能会对其他形式的负债出现挤出效应。

风险吸收（risk absorption）假设认为高资本充足率会增加银行流动性创造能力。一方面，流动性创造会增加银行风险敞口暴露（Allen and Gale, 2004）。银行流动性创造越多，为应付存款人流动性需求所面临的流动性风险就越高；另一方面，银行资本可以用来承担风险，吸收损失，增加银行风险承担能力。因此高资本充足率会增加银行流动性创造能力。贝格尔和鲍曼认为风险吸收假设对大型银行更为适用。第一，大型银行受到更为严格的监管，作为风险管理核心的资本充足率要求，其对银行的重要性是显而易见的。第二，大型银行受到资本市场纪律的约束也较大，因此资本对于大型银行在资本市场获取融资也是有价值的。第三，大型银行往往会发放大量的信贷承诺或者其他表外业务。表外业务的风险使得银行需要大量的资本来承担。

2.2.2 偿付能力风险、流动性风险与银行倒闭概率

1. 偿付能力风险对商业银行倒闭概率的影响。商业银行资本充足率较早地作为表示商业银行偿付能力的变量。在美国，CAMELS评级体系就使用了资本充足率作为预测银行倒闭概率的变量之一。在2008年金融危机之前，代表性文献主要有：迈耶和辉瑞（Meyer and Pfifer, 1970）、科尔和贡特尔（Cole and Gunther, 1995）以及克拉里等（Kolari, 2002）。他们的主要观点是银行违约的主要原因是对某一类别的贷款出现过多的风险敞口暴露。危机

之后，许多学者也对银行违约风险进行了实证分析，代表性文献包括：奥布钦和惠洛克（Aubuchon and Wheelock，2010）、挪威和罗约夫德里（Ng and Roychowdhury，2014）以及德扬和托尔纳（DeYoung and Torna，2013）。他们认为银行违约的主要原因是资本充足率不足以及宏观经济环境。同时在全球金融危机期间，许多研究重新开始关注资本充足率与银行倒闭之间的关系（Altunbas，Manganelli and Marquez-Ibanez，2015；Cole and White，2012；DeYoung and Torna，2013）。这些研究结论表明，商业倒闭概率与银行资本充足率关系密切，同时与银行对短期批发融资市场的依赖程度有密切关系。总之，在上述学者对银行违约的研究中，对信用风险关注程度很高，对流动性风险则相对关注不足。

商业银行低盈利水平与低资本充足率会造成银行体系的风险累积。实证研究表明，高资本充足率的银行在金融危机期间表现良好。苏格拉底、德特拉贾凯和梅鲁什（Demirgüç–Kunt，Detragiache and Merrouche，2013）研究表明在2008年金融危机期间，资本充足率高的银行在股票市场上表现良好，这对于大型银行尤为明显。当使用杠杆率而不是资本充足率来衡量商业银行偿付能力风险时，上述关系更为明显（Demirgüç–Kunt，Detragiache and Merrouche，2013），贝尔特拉米和斯托尔兹（Beltratti and Stulz，2009）也得出了上述结论。

资本充足率与银行风险之间的关系则更多地表现为非线性特征。德利斯和斯塔库拉斯（Delis and Staikouras，2009）发现资本充足率与银行风险存在正相关。阿尔金巴等（Altunbas et al.，2015）认为，资本充足率过低或者过高都会使得银行过度承担风险。在实践中，高资本充足率也可能是监管当局要求银行持有资本缓冲的结果，而并不是银行过高地承担了风险。梅耶斯和施特雷梅尔（2014）研究了1992~2012年纳入美国联邦存款保险公司计划的商业银行，发现杠杆率比资本充足率更能够准确地预测银行的倒闭风险。

2. 流动性风险对商业银行倒闭概率的影响。对商业银行流动性风险与银行体系稳定的研究最早可以追溯至戴尔蒙德和戴比维（Diamond and Dybvig，1983），即经典DD模型。DD模型主要研究了系统性流动性风险与银行挤兑之间的关系。但从实证角度研究系统性和非系统性流动性风险对银行倒闭的研究相对较少（Hong Han et al.，2014）。如何度量银行特有的融资流动性风险和系统性融资流动性风险,在学术界并没有形成共识。蒂莫西·科赫和斯科特·麦克唐纳(Timothy W. Koch and S. Scott MacDonald)在他们的经典著作《银行管理》(Bank Managment)中指出,虽然存在一些间接指标可以度量银行特有的融资流动性风险,但每个指标都关注银行的某一个方面,且存在测量误差。这些间接指标主要包括两大类:资产流动性和融资流动性。测量资产流动性指标一般包括净流动性资产比率、现金比率、政府债券比率等;测度融资流动性指标一般包括经纪人存款比率、核心存款比率和非核心融资来源比率。根据上述思想,Basel Ⅲ 的流动性覆盖比率属于资产流动性指标体系,Basel Ⅲ 的净稳定资金比率属于融资流动性指标体系。罗伯特和维斯(Rochet and Vives,2004)指出,当流动性风险发生时,存在一个时间段,在此时间段上,银行资产质量良好,但如果流动性风险超过一定限度,则银行经营基本面恶化,银行则要失去偿付能力。戴尔蒙德和拉詹认为,银行挤兑会造成银行偿付能力不足,进而增加银行的流动性风险。莫里斯和申(Morris and Shin,2008)认为挤兑发生一方面与银行基本面恶化有关,另一方面与储户的"神经过度紧张"有关,因此当银行和储户都持有较多的流动性资产时,银行失去偿付能力的概率会降低。

  随着 Basel Ⅲ 的发布,学者们也开始关注流动性风险对银行倒闭概率的影响。何和熊(He and Xiong,2012)从批发融资的视角,认为债务人的滚动融资是将流动性风险和信用风险连接起来,并最终导致银行违约的主要原因。何和熊(2012)认为,投资者会要求很高的流动性溢价,如果银行的债务融资需要向前滚动,且由于银行的抵押资产流动性很差,股东需要支付新发行债券的流动性风险溢价。而当市场出现流动性冲击时,股东往往宁可使银行倒闭,也不愿承受保护债权人的成本,因此银行会最终选择违约。洪等(Hong et al.,2014)使用美国商业银行 2001~2011 年的数据研究 Basel Ⅲ 流动性监管指标对银行倒闭概率的影响,发现流动性覆盖率和净稳定资金比率对银行倒闭概率的影响有限。巴斯克斯和费德里克(Vazquez and Federico,2015)在金融危机爆发之前,研究商业银行杠杆率与流动性如何影响银行倒闭概率。巴斯克斯和费德里克使用美国和欧洲的商业银行 2001~2009 年的数据,发现流动性风险与杠杆率存在一定的互补关系,即如果流动性风险高,但杠杆率低能够降低倒闭概率;但是如果杠杆率高,且流动性风险也高,则银行倒闭概率会非常大。巴斯克斯和费德里克（2015）还认为小型银行更容易受到流动性冲击，而大型跨国银行倒闭的原因是资本缓冲不足。阿查里亚和莫拉（Acharya and Mora，2015）从银行流动性供给者的视角，认为金融危机期间倒闭的银行在倒闭的时候不是真正意义上的违约，所有倒闭的银行都由于流动性紧缺而倒闭，因为他们发现倒闭银行的主要特征是在倒闭之前大举通过提高存款利率来吸引存款人。

2.2.3　加强偿付能力监管与流动性监管对贷款利率的影响

巴塞尔委员会2010年定量评估报告以及增加资本要求对宏观经济影响报告指出，Basel Ⅲ的实施对银行业以及宏观经济会同时产生正面和负面的影响。如果银行业实施Basel Ⅲ，则银行需要大量的资本和流动性需求，从而在短期内增加银行的融资成本，并增加银行贷款利率，降低信贷规模，进而放缓经济增长步伐。然而从长期来看，巴塞尔委员会认为Basel Ⅲ会降低金融危机爆发的概率，增加银行体系的稳定性，有助于宏观经济增长。

国际学者对高资本充足率要求和流动性监管对经济稳态的影响进行了许多分析，其样本覆盖了世界各个国家和地区，所使用的模型方法既有根据实际数据估计，也有校准后的数据。同时这些研究所使用的模型也相应地在宏观经济模型中给予了银行恰当的角色。甘巴科尔塔（Gambacorta，2010）使用误差修正模型，估计更高的资本充足率和流动性监管要求导致的信贷利率上涨所带来的产出的下降，并建立了资本、流动性与产出的长期均衡模型。其结论表明更高的资本充足率和流动性监管要求对经济增长的影响很小。然而BCBS（2010）指出，此方法无法研究逆周期资本缓冲对经济增长的影响。迈尔斯等（Miles et al.，2011）认为高资本充足率要求会增加银行的融资成本，而银行会将此成本传导给借款人。

雷普洛和苏亚雷斯（Repullo and Suarez，2004）以及鲁登贝格兰和德斯克纳（Ruthenberg and Landskroner，2008）研究了Basel Ⅱ对银行贷款定价的影响。鲁登贝格兰和德斯克纳（2008）的研究比雷普洛和苏亚雷斯更为细致，他们将银行贷款利率分为四个部分：融资成本、风险溢价、反映银行在信贷市场的垄断能力以及融资成本对贷款需求的敏感度。整体上，他们的结论表明不论假设信贷市场是完全竞争（Repullo and Suarez，2004）还是非完全竞争（Ruthenberg and Landskroner, 2008),银行对高风险的公司都倾向于使用标准法计算监管资本,而对低风险的公司倾向于使用内部模型法计算监管资本。

为了更好地研究银行如何应对金融监管改革,一些研究主要关注银行资本结构、银行资产构成、资产流动性状况对银行盈利能力的影响。许多学者研究了资本监管对银行信贷的影响(Cebenoyan and Strahan, 2004; Inderst and Mueller, 2008; Fabi et al., 2005)。一些学者从微观的视角,通过对银行经营行为变化来研究更高的资本监管要求是如何影响银行贷款利率。巴若等(2011)研究 1993~2007 年 OECD 国家 713 家银行的数据,结论表明当银行资本要求上升时,银行在要求发生变化之前就会降低风险胃口。科西曼诺和戴利亚(Cosimano and Dalia, 2011)运用 GMM 方法,研究了 100 家国际大型银行数据,结论表明,更为严格的资本监管要求对银行贷款利率的影响还取决于高资本要求对银行资本成本上升的影响以及经济体对信贷的需求程度。

近期有三篇具有代表性的文献研究了 Basel Ⅲ 对银行贷款定价的影响。埃利奥特(Elliott, 2010)研究银行更多地持有股本对银行贷款利率的影响。埃利奥特从会计角度,假设银行贷款是通过股本、存款和批发融资方式进行融资,且银行贷款需要满足预定 ROE 要求。通过使用美国 FDIC 加总数据,埃利奥特计算表明,如果普通股与贷款的比率上升 2%,则银行为了达到 15% 的 ROE,贷款利率需上升 39 个基点。如果 ROE 要求为 14.5%,银行负债成本降低 10 个基点,贷款损失拨备以及经营成本小幅降低,则银行贷款利率上升 30 个基点。埃利奥特认为,更高强度的监管对银行的影响与银行规模、区域以及业务模式相关,更高的资本要求对美国银行业贷款利率和信贷供给影响不大。

另外一篇文献是卡希亚普等(Kashyap et al., 2010)的研究。他们研究如果监管对银行来讲越来越严格,但监管半径没有覆盖至影子银行体系下,高的资本要求对银行贷款利率的影响。基于 MM 定理,他们认为高的资本要求通过降低税盾效应增加银行成本。他们假设长期负债成本为 7%,税率为 35%,则资本对资产比率增加 1%,会使得加权平均资本成本上升 2.45%。卡希亚普等认为如果股本对银行短期负债挤出效应加大,则银行加权平均资本成本上升会更为显著。他们研究美国银行业 1920~2009 年的数据,将银行股本与资产比对贷款利率进行 OLS 回归,发现在三种表示银行贷款利率的变量中,只有银行股本与资产比与银行贷款利率与国债利率之差的 OLS 回归系数估计值显著，其他两种表示银行贷款利率变量回归结果均不显著。在这组显著的回归分析中，他们认为银行股本与资产比增加1%会导致银行贷款利率与国债收益率之差上升28个基点。基于这个结果，卡希亚普等认为结果是不符合实际的，上升28个基点过于高了，因此他们的结论是银行股本与资产比对贷款利率没有影响。

卡希亚普等的研究是基于银行股本与资产总额之比，而不是与加权风险资产（risk weighted assets）之比，即不是现代意义上的资本充足率要求。金（King，2013）在假设银行 ROE、债务成本、营业收入以及经营费用保持不变的前提下，认为资本充足率要求增加1%，银行贷款利率会增加15个基点；且银行为了满足巴塞尔委员会净稳定资金比率要求，银行贷款利率会上升24个基点。

一些金融机构通过研究高的资本监管要求对银行贷款利率的影响来研究高的资本监管要求对于宏观经济的影响。MAG（2010）研究表明，在假设银行 ROE 不变的情况下，四年之内银行资本充足率要求提高1%会使得银行贷款利率提高15个基点，信贷供给总量下降1.4%，进而使得 GDP 年度增长率每年下降0.045%，四年 GDP 增长率共下降0.19%。如果资本充足率要求在8年之内提高一个百分点，在第35个季度后，全球 GDP 增长率会下降0.17%。经济合作与发展组织和国际金融公司分别在2011年研究了 Basel Ⅲ 更高的资本监管要求对英国、美国、欧盟、日本、瑞典等国家贷款利率的影响，具体结果见表2-3。

表2-3　　　　　　　　　Basel Ⅲ 影响评估结果

	需要再融资的数量	贷款利率（基点）	借贷总额（%）	GDP（%）[4]
国际清算银行[1]		+15	-1.4	-0.19
OECD[2]		+15		-0.23
国际金融公司[3]	1.3万亿美元	+376	-4.8	-3.1

注：（1）假设资本充足率要求在四年内增加1%；
（2）仅仅对2015年进行估计，因此银行业整体资本充足率需要提高1.2%；
（3）对于资本和 GDP 的估计是针对2015年，其他是针对2011~2015年的估计；
（4）与基准值的比较。
资料来源：孙爱春（Sun Eae Chun，2012）。

2.3 货币政策与宏观审慎监管

2.3.1 货币经济理论对金融体系的引进

经典宏观经济理论往往假设金融市场无摩擦。MM 定理意味着企业资产负债表构成不影响投资决策，因此经典宏观经济理论很难解释当金融体系处于困境时，金融体系与实体经济的相互作用机制。针对上述问题，学术界提出了外部融资溢价理论。伯南克、格特勒和吉尔克里斯特（Bernanke, Gertler and Gilchrist, 1999, 以下简称 BGG）的文章是早期比较重要的一篇对 MM 理论发出挑战的文章。在 BGG 的分析框架下，借款人面临外部融资溢价，反映了内部融资与外部融资的成本之差。该融资成本差与借款人净财富有关，而净财富又具有顺周期性，因此融资成本差具有逆周期性质，从而使得借款需求随经济周期出现变动，进而导致总需求和总投资随经济周期波动。BGG 认为外部融资溢价将金融冲击传导至实体经济，并放大了经济周期波动。吉尔克里斯特等（2009）研究美国 1973~2008 年的数据，运用 DSGE 模型估计美国外部融资溢价，其结论表明外部融资溢价越高，投资总量收缩越大。德·格雷夫（De Graeve, 2008）估计美国第二次世界大战后平均外部溢价融资为 130 个基点。外部融资溢价理论从侧面体现了金融周期与经济周期的非同步性问题，反映了之前主流宏观经济理论在认识实体经济与金融体系之间的关系方面的局限性。

除了上述外部融资溢价理论外，资产负债表理论也是关注实体经济和金融体系传染的重要理论，也从侧面论证了金融周期与实体经济存在不同步性，代表性文献是清泷和摩尔（Kiyotaki and Moore, 1997）。清泷和摩尔设定贷款人不能强迫借款人偿还债务，因此类似于机器或者房产等固定资产既可以用作生产，也可以用作贷款抵押。借款人的信用额度受抵押资产价格影响，抵押品价值约束借款人投资及消费总额，而投资消费总额反过来又会影响资产价格。资产价格和信用额度之间相互放大，进而影响金融冲击持续程度。刘、王和查（Liu, Wang and Zha, 2010）用美国数据实证分析发现美国房地产价格与商业投资相互促进，美国存在借款人资产负债传染渠道。住房需求冲击可以解释投资波动的36%~46%，生产总值波动的22%~38%。如果借款人约束条件永远成立，则均衡时不存在违约。但卡斯特罗姆和福斯特（Carlstrom and Fuerst, 1997）将代理成本内生到经济周期的研究当中，因此在均衡状态时违约可以发生，这为监管介入创造了条件。在此框架下，菲亚与莫纳塞利（Faia and Monacelli, 2007）认为货币政策应该依资产价格调控。在菲亚与莫纳塞利的模型框架下，由于资本的价格是在充满道德风险的资本市场中得到，因此金融扭曲的存在导致资产价格上涨，即相当于对资产进行了征税。亚科维洛（Iacoviello, 2005）在BGG模型框架下，将基于房地产价值的抵押约束引入BGG模型，债务合约以名义价值计价，从而将费希尔（Fisher, 1933）的名义刚性分配效应纳入其中。亚科维洛认为，根据资产价格调整货币政策不能够提升产出和通货膨胀的稳定性。

从供给方看，银行资产负债表渠道也会影响冲击的传染，进而影响经济周期。克里斯蒂亚诺等（Christiano et al., 2007）将银行体系嵌入考虑债务紧缩的DSGE模型中，其结论认为金融加速器机制与冲击类型密切相关。克里斯蒂亚诺等认为BGG框架下金融摩擦确实是美国和欧洲经济周期的主要驱动因素，其放大冲击传导作用也强于将银行纳入DSGE模型的情况。克里斯蒂亚诺等认为只要考虑整体货币供给，产出波动才能够降低，且货币政策根据股票市场反应能够稳定美国经济，但对欧洲经济没有效果。德·沃尔克等（De Walque et al., 2008）假设银行具有异质性，借款人和银行可以违约，所以内生违约率是金融加速器机制的主要来源。在他们的模型中，货币政策主要职责是向银行间市场注入流动性。他们认为中央银行向经济体注入流动性可以提升金融体系的稳定程度，但对产出波动的影响则不显著。坎南等（Kannan et al., 2009）认为如果货币政策针对金融体系过热，或者信贷过快增长进行调控，金融加速器机制能够得到有效控制，但需要满足冲击来自金融体系。而当冲击是技术冲击时，货币政策按照经典泰勒法则调控能够最有效降低产出和通胀的波动性。梅和默兰（Meh and Moran, 2010）构建了银行资产负债表影响冲击传染的DSGE模型，模型的关键在于银行资本充足率。梅和默兰认为银行资本充足率的顺周期性取决于冲击类型。如果冲击是技术型或者是货币政策，资本充足率与经济周期负相关，进而起到放大周期的作用。当冲击来自银行体系，梅和默兰认为资本充足率会在经济紧缩时降低。此外，他们认为，不管冲击类型如何，银行占据主导地位的经济体中，银行资本充足时，信贷下降幅度小，经济衰退就较轻。此时银行资本起到吸收经济损失的作用，进而影响货币政策的执行。杰拉利（Gerali，2010）等将银行部门嵌入DSGE模型框架下，在他们的模型中，银行具有一定的市场（不论在存款市场还是贷款市场）垄断能力，受到资本充足率监管要求。垄断能力的存在使得银行可以获得中间价差，该价差的存在改变了货币政策基准利率对银行利率的影响路径。总体上他们认为银行的存在使得产出略微降低，原因是利率存在刚性；但银行能够使实际经济变量在遇到冲击时能够保持持久性。杰拉利等认为，2008年世界金融危机导致GDP增速下滑的金融因素主要是私人部门信贷成本上升及可获得量的降低。

2.3.2 利率水平对商业银行盈利的影响

商业银行盈利是商业银行的主要资本来源之一。货币政策能够通过利率的调控来影响商业银行的盈利水平，进而影响商业银行资本充足率。货币政策调控的主要渠道是中央银行通过控制短期利率，进而影响长期利率。博里奥与迪亚塔特（Borio and Disyatat，2010）指出，中央银行通过调控短期利率和大规模政府债券的买卖影响市场参与者对未来利率的预期。自从金融危机爆发，当各国基准利率都接近于0时，调整短期利率高低的空间已经不存在，对期限结构的影响可能是主要方向。各国中央银行的政策导向也是以影响市场参与者对未来利率的预期为主。

研究利率水平与银行盈利之间关系的文献相对较少。德米尔古克—肯特和赫伊津哈（Demirguc - Kunt and Huizinga，1999）的文章应该是最早将银行盈利与宏观经济指标（实际利率水平等）相联系的文献。他们的研究结果表明，高实际利率可以给银行带来高利润率，此现象对发展中国家更为明显，因为在发展中国家，存款利率非常低。英格力士（English，2002）研究了10个工业化国家利率风险与银行利息收入之间的关系，结果表明银行资产的平均收益与长期利率水平更为相关，利率期限溢价越大，银行盈利越高。近期研究此主题的一篇主要文献是阿尔贝塔齐和甘巴科尔塔（Albertazzi and Gambacorta，2009），他们运用10个OECD国家银行部门的整体数据，发现银行盈利与利率期限结构正相关,银行损失拨备与短期利率正相关。鲍特等(Bolt et al.,2012)研究经济周期对银行盈利水平的非对称性影响也得到了同样的结果。亚历山德里和尼尔森(Alessandri and Nelson,2015)研究了英国利率水平和利率期限结构对银行盈利的影响,结论与上述学者基本一致。博里奥等实证分析表明短期利率水平与银行盈利正相关,期限溢价与银行盈利正相关;低利率与水平期限结构会腐蚀银行盈利。

1. 利率水平变化对利息收入的影响。一般来说,利率越高,利率期限结构越陡峭,银行利息收入越高。但是这种正向增长关系应是递减的,即随着利率不断上升,期限结构越来越陡峭,银行利息收入的增长也越慢。博里奥等指出,利率水平通过四个机制影响银行盈利水平:小额零售存款的禀赋效应(retail deposits endowment effect)、资本禀赋效应(capital endowment effect)、数量效应(quantity effect)与价格效应(price effect)的相互抵消和再定价滞后(repricing lags)以及信用损失账户(credit loss accounting)的动态均衡转移。此处值得一提的是小额零售存款的禀赋效应。著名经济学家克鲁格曼曾指出,银行存款利率相对于市场利率有折价,这反映了银行在存款市场和交易结算服务中的垄断性。博里奥等认为当利率降低时,如果折价越来越低,则紧缩性货币政策会增加银行的利息收入;当银行间竞争以及银行与非银行之间的竞争不是很激烈时,高通货膨胀率会增加银行利息收入;反之当基准利率接近于0时,由于存款利率无法低于零,因此相对于市场利率,该折价非常低,即相对于基准利率,存款利率折价具有"凹性",因此,银行利息收入与基准利率存在非线性关系。市场利率的变化会影响银行存款和贷款总量。整体上,贷款对利率变化的敏感度高于存款。而当利率高于一个临界点时,可能随着违约率的上升,银行盈利水平会出现下降。

利率高低对银行利息收入的影响渠道有两种:一种渠道是由于银行存在垄断力量,存款利率调整较慢(Freixas and Rochet,1997)。市场利率的变化会影响银行存款和贷款总量。整体上,贷款对利率变化的敏感度高于存款。因此当利率上升时,银行会盈利。而当利率高于一个临界点时,可能随着违约率的上升,银行盈利水平会出现下降。另一种渠道与银行拨备计提有关。当利率较低时,在新贷款发放时,银行都会计提较低的拨备水平,因此会增加银行盈利。而贷款的风险往往会在之后几年显现,进而会增加拨备,降低盈利水平。

利率期限结构也会影响银行利息收入。远期利率越高，银行获得的期限溢价增加，银行利息收入增加。博里奥等认为银行能够保持期限溢价的前提是在零售存款市场中具有垄断能力，从而使得存款利率低于市场水平。当利率曲线斜率发生变化（即期限结构出现变化）时，对银行抵押贷款的需求也会出现变化，既可能对银行盈利产生正面影响，也可能产生负面影响。

2. 利率水平变化对非利息收入的影响。博里奥等指出，利率影响非利息收入的渠道有三个：证券估值、衍生品对冲和中间费用收入。第一，证券估值。如果银行所持有的证券是按照盯市制度计价，根据资产定价基本原理，当利率上升时，证券价格下跌。第二，衍生品对冲。商业银行会通过利率互换、利率期货等产品对冲利率风险。对冲操作所获得的盈利计入利润表非利息收入。由于银行的经营特性是存短贷长，因此可以将银行的盈利模式看做支付短期固定利率，收入长期浮动利率。因此一旦长期利率大幅上升（即期限溢价增加），银行收入会上升。但银行一旦全部对冲了利率风险，就不会有此收益。英格兰等（2012）发现当长期利率与短期利率差异变大时，银行股票价格下跌，这说明银行对利率风险进行了全部对冲，从而没有盈利机会。第三，中间费用收入。中间费用收入一般会占据银行非利息收入的60%，一般包括银行表外业务收入、投行业务收入、经纪业务等。拉詹（2005）指出，当利率降低时，资产价格上升，资产交易活跃，银行中间业务会增加，收入也会上涨。阿尔贝塔齐和甘巴科尔塔也认为当利率较低时，市场参与者需要银行来进行专业的投资组合管理服务，因此银行中间费用收入增加。

3. 利率水平变化与贷款损失准备。当利率升高时，可能会通过增加债务负担导致现有贷款违约率的上升，也会通过风险承担渠道来降低未来出现高风险新增贷款的概率（Borio and Zhu, 2012）。布赫等（Buch, 2014）指出货币政策能够通过影响银行对风险的态度影响银行对风险的定价。由于银行存量贷款会显著大于新增贷款，因此利率上升也会通过增加银行贷款损失准备来侵蚀银行利润；当利率处于较低水平时，贷款损失准备的变化会对利率变动非常敏感。在金融危机期间，这种情况应尤为明显，因为此时银行发放的贷款对象都已经非常脆弱（Barseghyan, 2010）。而当利率上升至某一点时，也会导致借款人债务负担加重从而违约概率上升，银行贷款损失准备也会上升。

2.4 本章小结

宏观审慎监管的主要框架仍然是巴塞尔资本协议。Basel Ⅲ为代表的偿付能力监管和流动性监管仍是宏观审慎监管的主要工具。宏观审慎监管需要微观基础，需要建立在微观审慎监管的基础上，其核心应该是通过设计监管工具作用于微观金融机构，进而实现宏观金融体系的问题，即宏观审慎监管应该是一个"从微观到宏观"的监管过程。同时，宏观审慎监管的实施仍然需要其他相关制度和宏观经济政策的配合，比如需要与货币政策配合，保证银行体系稳定；需要公允价值会计制度的修订，以减缓金融体系的顺周期性问题；需要相关信息披露制度，以利于监管当局更好地判断当前金融体系风险形式；需要金融机构高管薪酬激励机制的设计，以降低金融机构过度承担风险的动机；等等。总之，对银行业实施宏观审慎监管的终极目标是保证银行业体系稳定，目标的实现是各种监管工具综合作用的结果。

第 3 章

宏观审慎监管政策工具组合及有效性国际实践经验

2008 年金融危机使得全世界再一次感受到金融危机的恐怖。学术界与监管当局进一步认清了由于金融体系顺周期性以及金融机构之间的传染风险给经济发展带来的巨大成本，也认识到实施宏观审慎监管的必要性。宏观审慎监管的管理客体是系统性风险，核心目标是保证金融体系稳定，从而促进实体经济发展。宏观审慎监管与以往实施的微观审慎监管、货币政策、财政政策等紧密配合，互为补充。2008 年金融危机虽始自发达国家，但新兴市场国家实施宏观审慎监管的经验也非常丰富。宏观审慎监管政策工具的选择与国家类型和本国国情有关，且实施特点具有组合实施的特征；整体上宏观审慎监管政策工具的实施是有效的。

3.1 宏观审慎监管政策工具实施及有效性国际实践

3.1.1 宏观审慎工具箱的构成及实践经验

银行是经济体系与金融体系衔接的主要渠道。阿德里安和申指出，银行风险容忍度天生具有顺周期性。资本监管制度的顺周期性进一步加剧了银行信贷的顺周期性，从而客观上形成了金融体系与实体经济相互加强的促进机制，而这种促进机制的存在会增加银行体系的脆弱性,因此,对银行体系实施宏观审慎监管势在必行。学者们在2008年金融危机后对实施宏观审慎监管的有效性进行了研究。由于样本量的原因,学者们多数研究集中在国家层面,即研究宏观审慎工具对一国信贷、资产价格以及金融稳定的影响。国际货币基金组织对世界48个新兴市场国家宏观审慎工具的使用进行了调查。这些国家宏观审慎工具主要类型包括:贷款价值比(loan-to-value,LTV)、债务收入比(debt-to-income,DTI)、控制信贷增速(limits on credit growth,LCG)、控制外币贷款(limits on foreign lending,LFC)、准备金制度(reserve requirements,RR)、动态拨备制度(dynamic provisioning,DP)、逆周期资本要求(countercyclical requirements,CTC)、限制盈余分配(limits on profit redistribution,LPRD)。

从国际货币基金组织的调查可以看出,宏观审慎政策工具箱非常庞大,包括传统微观审慎工具以及新的政策工具。宏观审慎监管包括两个维度:截面维度和时间维度,因此宏观审慎工具也分为时间维度下的工具和截面维度下的工具,宏观审慎监管也有组合实施的特征。时间维度下的工具又可分为经济繁荣期时的工具和经济衰退期的工具。根据宏观审慎工具的作用对象,克雷森斯等(Stijn Claessens et al.,2014)认为宏观审慎工具可以分为:(1)针对借款人的工具;(2)针对金融机构资产负债表的工具;(3)逆周期调控工具;(4)其他制度性工具。其中,(1)主要是控制需求因素,(2)、(3)和(4)主要针对供给因素;(1)和(2)主要是为了降低周期的放大作用,(3)和(4)则主要是为了保证金融体系的稳定。表3-1为宏观审慎政策工具的组合。从表3-1中可以看出,许多微观审慎工具均可以通过时变的调整来实现宏观审慎的目标。

表3-1　　　　　　　　宏观审慎工具组合

项目	对借款人的限制	对金融机构资产负债表的限制	逆周期性质的工具	其他类型工具	
				税收	相关制度体系建设
截面维度:传染风险加剧时期	对资产结构进行约束	针对金融机构的风险敞口进行限制	针对系统重要性计提资本	针对规模、网络结构外部性进行征税	设立中央交易对手,建立危机救助机制,信息披露制度建设

续表

项目	对借款人的限制	对金融机构资产负债表的限制	逆周期性质的工具	其他类型工具 税收	其他类型工具 相关制度体系建设
经济繁荣期	LTV、DTI，交易准备金和折扣率调整，控制信贷增速及投放目标	控制期限错配、货币错配，运用准备金制度	逆周期资本计提、杠杆率控制、动态拨备制度	对于特定金融活动进行征税	盯市制度；红利分配制度；加强市场纪律建设等
经济衰退期	LTV、DTI，交易准备金和折扣率调整	流动性覆盖率；净稳定资金比率	逆周期资本释放，动态拨备释放	降低税率	产品标准化，建立金融安全网

资料来源：克雷森斯等（2014）。

在国际货币基金组织的统计样本中，有 24 个国家至少在一年内使用过 LTV、9 个国家使用动态拨备制度、8 个国家对外币借贷进行了限制、7 个国家使用 DTI、6 个国家控制信贷增长以及控制盈余分配、5 个国家使用准备金制度，只有 2 个国家运用逆周期资本要求。进一步，如果按照使用时间进行加权，比如如果某个工具使用两年，记为两次运用，则 LTV 的使用达到 44%，DTI、控制信贷增长、控制外币借贷和动态拨备制度占比均为 8%，准备金制度 5%，盈余分配 3%，逆周期资本要求 1%。从上述数据统计来看，样本内国家应是组合使用了宏观审慎政策工具。

宏观审慎政策工具实施应与其他宏观经济政策组合进行。第一，本国财政政策、货币政策和微观审慎监管会影响宏观审慎工具的选择，货币政策要与宏观审慎监管密切配合（王馨，2012）。对于加入货币联盟以及实行盯住汇率制度的国家，货币政策管理金融周期的能力会大打折扣。有些国家受限于财政负债也无法有效实施逆周期调控。克雷森斯和高希（Claessens and Ghosh，2013）指出，金融体系对外开放度决定了一国金融体系的国外风险敞口，从而将银行体系的脆弱性与国际资本连接起来。世界各国的实践经验也证明宏观审慎监管应与货币政策密切配合（张敏锋和李拉亚，2013）。第二，宏观审慎工具也要与压力测试互补。美国和欧盟都在运用压力测试识别金融体系的脆弱点并制定措施。美国和欧盟认为压力测试实施的精细度比宏观审慎工具高，且调整更为及时。如果宏观审慎工具没能根据经济形势变化进行调整的话，压力测试将更有助于定位金融体系的脆弱点。然而，克雷森斯等认为，压力测试也有弱点，即压力测试仅仅覆盖一些主要银行，无法全面捕捉系统性风险，且具有相机抉择的意味。

根据本国国情选择正确的宏观审慎工具，对该国宏观审慎实施效果会起到事半功倍的效果。本国金融结构、金融制度等因素都会影响宏观审慎工具的选择。比如银行体系与资本市场在该国金融体系中的比重是选取宏观审慎工具主要考虑的问题之一。银行体系的行业组织形式也会影响宏观审慎工具的选取。克雷森斯等指出，国有银行占据主导地位的国家，一方面实施宏观审慎监管会更为容易；但另一方面国有银行会受到政治压力，使得将信贷配置到低效率的企业，此时宏观审慎监管的实施效果可能不好。如果一国金融对外开放度高，则宏观审慎监管可能会被规避。除此之外制度环境（比如数据积累状况、监管当局技术水平等）也会影响一国宏观审慎监管的实施。

国家类型会影响宏观审慎工具的选择。2000~2010 年，新兴市场国家对宏观审慎工具的使用更为频繁，这是因为新兴市场国家国内金融市场功能存在缺陷，更容易受到外部冲击，因此需要频繁的运用宏观审慎工具应对金融体系可能出现的问题。克雷森斯等运用辛藤（Chinn-Ito，2008）所构建的开放度指数证明了宏观审慎工具使用频繁的国家往往是金融体系自由化程度不高的国家。从图 3-1 中可以看出，新兴市场国家对宏观审慎工具的使用频率远高于发达国家，且资本账户管制国家宏观审慎工具使用频率也较高。即使对于同一宏观审慎工具，不同类型国家的使用方式也不同。在发达经济体，LTV 的使用最为频繁，包括加拿大、法国、中国香港特区、意大利、韩国、挪威、新加坡、西班牙、瑞典，而只有中国香港特区和韩国使用 DTI，新加坡控制信贷增速，奥地利控制外币借贷，西班牙使用动态拨备制度。对于资本账户管制的国家，准备金制度运用较为频繁。整体上新兴市场国家使用宏观审慎工具时间较长。同时新兴市场国家非常关注国际资本以及由此引发的流动性风险，因此，新兴市场国家更常常会使用与流动性有关的工具，并控制信贷增速，限制盈余分配。发达国家更关注金融机构过度杠杆化引发的系统性风险，因此发达国家使用频率较高的宏观审慎工具常常为LTV、DTI等。

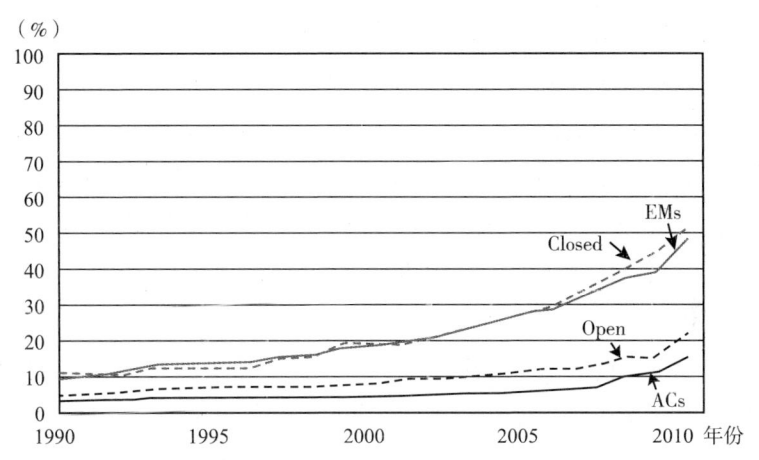

图3-1 IMF统计样本中宏观审慎工具使用国家占比：新兴市场国家（EMs）VS发达国家（ACs），资本账户开放国家（Open）与资本账户管制国家（Closed）

资料来源：里母等（Lim, C. F. et al., 2011）。

3.1.2 宏观审慎监管政策工具实施的有效性的国际经验

许多学者已经有针对性地分析了宏观审慎工具应对金融体系脆弱性是否有效的问题。整体来讲，国际学者的研究结论可以令人信服（廖岷、林学冠和寇宏，2014）。里母等人（Lim, C. F. et al., 2011）通过实证分析认为LTV、DTI、控制信贷增速、准备金制度和动态拨备有助于缓解信贷和杠杆率的顺周期性问题。国际货币基金组织（IMF，2012）研究了宏观审慎工具能否有效应对金融脆弱性（包括信贷过快增长、房价快速上涨和国际资本流入），以及对实体经济的影响，同时还研究宏观审慎工具在宽松和紧缩时对经济体和金融体系的影响是否是对称的。整体上IMF认为，时变资本充足率要求和拨备制度能够有效应对信贷快速增长，LTV能够有效应对房价过快上涨，准备金制度能够有效应对施行浮动汇率制度的新兴市场国家的资本流入。然而在对称性问题上，政策实施效果不是特别明显。国际货币基金组织的研究成果还表明，除 LTV 外，其他宏观审慎工具对实体经济的影响不是很显著。克劳等（Crowe et al.，2011）研究 LTV 对房地产价格的影响，认为根据房地产价格周期调整的 LTV 政策能够有效地熨平房地产周期。他们认为宏观审慎工具专注性有利于降低政策成本，且即使宏观审慎工具无法有效缓解金融体系过热，但也能够有效解决金融体系困境问题。范登布谢、沃格尔和德格拉希亚（Vandenbussche, Vogel and Detragiache, 2012）研究宏观审慎工具对中欧、东欧和东南欧国家房地产价格的影响，结论表明时变的资本充足率要求以及针对信贷增长和外币融资的准备金制度有助于降低房地产价格增速。德尔阿里西亚等（Dell'Ariccia et al.，2012）研究宏观审慎工具对信贷周期的影响，结论表明宏观审慎工具能够有效降低信贷的泡沫程度，且一旦出现泡沫，宏观审慎工具也能够降低泡沫破裂的概率。总体上，德尔阿里西亚等认为宏观审慎工具能够降低金融体系陷入困境的概率，且能够降低实体经济受金融脆弱的负面影响。库特纳和希姆（Kuttner and Shim，2016）使用 57 个国家 30 年的数据，研究九类非利率政策工具，包括宏观审慎工具在稳定房价过快增长和住房贷款增长的作用，研究结论表明住房贷款增速与 DTI、LTV、房地产风险敞口限制以及房产税有关。

在微观的研究方面，吉米兹等（Jiménez et al.，2012）认为西班牙的逆周期工具有助于熨平信贷周期，动态拨备制度能够使企业在经济衰退期仍能够得到信贷。伊根和康（Igan and Kang，2011）认为韩国 LTV 和 DTI 的实施能够控制住房抵押贷款增速。艾亚尔、卡洛米利斯和维莱德克（Aiyar, Calomiris and Wieladek, 2013）研究英国 1998~2007 年的数据，认为银行自身多计提资本能够影响信贷供给，而货币政策却不能影响信贷供给。

有些宏观经济政策也可以作为宏观审慎工具来使用，但效果不是特别显著。达萨蒂·卡莫斯和佩德罗（Dassatti Camors and Peydro, 2014）使用银行数据，研究乌拉圭准备金要求的非预期影响，结论表明，虽然整体信贷下降，但个别高风险公司却获得了信贷，系统重要性银行却没受到准备金制度的影响。所以他们认为准备金要求上升虽然意味着信贷降低，但风险未必降低。

3.2 亚洲实践经验借鉴

近 20 年来，国际资本的涌入使得亚洲国家信贷大幅增加，资产价格快速上升，从而使得亚洲金融体系出现失衡。国际货币基金组织 2011 年研究认为，亚洲地区曾经强劲的经济增长态势以及欧美国家量化宽松的货币政策使得大量国际资本向新兴市场国家配置。自 21 世纪以来，在 2008 年金融危机爆发之前，国际资本流入在波动中上升。虽然 2008 年金融危机使得流入亚洲的国际资本大幅下挫，但随之从 2009 年第三季度开始，资本流入量又快速回升（见图 3-2）。亚洲大多数国家的经济均以开放外向为主。在应对资本流入方面，亚洲各个国家的货币政策显得力不从心。如果提高利率抑制过热的经济，则会导致更多的国际资本流入，增加金融体系的风险。此外，货币政策作用对象往往是全局性的，而经济过热往往是一个部门过热。如果资产价格周期和通货膨胀周期不一致，则货币政策更陷入了两难境地。鉴于货币政策调控同时调控金融和经济存在局限性，广大亚洲国家纷纷实施宏观审慎监管来保证金融体系的稳定。

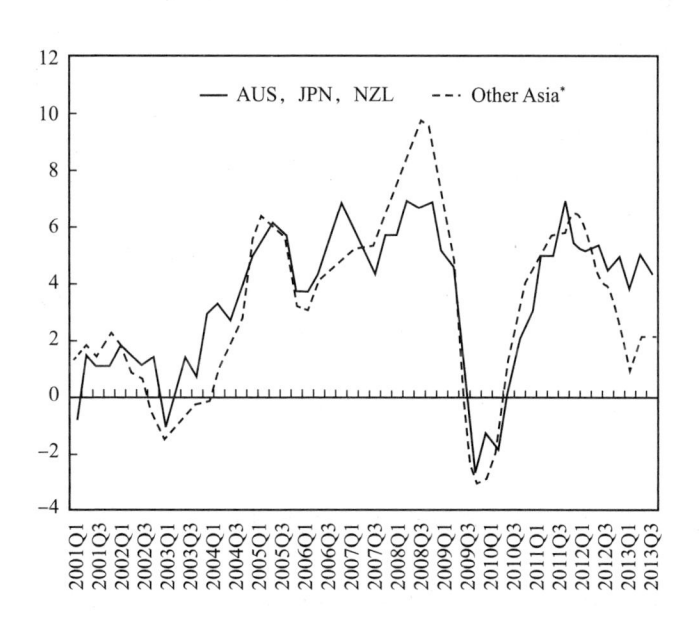

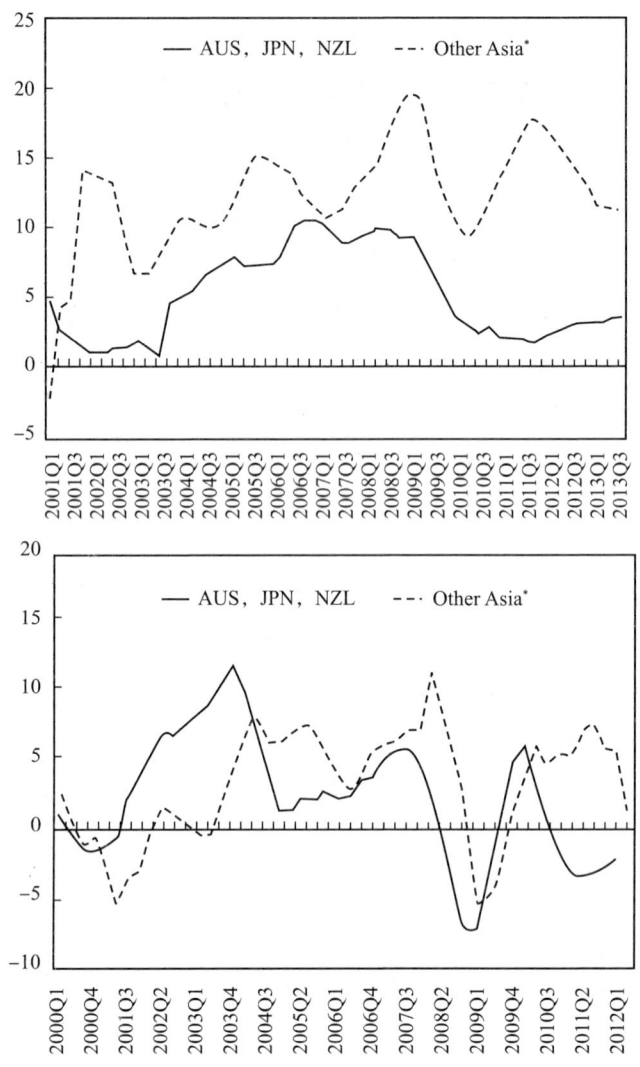

图 3-2 亚洲非 FDI 资本流入占 GDP 比重、亚洲名义信贷增长率、
亚洲房地产价格增长率走势（2000 年第一季度～2013 年第一季度）

注：* 其他亚洲国家和地区包括中国内地、中国香港地区、印度、印度尼西亚、韩国、马来西亚、菲律宾、新加坡、中国台湾地区、泰国和越南。

资料来源：International Financial Statistics and World Economic Outlook.

3.2.1 亚洲国家宏观审慎监管实施概况

亚洲对宏观审慎监管的熟悉度先天性优于西方国家，因此，有必要对亚洲宏观审慎监管的实施进行梳理总结。中国是亚洲最大的国家，中国经济与亚洲国家联系紧密，中国金融体系能否保持稳定，很大程度上取决于亚洲金融体系的状况。宏观审慎监管的实施本身就应该立足国际，而同在亚欧大陆上又使得中国在实施宏观审慎监管时也应借鉴亚洲国家的实施经验。

亚洲国家非常全面地采用了宏观审慎监管的各类工具，具体包括贷款价值比率（loan to value，LTV）、债务收入比率（debt to income，DTI）、限制私人信贷额度、逆周期资本缓冲计提、限制金融机构盈余分配、动态拨备制度、准备金比率调控、流动性监管、针对外币借贷的限额以及对国际资本流入控制措施等。国际货币基金组织针对亚洲13个经济体以及其他33个经济体从2000年第一季度开始记录所有审慎指标的季度数据，数据来源为亚洲各国中央银行和银行监管当局的金融稳定报告和年度报告、外汇安排与外汇限制年度报告数据库（the Annual Report on Exchange Arrangements and Exchange Restrictions，AREAER）以及其他机构的研究成果。当各国采取紧缩性措施时，数据库记录为1，宽松型政策时，数据库记录为-1。在2000年第一季度~2013年第三季度，共记录353个"1"，125个"-1"，其中亚洲国家记录了139个"1"，41个"-1"。

亚洲国家大多经历了快速的房地产价格上涨，因此，运用宏观审慎监管工具调控房地产市场是亚洲国家宏观审慎监管实施的一大特色。在亚洲，最常使用的宏观审慎监管工具就是LTV，2000年第一季度~2013年第三季度，其使用频率是中东欧及独联体国家以及欧洲北美等发达国家的两倍，而且导向以紧缩性质为主。同时，亚洲国家较多次地运用了准备金比率要求实施宏观审慎监管，这可能是由于准备金制度兼具货币政策与宏观审慎监管双重特性。在2000年第一季度~2013年第三季度准备金制度实施的紧缩导向略多于宽松型导向。

由于许多亚洲国家信贷快速增长以及资产价格快速上涨均为国际资本流入驱动，因此亚洲国家有内在动机实施宏观审慎监管。国际货币基金组织2013年指出："宏观审慎监管能够有效应对金融体系的脆弱性。资本流入以及外汇冲击都会使金融体系变得脆弱，因此资本流入管理可能与宏观审慎监管存在重合。"张龙梅和埃达尔·邹莉（Longmei Zhang and Edda Zoli）构建了宏观审慎监管指标（indices of macro-prudential policies，MPP）和资本流入管理指标（capital flow measures，CFM）。从图3-3可以看出，宏观审慎监管运用强度逐年上升，且在2006年之后上升幅度加快，这对亚洲国家尤为明显。

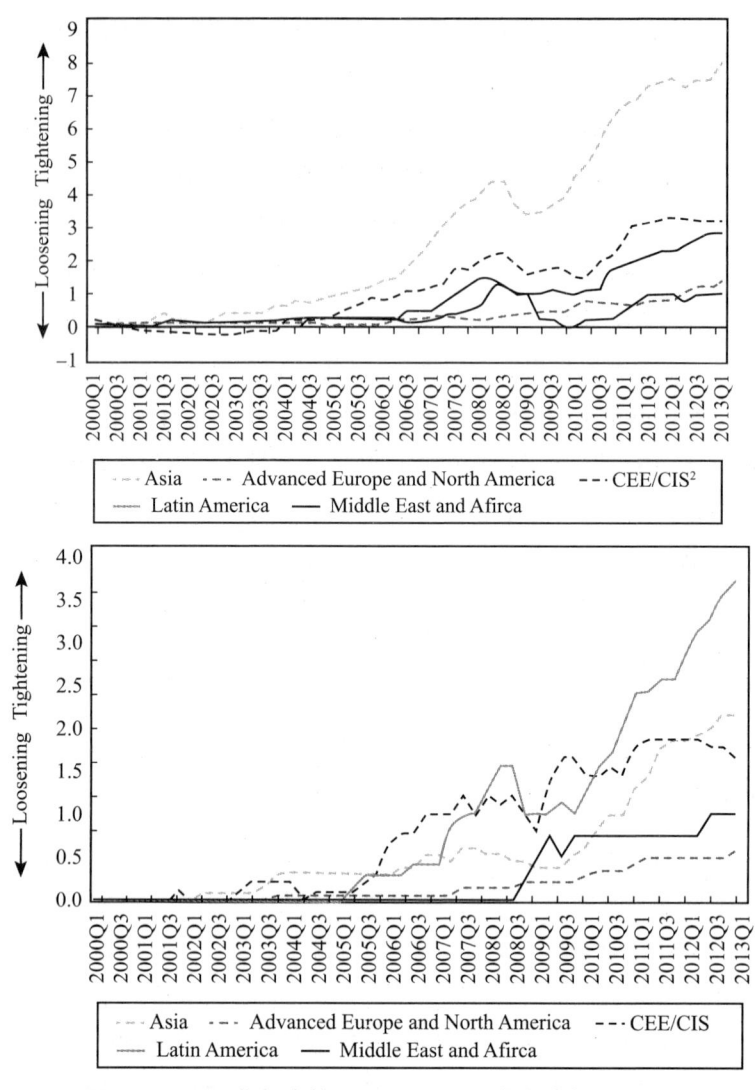

图 3-3　MPP 指标走势（上图）、CFM 指标走势（下图）

（2000 年第一季度～2013 年第三季度）

资料来源：张龙梅和艾达·邹莉（2014）。

这主要是由于在 2006 年前后大量国际游资造成亚洲国家信贷和资产价格快速增长。2008 年金融危机爆发后，发达国家都实施了量化宽松的货币政策，因此，在 2010 年国际资本又快速回流至亚洲经济体，此时亚洲国家也纷纷采取宏观审慎监管措施来应对资产价格和信贷的快速上涨。由于亚洲国际资本账户没有完全开放，因此，CFM 指标显示在美国量化宽松货币政策执行后，拉丁美洲国家比亚洲国家在控制资本流入方面的政策力度要大。

从亚洲经济体内部来看，中国香港特区、中国台湾地区、新加坡等国家和地区对 MPP 的依靠大于 CFM。中国香港特区和新加坡都经历过房价上涨压力，因此针对房价上涨的审慎监管工具（LTV、DTI、房产税等）均广为使用。韩国同时运用了 MPP 和 CFM 工具。不仅如此，韩国还对银行非存款性质的外币债务、外币衍生产品头寸等进行限制。中国和印度更多地依靠准备金制度这种与货币政策存在联系的工具应对信贷快速增长。东南亚国家更多地运用国内审慎工具调控，除了印度尼西亚和泰国，东南亚国家均对外币存款进行限制，以应对国际资本流入。而印度尼西亚和泰国对国外投资者持有债券的期限交易税都有严格的规定。

在宏观审慎监管与货币政策协调方面，一些发达的亚洲经济体（中国香港特区、新加坡）受困于汇率制度，往往更加依靠宏观审慎监管来应对国际资本流入。在新兴的亚洲经济体，宏观审慎监管与货币政策配合得非常好，从图 3-4 中可以看出，亚洲新兴经济体货币政策与宏观审慎监管政策的协调更好。宏观审慎监管逆周期调控可以在经济过热时对经济降温，而在金融危

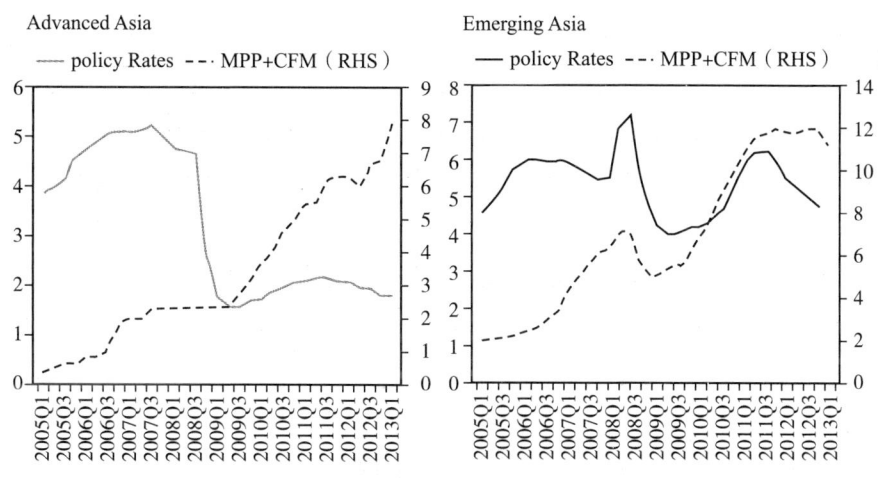

图 3-4 亚洲国家宏观审慎监管与货币政策协调状况

（2000 年第一季度~2013 年第三季度）

资料来源：张龙梅和艾达·邹莉（Longmei Zhang and Edda Zoli, 2014）。

机爆发后提振经济发展,而当2010年国际资本再次回流亚洲经济体时,宏观审慎监管再次采取紧缩性措施。当经济不景气,但金融体系失衡风险加剧时,亚洲新兴经济体国家往往运用货币政策降低利率,但运用宏观审慎监管抑制金融体系的失衡。

3.2.2 西亚的借鉴——以海湾国家[①]为例

1. 海湾国家需要实施宏观审慎监管的内在原因。海湾国家经济以能源出口为主,因此,其金融体系的稳定程度受到国际能源市场的影响。当能源市场价格大幅上涨时,海湾国家外部融资能力以及政府举债能力都大幅增加,市场流动性充裕,金融机构信贷和资产价格快速上涨,银行体系会暴露在房地产风险之下,一旦全球能源市场掉头,资产价格就会快速下跌,金融体系风险增加。虽然这种冲击是外部的,但海湾国家需要运用国内政策工具来管理。受限于汇率制度,海湾国家运用利率管理需求存在很大的局限性,同时财政政策在宏观经济管理方面局限性也很高,因此宏观审慎政策作为管理金融经济稳定的重要利器。

第一,海湾国家信贷具有顺周期性,其主要作用机制是财政政策所体现的顺周期性。海湾国家过度依赖原油出口,使得其国内金融体系与全球能源市场的运行紧密相关。当世界经济景气时,出口收入的提高使得政府存在大量的财政盈余,政府会将这笔资金花在非石油部门,尤其是建筑业,此时银行体系流动性也非常充裕,信贷与资产价格同原油价格一起上涨。比如在2003~2008年,卡塔尔和阿联酋银行信贷增长率在23%左右,在2008年末私人信贷与非石油GDP比值为122%。

第二,固定收益市场的落后使得房地产市场成为投资的首选,从而促成房地产泡沫的形成。海湾国家的能源部门在经济体中的权重很大,制造业比重相对较低,因此除能源产业外,在缺乏其他投资渠道的情况下,房地产成为投资的首选,尤其在科威特、卡塔尔和阿联酋。房地产周期性的上升与下降是海湾国家金融体系系统性风险的主要表现形式。

第三,金融体系风险管理存在缺陷。世界银行2011年调查显示,海湾国

[①] 本章研究的海湾国家包括巴林、科威特、阿曼、沙特阿拉伯、卡塔尔和阿联酋。

家银行集中度风险很高,且中小企业很难得到银行贷款。在信息披露制度方面,许多公司没有信息披露要求,且投资者也无法分清哪些资产是企业的,哪些资产属于个人,这些公司之间是否具有关联性等信息。同时索菲亚阿尔瓦等(Zsofia Arvai et al.,2014)认为,由于伊斯兰金融业需要遵守Shariah准则,而这种机构的合规风险在特定情况下会转化成系统性风险。在海湾国家,政府对银行存款具有隐性担保,因此,一旦银行出现偿付能力问题,问题机构处置过程非常漫长烦琐。卡塔尔、阿联酋、沙特阿拉伯等国家很少针对金融体系实施破产程序。

2. 海湾国家的实施经验。在宏观审慎监管实施方面,海湾国家积累了丰富的经验。在2008年金融危机爆发之前,海湾国家运用宏观审慎监管工具应对信贷的快速上涨(尤其是零售信贷业务),但这些措施也具有一定的滞后性和局限性。表3-2为海湾国家宏观审慎监管实施统计。

具体来讲,海湾国家主要通过以下三个方面实施宏观审慎监管。

第一,限制个人信贷。由于在海湾国家存在"大而不倒"的观念,因此,在借贷活动中道德风险非常严重。在贷款总量中,海湾国家个人信贷占比很高,所以控制个人信贷增长率成为宏观审慎监管主要关注的问题之一。除阿曼和科威特外,其他海湾国家均运用了债务收入比控制个人债务总量。许多国家还对每月还款额与月工资收入比的上限进行限制,沙特阿拉伯是33%,巴林、卡塔尔、阿联酋是50%。阿联酋还对个体贷款总额进行限制。只有卡塔尔和沙特阿拉伯运用贷款价值比进行调控。然而虽然海湾国家监管当局使用各种工具限制个人贷款,在2008年金融危机爆发时,巴林、科威特和阿曼的个人贷款总额占据贷款总额的比率仍达30%。且惠誉公司2009年研究报告显示,除科威特外,其他海湾国家没有公布究竟有多少个人贷款用来购买股票。

第二,限制风险敞口暴露。海湾国家对银行存贷比进行限制,最低是巴林,为60%;最高为卡塔尔,为90%。阿联酋规定贷款总额不能超过稳定融资来源总量。然而在2008年金融危机爆发前,海湾国家经济体流动性非常充裕,因此,银行存贷比并没有很好地控制信贷增长率。在2003~2008年间,阿曼信贷增长率年均为17%,卡塔尔为35%。阿联酋的限制政策没有控制好银行外币借款总额,从而使银行体系暴露在汇率风险之下。为了控制集中度

表 3-2 海湾国家宏观审慎监管工具使用情况统计

	巴林	科威特	阿曼	卡塔尔	沙特阿拉伯	阿联酋
逆周期资本计提	没有使用	没有使用	没有使用	没有使用	有使用经验：2003~2007年，银行资本要求提高2.5倍；1992~1997年，银行资本充足率提高100%	没有使用
一般拨备	相机抉择	现金项目为1%；非现金项目为0.5%	个人贷款需要计提2%，其他类型贷款计提1%	1.5%	1%，但在经济上升期，拨备覆盖率需高于100%	逐渐上升至信用风险加权资产的1.5%，但对信用风险加权资产并没有拨备
动态拨备	没有使用	没有使用	没有使用	没有使用	没有使用	没有使用
杠杆率（资本比资产）	零售银行为5%；批发银行为10%	没有使用	没有使用	没有使用	存款不能超过15%，并实施Basel Ⅲ 杠杆率要求	没有使用
存款准备金比率	存款总额的5%	没有使用	存款总额的5%	存款总额的4.75%	活期存款为7%；定期存款为4%	活期存款为14%；定期存款为1%
房地产风险敞口限制	房地产借贷总额不能超过贷款总量的30%	没有使用	不能高于银行净值的60%，或者不能高于存款（不包括同业存款和政府存款）总量的60%	对于非伊斯兰银行，不能高于一级资本的150%，而对伊斯兰银行，不能高于一级资本的25%	没有使用	不能高于存款总额的20%，且房地产风险敞口还包括对住宅和商业建筑业敞口

第3章 宏观审慎监管政策工具组合及有效性国际实践经验

续表

	巴林	科威特	阿曼	卡塔尔	沙特阿拉伯	阿联酋
非房地产风险敞口限制	没有使用	每个行业不能超过贷款总额的10%	个人贷款为40%；房屋贷款为10%；非居民贷款总量为30%，且每笔不超过5%	不能对证券交易发放任何贷款	没有使用	对于政府及政府关联方借贷总量进行限制
贷款价值比	商业借款要求80%	空置地块为50%；二手房为60%；新建住房为70%	商业借款要求80%	个人贷款为70%；商业贷款为60%	针对房地产金融公司贷款要求为70%	区分本国和国外公司以及个人首套及二套房贷，对其进行调整
债务收入比	每月债务不能高于月收入50%	没有使用	没有使用	每月债务不能高于月收入50%	每月债务不能高于月收入33%	贷款总额不能超过月收入20倍；贷款期限不能超过48个月；每月债务不能高于月收入50%
存贷比要求	60%~65%	资金来源为3个月以内为75%；三个月到一年为90%；一年以上为100%	87.5%	90%	85%	与稳定融资来源比率可达100%

57

续表

	巴林	科威特	阿曼	卡塔尔	沙特阿拉伯	阿联酋
对信贷增长率的控制	没有使用	没有使用	没有使用	没有使用	虽然没有使用,但当局对私人信贷量非常关注	没有使用
流动性要求	流动性资产/总资产不低于25%	流动性资产/本币客户存款不低于18%	实施要求,但没有具体限制	流动性资产/根据流动性加权的负债额不低于100%	流动性资产20%,并实施Basel Ⅲ流动性监管指引	以Basel Ⅲ流动性监管指引为准
对国外贷款控制	没有使用	国外借款人必须具有外汇现金流	不能超过银行净值的5%	国外借款人必须具有外汇现金流	没有使用	没有使用
外币负债控制	没有使用	没有使用	没有使用	外币负债不能超过外币资产	没有使用	根据银行内部风险管理系统调整
对集中度风险控制	单一借款人借款总额不能超过监管资本的15%	单一借款人借款总额不能超过监管资本的15%,且大额贷款总额不能超过资本的4倍	单一借款人借款总额不能超过监管资本的15%	单一借款人借款总额不能超过监管资本的15%;贷款总额不能超过资本的6倍;关系人贷款不能高于资本总额	单一借款人借款总额不能超过监管资本的25%,但在实践中该比率为15%	单一公共借款人借款总额不能超过监管资本的25%;私人部门不能高于7%

资料来源:各国家中央银行、国际货币基金组织以及素菲亚·阿维等(Zsofia Arvai et al.,2014)整理。

风险，所有海湾国家均对单一借款人借款占比进行限制。除科威特和沙特阿拉伯，其他海湾国家均对房地产风险敞口进行限制，只有卡塔尔和阿曼对外汇风险暴露进行限制。科威特规定外币贷款的借款人必须有外币收入现金流。

第三，贷款损失拨备工具的使用。大多数海湾国家都要求银行计提一定比率的一般拨备，但都并没有建立动态拨备制度。沙特阿拉伯规定银行应对不良贷款率进行100%拨备覆盖，但在经济周期的最高点，拨备覆盖率应达到200%。科威特、阿曼、卡塔尔、阿联酋在2008年金融危机爆发后均对一般拨备计提比率进行了调整，比如阿联酋在2014年将一般拨备计提比率提高至1.5%，以覆盖没有确认的损失。

3. 海湾国家宏观审慎监管机构设置。宏观审慎监管由谁来实施是宏观审慎监管实施的核心问题之一。海湾国家除卡塔尔之外，并没有通过法律赋予哪家机构实施宏观审慎监管。海湾国家的各监管当局需要实现相互信息共享，有效进行沟通，才能堵住监管套利。

（1）巴林。成立于2006年的巴林中央银行是监管巴林金融体系的唯一机构。其主要职责包括对金融体系稳定性进行测度、管理系统性风险、对传统银行和伊斯兰银行发放营业牌照并实施监管、提供保险服务（包括成立保险公司）、发放投资类公司牌照（包括证券公司、交易所、清算公司、经纪商、投资咨询公司）、履行资本市场监管职责，并提供其他服务（包括货币兑换、代表处驻扎及其他辅助服务）。为了实施宏观审慎监管，巴林银行也定期发布金融稳定报告。

（2）卡塔尔。卡塔尔中央银行负责金融体系的稳定，并对所有金融服务部门和金融市场的监管部门提供政策框架指导。2012年12月，为完善金融监管框架，提升金融体系稳定程度，卡塔尔中央银行、卡塔尔金融市场局（Qatar Financial Markets Authority，QFMA）以及卡塔尔金融监管局（QFC Regulatory Authority，QFCRA）联合修改法律，成立金融稳定和风险控制委员会（The Financial Stability and Risk Control Committee，FSRCC），以便加强各部门之间的合作，促进宏观审慎监管实施。FSRCC由央行主管，成员包括QFMA和QFCRA的副主席和首席执行官。根据法律规定，FSRCC主要职责包括：第一，识别评估金融部门和金融市场的风险，并提出解决方案；第二，促进各部门之间信息共享和合作，推动宏观审慎监管稳步向前；第三，对金融机构和金融市场提出相关监管政策指引。FSRCC 提出的政策是否通过由央行高层决定，具体实施由央行、QFCRA 和 QFMA 负责。

（3）阿联酋。阿联酋中央银行内部设立了银行稳定委员会。阿联酋的宏观审慎监管仅仅针对银行体系。对于银行体系系统性风险管理主要由两个部门负责，其中央银行的金融稳定部门负责识别风险，并提出解决方案，银行稳定委员会负责最终的具体实施。在阿联酋，各部门还没有建立有效的信息共享机制，且中央银行也无法得到其他监管部门的信息。但阿联酋正在向建立部门合作机制努力，努力使得自己的宏观审慎监管体系向现代化方向发展。

（4）科威特。科威特中央银行负责监管银行体系。2011 年 9 月，科威特成立资本市场局（Capital Markets Authority, CMA），负责监管投资公司的投行业务，中央银行负责监管投资公司的借贷业务。CMA 与中央银行建立了良好的信息合作共享机制，并签订了互谅协议。科威特成立了金融稳定办公室（Financial Stability Office, FSO），其职责是对金融体系的风险进行分析，并直接向政府汇报。FSO 在识别系统性风险、非现场的季度金融体系稳定报告、银行体系压力测试等方面取得了很大进步，同时 FSO 还基于宏观和微观金融经济指标构建了系统性风险的预警体系。

（5）阿曼。阿曼中央银行负责监管整个金融体系。其职责是：实施良好的货币政策和金融政策，促进金融部门快速健康发展以惠及实体经济。阿曼中央银行许多微观审慎监管工具具有宏观审慎监管的特征，比如提高资本充足率要求、限制风险敞口等。但阿曼在中央银行内部也成立了金融稳定局，负责宏观审慎监管实施，并定期发布金融稳定报告。

（6）沙特阿拉伯。沙特阿拉伯货币政策当局（Saudi Arabian Monetary Agency, SAMA）负责监管银行、保险公司和证券交易商。虽然 SAMA 也成立了金融稳定办公室，但由于法律制度原因，沙特阿拉伯并没有建立起有效的宏观审慎监管机构框架。

3.2.3 东（南）亚的实践

1. 实施概况。在经历了 1997 年亚洲金融危机后，亚洲国家和地区纷纷采取了具有宏观审慎理念的政策工具。随着 2008 年金融危机的爆发，亚洲国家和地区进一步加强了宏观审慎监管的实施。在实施侧重点方面，中国香港特区主要实施 LTV、DTI 两个工具，并严格控制信贷增长率；印度主要实施 LTV、逆周期资本缓冲、动态拨备制度等；印度尼西亚主要实施准备金制度和对外币负债以及错配程度进行控制；韩国主要实施 LTV、DTI、外币借款和外币头寸控制以及准备金制度；马来西亚主要实施 LTV、信贷增长率、外币借款及外币头寸、准备金制度以及逆周期资本缓冲；蒙古主要对货币错配程度以及期限错配程度进行限制，并施行动态拨备制度；新加坡主要实施 LTV、控制信贷增长率和期限错配程度；泰国主要实施 LTV、DTI、控制外币错配程度以及实施逆周期资本缓冲。

从具体实施上看，第一，在工具作用对象上，马来西亚和新加坡主要针对不动产的价格，中国香港特区主要针对住房抵押贷款，韩国将 LTV 的实施细分至不同地区。第二，在规则的时变性方面，马来西亚、韩国、中国香港特区主要根据房屋价格调整。第三，在实施方式方面，中国香港特区、新加坡和韩国均采用可测度的相机抉择方式。第四，在实施有效性方面，中国香港特区、韩国以及新加坡的 LTV 实施能够比较有效地抑制房价过快上涨。

2008 年金融危机后，为保持金融体系稳定，东（南）亚各国和地区也纷纷加强宏观审慎监管的实施。印度在 2008 年将商业房地产贷款的风险权重下调为 100%，在 2010 年将住房抵押贷款 LTV 设置为 80%；印度尼西亚在 2010 年将本币存款准备金要求从 5% 提升至 8%，在 2011 年将外币存款准备金要求从 1% 提到 8%，并在 2011 年将存贷比大于 100% 的银行提高准备金要求；韩国在 2009 年针对外币引入流动性风险管理框架，在 2010 年对外币借款增长率进行限制，在 2011 年对银行表外外汇远期头寸施行紧缩政策，对外国资本购买本国资产进行征税；马来西亚针对第三套房贷 LTV 设置为 70%；蒙古国在 2010 年实施动态拨备制度，要求净外币头寸不能超过银行资本的 15%，期限错配程度不能超过资产久期的 30%，并在 2011 年将准备金要求提升至 9%；新加坡金融危机爆发后不断下调 LTV 比率，并要求银行对不动产贷款风险敞口不能超过总风险敞口的 35%；泰国在 2009 年对于高端住宅的 LTV 设置为 80%，在 2011 年对于住房抵押贷款 LTV 设置为 90%（见表 3-3 和表 3-4）。

表 3-3　　　　部分东（南）亚国家和地区 LTV 实施概况

国家和地区	规则
韩国	住房抵押贷款规定为 40% ~ 50%
中国	首套房为 70%，二套房为 40%
马来西亚	第三套房为 70%
中国香港特区	高端住房（大于 800 万港币）为 50% ~ 60%，出租性购房为 50%
印度	高端住房（大于 200 万印度卢比）为 80%，其他为 90%
新加坡	没有住房抵押贷款的借款人为 80%，其他为 60%
泰国	低收入家庭为 95%，大多数公寓型住房为 90%

表 3-4　　　部分东（南）亚国家和地区宏观审慎工具运用概况总结

政策工具	工具特征	实施国家和地区
针对借款人：		
贷款价值比	降低金融体系由于借贷而产生的脆弱程度	中国香港特区、印度、韩国、马来西亚、菲律宾、新加坡、泰国
债务收入比		中国香港特区、韩国
针对金融机构资产方：		
控制信贷增长	降低信贷增长率	马来西亚、新加坡
控制外币借贷	降低外汇风险	韩国、马来西亚、蒙古国、泰国
针对金融机构负债方		
准备金制度	降低融资风险，间接控制信贷增长	印度尼西亚、中国香港特区、韩国
逆周期性质的调控工具		
动态拨备制度	增强金融体系稳定	印度、蒙古国
逆周期资本要求		印度
其他工具		
杠杆率	限制金融机构杠杆率	印度尼西亚、马来西亚、韩国、泰国

2. 中国香港特区实践经验。中国香港特区经济与中国内地经济发展紧密相连，因此，研究香港特区宏观审慎监管实践经验对内地实施宏观审慎监管具有很好的借鉴意义。香港特区房地产市场与宏观经济运行密切相关，因此

香港特区实施 LTV 是其宏观审慎监管的主要特色。香港特区宏观经济波动剧烈，但经济调控手段相对匮乏。在香港特区，财政政策和货币政策的运行空间非常狭小，这就为宏观审慎监管的实施提供了便利。由于香港特区与中国内地经济依存度高，因此许多想投资于中国内地的国际游资常常投资于香港特区房地产市场。

1991 年，中国香港特区首次规定了 LTV 比率，设置为 70%，并于 1994 年正式发布文件。分母为交易价格和资产评估价格的较低者（在经济繁荣期，资产评估往往比交易价格低很多）。香港特区将 LTV 与债务收入比（比率一般设定为 50%~60%）结合起来，同时指导银行降低对房地产市场的风险敞口。这种规定无论对新发放的贷款和再融资贷款均适用。在特定场景，如果借款人购买了抵押贷款保险，则 LTV 可以突破该比率限制，达到 90%。在香港特区，抵押贷款保险往往由政府提供，费率是贷款额度的 3%。香港特区货币管理局（Hong Kong Monetary Authority，HKMA）负责制定 LTV 规则并负责实施。HKMA 负责审慎监管的实施，并进行现场以及场外检查。同时 HKMA 还使用 LTV 对银行监管进行微调，弥补监管漏洞。

HKMA 对 LTV 的实施具有逆周期的特点。HKMA 对 LTV 的逆周期运用主要参照房地产市场，比如 1997 年在亚洲金融危机爆发之前，HKMA 针对房地产过热实施紧缩性质的 LTV 政策。从 2009 年 10 月开始，HKMA 实施宽松型的 LTV 政策。同时为了对 LTV 政策进行补充，HKMA 将所有借款人的债务收入比设置为 50%。在 2010 年 11 月，HKMA 收紧 LTV 政策，对于 1200 万港元以上的房产以及购房出租型房产的购买要求最高为 50%，对 800 万~1200 万港元之间的房产要求为 60%。

证据表明，中国香港特区 LTV 的实施有助于缓解住房抵押贷款的过快上涨以及房屋换手率，但对住房价格的影响则不甚明了。香港特区 LTV 数据记录始自 2001 年，截至 2010 年，LTV 值整体呈现出下降趋势。虽然香港特区房价一直在上涨，但证据表明 LTV 调控对高端房价的上涨有很好的抑制作用。另外中国内地对香港特区的投资由于不在 LTV 调控范围内，因此 LTV 对香港特区房价上涨的抑制作用也是有限的。

3.3 拉丁美洲国家实践经验借鉴

由于拉丁美洲国家金融体系经历过许多金融危机的洗礼，因此这些国家在保障金融体系稳定、实施宏观审慎监管的经验方面是值得同样作为新兴市场国家的中国借鉴的。随着我国"一路一带"倡议的实施，中国金融机构也逐渐向世界开放，金融体系的稳定也必然会面临更为严峻的考验。这些背景与当年拉丁美洲国家都很相似，因此研究拉丁美洲国家保证金融体系稳定的实践经验，对我国宏观审慎监管的实施和系统性风险管理会起到事半功倍的效果。

3.3.1 拉丁美洲国家 2008 年金融危机的应对概述

2008 年金融危机爆发后，国际社会认为拉丁美洲国家经济会迅速陷入危机，会重演 1982 年债务危机带来的痛苦一幕。然而自 2007 年次贷危机爆发，拉丁美洲国家金融体系非常稳定，2007～2009 年平均 GDP 增长率下滑 6.7 个百分点，比东欧平均下滑 13% 要好很多。之后，拉丁美洲国家 GDP 增长率从 2010 年开始显著复苏，2011 年已经回到危机前的增长轨道上来。之所以拉美经济能够快速复苏，金融体系的稳定功不可没，而这得益于拉丁美洲国家近 30 年来金融体系的不断改革。比如在 2008 年金融危机爆发前，拉丁美洲国家审慎监管得到加强，银行资本充足率非常高，银行救助体系稳定，国内融资体系稳健，汇率风险较低，结构化产品风险敞口较低等。这些都使得拉丁美洲国家的金融体系遭受的冲击较小。其实在经过 1982 年债务危机后，拉丁美洲国家对金融体系的改革能够使得其有足够的工具手段来应对大规模国际资本流动以及监管大宗金融交易。维格和维利廷（Vegh and Vuletin，2013）指出，巴西和智利之所以避免了 2008 年金融危机的冲击，主要原因是逆周期宏观审慎监管政策的实施；秘鲁和墨西哥也通过逆周期的财政政策和金融监管政策保证了危机后的经济增长。

拉丁美洲国家积极建设以宏观审慎监管为导向的金融监管体系。哥伦比亚在 2009 年 4 月要求商业银行建立流动性风险管理体系，以识别、度量、控制和管理交易账户及表外业务引发的流动性风险。哥伦比亚中央银行也定期发布流动性风险指标。智利中央银行在 Basel Ⅲ 流动性指标体系发布后，开始计算各商业银行的流动性覆盖率和净稳定资金比率，结果表明智利商业银行整体上高于监管要求。在巴西，以汽车贷款为代表的消费贷款迅速增长，贷款平均期限延长至 19 个月，且利率很低。巴西监管当局认为这是银行风险管理放松的结果，这种高速增长无法持续，且会给金融体系的稳定带来威胁。一旦汽车价格受到宏观经济冲击，急转直下，则高贷款价值比（loan to value ratio，LTV）以及期限长的贷款便很有可能成为不良资产。为了防止银行体系风险增加，巴西在 2010 年 12 月开始运用 LTV 控制信贷增长，将 LTV 与资本监管结合来进行监管。越高 LTV 的贷款，风险权重越大[①]。随着 LTV 工具的使用，汽车贷款增长率逐渐下降，贷款利率也上升了 2.5%。拉丁美洲国家将准备金制度作为宏观审慎监管工具进行大量使用。刘志洋（2014）简要总结了巴西、哥伦比亚和秘鲁等国如何将准备金制度作为宏观审慎监管工具以管理信贷快速增长的实践经验。

拉丁美洲国家之所以在 2008 年金融危机后经济如此快速复苏，主要得益于 2003 起大宗商品价格的快速上涨。中国对铜、石油、大豆以及铁矿石的需求使得拉丁美洲国家对外贸易量大幅上升，智利和委内瑞拉受益匪浅。智利外汇储备一直快速增长，基准利率从 2000 年起一直非常有吸引力。与智利相似，巴西、秘鲁、墨西哥等国以实施宏观审慎监管为主线，外汇储备也逐渐上升。

在 2008 年金融危机爆发之前，智利、墨西哥和秘鲁都积累了大量的外汇储备，且智利和秘鲁从 2000 年开始一直是贸易顺差。墨西哥在 1994 年、智利在 2010 年加入了 OECD 组织，因此这两个国家的开发程度相对较高。尼尔等（Nier et al., 2011）指出，在金融危机之前，智利、墨西哥和秘鲁实现了中央银行和金融监管的分离，除支付清算系统外，所有金融监管功能都从中央银行移除了，这些国家都建立了宏观审慎监管框架，且智利成功地实现了逆周期的财政政策和货币政策。2008 年金融危机爆发后，拉丁美洲国家（除

[①] 比如，对于 2~3 年且 LTV 在 80% 以上的贷款（或者是 3~4 年、LTV 在 70% 以上；4~5 年、LTV 在 60% 以上），其风险权重从 100% 调高至 150%。

委内瑞拉外)都实行了宽松财政政策,降低国内银行准备金要求;巴西、秘鲁和墨西哥降低国际资本流入,防止资产价格过快上升;阿根廷则限制资本流出。因此当金融危机最为猛烈之时,拉丁美洲国家也没有出现以往的货币危机与银行危机的双重危机。

墨西哥的经济特征是与美国的高度融合,墨西哥的80%出口都到美国市场。在经历1994年比索危机后,墨西哥财政纪律、通胀管理和汇率制度均向OECD国家看齐。2008年夏,在全世界其他中央银行都降低基准利率的时候,墨西哥中央银行三次提高基准利率,从而使得大量国际资本流入墨西哥。然而当雷曼兄弟在2008年9月倒闭后,大量国际资本突然流出,且墨西哥金融体系与美国金融体系的关系密切使得墨西哥遭受重大影响,GDP下降5%。但由于墨西哥金融机构并没有对次贷产品有过多的风险敞口,因此,2008年金融危机后,墨西哥监管当局主要防止由于资产价格快速上涨所带来的金融体系的不稳定以及由此带来的通胀压力。2009年,基准利率连续下调,且墨西哥尽力放缓资本流入,延缓货币升值,通胀压力也相对减弱。墨西哥发展银行持续不断地向金融市场提供流动性,保证信贷市场稳定运行,同时墨西哥中央银行卖出100亿美元维持本币稳定,因此,墨西哥金融体系整体上顶住了压力,其GDP在2010年也增长了5%。

巴西比墨西哥经济增长恢复得还要快。其实巴西金融体系的开放程度虽然不如墨西哥,但在金融体系的深度和向国内企业提供信贷的能力方面,巴西是强于墨西哥的(Manuel Pastor and Carol Wise,2015)。自从2002年巴西左翼劳动党掌权以来,巴西将主要的精力放在控制通货膨胀上。怀斯和林斯(Wise and Lins,2015)指出,巴西这么做的结果是政府发起了大量的项目,目的是激励私人投资。2007年之前,巴西国际资本流入不断上涨,GDP增长率为6%~7%。2008年金融危机爆发后,巴西降低基准利率,巴西发展银行成为向实体经济提供信贷的管道。巴西的财政刺激政策占巴西GDP的0.5%。由于巴西金融体系并没有对次贷产品存在大量风险敞口,其GDP增长率在2010年回归到7.5%(见表3-5)。

表 3-5 拉丁美洲主要国家 2008 年金融危机后的应对政策

国家	应对措施
阿根廷	降低银行美元存款和本币存款的准备金要求; 中央银行通过逆回购协议注入流动性,向本地银行提供信贷支持; 通过与中国和巴西进行货币互换向外汇市场注入流动性; 采取措施防止资本外流; 激励资产遣返
巴西	降低银行准备金要求和基准利率; 为应对热钱进入股票和债券市场,增加 2% 的金融操作税(financial operation tax); 固定收益产品交易和金融衍生产品交易,金融操作税增加至 6%; 允许中央银行在商业银行提供抵押品的情况下向商业银行提供信贷支援; 为购买中小银行资产提供贴现交易的便利; 将财政信用转移至巴西发展银行; 增加巴西发展银行信贷标准的灵活性,激励巴西发展银行向州政府提供信贷; 降低基准贷款利率和巴西发展银行贷款费用; 通过货币互换向外汇市场提供流动性; 与美联储达成美元流动性货币互换协议,对美元存款的准备金要求进行部分降低
智利	降低银行准备金要求; 为本币提供流动性; 降低基准利率; 智利国家发展银行向经济体关键部门提供信贷支持; 实施逆周期财政政策,财政支出达到 GDP 比率的 2.5%,在社会消费方面增加 7.8%,基础设施投资方面增加 8.8%
墨西哥	由于石油出口的下降,墨西哥政府在 2008 年 11 月降低 4% 的政府支出; 在 2009 年将基准利率降至 4.5%; 2009 年,墨西哥发展银行与中央银行向 1300 家国内商业企业提供了 1281 亿美元的信贷支持; 中央银行通过拍卖美元延缓本币升值; 延缓资本外流; 降低资本流入本国速度; 与美国达成货币互换协议

续表

国家	应对措施
秘鲁	到 2009 年 8 月，已经将基准利率降低至 1.25%； 降低银行本外币准备金要求； 2009~2010 年经济刺激计划占 GDP 总量的 3.2%，刺激计划注重弱势群体的保护； 减缓短期资金流入速率
委内瑞拉	为防止国外资本进入本国金融市场，2009 年 3 月增加交易税，达到 12%； 原油价格下跌和石油出口收入的下降使政府降低支出 4.5%

资料来源：ECLAC（2012）、埃斯基维尔（Esquivel, 2015）、维斯和林（Wise and Lins, 2015）、曼钮·帕斯特和卡罗尔·维斯（Manuel Pastor and Carol Wise, 2015）。

3.3.2 拉丁美洲国家宏观审慎导向政策实施的主要特色——防止外汇市场风险传染

由于拉丁美洲国家经济特征是高度美元化，金融体系具有较高的对外开放程度，所以外汇风险敞口和国际资本流入对金融体系稳定的影响较大，因此拉丁美洲国家宏观审慎监管实施特色之一是与外汇调控制度紧密相关，防止外汇市场风险对本国金融体系的负面影响。

控制外汇风险是拉丁美洲国家实施宏观审慎监管的主要手段之一。历史经验表明，汇率的剧烈波动会给银行资产负债表带来负面冲击。对外汇风险敞口的限制主要是防止汇率剧烈波动对银行资本的侵蚀，同时拉美国家在大量国际资本流入造成资产价格快速上涨时期对外汇风险敞口的限制也更为严厉。

秘鲁 20% 的信贷都存在外汇风险敞口，危机后小微信贷大量增长，使得外汇风险敞口进一步加剧。秘鲁监管当局要求金融机构建立内部风险管理体系以识别、定义和监测外汇风险敞口。具体要求包括：区分存在外汇风险敞口和不存在外汇风险敞口的客户；限制外币贷款；在本币贬值 10% 和 20% 两个压力情景下进行压力测试；建立危机处置机制。秘鲁监管当局要求银行要每半年出具外汇风险敞口报告。秘鲁还对外汇风险计提拨备。对于有快速执行担保条款的信贷，拨备率为 0.25%；对于有优先担保条款的信贷，拨备率为 0.5%；其余拨备率为 1%。同时，秘鲁监管当局还要求在计算资本充足率时，银行需要将信贷资产中外汇风险敞口计提2.5%的资本。

乌拉圭经济美元化非常严重。为了有效管理外币信贷资产中的外汇风险敞口，乌拉圭要求对没有对冲的外币贷款的风险权重为125%。同时无论贷款是否对冲，都提高拨备率要求。对于商业贷款，银行需要评估当本币贬值20%和60%情况下，借款人的还款能力。当本币贬值20%和60%情况下，借款人都有还款能力时，拨备要求是0.5%；当本币贬值20%借款人有还款能力，但60%没有还款能力时，拨备要求是3%；如果本币贬值20%都没有还款能力，拨备率为7%。对于消费贷款，如果贷款标价货币是国外货币，月还款额不超过借款人月收入15%，则贷款视为正常；如果超过15%，则计提20%拨备。

从2009年开始，巴西经历了大规模国际资本流入。为了控制由于国际资本流入造成的信贷快速增长，巴西对国际资本所投资的固定收益类产品进行征税。在2009年10月，巴西再次对流入本国固定收益市场的国际资本征税2%，并将其扩展至股票市场。在2010年10月，巴西对外汇远期市场和利率远期市场交易也增加了税率要求，并在当年11月对消费类长期贷款增加资本计提要求，对活期和定期存款增加准备金要求。

拉丁美洲国家也要应对本币升值给金融体系稳定带来的威胁。在巴西，大量国际投资者在期货市场中持有美元空头，巴西雷亚尔多头头寸；而巴西国内银行持有相反的头寸，即买入美元远期。因此，为了对冲风险，巴西本国银行大量借入美元，将其卖给中央银行，所得用来购买巴西本币标价资产。通过此交易，巴西本国银行可以赚取美元远期利率与美元借款利率之间的利差。因此巴西本国银行外币负债大量攀升。由于巴西金融监管当局计算的是净外汇风险敞口，且要求净外汇头寸不能超过资本的30%，因而经多空抵消后，巴西本国银行外汇风险显得非常低。但巴西监管当局意识到此类交易所带来的风险，因此，对银行涉入此类交易进行限制，降低银行充当期货市场和现货市场中介的角色。同时巴西监管当局也限制外汇衍生产品总头寸，对相关交易进行征税。只要巴西银行不大量买入美元远期，其也不会大量借入美元，巴西银行体系脆弱性就会降低。哥伦比亚也面临和巴西类似的问题，因此，从2007年5月6日开始，哥伦比亚监管当局限制国内银行外汇衍生品总头寸不能超过银行资本的5倍，同时对外币借款施加严格的准备金要求。

3.3.3 拉丁美洲国家宏观审慎导向政策实施的主要特色——拨备制度运行完善[①]

2009年，金融稳定论坛发布指导意见，要求银行业实施动态拨备制度。其实在西班牙2000年开始实施动态拨备制度以后，或许由于大多数拉丁美洲国家属于葡语和西语语系，因此，拉丁美洲国家在动态拨备实施方面具有丰富的经验。但是拉丁美洲国家的拨备制度并不统一，比如阿根廷和墨西哥计算拨备的依据是贷款风险，而贷款风险的主要参照指标是逾期天数；而其他国家计算拨备的依据则不同程度的具有前瞻性。在实施动态拨备制度的国家中，哥伦比亚依据银行信贷增长确定拨备比率，而秘鲁根据GDP增长率确定拨备比率。在阿根廷、智利、厄瓜多尔和墨西哥，拨备对于一个贷款组合来讲保持一个常数比率；哥伦比亚只有小微信贷要求计提一般拨备；巴西对贷款组合不存在常数比率要求，而是依据银行风险模型来确定拨备率；秘鲁在一般拨备基础上加上了逆周期拨备。不仅仅在贷款组合方面，有些拉丁美洲国家在投资组合方面也建立了拨备制度，比如巴西、哥伦比亚、厄瓜多尔。而除哥伦比亚和厄瓜多尔外，所有拉丁美洲国家针对或有权利都有拨备要求。同时所有拉丁美洲国家规定，拨备不能计入一级资本，但在阿根廷、厄瓜多尔和墨西哥，可以作为二级资本对待。具体来讲，拉丁美洲国家在拨备制度运行方面有以下特征。

第一，在贷款风险分类方面，巴西与阿根廷、智利、哥伦比亚、厄瓜多尔、墨西哥和秘鲁等国家不同。巴西对不同类型的贷款并没有分类进行拨备要求，但巴西对贷款的风险等级分为9类。巴西规定，如果贷款逾期15天，就要计提拨备；如果逾期180天，拨备率要达到100%。巴西监管当局允许使用抵押品来缓释信用风险，从而降低拨备率。阿根廷、智利、哥伦比亚、

[①] 虽然拨备制度更多地被认为是微观审慎监管工具，但笔者认为宏观审慎监管的特征之一就是通过作用于微观金融机构来实现宏观金融体系的稳定。外加动态拨备制度是逆周期宏观审慎监管的主要工具，且拨备本身就是依风险进行调整，其精细化实施也具有宏观审慎工具定向调控的特征，因此，笔者认为加强微观金融机构的拨备制度建设，有助于维护宏观金融体系的稳定，因而具有宏观审慎的性质。

厄瓜多尔、墨西哥和秘鲁等国家根据贷款类型（消费贷款、工商贷款、小微贷款和住房抵押贷款）计提拨备。智利没有对每个贷款类型进行风险等级分类，但对工商和消费贷款，银行需要逐笔进行评级；阿根廷、秘鲁和厄瓜多尔将每类贷款分成 5 个风险等级；哥伦比亚将消费贷款和工商贷款分成 6 个风险等级，将小微信贷和住房抵押贷款分成 5 个风险等级；墨西哥将消费贷款和小微信贷分成 10 个风险等级，工商贷款和住房抵押贷款分成 5 个风险等级。

第二，对逾期贷款的处理和分析上，拉丁美洲各个国家存在差异。首先，在对各种类型的逾期贷款认定方面，智利、阿根廷和哥伦比亚的认定标准较为统一。智利没有认定标准，阿根廷认定标准为拖延 31 天。哥伦比亚认定标准为只要拖延，就算逾期贷款。在消费贷款方面，厄瓜多尔为拖延 15 天，墨西哥为马上认定，秘鲁为 9 天；在工商贷款方面，厄瓜多尔为拖延 30 天，墨西哥为拖延 30 天，秘鲁为 60 天；在小微信贷方面，厄瓜多尔为拖延 5 天，墨西哥为马上认定，秘鲁为 9 天；在住房抵押贷款方面，厄瓜多尔为拖延 90 天，墨西哥为拖延 30 天，秘鲁为 30 天。其次，在拨备覆盖率需达到 100% 的时间期限上，阿根廷对消费贷款、工商贷款和小微贷款的要求是 366 天，对住房抵押贷款的要求是 732 天；智利对消费贷款的要求是 180 天，对工商贷款和小微贷款的要求是 730 天或者 1095 天，对住房抵押贷款的要求是 1460 天；哥伦比亚对消费贷款的要求是 90 天，对工商贷款的要求是 150 天，对小微贷款的要求是 120 天，对住房抵押贷款的要求是 540 天；厄瓜多尔对消费贷款的要求是 120 天，对工商贷款的要求是 270 天，对小微贷款的要求是 90 天，对住房抵押贷款的要求是 730 天；墨西哥对消费贷款的要求是 126 天，对工商贷款的要求是 240 天，对小微贷款的要求是 126 天，对住房抵押贷款的要求是 210 天；秘鲁对消费贷款的要求是 120 天，对工商贷款的要求是 365 天，对小微贷款的要求是 120 天，对住房抵押贷款的要求是 365 天。

第三，在信用风险测度方面，拉丁美洲国家的实践大同小异。首先，在各类型贷款的违约率测度方面，智利、哥伦比亚、厄瓜多尔和秘鲁参照参数不仅仅是贷款逾期天数；而阿根廷和墨西哥对消费贷款、小微信贷和住房抵押贷款违约率的测度主要依靠逾期天数。其次，在风险类型等级决定方面，拉丁美洲国家根据贷款类型决定风险因子。针对消费贷款，巴西、智利、哥伦比亚和厄瓜多尔根据信用历史、是否有其他负债、工作状况以及家庭资产负债状况等指标决定贷款风险，阿根廷和秘鲁不考虑工作状况，此外阿根廷不考虑是否有其他负债。针对住房抵押贷款，巴西、智利和厄瓜多尔主要参考信用历史、是否有其他负债、工作状况、家庭资产负债状况以及购买不动产的类型等指标；阿根廷仅参照信用历史和家庭资产负债状况；哥伦比亚参照信用历史、是否有其他负债、工作状况、家庭资产负债状况；秘鲁参照信用历史、是否有其他负债和家庭资产负债状况。针对消费信贷，拉美国家基本均参照信用历史、是否有其他负债、工作状况、家庭资产负债状况等指标。针对工商贷款，拉美国家主要参照指标包括信用历史、负债状况、公司管理情况、所有权结构、宏观经济条件以及行业运行等。

第四，在拨备构成方面，阿根廷、智利、厄瓜多尔和墨西哥没有针对贷款类型设计一般拨备比率；哥伦比亚针对小微信贷和住房抵押贷款规定一般拨备比率；秘鲁针对每种类型的贷款规定一般拨备比率。同时只有哥伦比亚和秘鲁实施了动态拨备要求。

第五，在拨备实施对象方面，巴西、哥伦比亚和厄瓜多尔对投资组合要求计提拨备。巴西和哥伦比亚拨备率依据金融资产的发行人和金融资产信用等级确定拨备率；厄瓜多尔则依据金融资产市场价格波动程度确定拨备率。同时阿根廷、巴西、智利、墨西哥和秘鲁都要求针对或有权利实施拨备要求；阿根廷、巴西、哥伦比亚和秘鲁要求针对固定收益资产计提拨备；智利、巴西、哥伦比亚、厄瓜多尔、墨西哥和秘鲁要求针对抵债资产（foreclosed asset）计提拨备。

阿图罗·加林多和苏亚雷斯（Arturo Galindo and Liliana Rojas - Suarez, 2011）构建了拨备实施情况指标，指标数值越大，实施效果越好。从图3-5可以看出，秘鲁和哥伦比亚准备实施效果非常好，这主要得益于两个国家均实施了逆周期的动态拨备制度。阿图罗·加林多和苏亚雷斯认为，巴西和智利拨备制度效果不明显的原因也是没有实施逆周期的动态拨备制度。图3-5也显示，厄瓜多尔、墨西哥和阿根廷拨备制度的提升空间非常高。

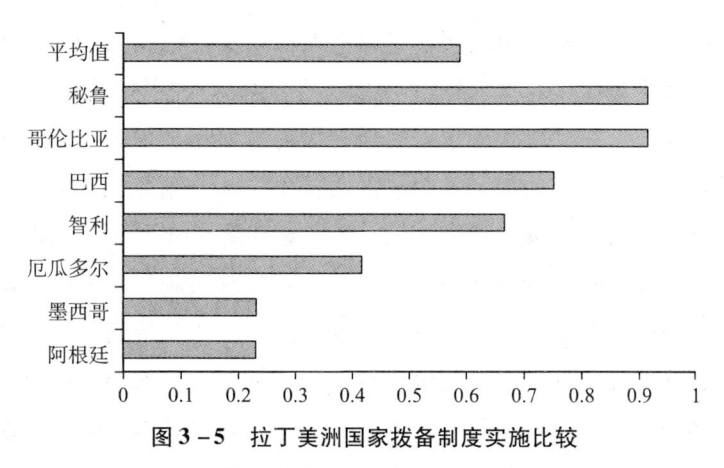

第3章　宏观审慎监管政策工具组合及有效性国际实践经验

图3-5　拉丁美洲国家拨备制度实施比较

资料来源：阿图罗·加林多和苏亚雷斯（2011）。

3.3.4 拉丁美洲国家宏观审慎导向政策实施的主要特色——重视制度层面建设

在2008年金融危机爆发后，拉丁美洲国家之所以能够顶住压力，经济迅速复苏，主要原因是金融监管制度的重构和更加强调国民收入的分配均衡（Manuel Pastor and Carol Wise，2015）。国际宏观审慎监管实践表明，制度建设非常重要（刘志洋，2012）。更好的制度框架有助于拉丁美洲国家实施逆周期调控增量，其监管工具也会更加细腻，因为良好的制度框架使得企业不再认为政府注入资金是干涉企业经营。而当社会底层认为国民收入会更加均等化时，他们也更容易接受政府的逆周期经济金融政策。具体来讲：

第一，制度框架完整的好坏决定了危机应对措施的有效程度。弗兰克尔、韦格和威利汀（Frankel，Vegh and Vuletin，2013）指出，由于巴西、墨西哥、秘鲁和智利之所以比阿根廷和委内瑞拉危机后经济复苏较快，是因为这个几个国家经济制度先进。他们认为良好的制度框架的确立使得具有宏观审慎性质的逆周期调控政策更容易实施。同时良好的制度框架使得企业对政府经济调控有信心，因此形成了良性循环。比如同样是限制国际资本流入，智利和巴西此举措对经济体产生的信号不同于阿根廷和委内瑞拉。

第二，国民收入分配均等化有助于应对危机后政策的实施。迪姆斯基和帕斯特（Dymski and Pastor，1991）将工人收入占国民收入比值表示国民收入分配平等的指标，实证结果表明其显著影响拉丁美洲银行信贷和危机发生的概率。他们发现该比值越低，银行信贷反而越高，危机爆发的可能性就越高。罗德里克（Rodrik，1999）写道："如果一项危机后的经济政策变革能够在不影响当前社会分配及不造成利益纠纷的前提下实施，则危机不会对经济体产生持久影响。"因此，如果在危机后的经济变革中能够更加充分地考虑到社会的种族、信仰、收入阶层和地区差异，则此应对宏观经济冲击的战争一定会胜利（Rodrik，1996）。从图3-6可以看出，巴西、智利、秘鲁和墨西哥从1998年开始逐渐提高收入最低的40%人口在全民收入中的比重；而阿根廷和委内瑞拉虽然也在提高收入最低的40%人口占整体国民收入比重，但过程略显波折，且帕斯特和怀斯（Pastor and Wise，2015）指出，阿根廷和委内瑞拉收入最低的40%人口占整体国民收入的比重与宏观经济波动基本一致。利维和沙迪（Levy and Schady，2013）指出，阿根廷和委内瑞拉往往是在该比值大幅下挫之后，有进一步提高，其社会政策的制定不是渐进式的提高底层收入水平，这反映了宏观经济政策中民粹主义支出（populist spending）波动性很强。许多政治经济学研究表明，收入分配均衡程度的改善对经济金融体系稳定有重要影响（Frankel et al.，2013）。

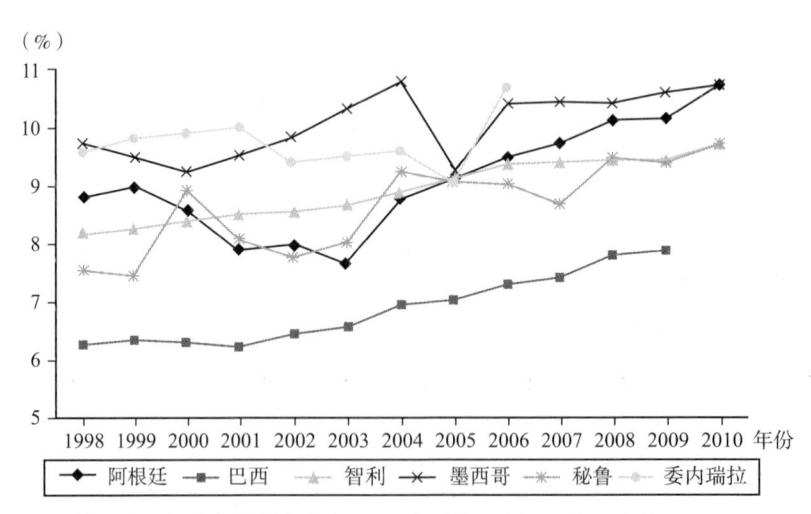

图3-6 拉丁美洲部分国家最低收入40%人群收入占国民收入比值（1998~2012年）

资料来源：帕斯特和怀斯（Pastor and Wise，2015）。

总之，社会制度框架和收入分配会影响一国宏观审慎监管的实施。韦格和威利汀（Vegh and Vuletin，2014）指出，审慎制定社会制度能够解释为什么拉美国家成功地实施了逆周期调控。伯格等（Berg et al.，2012）使用死亡率模型（hazard ratio approach），研究一国民主程度、消费者保护程度、收入分配差距对金融体系稳定的影响，结论表明，相对于其他经济因素，民主和收入分配影响更为显著。奥斯特等（Ostry et al.，2014）运用面板回归得出与伯格等类似的结论。因此宏观审慎监管的成功实施不仅仅需要财政政策、金融监管政策和货币政策的配合，也需要社会制度建设和收入分配制度等社会层面政策的支持。

3.4 欧美实践经验借鉴

3.4.1 宏观审慎监管主体的设立

在欧盟和美国，宏观审慎监管架构正在逐渐完善，专门实施宏观审慎监管的机构已经设立。在欧盟，实施宏观审慎监管的机构是欧盟系统性风险委员会（European Systemic Risk Board，ESRB）。在欧盟，ESRB与证券业监管机构（ESMA）、银行业监管机构（EBA）和保险和养老金监管机构（EIOPA）相配合，互为补充。虽然各国监管当局负责具体实施宏观审慎监管，ESRB负责发出风险预警和监管建议。ESRB与欧洲中央银行（ECB）关系密切，其主席是ECB总裁，分析团队也由ECB提供。由于缺少直接干预的权力，ESRB的生存之道在于准确的分析系统性风险，并提出良好的政策建议。

在美国，Dodd-Frank法案将系统性风险监测的任务交由金融稳定监督委员会（Financial Stability Oversight Council，FSOC）来施行。FSOC要有效识别系统性风险，并要监测系统重要性金融机构的风险状况。另外，FSOC要负责对非银行的"大而不倒"的金融机构以及主要的金融基础设施的风险进行管理。与ESRB不同，FSOC与美联储独立，但是与美国财政部关系密切。美国财政部秘书主管FSOC的金融研究办公室（Office of Financial Research，OFR），并出任主席。

英国成立了金融政策委员会（Financial Policy Committee，FPC），负责实施宏观审慎监管。FPC 主要负责监督英国金融体系的信贷是否过快增长，监测金融体系的系统性风险。当 FPC 形成结论后，英国审慎监管局（Prudential Regulation Authority，PRA）就会负责具体实施。

表 3-6　　　　　　　　　　宏观审慎监管实施主体比较

	ESRB	FSOC	FPC
职责	阻止和缓释欧盟金融体系的系统性风险	识别并应对美国金融体系的潜在威胁； 维护市场纪律； 消除政府救助预期	识别评估英国金融体系的系统性风险； 选择最合适的工具管理系统性风险
工具	系统性风险警告； 向各成员国提出不具有约束力的政策建议	向监管当局提出审慎监管建议； 向议会报告监管存在的空白； 管理非银行的"大而不倒"的金融机构以及主要的金融基础设施	向金融服务局（Financial Services Authority，FSA）提供系统性风险建议； 命令微观审慎监管机构实施相关监管标准
治理结构	主席是 ECB 总裁； 37 个投票席位（各国中央银行行长）； 28 个非投票席位（来自各国监管机构）	美国财政部秘书出任主席； 9 个投票席位和 5 个非投票席位，均来自监管机构	英格兰银行行长任主席； 11 个投票权席位，其中 6 人来自英格兰银行； 1 个财政部的非投票席位
信息来源	依靠 ECB、EBA、各国中央银行、各国银行业咨询和分析机构	OFR、美联储及其他监管机构	英格兰银行
优势	填补了欧盟系统性风险和宏观审慎监管的空白	监管架构统一，在联邦政府的监督下建立制度	可以有效实施宏观审慎监管工具，比如资本监管
挑战	监管权力在各成员国治理结构复杂	监管半径复杂，领导者与危机前一致	对金融市场和其他金融类企业无直接监管

资料来源：科恩等（Kern et al.，2012）。

3.4.2　中央银行在实施宏观审慎监管中的作用——来自瑞士和捷克的实践经验

1. 瑞士的实践经验。瑞士在 2012 年 7 月开始实施逆周期资本缓冲调控，主要由瑞士国家银行（Swiss National Bank，SNB）负责实施。瑞士的逆周期资本调控既可以根据整体信贷供给调控，也可以根据特定部门的信贷供给状况调控。逆周期资本要求的最大值与 Basel Ⅲ 一致，均为风险加权资产的 2.5%。SNB 负责定期评估住房抵押贷款市场和房地产市场的整体风险状况，来决定是否激活逆周期资本计提。如果 SNB 决定实施逆周期资本要求，则其根据资产价格的具体情况设定资本计提要求以及时间进度。在 SNB 正式向联邦委员会（Federal Council）提交正式的逆周期资本计提文件时，SNB 需要咨询瑞士金融市场监管局（Swiss Financial Market Authority，FINMA），得到 FINMA 对当前金融市场风险的基本看法。在二者取得一致意见后，联邦委员会（Federal Council）宣布实施逆周期资本计提，FINMA 负责监督实施。

SNB 根据资产价格指标来决定是否计提逆周期资本。通过模拟分析，在 20 世纪 80 年代末以及 90 年代初，瑞士房地产市场失衡加剧，逆周期资本计提需要四年的时间逐渐增加，在失衡达到最大时达到 2.5%（见图 3-7）。SNB 认为逆周期资本能够显著地增加银行体系的稳定程度。

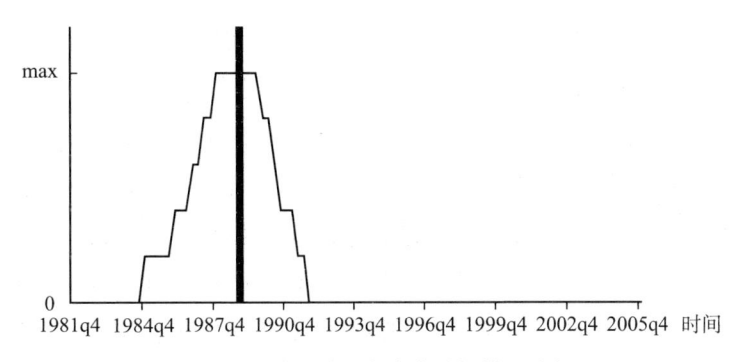

图 3-7 瑞士逆周期资本计提模拟分析

资料来源：伯尼（Berne，2012）。

SNB 对住房抵押贷款实施定向调控，其主要关注两个指标：第一，国内抵押贷款规模；第二，国内住房价格。SNB 认为这两个指标能够准确预警风险。SNB 认为银行信贷的快速增长往往伴随着危机的发生，瑞士本身在 1990 年爆发的银行危机就是信贷快速增长的结果。判断信贷供给是否过度的主要标准就是与 GDP 总量的比较。同时 SNB 认为如果信贷与房价协同快速上涨，金融体系将会出现严重失衡。因此，当两者均呈现快速上涨态势时，需要计提逆周期资本。同时 SNB 还关注其他指标，比如银行利息收入水平、不良贷款率以及杠杆率等指标。

SNB 的逆周期资本计提要求与金融失衡程度成比例关系。SNB 会根据国际和国内的具体情况决定失衡的积累程度，其目的是在失衡到达最顶端之前使得资本缓冲要求达到最高。SNB 还会对失衡进行评估，以便确定银行计提逆周期资本的时间轴，具体时长一般为 3~12 个月。失衡越严重，SNB 要求银行计提资本缓冲的速度就越快。由于危机爆发比风险累积的要迅速，因此 SNB 在对金融市场进行持续监测基础上，需要迅速做出释放资本的决定。

2. 捷克的实践经验。捷克中央银行（Czech National Bank，CNB）一直积极推荐宏观审慎监管框架的建立，成立了独立的保证金融稳定的部门（Financial Stability Department）。为了建立宏观审慎监管框架，CNB 重点强调了监管当局之间跨部门的密切配合、早期预警系统的建立、压力测试实施步骤等方面。对于捷克，有四个方面需要其在实施宏观审慎监管中考虑：第一，CNB 既是货币政策的执行者又是金融稳定的维护者，其权责如何分配；第二，作为欧盟成员国，欧盟的相关规定会影响其实施某些工具；第三，外资银行占比较多；第四，宏观经济对德国的贸易非常依赖。

CNB 对系统性风险的监测。CNB 对系统性风险的监测主要体现在金融稳定报告中，主要包括以下几个方面：第一，总体经济指标的失衡状态。CNB 监测宏观经济数据、企业资产负债表数据、金融体系稳定程度数据、资产价格、金融机构杠杆率等指标，进而监测金融体系的系统性风险累积程度。同时，CNB 积极开发逆周期资本条款体系来应对信贷的过快增长。第二，市场状态指标。在对其金融市场高频短期数据监测的基础上，CNB 认为短期数据对系统性风险的预测能力有限。第三，监测金融体系的集中度风险。CNB 非常关注国内银行体系对国外金融机构的风险敞口，使用规模、关联度和可替代性等指标监管系统重要性金融机构，且积极开发传染风险模型以及流动性风险压力测试模型。第四，宏观压力测试。CNB 每个季度都进行宏观压力测试并公开结果。其宏观压力测试模型考虑了传染的放大效应、金融市场运动的极端情况、金融体系和实体经济之间的反馈机制等多方面内容。第五，重视与公众的交流。CNB 在金融危机爆发之前发布的风险预警非常有效，使得其在公众中的地位显著提升。图3-8是CNB对国内银行计算逆周期资本的测算结果，主要模拟分析的是当宏观经济冲击来临时，银行所需要计提的资本比率，模拟场景为10~15年发生一次的危机、20年发生一次的危机以及40年发生一次的危机。

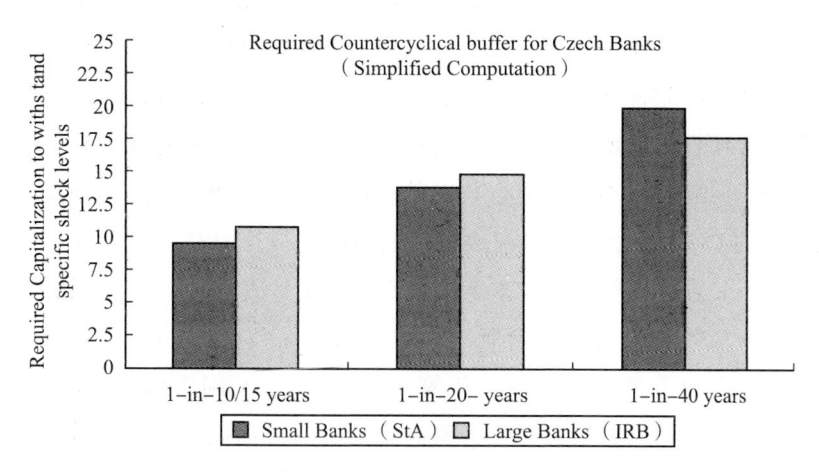

图3-8 捷克逆周期资本缓冲的模拟测算结果

资料来源：IMF（2012）。

3.4.3 宏观审慎监管数据库建设的欧美经验

1. 系统性风险管理需要的数据。尤金尼奥·塞鲁蒂等（Eugenio Cerutti et al.，2012）将系统性风险管理的研究分为三个方面：第一个方面是研究银行之间资产负债表的相互关联是如何将初始的冲击放大以及如何影响冲击的传导路径；第二个方面研究依靠金融市场充裕的数据，使用反映在信用价差（credit spread）以及股票价格中的信息，测度系统性风险，研究各国金融市场的相关性；第三个方面研究是运用模拟的方法，研究不同种类的冲击将会导致何种系统性事件的发生。这三方面的研究要么是研究银行资产负债表的资产方引发的风险（信用风险、市场风险、国别风险），要么是研究负债方引发的风险（融资风险），要么是研究资产与负债的相互作用引发的风险（流动性风险、货币/期限错配风险），而这些研究无疑都需要精细度高的数据做支持。

系统性风险第一个方面的研究主要使用的是银行业的汇总数据（aggregate data）。其实，并不是研究必须用汇总数据，而是这些数据往往就是以汇总的形式报告的，这些数据可以用来进行跨国家、跨金融体系的比较分析，尤其是在金融困境的时期。切托雷利和哥德堡（Cetorelli and Goldberg, 2009）研究了大型银行的流动性冲击是如何通过跨境信贷以及子公司信贷影响流入新兴经济体的信贷总量。以上研究中均提到了系统性风险研究数据匮乏的问题。尤金尼奥·塞鲁蒂等指出，跨境贷款的数据往往局限在国家层面，这使得银行的异质性问题没有得到恰当的考虑。银行业数据也同样面临精度的问题。比如，只有为数不多的银行公布其辛迪加贷款的数额，总额不到辛迪加贷款总额的 1/2。另外，在研究银行间借贷时，往往只是间接的根据其各国子公司的借贷数据进行研究，缺乏描述银行间交易活动真实情况的借贷数据。

系统性风险研究第二方面所需要的数据是高频度的市场数据（股票价格、CDS 价差以及债券收益率价差等），从而研究不同市场的风险相关性。尤金尼奥·塞鲁蒂等指出，与银行资产负债表的数据相比，市场数据有一些优势：第一，市场数据可以有效地描述冲击在银行间的传染渠道；第二，资产负债表数据往往频率较低，相对稀缺，在国际银行之间不可比；第三，市场数据可得性更强。一些研究试图将资产负债表数据和市场数据结合起来，但是这对于全球系统性风险管理的研究具有挑战性。德雷曼和塔拉舍夫（Drehmann and Tarashev, 2011）在缺乏银行间相互持有头寸数据的情况下，测算银行的系统重要性程度。在这个过程中，他们需要表征银行间头寸情况的矩阵以及相关市场数据。在他们的研究中，他们根据最大化熵（银行间相互头寸的持有状况越分散越好）的假设，得出了与其他研究不尽相同的结论（虽然这些研究也应用了同样的数据）。最大化熵的假设在研究银行间传染方面是一个公认的假设前提，但是厄珀（Upper, 2011）指出，这个假设在研究全球的系统性风险时存在局限性，因为不是所有的交易对手都是有限的几个国际大型银行。

系统性风险第三方面的研究主要运用模拟以及情景分析的方法测度系统性风险，会用到银行间相互持有头寸状况的数据。其主要研究冲击是如何通过银行间资产负债表的联系扩散以及冲击是如何从银行体系扩散到非银行部门的。多数研究都是通过研究贷款国银行的风险敞口如何随着借款国家初始冲击的变化而变化。阿瓦伊等（Arvai，2009）研究表明，当考虑共同贷款人效应（common lender effects）时，西欧国家对中欧、东欧和南欧国家的风险敞口小于这些国家对西欧的风险敞口。运用这类方法还可以研究融资与信用风险关系的问题。这方面的研究通常运用网络测度方法，考虑节点的分布以及节点联系的强度以及复杂性。

2. 欧美银行业风险管理数据库建设的挑战。

（1）基础制度建设方面。欧美银行业在数据建设的基础设施方面最大的挑战主要来自建立一个完整的公司治理框架，促进数据建设工作的持续性，以满足FSB发布的《有效风险数据汇总和风险报告原则》（FSB，2013），即公司治理结构建设为数据建设的主要瓶颈之一。同时基础IT系统建设也是亟待解决的问题。许多全球系统重要性银行均指出需加强当前IT系统和数据流管理，以降低手工操作的复杂程度。且这些机构还指出，信息系统在金融体系正常时期运行无误，并不意味着在危机时期会正常运行。

（2）数据汇总方面。在数据汇总方面，欧美银行业主要面临以下挑战。第一，自动化程度有待提高。虽然国际银行业在市场风险数据搜集方面取得很大的进步，但在许多部门的数据搜集还是依赖人工操作。这会阻碍风险管理数据汇总的及时性及准确性，尤其是在金融危机时期。同时加快风险信息生成方式以及风险矩阵的绘制速度是实现有效风险管理的必要措施之一。第二，许多银行无法在集团层面综合的、具有一致性的汇总风险数据，尤其是当业务线条存在差异性时及在不同的法律实体之间汇总数据时。对于大的金融集团往往需要统一的数据模板，需要编纂数据字典，来清晰定义集团所面临的所有风险类别。第三，在衍生品交易过程中，一些银行很难汇总与抵押品有关的数据信息，尤其是表外数据信息。这主要是因为定价模型复杂，以及国际地区之间对风险信息的披露要求存在差异。第四，对于数据汇总，国际银行业很难在保证一定数据精度的前提下建立自动化的数据汇总机制，尤其是汇总来自不同渠道的风险数据。第五，由于各国不同的法律制度，各地区的数据披露要求也往往各不相同，因此很难在保证一定精度的前提下汇总数据。

（3）风险报告面临的挑战。由于国际大多数银行并没有建立起自动化的风险数据汇报机制，因此，如何在手动整理数据的前提下保证数据精确度，对于国际银行业来讲是一个很大的挑战。当金融体系处在困境时期,银行业的数据精确度将会面临更大的挑战。具体来讲,在风险报告方面,国际银行业主要存在以下方面的挑战:第一,为了生成一份综合的、全方位的风险报告,国际银行业在风险报告内部流程和制度建设方面还存在差距。第二,在风险报告清晰度和用词方面,国际银行业尚缺乏完整的统一用词。第三,在风险报告频度方面,国际银行业往往在频率与精确性上存在纠结。对于比如流动性风险、批发融资的信用风险等信息,银行很难生成高频率的风险报告,因为此时如果频率高的话,风险信息的精确性就要受到影响。第四,在风险报告分发方面,如何在金融体系处在困境时期快速准确地将风险信息传递给高管,是国际银行业亟待解决的问题。

3. 完善风险管理数据建设的国际监管当局实践。BIS 国际活跃银行统计数据主要通过两个渠道获得国际活跃银行外币头寸的数据:一个是 BIS 并表银行统计数据(BIS consolidated banking statistics),一个是 BIS 地区性银行统计数据(BIS local banking statistics)。总体来说,这两个数据源是分析各国金融体系稳定状况的核心信息源。为了更好地管理系统性风险,实施宏观审慎监管,G20 集团针对目前数据的不完善,也提出了弥补金融数据缺失的建议。金融稳定委员会(FSB)也在努力促进银行业数据搜集工作的分析。

(1) FSB 的主要努力方向。金融稳定委员会(FSB)正在努力保证银行业数据建设的进行,从而保证金融体系的稳定。FSB 主要在以下几个方面进行努力:第一,发布《有效风险数据汇总和风险报告原则》。这份报告源自金融稳定委员会(FSB)2011 年 11 月 4 日发布的《加强监管进度报告》。其中写道:"金融稳定委员会(FSB)与其他标准制定者合作,制定一套监管标准来指导金融机构(尤其是系统重要性金融机构)增强数据整合能力,从而使得监管当局、银行以及其他数据使用者有足够的信心认为风险报告有效地捕捉到了风险。系统重要性金融机构应制定计划来实施该项工作。全球系统重要性金融机构应在 2016 年开始时达标(与额外损失吸收能力要求(added loss absorbency requirement)的达标时间相同)。"第二,针对全球系统重要性金融机构开发数据模板,从而解决金融危机中出现的信息缺口问题,比如双边的风险敞口暴露,对某个国家、部门以及金融工具的风险敞口暴露等。这项工作可以为监管当局提供框架来评估系统性风险。第三,由公共—私人部门（public-private sector）发起成立法律实体识别系统（legal entity identifier system）。该系统可以识别全球金融交易中的独立个体，从而有效提升全球金融数据搜集的质量。

（2）BIS 并表银行统计数据。BIS 并表银行统计数据汇总了国际银行对其他国家和地区的债权持有情况以及风险敞口暴露情况。该统计数据可以对测算各国银行对外风险敞口提供一个可比的统计口径。银行对外债权统计主要包括三部分：第一部分为跨境债权（cross-border claims），即国外银行（无论是母公司还是在第三国的国外子公司）对非本国居民持有的债权；第二部分为国外银行子公司对本国居民的外币贷款；第三部分为国外银行子公司对本国居民的本币贷款。

国际活跃银行应根据当前借款人（immediate borrower）以及贷款最终的风险状况（ultimate risk）分别汇报其对外债权（包括以上三个部分）。在根据当前借款人汇报的数据中，银行根据借款人所在国进行汇报。同时，银行应将对外债权分成两部分汇报，即将对东道国非居民的贷款以及对东道国居民的外币贷款作为国际债权；将对东道国居民的本币贷款作为当地债权。当银行根据最终风险状况进行汇报时，银行应根据最终承担风险的责任人所在国进行汇报数据。比如，银行根据借款人的担保人所在国汇总对外债权，或者根据借款公司的母公司所在国汇总对外债权。此时，银行应将对外债权分为对东道国非居民的贷款和对东道国居民的贷款（包括国外银行子公司对本国居民的外币贷款、国外银行子公司对本国居民的本币贷款）。另外，当银行根据最终风险状况进行汇总数据时，应将表外资产，比如金融衍生品合约以及或有风险敞口（信用证以及其他担保等）单独列示。

（3）BIS 地区性银行统计数据。BIS 地区性银行统计数据主要是针对本国银行的统计数据，其主要包括本地银行的对外贷款以及外币持有头寸状况。该统计根据银行持有的外币种类、银行与非银行部门、交易对手所在国以及汇报银行国籍汇总银行数据。不论是本国银行还是外资银行都要以非并表的形式进行汇报，包括其持有的国外子公司的债权状况。

BIS 地区性银行统计数据是为数不多的统计银行资产负债表货币构成的信息的数据，从而可以监测银行系统的融资风险。由于此项统计汇总了各个国家和地区的银行资产负债状况，因此，可以将这些数据进行加总，从而得到一国银行体系的资产负债情况。通过这项统计,我们可以得到一国银行体系整体的外币资产以及外币负债状况,它可以帮助监管当局在银行体系层面监测外币投融资状况,为有效的系统性风险管理提供了保证。

(4) G20集团完善数据建设的努力。国际货币基金组织与金融稳定论坛向G20集团的联合报告提出了20点弥补金融数据不足的建议。对于系统性风险来讲,主要有以下几个方面:开发测度系统性风险的数据,比如杠杆率以及整体期限错配状况的数据;开发数据模板,描述系统重要性金融机构对于其他金融部门以及国际市场的风险敞口暴露;加强BIS并表数据的建设,加强对国际金融体系融资状况的监测;开发数据模板描述金融机构对非银行金融机构的敞口暴露。目前国际社会正在努力实施上述建议。一个国际工作小组已经设计出一个初步的模板来搜集银行数据。如果该模板能够广泛应用的话,则可以提供根据交易对手所在国、工具的种类、币种以及剩余期限等数据,从而了解银行风险敞口以及融资状况。同时,国际社会正在考虑如何搜集银行间相互持有头寸情况的数据以及金融集团内部相互持有头寸情况的数据。

3.5 对中国的政策启示

3.5.1 亚洲国家和地区实践对中国的启示

从上文的分析我们可以看出,亚洲国家和地区虽然在宏观审慎监管实施方面工具种类多样,经验丰富,但其实施往往是被动的,即受制于国际资本流动和国际金融市场(比如海湾国家受制于国际原油市场,中国香港特区受到中国内地以及国际游资的影响),以至于许多经验的积累都是以金融危机的爆发为代价。这也就是为什么许多亚洲国家实施宏观审慎监管的初衷是抑制资产价格过快上涨,或者控制信贷。这种资产价格暴涨暴跌无疑对于经济的增长是不利的。而且这种资产价格过山车似的暴涨暴跌也是货币政策受制于人的体现(这一点在海湾国家身上体现得尤为明显)。因此对于中国来讲,实施宏观审慎监管最为重要的原则应是把握先机,立足于自身,争取自身的金融独立,保证自身金融安全。

第3章 宏观审慎监管政策工具组合及有效性国际实践经验

结合对海湾国家和东（南）亚各国宏观审慎监管实施经验的分析，笔者对中国实施宏观审慎监管提出以下政策建议。

（1）尽快建立宏观审慎实施的整体框架。对于亚洲国家，宏观审慎监管应该并不陌生。然而没有一个整体框架的支持，宏观审慎监管是无法成功实施的。根据海湾国家的实践经验，一个正式、透明的宏观审慎监管实施框架是非常必要的，且该框架应该包括实施主体、政策目标、操作方式、与其他经济金融政策的协调、分析手段以及工具箱等。从实施主体看，亚洲各国的经验表明，中央银行的历史责任使得中央银行有动机和有能力管理系统性风险。中国香港特区、新加坡在IMF研究基础上也进行了研究，结论表明，中央银行应负责宏观审慎监管的实施。同时宏观审慎监管应重视机构间的协调，为此海湾国家成立了多部门合作金融稳定委员会，这也非常值得中国借鉴。总之，宏观审慎政策实施框架应有助于识别变化中的系统性风险，为实施主体提供及时缓释系统性风险的动机，并能够促进多部门的合作。

（2）加强宏观审慎分析。海湾国家已经认识到宏观审慎分析的必要性，因此，各国均开始发布金融稳定报告，以增加金融体系风险的透明度，与公众进行更好的交流。宏观压力测试应该成为宏观审慎分析的主要工具之一，且应由宏观审慎监管实施机构专门成立小组实施。为了更好地管理系统性风险，早期预警体系必不可少。预警体系应包括定性和定量两部分。定量指标应包括宏观经济指标、金融体系指标、微观主体杠杆率、外币借贷状况、资产价格、股票市场、债券市场、信贷增长、银行风险敞口、金融体系流动性状况等。定性指标应对信贷标准进行评估，并对定量指标进行补充。在这方面，海湾国家的做法值得中国学习。比如阿联酋已经能够进行月度的银行稳定性测度，并且开发了压力指数，阿曼在关键数据库的建设上也取得了长足进步。因此中国还需进一步加强宏观审慎的分析工作。

（3）选择合适的宏观审慎工具。第一，逆周期调控应选择合适的"锚"变量。陈忠阳和刘志洋（2014）指出，Basel Ⅲ提出逆周期资本缓冲的盯住变量是"信贷与GDP比值"，但许多实证分析均表明该比值的实施效果并不好。海湾国家经济周期由于受石油价格影响较大，因此其往往根据石油价格进行逆周期调控。中国也不应完全拘泥于Basel Ⅲ的规定，应根据自身经济特点选择逆周期调控变量。第二，选择工具有效管理资产（房地产）价格过快上涨。由于资产价格过快上涨带来的危机至今仍对东南亚经济体产生影响。股票市场价格剧烈波动，房地产价格快速上涨都对中国经济产生显著影响。中国应借鉴亚洲其他国家和地区管理资产价格泡沫的经验（尤其是中国香港特区、韩国和新加坡），开发时变的 LTV、DTI 比率管理房地产价格。第三，发挥宏观审慎政策工具的定向性特点。中国经济的结构性问题使得统一的货币政策难以应付经济体的"冷热不均"问题。海湾国家已经成功地运用宏观审慎工具的定向性实现抑制某些经济部门、促进某些经济部门繁荣的效果。中国当前的经济转型升级无疑也非常需要宏观审慎监管的配合，才能快速地实现经济增长的结构优化。

3.5.2 拉丁美洲国家实践对中国的启示

由于拉丁美洲国家多次经历了金融危机，因此，其经济金融政策具有很强的宏观审慎导向的性质，这些经验对同样作为新兴市场国家且正在逐渐开放金融体系的中国具有很强的借鉴意义，结合之前的分析，本部分提出政策建议如下：

（1）在金融体系逐渐开放过程中控制外汇风险敞口。随着我国"一路一带"倡议的实施，我国金融机构将进一步走出国门，因此外汇风险敞口将会越来越大。我国监管当局应监测金融机构的外汇风险敞口，对金融机构外币衍生交易量进行严密监视，并要采取灵活机动的监管工具控制金融机构运用外汇衍生产品进行过度投机。同时我国监管当局也应重视人民币汇率波动对我国金融体系稳定的影响，借鉴拉丁美洲国家的实践经验，防止外汇市场风险通过各种渠道传染至我国金融市场。

（2）重视拨备制度的实施。拨备是吸收损失的第一道防线，有效的拨备制度的建立既可以降低银行经营成本，也可以保证金融体系的稳定。拉丁美洲国家拨备制度建设完善，可以根据不同类型的贷款设置不同的拨备标准，拨备制度实施的明晰化程度非常高。同时，拉美国家较早地实施了动态拨备制度，较为成功地运用了动态拨备实施了逆周期的宏观审慎调控。我国应大量借鉴拉美国家拨备制度的实践经验，在分类明晰化、差别化、精细化上应进一步完善，这样既不增加银行成本，也能够有的放矢的吸收损失。同时，我国应进一步完善动态拨备制度，使之成为宏观审慎监管的有力武器之一，增强我国逆周期宏观审慎监管的实施能力。

（3）重视社会制度建设，关注收入分配问题。2008年，广大拉丁美洲国家被迫卷入由美国次贷危机引发的全球金融危机。之所以巴西、智利、墨西哥和秘鲁等国家在危机期间表现良好，重视制度建设，改革收入分配是主要原因（Pastor and Wise，2015）。这些社会进步使得这些国家的商业环境良好，人民对政府的信任度高，因此，曾经被视为阻碍社会进步的政府对经济的干预转变为政府为应对危机的合理反应。随着中国国际地位的提高，人民对政府的期望值会更高，所以社会建设也应是政府促进经济发展的重要一环。中国应在收入分配问题上进一步加强改革，在促进国民教育、降低劳动力市场歧视的同时，考虑通过增加社会总支出来促进生产力发展，即应通过促进人的发展而促进经济发展，从而增加全民对政府政策的信任程度。只有人民平日对政府金融政策积累了足够的信任度，金融危机的政府政策才会令人信服，危机化解也会更为顺利。

3.5.3　欧美实践对中国的启示

欧美国家的宏观审慎实践特点是实施主体明确。欧盟、美国、英国均成立了专门的机构来实施宏观审慎监管。由于欧美国家组织制度相对完善，因而其能够很好地贯彻执行 Basel Ⅲ，逆周期资本缓冲已经逐渐开始执行。以瑞士为例，瑞士逆周期资本缓冲的实践表明，逆周期资本计提能够增强银行体系的稳定程度，且能够控制信贷的快速增长和房地产价格快速上涨。且瑞士的定向逆周期资本调控的实践经验表明，定向调控不会对其他部门的信贷供给产生负面影响。但需要注意的是，对逆周期资本计提不应要求过高，逆周期资本计提不能解决所有房地产信贷市场中的失衡问题。即使逆周期资本缓冲机制运行完美，其参数校准和最终效果也是存在不确定性的。

另外，欧美国家在数据库建设方面也处于领先地位。随着中国金融机构逐渐走向世界，中国银行业应未雨绸缪，加强基础数据库的建设，搜集整理中国金融机构与国际金融机构关联度的数据。如果这项工作可以持续进行的话，这些数据就可以用来分析中国金融机构对全球不同国家的外币头寸持有状况以及风险敞口状况，有利于监测系统脆弱性，监测共同风险敞口暴露以及融资渠道过于集中的问题。一旦一国爆发金融危机，监管部门以及宏观审慎管理者有足够的信息了解冲击是如何扩散到其他金融机构、市场以及非金融部门的。同时，这些数据还有助于在金融困境时期，对资产价格风险敞口与融资风险敞口之间的相关性进行建模。

（1）明确监管部门在数据搜集工作中的重要作用。第一，监管部门应扩大搜集数据的金融机构覆盖面。对系统性风险的管理需要尽可能多的金融机构提供其数据（机构之间的风险敞口暴露、外币融资及其期限状况、跨境资本的波动）。在加强银行业数据统计的基础上，监管部门也应考虑收集其他类型金融机构的相关数据，比如养老基金、保险公司以及大型的国际公司等系统重要性金融机构。我们不仅要整合非银行类金融机构的数据，还要将大型非金融类公司的相关数据纳入系统性风险管理数据库建设框架下。第二，开发数据模板。为了保证数据的一致性，需要每家银行按照一个模板定期提供这些数据，从而能够检测系统脆弱性。对于系统性风险的分析目前只是建立在并不符合实际情况的假设基础上进行。为了克服这个困难，国际货币基金组织与金融稳定论坛联合向 G20 财长以及央行行长会议报告，要求解决金融数据的缺陷问题。报告中第 8 条和第 9 条建议构建系统重要性金融机构的数据报告模板，模板包括银行资产状况以及融资状况、金融机构之间的相关度的信息。第三，加强数据保密性制度以及搜集和存储方面问题的制度建设，完善数据使用管理等相关规定。

（2）加强银行业数据搜集的精细程度。第一，加强银行之间相互持有头寸状况的数据的搜集。2008 年金融危机表明，监管当局缺乏银行之间关联度的信息。在金融困境时期，监管当局需要了解一家金融机构的倒闭会对其他金融机构的影响。因此，系统性风险管理需要银行相互头寸持有状况的数据。第二，加强数据汇报频率以及及时性。除了监管当局搜集的数据外，其他商业机构搜集的数据精细程度不足。这些商业数据库往往只是从银行财务报告中提取信息，数据有很大缺口以及滞后性。第三，加强对分支机构信息的搜集工作。对于银行交易对手的部门以及国家的信息几乎为零，更没有分支机构的信息。很多银行都将国外子公司以及分支机构的财务数据进行并表处理，仅仅公开并表的财务报表，因此无法得到银行经营的地区方面的信息。其结果是，大多数银行及其分支机构在营运资产以及融资结构方面的信息都非常缺乏，从而限制了系统性风险的管理。第四，加强银行营业结构方面的数据信息。目前，对于银行经营地点和国别、交易对手的营业地点和国别的信息等（比如，对在英国经营的总部设立在瑞士的中东石油出口商的负债）相对缺乏。从2012年开始，BIS规定银行在汇报交易对手状况时，应包括其交易对手所在的国家和地区的信息。这有助于分析一国银行体系的冲击是如何影响其他国家的信贷的。

（3）积极参与国际合作，促进数据在金融机构之间的分享。第一，促进数据在各国监管当局之间的分享。在2008年金融危机中，谁都不知道欧洲银行对于以美元标价的CDO的风险敞口状况如何，不了解整个金融体系对于短期美元融资市场的依赖程度。各国金融机构以及监管规则的差异很大程度上影响冲击的大小以及传染方向。同时，这些差异还使构建有效的指标来分析系统脆弱性非常困难。对国际大型金融机构可比数据的缺乏使得系统性风险管理更为困难。监管当局收集的银行数据在各国之间分享的程度不够，只有汇总的数据才进行公开。因此，没有一家监管当局能从国际的视角了解目前系统性风险的状况。没有这个视角，系统性风险就不能被有效检测出来。随着金融国际化程度加深，基于本国银行业信息的系统性风险管理只是管中窥豹。第二，促进数据在市场参与者之间的分享。除了监管当局外，市场参与者也需要足够的信息来评估系统性风险。一些公开的信息和数据以及有关市场、部门、国别的汇总数据有助于帮助市场参与者识别管理系统性风险。欧洲压力测试公开的银行业主权风险敞口暴露表明，即使在金融困境情况下，数据公开也有助于管理系统性风险。

3.5.4 总体政策建议

2008年金融危机爆发后，各国纷纷吸取教训，实施宏观审慎监管以保证金融体系的稳定。宏观审慎监管政策工具的选择与国家类型和本国国情有关，且实施特点具有组合实施的特征；整体上宏观审慎监管政策工具的实施是有效的，但宏观审慎监测指标的表现则有待提高。在中国，无论从时间维度来看，还是截面维度来看，都存在系统性风险。时间维度的主要表现是信贷和资产价格的快速增长，截面维度的主要表现是金融体系错综复杂的关联度。因此，中国金融监管当局有必要使用宏观审慎政策工具抑制风险在金融体系内的累积。实证分析表明，差别存款准备金动态调整机制和可变的LTV上限作为宏观审慎工具使用是有效果的（梁琪、李政、卜林，2015）。但是由于我国金融体系的改革还不彻底，在现行的货币政策框架和金融体系结构基础上，以及其他的制度性因素会使得实施宏观审慎监管的效果可能不一定很显著。

　　为了保证宏观审慎监管实施的有效性，中国金融监管当局应该做到：第一，发挥宏观审慎监管政策工具调控的目标性和针对性。实证分析表明，如果宏观审慎监管全局调控的话，会影响西部地区信贷供给，因此中国实施宏观审慎监管应针对中国不同地区实行差别化调控。第二，组合实施宏观审慎监管工具，且增加与货币政策等宏观经济政策的配合。当宏观审慎监管政策工具组合实施的恰到好处时，宏观审慎监管能够提前调控金融体系的风险，从而降低货币政策的压力。在我国，如果通过宏观审慎监管政策组合实施，而不是通过货币政策提高基准利率来调控信贷，货币政策的两难境地会得到一定程度的缓解。第三，进一步推进金融自由化改革。中国利率市场化、汇率市场化以及资本账户逐渐开放会降低宏观审慎监管的实施压力，因为会降低由于金融体系扭曲所导致的系统性风险累积程度。第四，根据中国国情，设计自身宏观审慎监管政策工具箱，使之符合当前中国金融发展进程。第五，完善相关制度框架，使宏观审慎监管政策工具达到最大的实施效果。这种制度框架包括各部门之间的协调机制、国家之间的协同机制、法律框架的修改以及宏观审慎监管实施机构的设立等。

　　随着中国人民银行存款保险征求意见稿的发布，中国金融稳定三大监管体系（审慎监管、存款保险和最后贷款人制度）即将形成。因此中国更有必要加强宏观审慎监管实施，使宏观审慎监管与其他两项制度有效配合，保证金融体系的稳定。然而需要说明的是，由于中国尚未经历完整的经济周期，模型校准的数据相对匮乏，因此，宏观审慎监管工具的实施应以简单为上策，复杂的模型并不一定能够指导中国宏观审慎监管的实施。

第 2 篇　宏观审慎监管政策工具

金融危机爆发后，巴塞尔委员会对 Basel Ⅱ 进行调整，2010 年发布 Basel Ⅲ 确立了宏观审慎监管的改革思路。可以说，宏观审慎监管政策工具仍以 Basel 资本协议为主。

本篇第 4 章以市场风险为例，研究了 2008 年金融危机爆发期间 Basel 协议的表现。第 4 章在巴塞尔协议规则下，运用 VaR 预测模型的组合构建风险管理策略，包括保守型和积极型策略。从实践应用出发，第 4 章运用沪深 300 指数检验这两种风险管理策略在 2008~2009 年全球金融危机期间的表现。在此基础上，第 4 章对不同市场风险模型的 VaR 和每日资本要求进行测算。研究结果表明，在全球金融危机期间，巴塞尔资本协议能够有效覆盖存款类金融机构可能的市场风险损失。

本篇第 5 章对银行业实施宏观审慎监管的核心工具——偿付能力监管和流动性监管进行详细论述，并分析了中国上市商业银行偿付能力风险和流动性风险的现状。在梳理国际上对加强偿付能力监管和流动性监管对宏观经济影响测算结果的基础上，第 5 章实证分析了加强偿付能力监管和流动性监管对中国上市商业银行盈利能力和宏观经济的影响。

　　第 6 章在第 5 章的基础上，研究偿付能力风险、流动性风险与银行体系风险三者之间的关系。第 6 章首先梳理了国际上嵌入偿付能力风险和流动性风险的银行业系统性风险测度模型。之后，第 6 章实证分析了商业银行信用风险、流动性风险与银行体系风险三者之间的关系。实证结果表明，反映中国商业银行整体流动性风险的流动性创造指标会显著影响银行信用风险，但表示银行融资流动性风险的 NSFR 比率不会影响商业银行信用风险；而信用风险对银行流动性风险的影响不显著；当商业银行偿付能力上升时，银行风险承担会上升，进而增加倒闭的预期损失；商业银行流动性风险的上升也会增加银行倒闭的预期损失；商业银行偿付能力提高时，流动性风险会降低；商业银行流动性风险上升时，商业银行偿付能力风险也上升。

　　货币政策与宏观审慎监管的实施密切相关。利率水平变化和准备金制度都会影响银行体系的问题。将一些传统的货币政策赋予一定的宏观审慎的含义是 2008 年金融危机后一个较新的视角。第 7 章在论述货币政策与金融体系稳定关系的基础上，分析了利率水平对商业银行盈利能力的影响，并从宏观审慎的视角分析了准备金制度对控制银行信贷快速增长的作用机制。第 7 章从宏观审慎视角对货币政策工具进行分析，期望为监管政策的制定提供参考。

第 4 章

金融危机期间 Basel 协议的表现
——以市场风险为例

2008 年金融危机爆发后,对 Basel Ⅱ 协议的批评不绝于耳,对 Basel 资本协议的表现存在大量质疑。但是,2010 年巴塞尔委员会在 Basel Ⅱ 原有的框架体系下继续发布了 Basel Ⅲ,延续了 Basel 资本协议的一贯做法,进而明确了 Basel 资本协议在后危机时代在金融监管中的重要位置。从 2008 年金融危机后,巴塞尔委员会发布的一系列监管指引来看,危机后实施宏观审慎监管的主要工具和依托文件还是 Basel 资本协议。因此本书认为,危机之后宏观审慎监管的核心工具仍是以 Basel 资本协议为核心,Basel 资本协议在金融危机中存在缓解金融危机影响严重程度的作用。

4.1 Basel 协议市场风险管理发展

2008 年 9 月,以雷曼兄弟申请破产保护为标志,美国金融危机全面爆发。此次金融危机对全世界金融体系和实体经济产生了巨大的影响,这使得人们不禁反思,为什么情况会变得如此之严峻(Shehzad and De Haan, 2013),监管当局为什么没有及时阻止金融机构过度承担风险的经营行为。新巴塞尔资本协议(Basel Ⅱ)增加了资本对于风险的敏感性,要求银行运用风险敏感度较高的模型计算 VaR 值,并据此计提资本。VaR 是在一定时期内,在给定的置信水平下资产的最大可能损失,其已经成为风险管理领域的核心方法。自从1996年市场风险补充协定公布以来，大量的学者研究开发了不同的模型研究如何计算 VaR 值。

1988年出台的 Basel Ⅰ 没有要求银行对市场风险计提资本。巴塞尔委员会很快意识到银行没有足够的资本抵御来自资本市场的冲击。20世纪90年代中期，巴塞尔委员会对 Basel Ⅰ 进行补充修正，要求银行资本充足率应不仅仅能够覆盖信用风险。1996年巴塞尔资本协议补充协定出台，规定银行应对市场风险计提资本，并规定了一系列从初级到高级的相关方法。该文件允许银行使用内部模型计算市场风险资本。欧盟在1998年开始实施该补充协定。从2004年新巴塞尔资本协议出台到2008年全球金融危机爆发，新巴塞尔协议在很多国家实施（虽然没有正式在美国实施），新巴塞尔资本协议通过监管及披露规则、交易组合的交易对手风险管理等提升了市场风险管理要求。

1995年巴塞尔资本协议修订版使得一致的资本要求体系得以推行，但具体的惩罚措施仍由各国监管者决定。Basel Ⅱ 的惩罚体系（见表4-1）事后检验程序通过对比实际收益和相应 VaR 预测评估存款类金融机构内部模型的质量。在一定的置信区间下，如果内部模型的违反值超出了合理的预期，则该存款类金融机构需要持有更高水平的资本（见表4-1），对存款类金融机构的惩罚体系通过更高的资本要求直接影响其盈利能力。这可以解释为何金融管理者倾向于被动或者保守的风险管理策略。

表4-1　　　　　　　　　Basel Ⅱ 的惩罚区

惩罚区域	违反次数	惩罚因子
绿色	0~4	0.00
黄色	5	0.40
	6	0.50
	7	0.65
	8	0.75
	9	0.85
红色	10+	1

注：违反次数在250交易日下给定，此惩罚体系在 Basel Ⅱ 规则下。

Basel Ⅱ惩罚区域由三个区域构成,绿色区域到红色区域伴随着违反次数的升高,同时导致更高的惩罚因子。惩罚因子取决于监管当局对存款类金融机构风险管理实践和事后检验结果的评估,由实际损失超出每日 VaR 预测值的次数决定(BCBS,2006)。然而,过度保守会通过更高的资本要求影响银行的盈利能力,因此,银行会考虑对任何年份的违反次数进行内生性决定的策略(Caporin and McAleer,2010)。在 Basel Ⅱ规则下,银行为最大化盈利会选择 VaR 预测模型以最小化每日资本要求,同时,保证违反次数在表4-1范围内。最小化每日资本要求的风险模型在全球金融危机前后发生改变,由于没有单一模型会一直保持最优,因此本书运用模型的组合替代单一模型。组合预测模型在时间序列理论中较为常见,在以风险管理为目的的 VaR 预测中并不常见(Chiriac and Pohlmeier,2010)。

4.2 VaR 预测模型

4.2.1 预测 VaR

Basel Ⅱ规定每日资本要求(DCC)是前一天 VaR 与过去60个交易日每日 VaR 平均值中的较大值乘以惩罚因子(3+k)。

$$DCC_t = \sup\{-(3+k)\overline{VaR_{60}}, -VaR_{t-1}\} \qquad (4-1)$$

惩罚因子 k,取决于监管当局对存款类金融机构风险管理实践和事后检验结果的评估,由实际损失超出每日 VaR 预测值的次数决定(BCBS,2006)。最低乘数因子3是对模型实施引发误差的补偿,例如简化假设、分析近似、小样本偏差和数值误差等导致模型真实风险覆盖降低的因素。增加乘数因子会将观察到的违反次数所隐含的置信水平提高到监管要求水平,即99%的置信水平(McAleer et al.,2010)。然而,维加等(Veiga et al.,2014)提出了在调整银行与监管者利益方面更为有效的惩罚体系。他们发现在目前 Basel Ⅱ惩罚体系限制下,若银行使用的模型导致过多的违反次数,最低资本要求将增加。这意味着目前的惩罚结构在鼓励银行采取适当的风险管理技术,仍然不够严厉。

在计算违反次数方面，银行需要比较过去 250 个交易日的预测 VaR 与真实的损益数值。1995 年巴塞尔修订版允许银行使用内部模型决定 VaR 阈值（BCBS，1995）。使用内部模型的银行需要证明其内部模型足够稳健。绿色区域到红色区域伴随着违反次数的升高，同时导致更高的惩罚因子 k。

在险价值（VaR）是在一定时期内，在给定的置信水平下，资产的最大可能损失，是一定置信区间的下限。如果 Y_t 为随机变量，麦卡莱尔等人（2013）认为可以进行如下分解：

$$Y_t = E(Y_t \mid F_{t-1}) + \varepsilon_t \qquad (4-2)$$

Y_t 由两部分组成，$E(Y_t \mid F_{t-1})$ 为条件均值，即可预测部分，ε_t 是随机部分。变量 Y_t 的分布由变量 ε_t 决定，假设 ε_t 服从如下条件分布：$\varepsilon_t \sim D(\mu_t, \sigma_t^2)$，$\mu_t$ 和 σ_t 分别为条件均值和标准差，则变量 Y_t 的 VaR 可以表示为：

$$VaR_t = E(Y_t \mid F_{t-1}) - \alpha \sigma_t \qquad (4-3)$$

其中，α 是分布的临界值，$1-\alpha$ 为置信区间。为得到适当的 VaR，也可由其他条件方差估计方法得到。邓和王（Deng and Wang，2008）实证研究表明，一些金融机构会在向监管当局的信息披露中高估市场风险，这意味着监管对银行交易行为的限制成本高昂。存款类金融机构倾向于报告更高的 VaR 以避免监管当局介入。这种保守的风险报告意味着银行风险管理的效率仍然存在提升的空间。麦卡莱尔等（2010）研究认为，存款类金融机构拥有有效工具管理市场风险并满足定性要求，存款类金融机构可以通过实施更加灵活的市场风险披露政策降低每日资本要求。

4.2.2　VaR 预测模型

存款类金融机构允许运用内部模型估计 VaR。在模型选择方面，有多种条件波动率的时间序列模型。本章主要使用 GARCH、GJR 和 EGARCH 三种条件波动率模型，从而评估银行的市场风险管理策略。之所以选择这三种模型，是因为这些模型运用广泛并为人们所熟知。此外，本章还使用 Riskmetrics™ 在 1996 年提出的指数加权移动平均模型（EWMA）。

（1）GARCH 模型。给波动率建模提供一个系统框架的第一个模型是恩格尔（Engle，1982）提出的 ARCH 模型。ARCH 模型的基本思想主要有：一

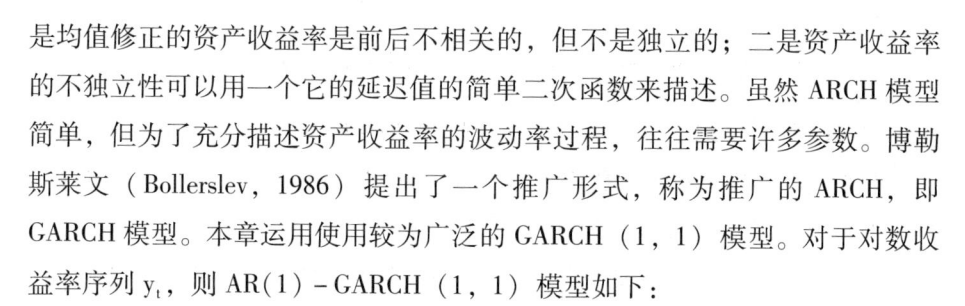

是均值修正的资产收益率是前后不相关的,但不是独立的;二是资产收益率的不独立性可以用一个它的延迟值的简单二次函数来描述。虽然 ARCH 模型简单,但为了充分描述资产收益率的波动率过程,往往需要许多参数。博勒斯莱文(Bollerslev,1986)提出了一个推广形式,称为推广的 ARCH,即 GARCH 模型。本章运用使用较为广泛的 GARCH(1,1)模型。对于对数收益率序列 y_t,则 AR(1) – GARCH(1,1)模型如下:

$$y_t = \varphi_1 + \varphi_2 y_{t-1} + \varepsilon_t, \quad |\varphi_2| < 1$$

$$\varepsilon_t = \eta_t \sigma_t, \quad \eta_t \sim iid(0, 1)$$

$$\sigma_t^2 = \alpha_0 + \alpha_1 \varepsilon_{t-1}^2 + \beta_1 \sigma_{t-1}^2 \tag{4-4}$$

其中,y_t 为股票对数收益率,φ_1、φ_2 是估计系数,ε_t 是残差项,η_t 是独立同分布的随机变量序列,均值为 0,方差为 1。α_0、α_1、β_1 是估计系数,σ_t^2 为条件方差。$\alpha_0 > 0$,$\alpha_1 \geq 0$,$\beta_1 \geq 0$ 以保证条件方差为正值。

(2)GJR 模型。在对称的 GARCH 模型中,资产收益率正向移动对条件方差 σ_t^2 的影响与资产收益率负向移动的影响相同,为了捕捉收益率波动的非对称现象,格洛斯顿、纳森和兰克尔(Glosten, Jagan Nathan and Runkle,1992)提出了 GJR 模型,对于 GJR(1,1)模型表示如下:

$$\sigma_t^2 = \omega + [\alpha + \gamma I(\eta_{t-1})] \varepsilon_{t-1}^2 + \beta \sigma_{t-1}^2 \tag{4-5}$$

其中,参数必须满足以下限制条件:$\omega > 0$、$\alpha \geq 0$、$\alpha + \gamma \geq 0$、$\beta \geq 0$,以保证条件方差为正,且 $\alpha + \beta + \gamma/2 < 1$ 为 GJR 模型广义平稳的充要条件。$I(\eta_t)$ 是指示变量,定义如下:

$$I(\eta_t) = \begin{cases} 1, & \varepsilon_t < 0 \\ 0, & \varepsilon_t \geq 0 \end{cases} \tag{4-6}$$

指示变量区分了正向和负向的冲击,γ 为反应波动非对称性的参数。对于金融数据,由于负向冲击对波动率的影响大于正向冲击,预期 $\gamma \geq 0$。虽然 GJR 模型可以反映条件波动的不对称效应,但该模型并不能探测杠杆效应,即负向冲击增大了波动,而正向冲击降低了波动。

(3)EGARCH 模型。另外一个允许在模型中体现正的和负的资产收益率的非对称效应的模型是纳尔逊(Nelson,1991)提出的指数 GARCH,即 EGARCH 模型。EGARCH(1,1)模型表示如下:

$$\mathrm{Ln}(\sigma_t^2) = \omega + \alpha \left| \frac{\varepsilon_{t-1}}{\sigma_{t-1}^2} \right| + \gamma \frac{\varepsilon_{t-1}}{\sigma_{t-1}^2} + \beta \mathrm{Ln}(\sigma_{t-1}^2), \quad |\beta| < 1 \qquad (4-7)$$

EGARCH 模型对于非对称性的探测与 GJR 模型不同。在 EGARCH（1，1）模型中，参数 α 和 γ 分别代表标准残差的规模和信号效应。在 GJR（1，1）模型中 α 反映了对条件方差正向冲击的影响，而 $\alpha + \gamma$ 反映了负向冲击的影响。与 GJR 不同，EGARCH 模型可以通过对规模和信号参数的限制反应杠杆效应的影响。

麦卡利尔、陈和马里诺娃（McAleer, Chan and Marinova, 2007）研究表明，EGARCH 模型与上述两个模型的区别在于：第一，EGARCH 模型使用条件方差的对数，放松了对模型系数非负性的限制；第二，EGARCH 模型依赖滞后条件冲击，不需要矩条件的建立，而 GARCH 和 GJR 模型依赖滞后非条件冲击，则需要矩条件；第三，谢泼德（Shephard, 1996）认为 $|\beta| < 1$ 可以保证 EGARCH（1，1）最大似然估计的一致性和渐进正态性。本章分别基于正态分布、t 分布和 GED 分布构建上述三种条件波动率模型。

（4）EWMA 模型。Riskmetrics™ 发展了基于指数移动平均（exponentially weighted moving average, EWMA）方法估计条件方差和协方差的模型。作为估计条件波动模型参数的一种方法，该方法预测 t 时期的条件方差是滞后期条件方差和 t-1 期非条件冲击的平方。EWMA 模型计算条件方差如下：

$$\sigma_t^2 = \lambda \sigma_{t-1}^2 + (1-\lambda) \varepsilon_{t-1}^2 \qquad (4-8)$$

其中，λ 是衰减参数。Riskmetrics™ 建议将 λ 设定为 0.94 以分析每日数据。由于没有参数估计，因此，不需要设定任何矩条件以证明估计量的统计特征。

4.3 研究方法与数据描述

本章运用沪深 300 指数数据 2005 年 1 月 5 日~2013 年 9 月 30 日的日收盘价 P_t 作为观测值，共 2121 个数据。沪深 300 指数是由上海和深圳证券市场中选取 300 只股票作为样本编制而成的成分股指数，该指数覆盖了沪深市场 60% 左右的市值，能够反映中国 A 股市场的整体运行状况，具有良好的市场代表性。沪深 300 指数可以反映金融机构股票投资组合收益的变动状况。

第4章 金融危机期间 Basel 协议的表现——以市场风险为例

本章的主要目的在于运用具有良好市场代表性的股票指数数据反映金融市场风险状况。P_t 为日收盘价，则 t 时刻对数收益率 R_t 为：

$$R_t = \ln\left(\frac{P_t}{P_{t-1}}\right)$$

图4-1是沪深300指数收益率序列的直方图和描述统计量。图4-1表明，沪深300指数收益率均值接近0，最大值为0.089，最小值为-0.097。样本序列偏度显著不为零，峰度大于3，表明序列具有尖峰厚尾特征，存在极端观测值。Jarque-Bera 统计量值较大，则不能认为样本序列服从正态分布。

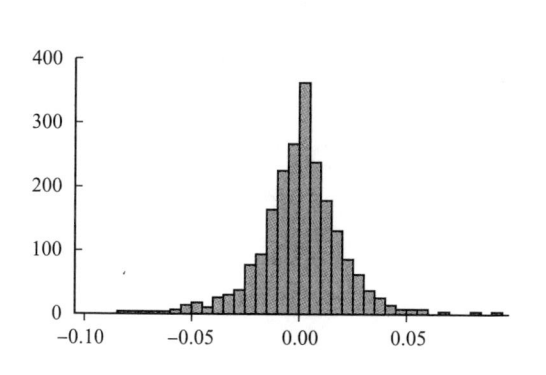

图4-1　沪深300指数收益率描述统计量

波动率的测量方法有多种，为了得到收益率波动性的特征，采用弗朗西斯和范迪克（Franses and Van Dijk, 1999）中对真实收益波动的定义：$V_t = (R_t - E(R_t|F_{t-1}))^2$，其中 F_{t-1} 是 t-1 时期的信息集。

图4-2描述了沪深300指数收益率的波动性。与其他新兴市场一样，中国股市波动性整体较大，并且沪深300指数序列波动率具有明显聚集性。在2007年美国次贷危机爆发后，全球信用市场环境不断恶化，沪深300指数序列波动率从2007年开始显著增加，市场出现了相当大的波动性，市场风险明显增强。同时，序列波动率也在2008~2009年金融危机全面爆发期间呈现大幅增长。随着美国金融危机的蔓延，2010年5月，欧洲主权债务危机爆发，对市场形成进一步冲击，但对波动率的影响不及2008~2009年全球金融危机剧烈。

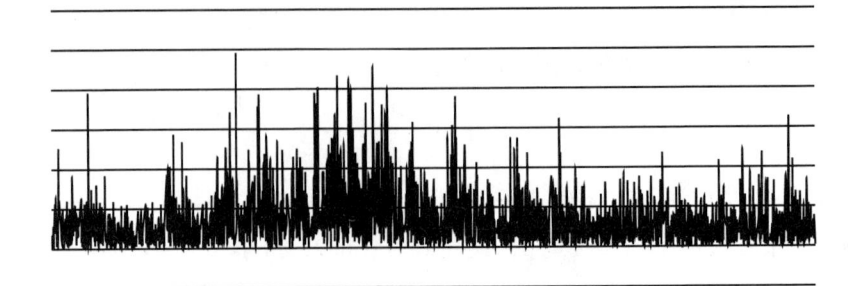

图 4-2 沪深 300 指数收益率每日波动率

资料来源：作者根据 EViews 软件制作。

波动率模型可以基于统计显著性、拟合优度、VaR 预测和每日资本要求计算标准进行比较，而基于每日或者短期综合衡量的基础之上进行比较是最佳的。由于 VaR 预测的核心是在满足 Basel II 惩罚标准下进行每日资本要求计算，而最严重的惩罚莫过于暂停金融机构的投资活动，因此，拟合标准可以主要定位在 2008~2009 年全球金融危机前后每日资本要求和每日资本要求均值的计算。

4.4 VaR 预测与每日资本要求测算

本章运用沪深 300 指数分析 Basel II 框架下的风险管理策略。本章先应用全样本数据分别基于正态分布、t 分布和 GED 分布构建 GARCH (1, 1)、GJR (1, 1) 和 EGARCH (1, 1) 条件波动率模型。GARCH (1, 1) 模型估计结果表明系数 α（ARCH 项）和系数 β（GARCH 项）的估计值均在 1% 的显著性水平下显著。三种分布的估计结果较为相似，α 的估计值在 0.05 左右，β 的估计值在 0.94 左右，系数 α 与系数 β 之和接近 1，表明条件方差所受的冲击是持久的。GJR (1, 1) 模型估计结果表明三种分布下非对称项 γ 的估计值均显著，说明负向冲击比等量的正向冲击产生更大的波动。EGARCH (1, 1) 模型三种分布条件下非对称项 γ 的估计值同样显著见表 4-2、表 4-3 和表 4-4。

表 4-2　　　　　　　　GARCH (1, 1) 模型估计结果

分布	系数	估计值	P 值
normal	α	0.0515***	0.0000
	β	0.9375***	0.0000
	α+β	0.989	
student-t	α	0.0443***	0.0000
	β	0.9504***	0.0000
	α+β	0.9947	
generalized error distribution (GED)	α	0.0471***	0.0000
	β	0.9450***	0.0000
	α+β	0.9921	

注：***、**和*分别代表在1%、5%和10%的显著性水平上显著。

表 4-3　　　　　　　　GJR (1, 1) 模型估计结果

分布	系数	估计值	P 值
normal	α	0.0427***	0.0000
	γ	0.0186**	0.0260
	β	0.9355***	0.0000
	α+β+γ/2	0.9875	
student-t	α	0.0386***	0.0003
	γ	0.0144**	0.0252
	β	0.9473***	0.0000
	α+β+γ/2	0.9931	
generalized error distribution (GED)	α	0.0408***	0.0005
	γ	0.0156**	0.0231
	β	0.9416***	0.0000
	α+β+γ/2	0.9902	

注：***、**和*分别代表在1%、5%和10%的显著性水平上显著。

表 4-4　　　　　　　EGARCH (1, 1) 模型估计结果

分布	系数	估计值	P 值
normal	α	0.1262 ***	0.0000
	γ	-0.0148 **	0.0168
	β	0.9863 ***	0.0000
student-t	α	0.1079 ***	0.0000
	γ	-0.0112	0.1033
	β	0.9920 ***	0.0000
generalized error distribution (GED)	α	0.1162 ***	0.0000
	γ	-0.0136 *	0.0979
	β	0.9898 ***	0.0000

注：***、**和*分别代表在1%、5%和10%的显著性水平上显著。

本章运用上述三种模型和riskmetrics模型进行VaR预测和每日资本要求计算，从而分析Basel II框架下不同风险管理策略在2008~2009年全球金融危机期间的表现。图4-3是不同模型的VaR预测结果与沪深300指数收益率的对比图，样本区间为2008年1月2日~2013年9月30日。存款类金融机构并不受只能使用一种风险模型的限制，本章提出的风险管理策略是由上述不同的VaR预测模型组成，包括一个积极型策略和一个保守型策略。图4-3中，上方upperbound曲线是单个波动率模型VaR计算结果的下确界，反映了积极风险管理策略的VaR预测，下方lowerbound曲线是单个波动率模型VaR计算结果的上确界，VaR预测结果绝对值更大，反映了保守型风险管理策略的预测结果。

图4-3表明2008年初不同波动率模型VaR预测相对较低，低于4%。从2008年2月起VaR预测值不断增长，2008年4月VaR升高至8%左右，直至2008年11月，VaR预测值都保持在高位波动；2008年12月起，VaR预测值降低到6%左右；2009年开始VaR预测值继续降低，除9月份出现较大

第4章 金融危机期间 Basel 协议的表现——以市场风险为例

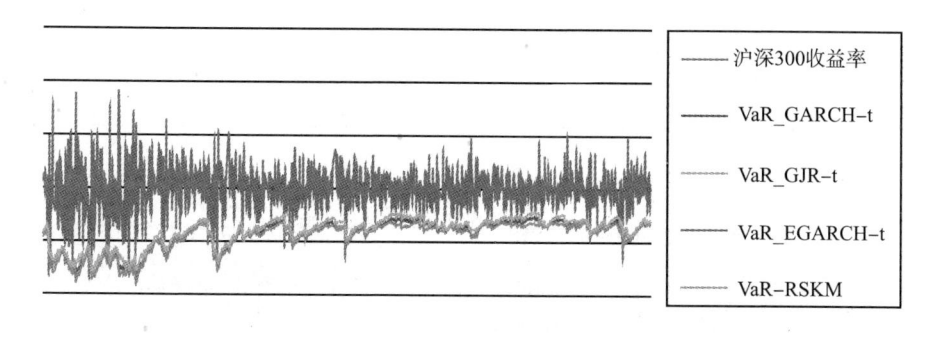

图4-3 模型 VaR 预测结果与沪深300指数收益率对比
（2008年1月2日~2013年9月30日）

波动外基本低于6%；VaR 预测值在2010年5月增大，但增加幅度较小。不同波动率模型的 VaR 预测值变动与沪深300指数收益率波动情况基本一致。2007年美国金融危机爆发后，2008年沪深300指数收益率的波动不断增加，特别是2008年9月以雷曼兄弟破产为标志的全球金融危机的爆发进一步加大了收益率的波动。2010年5月，欧洲主权债务危机爆发，危机始于希腊并向爱尔兰、葡萄牙、意大利和西班牙蔓延，对市场形成进一步冲击，但对波动率的影响不及2008~2009年全球金融危机剧烈。

图4-4中 DCC - Upperbound 代表积极型策略的每日资本要求曲线（基于不同模型 VaR 预测结果下确界），DCC - Lowerbound 代表保守型策略的每日资本要求曲线（基于不同模型 VaR 预测结果上确界）。为了进一步区分两条曲线，本章在图4-5中对两条曲线单独描述。在全球金融危机爆发前（2008年初），积极型策略和保守型策略每日资本要求曲线存在明显差异。2008年9月，随着全球金融危机的爆发，积极型风险策略的 DCC 曲线与保守型风险管理策略的 DCC 曲线几乎重合，这意味着 Basel Ⅱ框架下对每日资本要求测算起主导作用的平均滚动时间窗口过大。在金融危机爆发后，两种策略曲线的差异逐渐增大，不同波动率模型得出的每日资本要求差异同样增大。此外，图4-4测算结果表明，每日资本要求绝对值总是大于 VaR 预测值，金融危机爆发后，大量资本被提取用于覆盖可能的损失，这体现出了 Basel Ⅱ积极的一面。从沪深300指数检验的结果来看，在全球金融危机期间及之后，Basel Ⅱ能够有效覆盖存款类金融机构可能的市场风险损失。因此，实施

Basel Ⅲ对于银行体系的稳健经营具有重要意义。

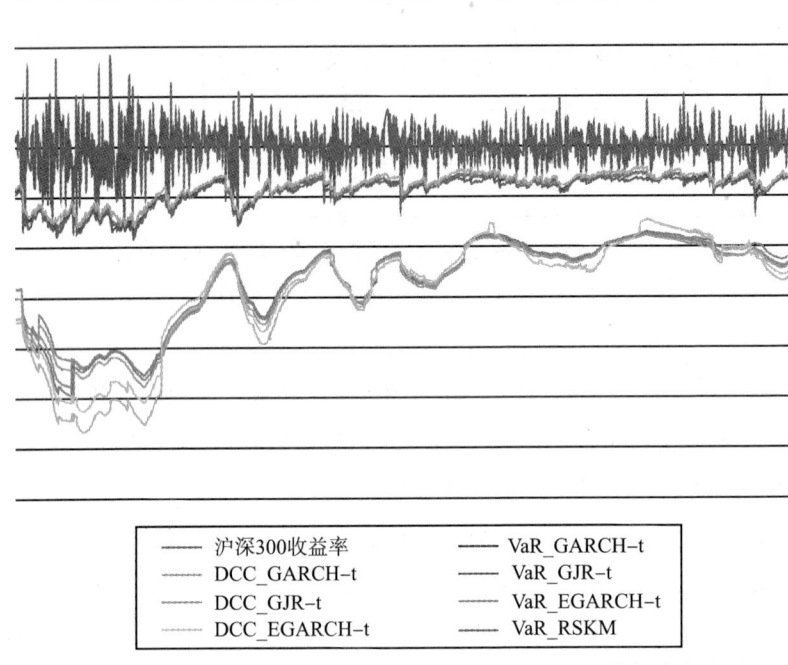

图 4-4　每日资本要求测算（最下方曲线）与沪深 300 指数收益率对比
　　（2008 年 1 月 2 日~2013 年 9 月 30 日）

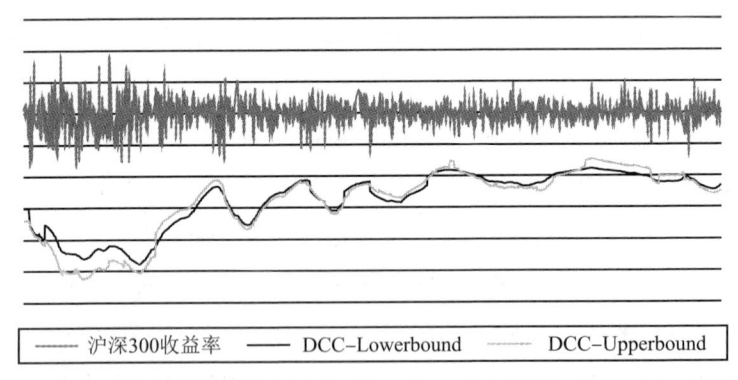

图 4-5　每日资本要求测算（DCC-Upperbound 与 DCC-Lowerbound 曲线）
　　与沪深 300 指数收益率对比（2008 年 1 月 2 日~2013 年 9 月 30 日）

表 4-5 测算结果表明，对于两种风险策略，积极型策略的标准化违反次

数是6.26,处在Basel Ⅱ中的黄色区域(见表4-1)。保守型策略的标准化违反次数是1.43,违反次数最小,处在Basel Ⅱ中的绿色区域(见表4-1),但会导致较高的每日资本要求。对于想要维持在绿色区域的银行,保守型策略是最佳选择。就每日资本要求而言,保守型策略最小化每日资本要求天数占比为零,而积极型策略每日资本要求均值较低,最小化每日资本要求天数占比最高。GARCH模型和基于GED分布的GJR模型最小化每日资本要求天数占比同样较高。

在Basel Ⅱ规则下,银行为最大化盈利可以选择VaR预测模型以最小化每日资本要求,同时,保证违反次数在表4-5范围内。从最小化每日资本要求角度进行模型选择:第一,2008年1月,在全球金融危机爆发前,GARCH模型是最小化每日资本要求的最佳模型,这期间市场波动率相对较低。此外,GARCH模型在2008年7~8月(全球金融危机爆发初期)每日资本要求同样最低。第二,2008年2~6月,GJR模型每日资本要求测算结果最低。这期间,沪深300指数波动率不断升高。第三,2008年9~11月,EGARCH模型能够最小化每日资本要求,这期间市场波动率较大,EGARCH模型能够较好地捕捉非对称效应的影响。在样本其他时间段,积极型策略(upperbound)的每日资本要求最低。在2008~2009年金融危机期间,Riskmetrics模型最小化每日资本要求的效果较差。全球金融危机期间,最小化每日资本要求的最优模型各不相同,金融机构的最佳风险管理策略也随之发生改变。而本章提出的不同模型的组合(例如积极与保守策略)能够有效覆盖组合的市场风险损失,并且最小化每日资本要求效果更好。

表4-5 每日资本要求测算与违反次数结果

模型	最小化每日资本要求天数占比(%)	每日资本要求均值	违反次数	标准化违反次数
RSKM	4.0	0.140	31	5.55
GARCH	16.3	0.133	16	2.87
GJR	5.6	0.132	12	2.15
EGARCH	9.1	0.134	16	2.87
GARCH-t	1.2	0.135	18	3.22

续表

模型	最小化每日资本要求天数占比（%）	每日资本要求均值	违反次数	标准化违反次数
GJR - t	0.0	0.134	15	2.68
EGARCH - t	7.6	0.136	18	3.22
GARCH - g	12.1	0.134	18	3.22
GJR - g	10.7	0.132	12	2.15
EGARCH - g	3.2	0.135	17	3.04
lowerbound	0.0	0.138	8	1.43
upperbound	34.2	0.132	35	6.26

注：RSKM 代表 Riskmetrics 模型、lowerbound 代表保守型策略、upperbound 代表积极型策略。违反次数是样本区间（2008 年 1 月 ~ 2013 年 9 月）累计违反次数，标准化违反次数等于累积违反次数 ×250/总样本天数。

4.5 本章小结

2008 ~ 2009 年全球金融危机期间，市场波动率较大，不存在能够最小化每日资本要求的单一模型，这意味着运用不同模型的组合进行 VaR 预测要优于单一模型。本章在 Basel Ⅱ规则下，从风险管理角度，运用不同 VaR 预测模型的组合构建风险管理策略，并且具体提出了组合策略的实例，即保守型策略和积极型策略。本章检验结果表明：第一，在全球金融危机期间，两种风险策略和不同模型的每日资本要求绝对值均大于 VaR 预测值，Basel 资本协议能够有效覆盖存款类金融机构可能的市场风险损失。因此，实施 Basel 资本协议对于银行体系的稳健经营具有重要意义。第二，从每日资本要求测算结果来看，积极型风险管理策略的每日资本要求均值最低，最小化每日资本要求天数占比最高，但违反数值较大。违反数值过高会导致监管当局的介入，并对银行声誉产生影响。保守型风险策略的违反次数最小，但会导致较高的资本要求，对于希望保持在 Basel Ⅱ绿色区域的银行，保守型策略是更好的选择。总之，Basel 资本协议在金融危机期间的表现良好，对维护银行体系稳定具有重要的实践价值。

第 5 章

宏观审慎监管主要工具：Basel Ⅲ 之偿付能力监管与流动性监管的组合

2007年在美国爆发的次贷危机之所以演变成如此严重的金融危机，一个重要原因是银行体系杠杆率非常高，同时资本质量受到侵蚀，且银行持有的流动性资产非常短缺，因此一旦遭遇冲击，银行没有充足的资本吸收损失，同时表外对影子银行的风险敞口迅速转移至表内，对银行资本造成了进一步的侵蚀。去杠杆导致的信贷顺周期性问题，关联度导致金融体系过于复杂的问题又进一步加剧了冲击的传染，金融市场对许多银行的偿付能力和流动性丧失信心，使得金融市场流动性和信贷供给大幅收缩，进而重创实体经济。在此背景下，巴塞尔委员会于2010年发布了Basel Ⅲ，进一步强化了资本监管导向，并提出了流动性监管指标，保证银行体系的稳定。巴塞尔委员会强调，加强资本监管与流动性监管的目的是通过设计作用于微观金融机构的监管工具，在保证单个金融机构稳定的基础上，增强银行体系的稳定程度。从之后巴塞尔委员会发布的相关宏观审慎监管工具的实践指引中，我们不难发现，宏观审慎监管所依托的主要监管工具仍然是资本监管与流动性监管，作用对象是微观金融机构。

5.1 偿付能力监管

2008年金融危机爆发后，巴塞尔委员会意识到商业银行的风险敞口暴露需要以良好的资本充足率为支撑。在金融危机期间，留存收益承担了商业银行的大部分信用损失。因此巴塞尔委员会认为应该进一步增强以留存收益为代表的可触碰的普通股类型（tangible common equity）的资本，以增强商业银行的损失吸收能力。

5.1.1 Basel Ⅲ偿付能力监管

1. 资本监管。Basel Ⅲ将商业银行资本分为核心（一级）资本与附属（二级）资本两大类，且规定附属资本规模不得超过核心资本的100%。核心（一级）资本应占商业银行全部资本的50%以上，包括股本和其他一级资本两大部分。股本包括符合监管规定的普通股、发行普通股过程中的资本盈余、留存收益、累积其他综合收益和公开储备、少数股东和其他核心一级资本的监管调整项。其他一级资本包括核心（一级）资本中的银行发行的满足其他一级资本标准的工具、发行其他一级资本工具产生的资本盈余、未计入核心（一级）资本且满足相关条件的少数股东权益和其他监管调整项。Basel Ⅲ规定核心（一级）资本充足率提高至6%，核心（一级）资本充足率占银行风险资产的下限将从现行的2%提高到4.5%。二级资本包括银行发行的未包含在一级资本中且满足二级资本标准的工具及产生的相关溢价、未计入一级资本且满足相关条件的少数股东权益和其他监管调整项。Basel Ⅲ规定总资本充足率要求在2016年以前仍为8%。

在以往资本监管基础上，为了体现宏观审慎监管的整体思路，Basel Ⅲ同时增设总额不得低于银行风险资产的2.5%的资本缓冲，在2016年1月~2019年1月之间分阶段执行。此后，"核心"一级资本、一级资本、总资本充足率分别提升至7.0%、8.5%和10.5%。同时Basel Ⅲ也提出了0~2.5%的逆周期资本缓冲区间，由各国根据情况自行安排，未明确具体实施安排（见表5-1）。

表5-1　　　　　　　Basel Ⅲ资本充足率要求　　　　　　单位：%

	核心一级资本	一级资本	总资本
最低要求	4.5	6.0	8.0

第5章　宏观审慎监管主要工具：Basel Ⅲ之偿付能力监管与流动性监管的组合

续表

	核心一级资本	一级资本	总资本
资本缓冲		2.5	
最低资本与资本缓冲之和	7.0	8.5	10.5
逆周期资本		0~2.5	

2. 杠杆率监管。2008 年金融危机的重要特征是银行体系高资本充足率伴随的表内外杠杆率的过度积累。在危机期间，商业银行被迫实行去杠杆化，因此加强了银行资本监管的顺周期性，放大了资产价格的下跌幅度。为了限制商业银行体系的杠杆率过度积累，避免去杠杆化放大金融周期，Basel Ⅲ 提出了简单、透明的杠杆率要求。Basel Ⅲ 规定杠杆率的计算公式为符合相关要求的资本与总体风险暴露的比值，取过去一个季度的月平均值。对于杠杆率要求，Basel Ⅲ 规定在 2013 年 1 月 1 日~2017 年 1 月 1 日按照 3% 的最低要求进行测试。

5.1.2　中国上市商业银行偿付能力风险现状

1. 中国商业银行资本充足率现状。2012 年 6 月银监会颁布《商业银行资本管理办法（试行）》（即中国版"Basel Ⅲ"），主要涉及资本充足率、杠杆率、拨备率和流动性四个方面监管要求。从量化要求上看，我国的资本监管要求比目前为止的 Basel Ⅲ 资本要求更严格，主要表现在以下三个方面：第一，在资本充足率方面，银监会要求核心（一级）资本充足率不得低于 5%，Basel Ⅲ 规定的是 4.5%；第二，国内系统重要性银行附加资本要求为风险加权资产的 1%，由核心（一级）资本满足，巴塞尔委员会暂未规定；第三，杠杆率方面，我国杠杆率监管指标设定为 4%，高于巴塞尔委员会确定的 3% 的监管标准，具体见表 5-2 和表 5-3。

表 5-2　　　　　　　中国版"Basel Ⅲ"资本要求　　　　　　单位：%

资本	资本充足率要求			资本缓冲	逆周期资本要求	系统重要性金融机构资本要求
	核心（一级）资本	一级资本	总资本			
系统重要性金融机构	5.0	6.0	8.0	2.5	0~2.5	1%

续表

资本	资本充足率要求			资本缓冲	逆周期资本要求	系统重要性金融机构资本要求
	核心（一级）资本	一级资本	总资本			
非系统重要性金融机构	5.0	6.0	8.0	2.5	0~2.5	无

表5-3　　　　　　　　中国版"Basel Ⅲ"实施进程　　　　　　　单位：%

银行类别	监管指标	2013年年底	2014年年底	2015年年底	2016年年底	2017年年底	2018年年底
系统重要性金融机构	核心一级资本充足率	6.5	6.9	7.3	7.7	8.1	8.5
	一级资本充足率	7.5	7.9	8.3	8.7	9.1	9.5
	资本充足率	9.5	9.9	10.3	10.7	11.1	11.5
非系统重要性金融机构	核心一级资本充足率	5.5	5.9	6.3	6.7	7.1	7.5
	一级资本充足率	6.5	6.9	7.3	7.7	8.1	8.5
	资本充足率	8.5	8.9	9.3	9.7	10.1	10.5

资料来源：广发证券研究中心。

对于金融机构偿付能力来讲，核心指标是商业银行的资本充足率水平。在多数研究中，一级资本充足率是代表银行资本的变量。Basel Ⅲ提高了商业银行资本充足率要求，以增强自身的抗风险能力。在银行的资本结构中，普通股占据主体地位，因为普通股在获取股息、红利、分享银行经营效益的同时，也承担着银行的经营风险。Basel Ⅲ对银行资本质量的要求进一步提高，关注有形普通股权益（tangible common equity ratio）对风险加权资产的比率（TCE/RWA），它表示在经济下行时，有形普通股权益对银行负债和优先股的保护程度。此指标是衡量银行资本充足率的重要指标之一，在目前的研究中通常将其简写为TCE比率。颜美兰等（Meilan Yan et al., 2012）指出，TCE比率与一级资本充足率存在线性关系，且一级资本充足率能够代替TCE比率来评估Basel Ⅲ的长期影响，因此研究中大多数使用核心（一级）资本

第5章 宏观审慎监管主要工具：Basel Ⅲ 之偿付能力监管与流动性监管的组合

充足率代替 TCE 比率。本章也使用一级资本充足率（用 Lev1 表示）作为 TCE 比率的替代变量。同时在偿付能力指标选取方面，本章还选取了资本充足率（Lev2）和所有者权益与资产比值（Lev3）作为偿付能力风险表示变量。

表 5-4 为中国上市商业银行 2008~2014 年资本充足率相关指标统计数据。从表 5-4 中可以看出，中国上市商业银行资本充足率水平较高，核心（一级）资本充足率平均值在 9% 以上，总体资本充足率平均值超过 12%，最低资本充足率也高于 8%。从表 5-5 中可以看出，2015 年我国系统重要性银行偿付能力良好，整体资本占风险加权资产比重在 13% 左右，中国工商银行和中国建设银行已经超过了 15%。从图 5-1 中可以看出，在 2009 年经历的短暂的资本充足率下降后，不论是总资本充足率还是核心（一级）资本充足率，整体上都呈现出上升趋势，显著高于金融危机爆发时的水平。从商业银行类型来看，在 2014 年，除股份制商业银行在第四季度资本充足率略微下降外，大型商业银行、农村商业银行、城市商业银行以及外资银行资本充足率都出现了轻微的上升（见图 5-2）。从图 5-2 中可以看出，外资商业银行整体资本充足率最高，且显著高于其他类型的商业银行。从国内银行来看，农村商业银行和大型商业银行整体资本充足率显著高于城市商业银行和股份制商业银行，股份制商业银行资本充足率水平最低。因此关注股份制商业银行的偿付能力风险，可能是未来监管当局主要关注的问题。

表 5-4　　　　　中国上市商业银行偿付能力相关指标统计

	均值	中值	最大值	最小值	标准差	偏度	峰度
LEV1（%）	9.4225	9.2950	22.5600	4.5100	2.2071	1.7052	11.1227
LEV2（%）	12.1550	11.9700	25.5900	8.0400	2.1302	2.1948	13.9254
LEV3	0.0581	0.0577	0.1211	0.0231	0.0127	0.7214	6.6138

数据频率：半年度。

表 5-5　　2015 年我国系统性重要银行各类资本在风险加权资产占比情况

单位：百万元

项目	工商银行	建设银行	中国银行	农业银行	招商银行
一级资本总额	1792727	1435352	1301027	1210187	360210
二级资本总额	244641	222326	212937	267028	55965

续表

项目	工商银行	建设银行	中国银行	农业银行	招商银行
资本合计	2037368	1657678	1513964	1477215	416175
风险加权资产（RWA）	13216687	10722082	10654081	10986302	3208152
资本在 RWA 中占比	15.42%	15.46%	14.21%	13.45%	12.97%

资料来源：广发证券研究中心。

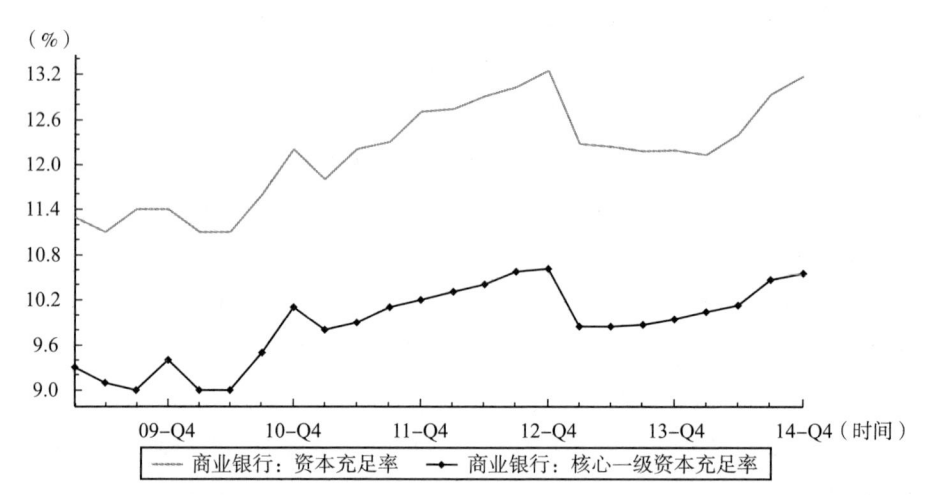

图 5-1　中国商业银行季度资本充足率水平趋势（2009~2014 年）

资料来源：Wind 数据库。

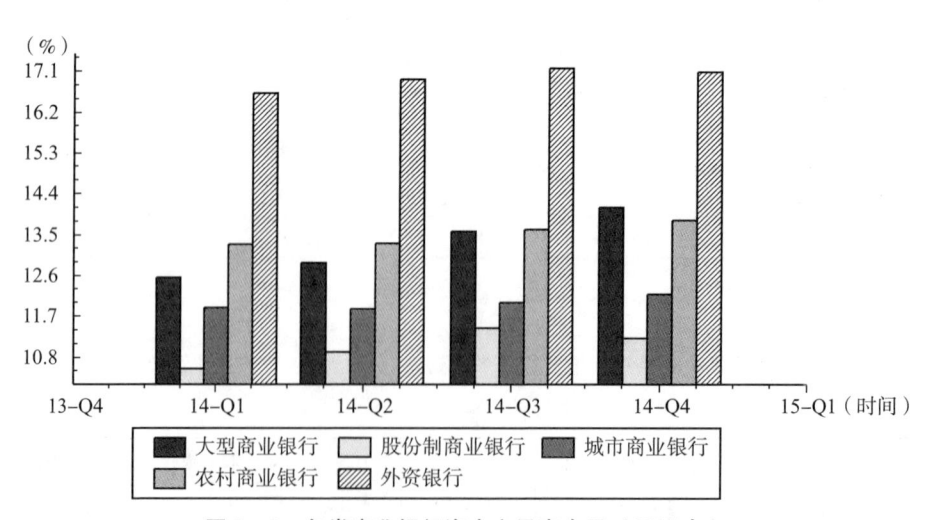

图 5-2　各类商业银行资本充足率水平（2014 年）

资料来源：Wind 数据库。

第5章 宏观审慎监管主要工具：Basel III之偿付能力监管与流动性监管的组合

2. 中国上市商业银行杠杆率现状。中国银监会对杠杆率的监管条例发布于2011年，即发布了《商业银行杠杆率管理办法》。在2014年，《商业银行杠杆率管理办法（修订）》经中国银监会2014年第18次主席会议通过，2015年1月30日中国银监会令2015年第1号公布。该《办法》分总则、杠杆率的计算、披露要求、杠杆率的监督管理、附则5章25条，由中国银监会负责解释，自2015年4月1日起施行，废止中国银行业监督管理委员会2011年第3号令发布的《商业银行杠杆率管理办法》。杠杆率是指商业银行一级资本与调整后的表内外资产余额的比率，具体计算公式为：

$$杠杆率 = \frac{一级资本 - 一级资本扣减项}{调整后的表内外资产余额} \times 100\%$$

杠杆率水平越高，表明商业银行资本越充足，抵御风险的能力越强。杠杆率指标具有简单、透明、不具有风险敏感性的特点。实施杠杆率监管，既有利于防止商业银行资产负债表过度扩张和承担风险，控制金融体系的杠杆化程度，也有利于防止银行使用内部模型进行监管套利，确保银行体系维持一定水平的合格资本。表5-6为上市商业银行在2015年新出台的杠杆率管理办法施行之后的杠杆率数据。从表5-6中可以看出，中国上市商业银行杠杆率均高于4%，国有大型商业银行平均杠杆率最高，达到7%左右，最高的为中国工商银行，为7.48%。股份制商业银行只有平安银行和华夏银行略低于5%，而城市商业银行均高于5%的水平。总体来讲，中国上市商业银行杠杆率情况良好，达到监管标准，偿付能力风险相对较低。

表5-6　　　　　　　　中国上市商业银行杠杆率
（2015年12月31日）　　　　　　　　　单位：%

平安银行	4.94	中国农业银行	6.33	北京银行	5.33
浦发银行	5.24	交通银行	6.70	宁波银行	5.40
华夏银行	4.86	中国工商银行	7.48	南京银行	5.55
中国民生银行	5.60	中国建设银行	7.28		
招商银行	5.54	中国银行	7.03		
兴业银行	5.23				
中信银行	5.26				
中国光大银行	5.95				

资料来源：各商业银行年报。

3. 商业银行倒闭风险测算。由于上述指标来源于商业银行会计报表,因此,具有"向后看"的特点。为了研究金融市场对商业银行偿付能力风险的判断,本部分使用 KMV 模型测度的商业银行违约概率作为商业银行偿付能力的替代变量。KMV 模型核心思想是将银行股票市值看做欧式看涨期权,当银行资产价值低于预期所需偿还债务的价值时,看涨期权作废,银行出现违约。虽然理论模型往往假设银行资产价格低于债务面值时银行倒闭,但银行倒闭也常常发生在资产价格较高的时期,此时银行往往因为流动性冲击而被迫抛售资产,因此,本章针对 KMV 模型设定了违约触发值(用 DB 表示)。根据 KMV 模型的常规做法,本章对违约点的设定为:短期负债 + 0.5×长期负债。根据刘志洋(2016)的研究,短期负债包括同业及其他金融机构存放款项、向中央银行借款、拆入资金、交易性金融负债、衍生金融负债、卖出回购资产款以及存款总量的 20%;长期负债包括应交税费、应付利息、应付债券、递延所得税负债、预计负债、其他负债以及存款总量的 80%。在风险中性测度下,银行股票价值为:

$$E_T = A_T N(d_1) - DBe^{-rT} N(d_2) \quad (5-1)$$

$$d_1 = \frac{\ln\left(\frac{A_T}{DB}\right) + \left(r + \frac{\sigma_A^2}{2}\right)T}{\sigma_A \sqrt{T}} \quad d_2 = \frac{\ln\left(\frac{A_T}{DB}\right) + \left(r - \frac{\sigma_A^2}{2}\right)T}{\sigma_A \sqrt{T}}$$

其中,E_T 为银行股票市值,A_T 为银行资产市场价值,r 为无风险利率,N( ) 为标准正态分布累积函数,σ_A 为资产市场价值标准差。假设银行资产市场价格服从对数正态分布,银行在 T 时间内唯一概率为:

$$PD = N(-d_2) \quad (5-2)$$

本章将中国上市商业银行分为三大类:城市商业银行(包括北京银行、宁波银行和南京银行)、国有大型商业银行(包括中国工商银行、中国建设银行、中国农业银行、中国银行和交通银行)和股份制商业银行(招商银行、兴业银行、平安银行、华夏银行、中国民生银行、中信银行、中国光大银行和浦发银行)。从图 5-3 中可以看出,整体上,市场认为国有大型商业银行违约概率较高,2013 年第四季度之前,其平均值显著高于股份制商业银行和城市商业银行。这也从侧面反应出国有大型商业银行不良贷款率高于其他类型的商业银行(见图 5-4),也从侧面反映出国有大型商业银行系统重

第5章 宏观审慎监管主要工具：Basel Ⅲ 之偿付能力监管与流动性监管的组合

要性程度。2008年第三季度金融危机爆发后，图5-3表明国有大型商业银行和股份制商业银行的违约概率都出现了一个显著的上升，而城市商业银行的违约概率没有出现变化，这从侧面反映了中国城市商业银行国际化程度不如国有大型商业银行和股份制商业银行，因此，受到金融危机的影响有限。同时从图5-3中可以看出，在2013年第四季度以后，股份制商业银行和城市商业银行的平均违约概率出现显著上升，基本与国有大型商业银行相当，这也与2013年后两类银行不良贷款率上升有密切关系（见图5-4）。

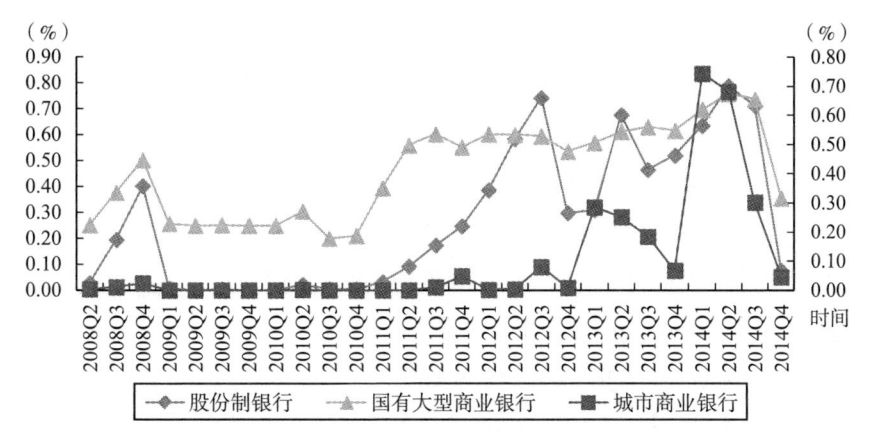

图5-3 基于KMV模型的中国上市商业银行违约率平均值走势（2008Q2~2014Q4）

注：左侧坐标轴为股份制银行和国有大型商业银行，右侧坐标轴为城市商业银行。

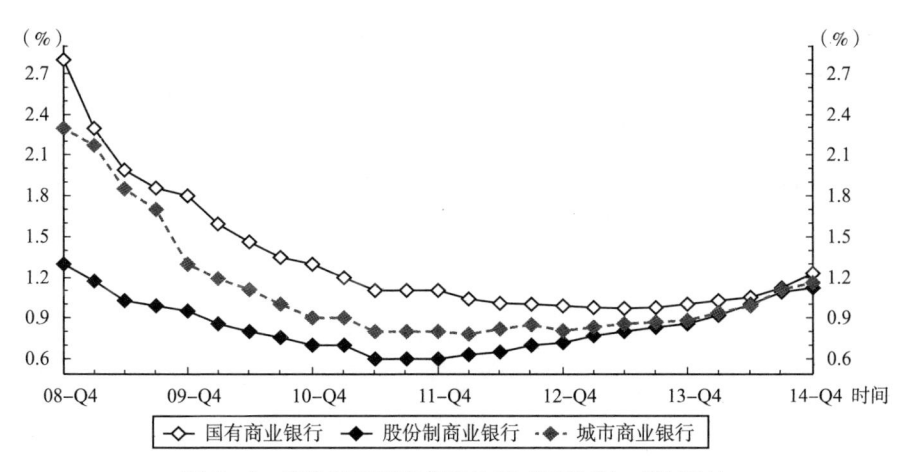

图5-4 商业银行不良贷款比例（2008Q4~2014Q4）

资料来源：Wind数据库。

5.2 流动性监管

5.2.1 Basel Ⅲ流动性监管

Basel Ⅲ针对流动性监管提出了两个新的指标：流动性覆盖率（liquidity coverage ratio，LCR）和净稳定资金比率（net stable funding ratio，NSFR）。LCR专注于银行短期流动性管理，而NSFR专注于银行长期流动性管理。流动性覆盖率用来确定在监管部门设定的短期严重压力情景下，一个银行所持有的无变现障碍的、优质的流动性资产的数量，以便应对此种情景下的资金净流出。这一监管标准的目标是要确保单个银行在监管当局设定的流动性严重压力情景下，能够将无变现障碍且优质的资产保持在一个合理的水平，这些资产可以通过及时变现来满足其30天期限的流动性需求，也就是说，这些流动性资产储备至少应该能够保证某家银行在设定的压力情景下，一直存续到第30天。流动性覆盖率的公式定义如下：

优质流动性资产储备/未来30天的累计资金净流出量≥100%

按照标准要求，流动性覆盖率的标准应该不低于100%，即高流动性资产应该至少等于估算的资金净流出量。也就是说，银行必须持有无变现障碍、优质的流动性资产储备，在特定的压力情景下，这些储备足以覆盖未来30天的资金净流出量。因此，对于银行和其他金融机构而言，要满足这一监管标准必须要考虑两方面的因素：首先，要持有无变现障碍和高流动性资产储备，用来抵御可能发生的严重流动性压力；其次，要注意到未来30天内任何潜在的期限错配情况，并确保有足够的流动性资产来填补这30天当中的资金缺口。

NSFR衡量的是一家银行根据资产的流动性状况和其表外承诺及负债导致的流动性或有需求状况，所使用的长期、稳定资金的数量。该标准要求银行至少拥有一定数量的、在1年内保持稳定的资金。该数量根据对资产及表外流动性风险暴露所分配的流动性风险因子来计算。净稳定资金比率目标是要促进银行使用更长期的结构性资金来源以支持资产负债表内、表外风险暴露和资本市场业务活动。NSFR 是可用的稳定资金（available amount of stable funding，ASF）与业务所需的稳定资金（required amount of stable funding，RSF）相比，监管标准为不低于100%，是衡量银行长期流动性风险的指标，意在鼓励银行吸收长期的稳定资金来开展业务，避免过度依赖短期批发融资。此外，使用 NSFR 也有助于应对流动性覆盖率（LCR）的迅速下降（cliff-effect），减少银行使用期限刚好大于监管部门所设定压力情景时间跨度的短期资金来源建立其流动性资产储备的倾向性。

这里需要指出，计算 LCR 和 NSFR 对数据要求很高。因此，针对 NSFR 本章只计算年度数据。由于 LCR 更加关注短期，因此，笔者认为计算 LCR 需要短期月度数据，但这些数据作者无法从公开渠道获得。因此在后面的实证分析中，本章在论述存贷比的思想与 NSFR 具有一脉相承关系的基础上，主要使用 NSFR 和存贷比进行实证分析。

5.2.2 中国上市商业银行流动性风险现状

1. 存贷比与 Basel Ⅲ 流动性监管指标的关系。在中国最常用的流动性变量是存贷款比率。如果我们将 Basel Ⅲ 提出的净稳定资金比率写成"加减号"的形式，则可以表示为：流动性缺口 = 贷款需求 - 稳定的存款来源。但此流动性缺口往往很难通过稳定的存款来源来弥补，因为获取稳定的短期存款难度很高。为了短期内弥补该缺口，商业银行需要通过出售短期流动性资产，或者通过获得非核心短期负债或存款来填补，因此流动性缺口还可以写成：流动性缺口 = 短期借款 - 出售流动性资产所得资金。从这个意义上讲，Basel Ⅲ 所提出的两个监管指标在流动性缺口的框架下"合二为一"了，既有短期流动性要求，又有长期流动性比率要求。而将上述两个表达式进行整合，我们会发现，当把 Basel Ⅲ 的两个流动性监管指标以流动性缺口为桥梁进行整理，可以得到：贷款需求/稳定的存款来源 - 1 = （短期借款 - 出售流动性资产所得资金）/稳定的存款来源。而贷款需求/稳定的存款来源就是我们经常说的存贷比指标。王等（Wong et al.，2010）估计增加1%的 NSFR，对应平均降低 46 个基点的存贷款比率，两个比率之间存在线性关系。因此，Basel Ⅲ 所提出的 NSFR 监管指标与基于存贷比的流动性监管是一脉相承的。

从表 5-7 中可以看出，整体上中国上市商业银行存贷比监管达标，但与监管红线非常接近。因此虽然中国上市商业银行流动性风险满足监管要求，但也不容忽视。

表 5-7　　　　　　　　　中国上市商业银行存贷比　　　　　　　　单位：%

银行名称	2008 年	2009 年	2010 年	2011 年	2012 年	2013 年	2014 年
平安银行	78.70	69.12	69.23	72.94	69.61	68.64	65.39
宁波银行	64.49	69.40	66.22	66.62	67.74	61.97	64.12
浦发银行	73.64	71.71	69.96	71.93	72.21	73.05	74.46
华夏银行	70.44	70.97	67.00	66.72	69.51	69.90	70.65
中国民生银行	83.78	78.28	74.64	73.28	71.88	73.33	74.48
招商银行	70.75	73.69	74.59	71.80	71.37	79.17	76.08
南京银行	61.60	64.00	60.04	61.77	58.63	56.49	47.43
兴业银行	70.82	71.90	71.21	71.46	66.50	61.95	64.76
北京银行	57.98	58.94	58.22	64.41	68.19	68.74	71.41
中国农业银行	50.84	55.19	55.77	58.50	59.22	61.17	64.61
交通银行	65.29	71.97	72.10	71.94	72.71	73.40	74.07
中国工商银行	56.40	59.50	62.00	63.50	64.10	66.60	68.40
中国光大银行	74.86	78.15	71.63	71.67	71.52	72.59	70.10
中国建设银行	59.50	60.24	62.47	65.05	66.23	70.28	73.45
中国银行	61.30	70.30	70.20	68.77	71.99	72.52	72.97
中信银行	70.30	79.41	73.04	72.87	73.74	73.21	76.78

2. 中国上市商业银行 NSFR 测算。对于流动性指标来讲，许多研究都使用会计数据。然而普尔曼和布莱克（Poorman and Blake, 2005）指出，使用会计数据无法真正表示银行的流动性风险，应该使用综合性指标（synthetic indicators）来计算银行流动性风险。当前国际主流的综合性测度流动性风险指标有两种：一种是伯杰和鲍曼（Berger and Bouwman, 2009）提出的流动性创造指标（LC）；另一种是 Basel Ⅲ 提出的净稳定资金比率（NSFR）。

一些国外学者针对 NSFR 进行实证研究（King, 2013; Distinguin et al., 2013），但对银行资产和负债的分类相对简单，这是不可避免的。国际货币基金组织也曾经指出，"对于 NSFR 的研究来说，数据是一个很大的挑战。"结

第5章 宏观审慎监管主要工具：Basel Ⅲ之偿付能力监管与流动性监管的组合

合颜美兰等以及迪斯汀格温等（Distinguin et al.，2013），笔者尝试计算中国上市商业银行年度 NSFR，计算等式如下：

$$\text{NSFR} = \frac{\text{equity} + 0.85 * \text{depo}_{<1year} + \text{depo}_{\geq 1year} + \text{Lia}_{\geq 1year}}{5\% \text{Ltbloans} + 0.5 * \text{securities}_{<1year} + 0.85 * \text{loans}_{<1year} + \text{otherassets}}$$

(5-3)

其中，equity 为所有者权益，depo 为银行存款总量。由于 NSFR 专注于资金获得的稳定程度，因此，笔者根据中国银行业当前的具体情况，认为虽然互联网金融会使得银行存款存在一定程度的流失，但银行存款整体还是保持相对稳定的，且被互联网金融分流的存款也大部分最终回流到银行体系，因此，结合国外学者的研究，笔者将期限小于1年的活期存款的系数设定为0.85，对剩余期限大于1年的存款系数设定为1。Lia 为其他剩余期限大于1年的负债资金来源，包括同业存、拆放款项、卖出回购金融资产款、应付债务凭证以及其他负债。Ltbloans 为存放同业款项和拆出资金，根据颜美兰等人的研究，笔者将其系数设定为0.05；loans 为发放垫款及贷款总额；securities 包括以公允价值计量且其变动计入当期损益的金融资产、买入返售金融资产、可供出售金融资产；otherassets 包括应收款项类投资、持有至到期投资和其他金融资产。

从表5-8中可以看出，整体上中国上市商业银行 NSFR 比率都达到了监管要求，一些银行在某些年份中甚至超过了200%。整体上国有大型商业银行 NSFR 比率较高，达到200%的年份较多，中国银行2008~2014年均在200%以上。

表5-8　　　　　　　　中国上市商业银行 NSFR 比率测算

银行名称	2008年	2009年	2010年	2011年	2012年	2013年	2014年
北京银行	2.3803	2.1051	1.816	1.5331	1.3435	1.4191	1.342
南京银行	1.5803	1.4924	1.2302	1.2205	1.2643	1.0887	1.0655
宁波银行	1.1879	1.1642	1.0363	5.178	1.2662	1.3442	1.1795
中国光大银行	1.5165	1.5653	1.5724	1.62	1.2177	1.3491	1.5505
华夏银行	1.3402	1.8304	1.5369	1.5338	1.5466	1.417	1.5087
中国民生银行	1.5127	1.8626	1.7638	1.6589	1.3195	1.706	1.2215

续表

银行名称	2008 年	2009 年	2010 年	2011 年	2012 年	2013 年	2014 年
平安银行	1.1978	1.1238	1.6774	1.6635	1.5131	1.3506	1.3986
浦发银行	1.3647	1.8025	1.8576	1.6409	1.4962	1.2672	1.1609
中国工商银行	1.7984	1.9364	2.0846	2.0051	2.0642	1.8826	1.9323
中国建设银行	1.9105	1.9799	2.1339	2.1106	2.2357	2.1558	2.2294
交通银行	1.5679	1.4825	1.7011	1.7997	1.7958	1.76	1.8333
中国农业银行	1.7864	1.8099	1.3301	2.0082	2.0649	2.0809	2.1141
中国银行	2.274	2.1852	2.2718	2.2711	2.2238	2.1149	2.1519
兴业银行	1.6186	1.9277	1.7779	1.5685	1.4494	1.2514	1.007
招商银行	1.1094	1.0651	1.0974	1.6699	1.6293	1.3815	1.3722
中信银行	1.4772	1.4792	1.6964	1.6823	1.6396	1.4087	1.286

3. 中国上市商业银行流动性创造。本部分主要借鉴伯杰和鲍曼的研究方法测度中国商业银行流动性创造。伯杰和鲍曼的方法可以测度银行对经济体创造的流动性总量。伯杰和鲍曼测度流动性创造主要包括三个步骤：第一，分类；第二，赋权；第三，计算。

笔者根据银行资产出售难易程度将银行资产分为流动性资产（liquid）、准流动性资产（semiliquid）和非流动性资产（illiquid）。同理，笔者根据投资者从银行取回债务和股本的难易程度将银行债务和股本分为流动性（liquid）、准流动性（semiliquid）和非流动性（illiquid）。笔者对银行表外业务的分类与表内业务的分类准则一致。对于银行来讲，资产占比最大的资产类别为贷款。伯杰和鲍曼认为，一年期以下的贷款比一年期以上的贷款流动性更强，且由于住房抵押和消费贷款更容易被证券化，因此，其比商业贷款流动性更高。然而中国资产证券化市场不发达，银行证券化贷款的渠道有限，因此，本章不对住房抵押和消费贷款与商业贷款进行区分。

（1）资产分类。由于中国资产证券化市场并不发达，因此，笔者认为商业银行贷款并不容易出售，因此，本章将商业银行贷款总额统归为非流动性资产。本章将现金及存放中央银行款项、存放同业及其他金融机构款项、拆出资金、交易性金融资产作为商业银行流动性资产，买入返售金融资产、可

第5章 宏观审慎监管主要工具：Basel Ⅲ之偿付能力监管与流动性监管的组合

供出售金融资产归为准流动性资产，贵金属、应收利息、持有至到期投资、长期股权投资、应收款项类投资、固定资产、无形资产、递延所得税资产、投资性房地产、其他资产、商誉与贷款总额归为非流动性资产。

（2）债务和股本分类。活期存款、同业和其他金融机构存放款项、向中央银行借款、拆入资金和交易性金融负债归为流动性负债；卖出回购金融资产款和定期存款归为准流动性负债；应付职工薪酬、应交税费、应付利息、应付债券、递延所得税负债、预计负债和其他负债归为非流动性负债。笔者认为股本具有非流动性的性质，因为投资者无法取出其投资总额，投资期限也是无限长的。虽然投资者可以通过资本市场转让股票，但毕竟不是通过银行，因此，投资者交易股票是从资本市场获得了流动性，并不是从银行获取流动性。

根据流动性创造理论，当银行将非流动性资产转化为流动性负债时，银行在其资产负债表上创造了流动性，其背后逻辑是银行持有非银行企业的非流动性资产，为它们提供了流动性。基于此，本章对非流动性资产和流动性负债赋予正的权重，对流动性资产和非流动性负债和股本赋予负的权重，因为银行将公众的流动性转化为银行的流动性。值得一提是，本章对股本赋予负的权重只是刻画股本对流动性创造的直接影响，而并没有刻画间接影响。比如，股本越多，银行贷款能力越强，这种正效应体现在对贷款正的权重赋予上。根据伯杰和鲍曼的研究，笔者对非流动性资产和流动性负债赋予权重为1/2，对流动性资产和非流动负债赋予 -1/2 权重，对于准流动性资产和负债，赋予 0 权重（见表 5-9）。

表 5-9　　　　　流动性创造包含变量及权重

资产	流动性特征	权重	负债、权益、表外资产、衍生产品	流动性特征	权重
现金及存放中央银行款项	liquid	-0.5	活期存款	liquid	0.5
存放同业及其他金融机构款项	liquid	-0.5	同业和其他金融机构存放款项	liquid	0.5
拆出资金	liquid	-0.5	向中央银行借款	liquid	0.5

续表

资产	流动性特征	权重	负债、权益、表外资产、衍生产品	流动性特征	权重
交易性金融资产	liquid	-0.5	拆入资金	liquid	0.5
衍生金融资产	liquid	-0.5	衍生金融负债	liquid	0.5
买入返售金融资产	semiliquid	0	交易性金融负债	liquid	0.5
可供出售金融资产	semiliquid	0	卖出回购金融资产款	semiliquid	0
银行贷款	illiquid	0.5	定期存款	semiliquid	0
贵金属	illiquid	0.5	应付职工薪酬	illiquid	-0.5
应收利息	illiquid	0.5	应交税费	illiquid	-0.5
持有至到期投资	illiquid	0.5	应付利息	illiquid	-0.5
长期股权投资	illiquid	0.5	应付债券	illiquid	-0.5
应收款项类投资	illiquid	0.5	递延所得税负债	illiquid	-0.5
固定资产	illiquid	0.5	预计负债和其他负债	illiquid	-0.5
无形资产	illiquid	0.5	股本	illiquid	-0.5
递延所得税资产	illiquid	0.5			
投资性房地产	illiquid	0.5			
其他资产	illiquid	0.5			
商誉	illiquid	0.5			

资料来源：刘志洋和宋玉颖（2015）。

在表 5-9 基础上，笔者将计算所得的 LC 除以商业银行总资产，作为表示商业银行综合流动性风险的指标 LR，即：

$$LR = \frac{LC}{Assets} \tag{5-4}$$

值得一提的是，在本章选择的两类流动性风险测度指标中，由于流动性创造指标（LR）综合考虑了将投资人流动性资产转化为企业非流动性资产以及将投资者流动性资产转化为银行非流动性资产两类情况，因此，LR 为表示银行流动性风险的综合指标，既考虑了银行资产的流动性风险，又考虑了银行融资来源的流动性风险。NSFR 关注的主要是银行稳定的资金来源，因此，笔者认为 NSFR 指标更多地关注银行融资流动性风险。

第5章 宏观审慎监管主要工具：Basel Ⅲ之偿付能力监管与流动性监管的组合

从表5-10可以看出，整体上各类型的商业银行流动性创造占其资产比率基本相当，国有大型商业银行流动性创造与其资产比值最高，平均值为0.46，城市商业银行平均值为0.31，是最低值。从流动性创造与所有者权益的比值来看，国有大型商业银行和股份制商业银行一单位的所有者权益平均支持了8个单位以上的流动性创造，而城市商业银行平均仅为不到5个单位。这也从侧面表明中国上市商业银行的流动性创造能力主要体现为国有大型商业银行和股份制商业银行，体现了国有大型商业银行和股份制商业银行在我国银行体系的重要地位。

表5-10　　　　　　中国上市商业银行流动性创造占比

年份	银行类型	流动性创造与银行资产比值	流动性创造与银行所有者权益比值
2006	城市商业银行	0.25	4.99
2007	城市商业银行	0.22	2.08
2008	城市商业银行	0.30	3.41
2009	城市商业银行	0.43	6.31
2010	城市商业银行	0.35	5.28
2011	城市商业银行	0.29	4.40
2012	城市商业银行	0.29	4.51
2013	城市商业银行	0.33	5.88
	均值	0.31	4.61
2006	股份制商业银行	0.45	13.94
2007	股份制商业银行	0.43	11.02
2008	股份制商业银行	0.39	9.00
2009	股份制商业银行	0.43	9.82
2010	股份制商业银行	0.41	8.07
2011	股份制商业银行	0.34	6.09
2012	股份制商业银行	0.35	6.39
2013	股份制商业银行	0.38	6.61
	均值	0.40	8.87

续表

年份	银行类型	流动性创造与银行资产比值	流动性创造与银行所有者权益比值
2006	国有大型商业银行	0.48	15.03
2007	国有大型商业银行	0.51	6.85
2008	国有大型商业银行	0.44	7.88
2009	国有大型商业银行	0.49	9.47
2010	国有大型商业银行	0.47	7.98
2011	国有大型商业银行	0.44	7.12
2012	国有大型商业银行	0.42	6.40
2013	国有大型商业银行	0.42	6.33
均值		0.46	8.38

5.3 加强偿付能力监管与流动性监管对宏观经济影响的国际证据

为了研究 Basel Ⅲ 对整体宏观经济的影响，巴塞尔委员会成立了宏观经济评估小组（Macro-economic Assessment Group，MAG）。MAG 在 2010 年 8 月发布的评估报告中指出，整体上 Basel Ⅲ 对整体宏观经济的影响利大于弊，即监管还有空间变得更加严厉。

5.3.1 降低银行业危机爆发频率及危机损失程度

各国经验表明，每隔 20~25 年就会爆发一次银行业危机。自从第二次世界大战结束后至 20 世纪 70 年代末是没有爆发银行业危机的时代，因此，当时对银行业的监管非常严格。通过对巴塞尔委员会成员国从 1985 年开始的分析，危机爆发的概率大概为 3.6%~5.2%，平均为 4.5%（MAG，2010）。

1. 银行业危机爆发概率与宏观经济增长。加强对银行业的审慎监管有助于降低银行业危机爆发的频率，然而降低银行业危机爆发的频率在多大程度上能够减轻宏观经济的波动是首先需要考虑的问题。相关研究文献表明，如果银行业危机不对 GDP 增长率产生持久性影响，则银行业危机造成损失的中位数为危机爆发前 GDP 的 19%；如果造成轻微持久性影响的话，损失的中位数为危机爆发前 GDP 的 63%；如果影响持久，则损失为危机爆发前 GDP 的 158%。因此用加强审慎监管所降低的银行业危机爆发的违约概率乘以不同情景下的损失程度，即为降低银行业危机爆发概率对宏观经济益处的初步测算。表 5-11 为降低银行业危机爆发概率对宏观经济的益处测算。从表 5-11 中可以看出，即使银行业爆发危机的概率能够降低 1%，且没有对 GDP 产生持久性影响，还能够获得 GDP 的 0.2% 的益处；如果有持久性影响，则能够获得危机前 GDP 总量的 1.58% 的益处。

表 5-11　降低银行业危机爆发概率对宏观经济的益处测算　　单位：%

降低银行业危机爆发的概率	危机对产出没有持久性影响	危机对产出有轻微的持久性影响	危机对产出有持久性影响
1	0.19	0.63	1.58
2	0.38	1.26	3.16
3	0.57	1.89	4.74

资料来源：MAG (2010)。

2. 资本监管与流动性监管对银行业危机爆发概率的影响。

（1）国际主流研究方法。了解国际主流研究方法，对我国测算资本监管与流动性监管对银行业危机爆发概率的影响具有借鉴价值。当前国际主流的研究方法有以下三个类型。

第一，简化模型（reduced form model）。简化模型主要在控制相关变量基础上，运用统计方法研究危机爆发概率与银行资本充足率、杠杆率、流动性指标之间的关系。代表性的模型为来自英国 FSA 的巴雷尔等（Barrell et al., 2010）的 Logit 模型和日本中央银行的加藤等（Kato et al., 2010）开发的 Probit 模型。

巴雷尔等的 Logit 模型使用 1980~2008 年 14 个 OECD 国家的年度数据，使用汇总的资本充足率和流动性比率以及经常账户赤字和房地产价格指标预测危机爆发概率。巴雷尔等的最终模型表达式为：

$$P(\text{crises}) = f(-0.34\text{Lev}_{-1} - 0.11\text{A\_Liq}_{-1} + 0.08\text{Rhpg}_{-3} - 0.24\text{Cbr}_{-2}) \quad (5-5)$$

其中，Lev 表示资本与资产的比值，A_Liq 为现金及存放中央银行款项和证券与资产比值，Rhpg 为房地产价格的实际增长率，Cbr 为经常账户赤字与 GDP 的比值。估计系数在 5% 显著性水平上显著。变量下角标为时间滞后项。

加藤等的 Probit 模型使用 13 个 OECD 国家 1980~2008 年的年度数据，分别得到了不考虑交叉项和考虑交叉项两类模型。不考虑交叉项的模型为：

$$P(\text{crises}) = f(-0.15\text{Lev}_{-3} - 0.04\text{A\_Liq}_{-1} - 0.01\text{L\_Liq}_{-2}$$
$$+ 0.04\text{Rhpg}_{-2} - 0.17\text{Cbr}_{-2}) \quad (5-6)$$

考虑交叉项的模型为：

$$P(\text{crises}) = f(-0.96(\text{Lev}_{-3} \times \text{A\_Liq}_{-1}) - 0.35(\text{Lev}_{-3} \times \text{L\_Liq}_{-2})$$
$$+ 0.05\text{Rhpg}_{-2} - 0.04\text{DRhp}_{-2} - 0.22\text{Cbr}_{-2}) \quad (5-7)$$

其中，Lev 表示资本与资产的比值，A_Liq 为现金及存放中央银行款项和证券与资产比值，L_Liq 为个人存款与存款总额的比值，Rhpg 为房地产价格的实际增长率，Cbr 为经常账户赤字与名义 GDP 的比值。估计系数在 5% 显著性水平上显著。变量下角标为时间滞后项。

上述模型主要将流动性风险以流动性资产与总资产比值的形式作为影响危机爆发概率的因素。加藤等进一步将融资的流动性（L_Liq）风险引入了危机爆发概率的预测模型中。

第二，组合模型（portfolio model）。组合模型将银行体系看做一个整体，将每一家银行看做一只证券，使用信用组合方法研究加强监管对银行业危机爆发概率的影响。一种组合模型的分析方式为自下向上模型（bottom-Up approach）。此组合模型假设当四家以上的银行倒闭时，系统性银行危机爆发。组合模型使用 Moody KMV 模型通过估计银行资产价格运动的相关性来估计银行倒闭的相关性。在组合模型中，银行倒闭概率可以使用 Logit 模型估计，主要自变量为资本充足率与流动性比率。另外组合模型的其他代表是英格兰银行开发的 Merton-style 模型和国际清算银行塔拉舍夫和朱（Tarashev and Zhu, 2008）的模型。

英格兰银行开发的 Merton-style 模型是建立在埃尔辛格等（Elsinger et al., 2006）基础之上的，此模型从两个角度研究银行业系统性风险：由于银行资产价值相关性导致的银行同时倒闭的可能性；由于存在资产负债的关联度导致的一家银行引发另一家银行倒闭的可能性。英格兰银行的模型使用应该最大的五家银行的数据,其对系统性风险的定义是两家银行倒闭。根据默顿(Merton, 1973)的研究,英格兰银行能够通过商业银行股票数据推算资产价格的波动性和相关性。模型结论表明,股票波动率越强,越有可能出现资不抵债的情况。

国际清算银行塔拉舍夫和朱开发的模型也将银行体系视作一个资产组合,从而估计银行违约导致的损失分布。该模型假设银行违约存在相关性,此相关系数可以根据 Moody KMV 模型的资产价格运动的相关性来获得。塔拉舍夫和朱假设银行资产服从自由度为4的T分布,因此尾部事件爆发的概率更高。塔拉舍夫和朱使用全球51家大型商业银行2007年的数据估计商业银行的违约相关性。

第三,压力测试模型,以加拿大中央银行的实践经验(Gauthier et al., 2010)为代表。此模型的思想是银行危机或者来源于宏观经济冲击,或者来源于其他银行的传染。之所以产生传染是因为银行间市场存在相互的敞口暴露,或者是因为资产抛售的资产价格传染渠道。在此模型中流动性资产比率越高,商业银行越能够抵御资产抛售的冲击。高蒂尔等(Gauthier et al., 2010)研究六家加拿大商业银行2008年第二季度之前的数据,在较为严重但不是不可能发生的情景下测度了损失分布。这些情景包含了交易对手信用风险爆发和资产抛售等情况。交易对手信用风险爆发主要用于模拟传染风险的场景,资产抛售的情景是一级资本低于7%的监管要求。

(2)整体研究结论。简化模型(reduced form model)的研究结论表明,整体上如果流动性比率在保持在危机之前的水平,资本充足率维持在7%,则系统性银行业危机的爆发概率平均为4.1%。资本充足率要求增加一个百分点能够降低危机爆发概率的25%~30%,具体取决于初始值。比如当资本充足率要求从7%提高至8%时,危机爆发概率从4.1%降低至2.8%。对于流动性比率,当提高流动性资产与总资产比值的12.5%时,能够降低危机爆发概率的15%~20%。日本中央银行的经验表明,增加存款与负债比值10%,能够将银行业危机爆发的概率降低1/6,比值增加20%,能够降低1/3的危机爆发概率。

组合模型研究结论与简化模型较为类似。组合模型研究结论表明,保证流动性比率不变,将资本充足率要求从7%提高至8%,将使得危机爆发概率降低1/3。

压力测试模型的研究结论表明，当出现严重的宏观经济冲击时，保证流动性比率不变，将资本充足率要求从7%提高至8%，能降低2/3的危机爆发概率。但是压力测试模型认为流动性监管对危机爆发概率的抑制作用相对有限。比如当资本充足率水平在7%时，增加25%的流动性资产仅仅将危机爆发的概率降低了0.1%（见表5-12）。

表5-12　不同资本监管与流动性监管组合下的银行业危机爆发概率

模型	资本充足率	流动性指标保持不变	增加存款与总负债比值（%）		增加流动性资产与总资产比率（%）			增加融资来源且增加流动性资产比率（%）	
			10	20	12.5	25	50	10, 25	20, 50
英国FSA	6	6.9			6.1	5.4	4.2		
	7	5.5			4.8	4.2	3.3		
	8	4.3			3.8	3.3	2.6		
	9	3.4			3.0	2.6	2.0		
	10	2.7			2.4	2.1	1.6		
	11	2.1			1.9	1.6	1.3		
	12	1.7			1.5	1.3	1.0		
	13	1.3			1.1	1.0	0.8		
	14	1.0			0.9	0.8	0.6		
	15	0.8			0.7	0.6	0.5		
日本中央银行（线性模型）	6	3.2	2.8	2.5	2.5	1.9	1.1	1.7	0.8
	7	2.5	2.2	2.0	1.9	1.4	0.8	1.3	0.6
	8	1.9	1.7	1.5	1.5	1.1	0.6	1.0	0.5
	9	1.5	1.3	1.1	1.1	0.8	0.4	0.7	0.3
	10	1.1	1.0	0.9	0.8	0.6	0.3	0.5	0.2
	11	0.8	0.7	0.6	0.6	0.4	0.2	0.4	0.2
	12	0.6	0.5	0.5	0.5	0.3	0.2	0.3	0.1
	13	0.5	0.4	0.3	0.3	0.2	0.1	0.2	0.1
	14	0.3	0.3	0.2	0.2	0.2	0.1	0.1	0.1
	15	0.2	0.2	0.2	0.2	0.1	0.1	0.1	0.0

第5章 宏观审慎监管主要工具：Basel Ⅲ之偿付能力监管与流动性监管的组合

续表

模型	资本充足率	流动性指标保持不变	增加存款与总负债比值（%）		增加流动性资产与总资产比率（%）			增加融资来源且增加流动性资产比率（%）	
			10	20	12.5	25	50	10, 25	20, 50
日本中央银行（非线性模型）	6	7.3	6.3	5.5	5.9	4.7	2.8	4.0	2.0
	7	4.2	3.5	2.9	3.2	2.3	1.2	1.9	0.8
	8	2.3	1.8	1.4	1.6	1.1	0.5	0.8	0.3
	9	1.2	0.9	0.6	0.7	0.5	0.2	0.3	0.1
	10	0.6	0.4	0.3	0.3	0.2	0.0	0.1	0.0
	11	0.2	0.2	0.1	0.1	0.1	0.0	0.0	0.0
	12	0.1	0.1	0.0	0.0	0.0	0.0	0.0	0.0
	13	0.0	0.0	0.0	0.0	0.0	0.0	0.0	0.0
自下向上模型	6	8.3	7.3	6.4					
	7	5.6	4.9	4.3					
	8	3.8	3.2	2.8					
	9	2.5	2.1	1.9					
	10	1.6	1.4	1.2					
	11	1.0	0.9	0.8					
	12	0.7	0.6	0.5					
	13	0.4	0.4	0.3					
	14	0.3	0.2	0.2					
	15	0.2	0.1	0.1					
英格兰银行模型	6	12.8							
	7	6.0							
	8	2.6							
	9	0.8							
	10	0.3							
	11	0.1							
	12	0.0							

续表

模型	资本充足率	流动性指标保持不变	增加存款与总负债比值（%）		增加流动性资产与总资产比率（%）			增加融资来源且增加流动性资产比率（%）	
			10	20	12.5	25	50	10, 25	20, 50
国际清算银行模型	6	4.9							
	7	3.8							
	8	2.9							
	9	2.3							
	10	1.8							
	11	1.4							
	12	1.2							
	13	1.0							
	14	0.8							
	15	0.7							
加拿大中央银行模型	6	6.4				6.2	6.1		
	7	4.7				4.6	4.6		
	8	1.7				1.8	2.0		
	9	0.1				0.1	0.3		
	10	0.0				0.0	0.1		

资料来源：MAG（2010）。

整体研究结果表明，加强资本监管和流动性监管有助于降低危机爆发的频率。但是，需要指出的是，表5-12列示的研究结果均使用的历史数据，因此，这些变量的关系是否对未来适用，是需要注意的问题。从整体结论来看，在不调整流动性比率的情况下，7%的资本充足率水平所对应的危机爆发概率为4.6%（见表5-13）；当从7%增加至8%时，危机爆发概率降低至3.0%。当监管当局要求满足NSFR水平时，危机爆发概率平均从4.1%下降至3.3%。整体研究结论还表明，当提高资本监管与流动性监管要求时，收益的增量逐渐下降，因为银行体系的稳健性增加了。从表5-13可以看出，当资本充足率从7%增加至8%和10%增加至11%时，两者对银行危机爆发概率的影响是不同的。总体上讲，随着资本充足率和流动性水平的增加，银行业危机爆发的概率逐渐降低，但下降的速度越来越慢。另外，危机爆发概率的降低幅度与危机之前的初始值有较大的关系。

表5-13　　　　　　　　　　　研究的平均结果

资本充足率	所有模型	不考虑流动性资产的变化的模型	考虑流动性资产的变化的模型		
	流动性资产没有变化	流动性资产没有变化	流动性资产没有变化	满足NSFR=1	满足NSFR=1.12
6	7.2	8.7	5.8	4.8	2.7
7	4.6	5.1	4.1	3.3	1.8
8	3.0	3.1	2.8	2.3	1.2
9	1.9	1.9	2.0	1.6	0.9
10	1.4	1.3	1.5	1.2	0.7
11	1.0	0.9	1.1	0.9	0.5
12	0.7	0.6	0.8	0.7	0.4
13	0.5	0.5	0.6	0.5	0.3
14	0.4	0.4	0.5	0.4	0.2
15	0.3	0.3	0.3	0.3	0.2

注：设定NSFR为1.12的理由是，研究表明当流动性资产比率增加50%时，模型样本中的银行平均NSFR为1.12。

资料来源：MAG（2010）。

3. 资本监管与流动性监管对银行业危机损失程度的影响。加强资本监管与流动性监管并不仅仅降低银行业危机爆发的概率，还能够降低危机发生的损失程度。直觉上，高资本充足率和流动性比率的影响对传染风险具有免疫能力。图5-5为危机爆发后各国商业银行资本充足率与危机所造成的损失（占危机前GDP的百分比）的散点图。图5-5表明，低资本充足率与流动性比率造成的危机损失更高，但由于样本有限，因而此关系还有待计量的检验。

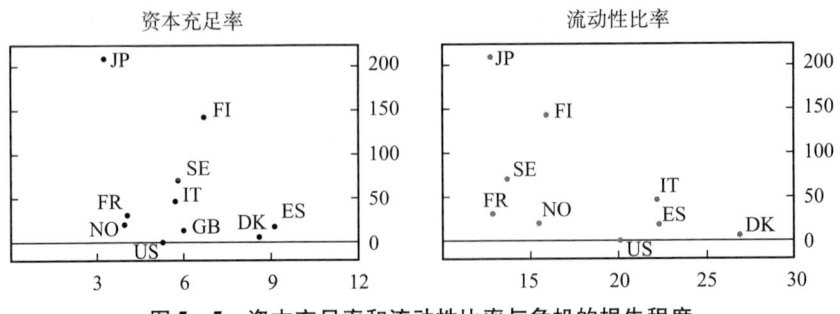

图 5－5　资本充足率和流动性比率与危机的损失程度

资料来源：MAG（2010）。

5.3.2　降低经济体产出波动率

加强资本监管和流动性监管有助于降低经济周期的波动性。国际上对此类问题的研究主要是在经典动态随机一般均衡（DSGE）框架下引入银行资本充足率和流动性比率的指标，整体结论表明加强资本监管和流动性监管能够较温和地降低经济周期的波动性，但如果引入逆周期资本缓冲，则波动性降低程度非常明显。

国际学术界对于此问题的研究主要采取模拟的方法，分析对象为美国和欧盟。假设当前经济体处在稳态水平，但受到了非来自金融机构的冲击，此时资本充足率要求分别提高2%、4%和6%。提高资本充足率要求时的产出波动率与未提高资本充足率要求的产出波动率的差，就是提高资本充足率水平的收益。同理，对于流动性监管，国际学者在假设流动性比率要求分别提高25%和50%时，模拟分析经济产出的波动性。从表5－14中可以看出，加强资本监管和流动性监管能够降低经济产出的波动幅度，降低的波动幅度最小为0.5%，最大可到达15%左右。之所以有此结果，是因为基于宏观审慎思想的资本监管与流动性监管增强了银行在危机期间的损失吸收能力，控制了经济繁荣期的信贷供给，对银行信贷进行了平滑，因而降低了产出波动幅度。

第5章 宏观审慎监管主要工具：Basel III之偿付能力监管与流动性监管的组合

表5-14　加强资本监管和流动性监管降低产出波动幅度模拟测算结果

资本充足率 增加水平（%）	流动性比率 增加水平（%）	产出波动降低水平（%）平均值	最大值	最小值	中值	模型个数
2	0	2.5	5.1	0.5	1.9	5
4	0	5.2	10.8	1.1	3.9	5
6	0	7.6	16.4	1.5	6.0	5
2	25	3.0	4.5	1.4	3.1	4
4	25	5.4	10.3	2.2	4.6	4
6	25	8.3	15.9	3.1	7.1	4
2	50	4.2	5.9	3.4	3.8	4
4	50	7.3	9.8	5.4	6.9	4
6	50	无	15.5	7	8.9	4

资料来源：MAG（2010）。

宏观审慎监管中的资本监管的另一个特点是计提了逆周期资本缓冲，计提规则是根据信贷与GDP比值偏离的长期均衡程度。表5-15为逆周期资本计提对降低产出波动的影响模拟测算结果。表5-15表明，整体上逆周期资本缓冲能够降低20%左右的波动幅度。

表5-15　逆周期资本缓冲降低产出波动幅度模拟测算结果

资本充足率 增加水平（%）	流动性比率 增加水平（%）	产出波动降低水平（%）平均值	最大值	最小值	中值	模型个数
2	0	16.7	22.4	10.2	17.6	3
4	0	18.4	21.6	16.3	17.2	3
6	0	19.8	21.6	16.6	21.3	3
2	25	16.7	22.5	9.8	17.9	3
4	25	18.0	20.7	16.0	17.2	3
6	25	19.8	21.5	16.4	21.4	3
2	50	16.7	23.3	9.3	17.6	3
4	50	17.9	21.3	15.6	16.8	3
6	50	20.1	23.3	16.0	21.1	3

资料来源：MAG（2010）。

5.3.3 增加贷款利率

1. 增加贷款成本的传导机制。

(1) 资本监管。对此问题分析的典型方法是针对每一个国家,将各年份的主要商业银行的资产负债数据进行加总,构建一家代表性银行。此构建的代表性资产负债表所体现的资产收益率以及融资成本可以看做是银行资产收益和融资成本的长期平均值。每个国家的股权成本假设为 15 年净资产收益率(ROE)的移动平均值。对于债务成本来讲,短期债务成本为存款利率上浮 100 个基点,长期债务为 200 个基点。

假设商业银行为了提高资本充足率增加股权融资比重,降低长期债务。同时,假设商业银行将融资成本的上升 100% 传递到贷款利率上,且银行股权成本和债务成本不随着银行倒闭风险的降低而降低。在此基础上计算出来的贷款利率应是影响的最大值。当资本充足率要求上升 1% 时,随着长期负债的减少意味着利息支出的减少,但是整体上商业银行 ROE 会降低。银行为了保证 ROE 不变,会将所增加的融资成本转移到贷款利率上。

(2) 流动性监管。国际学者对于流动性监管研究的影响主要关注的是长期监管指标 NSFR 比率。商业银行为满足 NSFR 监管比率要求的成本取决于银行的资产负债结构,而这些成本一般也假设会 100% 通过借款利率的方式传递给借款人。满足资本和净稳定资金比率要求之间存在协同效应。资本来源中股本数量的增加会降低期限错配,提高 NSFR 的分子。但对净稳定资金比率产生影响需要的资本量较大,因此,增加资本的协同效应是有限的(King, 2013)。

为了满足 NSFR 的要求,商业银行需要增加批发融资的期限,其结果是利息支出的上升。同时,为了增强资产的流动性,商业银行需要持有信用评级较高,但收益率较低的债券,因此,降低了商业银行的资产收益。总之,无论在负债方还是在资产方,商业银行为满足 NSFR 比率要求,净利润都会下降。为了保证商业银行 ROE 降低,商业银行只有增加贷款利率,进而增加盈利水平。

2. 影响的测算结果。表 5-16 为国际清算银行的测算结果。国际清算银行认为,商业银行为了保证 ROE 不受影响,样本内商业银行的贷款利率增长的中位数为13个基点。国际清算银行指出，表5-16的结果对假设前提非常敏感。比如，如果代表性银行稳态时的ROE为10%，而不是1993~2007年的14.8%，则股权成本与债权成本相差不大，增加1%的资本充足率要求仅仅需要增加7个基点的贷款利率。

但是，除增加贷款利率外，商业银行可以通过增加中间业务收入以及降低营运成本来实现ROE不变。国际清算银行测算表明，1%资本充足率要求所导致的信贷利率的增加相当于营运成本降低3.5%，ROE降低1.9%。但国际清算银行业指出，表5-16的测算也存在误差，因为没有考虑到由于银行资本充足率提高导致的风险的降低对权益成本降低的影响，以及债务降低导致的税盾效应的降低等问题。对于流动性监管来讲，表5-16表明，商业银行需要增加25个基点来保证ROE不变，但当考虑资本监管与流动性监管的协同效应时，商业银行只需要增加14个基点。

表5-16　增加资本监管与流动性监管对贷款利率的影响测算（bps）

增加资本充足率要求	满足资本监管要求的成本（A）	满足NSFR的成本（B）	总成本（A+B）	满足NSFR的成本（C）	总成本（A+C）
		假设风险加权资产不变		假设风险加权资产降低	
0	0	25	25	14	14
+1	13	25	38	13	26
+2	26	25	51	13	39
+3	39	24	63	11	50
+4	52	24	76	8	60
+5	65	24	89	6	71
+6	78	23	101	5	83
1%的资本充足率要求导致的变化的25%分位点至75%分位点	9~19	16~46		11~25	

资料来源：MAG（2010）。

5.3.4 对长期经济稳态的影响

对于加强资本监管与流动性监管对宏观经济产出稳态的影响，国际学者的研究主要使用三类方法：第一，以 DSGE 模型为代表的结构化模型；第二，各国中央银行使用的半结构化模型；第三，以误差修正模型为代表的简单模型。整体来讲，国际研究表明，加强银行监管会导致产出下降。比如勒格尔等（Röger et al., 2010）将金融摩擦和银行引入 DSGE 模型，研究更高的资本充足率和流动性监管要求对欧元区经济的影响，研究结论表明，资本充足率提高6%，流动性监管不变，经济增长会下降0.81%。表5-17假设资本充足率要求分别增加2%、4%和6%，对所在国产出稳态水平的影响。如果商业银行不需要满足 NSFR 要求，则对所在地区产出稳态水平的影响较小。同时，MAG（2010）指出，1%的资本充足率增加会在32个季度后使得产出稳态下降0.1%。从表5-17中还可以看出，当考虑到资本监管与流动性监管的协同效应时，稳态时产出下降水平有所减轻。

表 5-17　　加强银行业监管背景下对产出稳态平均下降程度

资本充足率要求增加幅度（%）	NSFR 比率要求	欧盟 DSGE 模型中考虑银行资本充足率（%）	欧盟 DSGE 模型中没有考虑银行资本充足率（%）	美国 DSGE 模型和误差修正模型中考虑银行资本充足率（%）	美国 DSGE 模型中没有考虑银行资本充足率（%）	意大利和英国半结构化模型中没有考虑银行资本充足率（%）	模型个数
2	0	0.29	0.24	0.10	0.29	0.29	13
4	0	0.53	0.49	0.25	0.57	0.58	13
6	0	0.81	0.72	0.35	0.83	0.84	13
2	考虑风险加权资产下降	0.34	0.34	0.20	0.40	0.45	13
4	考虑风险加权资产下降	0.63	0.61	0.35	0.72	0.73	13

第5章 宏观审慎监管主要工具：Basel Ⅲ之偿付能力监管与流动性监管的组合

续表

资本充足率要求增加幅度（%）	NSFR比率要求	欧盟DSGE模型中考虑银行资本充足率（%）	欧盟DSGE模型中没有考虑银行资本充足率（%）	美国DSGE模型和误差修正模型中考虑银行资本充足率（%）	美国DSGE模型中没有考虑银行资本充足率（%）	意大利和英国半结构化模型中没有考虑银行资本充足率（%）	模型个数
6	考虑风险加权资产下降	0.86	0.86	0.50	0.96	0.99	13
2	未考虑风险加权资产下降	0.49	0.48	0.29	0.56	0.56	13
4	未考虑风险加权资产下降	0.73	0.72	0.49	0.82	0.83	13
6	未考虑风险加权资产下降	0.96	0.96	0.59	1.06	1.09	13

资料来源：MAG（2010）。

5.3.5 总体影响分析

国际清算银行对Basel Ⅲ的影响总体结论是利大于弊，即监管还有继续加强的空间。表5-18为实施Basel Ⅲ的成本收益分析。从表5-18中可以看出，加强资本监管和流动性监管的整体收益为正值，说明加强对银行业的监管利大于弊。即使监管对产出产生了永久性的影响，在许多情景下还能够达到年度产出的5%的收益。从图5-6中可以看出，当对产出产生永久性影响的情景下，收益大于没有产生永久性影响的情景。

表 5-18　加强银行业监管的预期净收益（占每年产出的百分比）　　　单位：%

	资本充足率	预期成本	预期收益（对永久性产出有温和的影响）	预期净收益（对永久性产出有温和的影响）	预期净收益（对永久性产出没有影响）	预期净收益（对永久性产出有较大的影响）
没有流动性监管要求	7	0.00	0.00	0.00	0.00	0.00
	8	0.09	0.96	0.87	0.20	2.32
	9	0.18	1.62	1.44	0.31	3.87
	10	0.27	1.98	1.71	0.33	4.70
	11	0.36	2.23	1.87	0.31	5.23
	12	0.45	2.39	1.94	0.27	5.54
	13	0.54	2.50	1.96	0.21	5.73
	14	0.63	2.58	1.95	0.15	5.84
	15	0.72	2.64	1.92	0.08	5.90
存在流动性监管要求	7	0.08	0.76	0.68	0.15	1.83
	8	0.17	1.40	1.23	0.25	3.33
	9	0.26	1.82	1.56	0.29	4.30
	10	0.35	2.10	1.75	0.28	4.91
	11	0.44	2.29	1.85	0.25	5.30
	12	0.53	2.42	1.89	0.20	5.55
	13	0.62	2.52	1.90	0.14	5.70
	14	0.71	2.60	1.89	0.07	5.80
	15	0.80	2.65	1.85	0.00	5.85

资料来源：MAG（2010）。

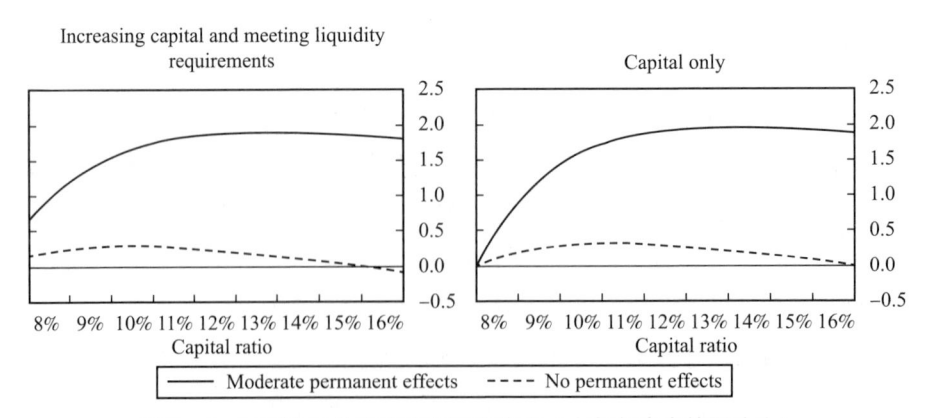

图 5-6　加强银行业监管的预期净收益（占每年产出的百分比）

资料来源：MAG（2010）。

第5章 宏观审慎监管主要工具：Basel Ⅲ之偿付能力监管与流动性监管的组合

5.4 加强资本监管与流动性监管的影响

5.4.1 流动性风险、资本充足率对商业银行盈利能力的影响

1. 相关理论分析。2008 年金融危机爆发后，巴塞尔委员会加强了宏观审慎监管，关注银行之间的关联度导致的系统性风险的增加。以 Basel Ⅲ 为核心的资本监管工具和流动性监管工具也成为宏观审慎监管的核心工具。Basel Ⅲ 增加了商业银行资本充足率要求，提出了逆周期资本缓冲框架，并对系统重要性金融机构提出更为严格的资本监管要求。同时，Basel Ⅲ 还对商业银行高质量流动性资产持有，以满足压力情景下的 30 天流动性要求提出了相关监管指标。当商业银行发放贷款时，商业银行创造了流动性，但这些创造的流动性是以短期融资为支撑的，是以商业银行流动性风险增加为代价的，商业银行出现了资产和负债的期限错配。一旦商业银行无法满足短期负债要求，抛售资产的流动性风险就会产生，随之而来的是系统性风险的增加，因此对商业银行的流动性监管势在必行。

有关与加强商业银行监管的争论非常剧烈。一方面，银行业认为资本监管会降低商业银行流动性创造能力，因此，降低向实体经济提供信贷的能力，进而降低实体经济的投资水平。在此情景下，资本的增加会使得银行盈利能力下降，进而会影响银行的流动性创造能力。等哥达德（Goddard，2010）发现加强资本监管对影响盈利能力的影响为负值。安德烈乌等（Andreou et al.，2016）发现商业银行经理工作能力越强，流动性创造的越多，但银行经营风险也越高，因此在金融危机爆发时会出现流动性创造大面积缩减的情况。另一方面，阿马蒂等（Admati et al.，2013）认为加强资本监管不能影响商业银行的盈利水平和流动性创造。阿马蒂认为资本充足率高的银行不会过度承担风险，信贷制度不会出现扭曲，道德风险也比较低。许多学者也认为商业银行资本充足率越高，银行盈利水平越高（Demirgüç - Kunt and Huizinga，1999；Iannotta et al.，2007；Lee and Hsieh，2013）。正如格林斯潘在 2010 年指出，"之所以增加资本要求，是因为它能够解决一切问题"。

为了管理流动性风险，商业银行需要更多的持有流动性资产，来降低期限错配风险，因此商业银行流动性创造能力会降低，商业银行盈利水平也会降低。伯杰和鲍曼也认为流动性创造越多，银行价值就越高。但波德洛和格雷厄姆（Bordeleau and Graham, 2010）指出，当商业银行持有更多的流动性资产时，其破产倒闭的概率会降低，因此降低了其融资成本，进而增加其盈利水平。

资本监管与流动性创造水平关系密切。金融脆弱性挤出假说（financial fragility crowding out thoery）认为资本充足率与流动性创造呈现负相关。戈顿和温顿（Gorton and Winton, 2000）认为提高资本充足率要求能够降低金融脆弱性，但是却将存款从银行负债中"挤出"了，从而降低商业银行的流动性创造。戴尔蒙德和拉詹认为，银行天生是脆弱的，因为银行的经营业务特点是吸收短期存款，发放长期贷款。由于存在监督借款人的信息优势，因此商业银行有动机为了更多发放贷款而增加存款吸收。当存款保险制度不完全时，商业银行会通过吸收大量存款来增加存款人信心，进而降低挤兑风险。总之，戴尔蒙德和拉詹认为，商业银行有动机多吸收存款来发放贷款，进而增加流动性创造。风险吸收假说（risk absorption hypothesis）认为资本充足率与流动性创造正相关。虽然流动性创造增加了银行流动性风险，但这也会促进银行加强资本补充（Repullo, 2004）。资本充足率高的银行能够承担更多的风险，进而能够创造更多的流动性。在实证方面，伯杰和鲍曼发现当将表外业务纳入流动性创造的计算框架中时，大型银行表现的是两者正相关，而小型银行表现的是二者负相关。迪斯汀格温等实证分析表明，商业银行流动性创造与一级资本和二级资本均负相关，但当他们将稳定的存款变为核心存款计算流动性创造时，小型银行则表现出正相关。霍尔瓦斯等（Horváth et al., 2014）对捷克银行的研究表明，流动性创造会降低资本充足率水平，对于小型银行，表现得更为明显。

资本监管主要是从偿付能力视角出发。流动性风险与偿付能力风险也是密切相关的。艾伦和盖尔（Allen and Gale, 2004）指出，银行资本充足率越高，意味着风险承担能力更强，从而增加流动性创造；而流动性创造越高，银行流动性风险越大。德扬和托尔纳（DeYoung and Torna, 2013）重点研究了 2008 年金融危机期间银行整体的违约问题，认为商业银行投资银行业务的

第5章 宏观审慎监管主要工具：Basel Ⅲ 之偿付能力监管与流动性监管的组合

过度扩张、宏观经济条件的不利、资本的不足和商业房地产贷款的过度集中会显著提高危机期间银行的违约概率。德扬和托尔纳认为在对美国金融危机的研究中，虽然信用风险（资本充足率计算的主要部分）是影响银行整体稳定性的重要因素，但不能忽略流动性风险。虽然这些研究包含了流动性的代理变量，但往往都是注重流动性的某一个方面，而非综合性的流动性风险指标，例如，资产流动性（短期资产与长期资产之间的比率）或者融资流动性（短期存款与长期存款的比率），没有从资产负债整体的角度考虑期限错配风险。

理想情况下，净资产收益率（ROE）是资产收益率（ROA）与杠杆率的乘积，因此，资本充足率越高的银行，ROE应该越低；同时，资本越多，负债越低，会降低商业银行的抵税效应，因此也会降低商业银行的盈利水平。但伯杰（1995）认为，由于破产成本和信息不对称的存在，会使得资本对银行盈利水平的影响出现反转。根据静态权衡理论，最优资本结构是收益（包括税盾收益）与债务成本（包括破产成本）相等时得到。因此，当商业银行资本充足率低于最优资本结构时，增加资本充足率要求能够带来收益。同时存在信息不对称的情况下，高资本充足率往往是银行经营良好的信号，因而会降低融资成本，进而增加盈利能力。

实证研究对资本充足率与商业银行盈利水平的关系的研究结论也存在争议。伯克（Bourke，1989）发现在不同的国家，资本充足率水平与银行盈利能力呈现正相关特点。伯克认为高资本充足率银行能够更加容易地获得资金支持，且风险较低，因此在金融市场中表现良好。李和谢赫（Lee and Hsieh，2013）认为资本充足率与商业银行盈利能力呈现正相关的特点。然而阿尔通巴（Altunba，2015）发现，在欧洲，经营业绩差的银行资本充足率高。哥达德发现欧盟8个成员国的银行1992～2007年表现出高资本充足率的银行盈利较低的现象。卡希亚普等（Kashyap，2010）认为，资本充足率要求提高10%，会使得商业银行在极端情况下融资成本增加45个基点。贝克和沃格勒（Baker and Wurgler，2015）使用Fama French三因素模型发现资本充足率越高的银行，股权融资成本越高，因而盈利能力越低。

随着危机之后金融监管改革的逐渐实施，对商业银行盈利能力的影响应该同时关注资本和流动性两个方面。同时需要指出的是，商业银行盈利能力的上升反过来又会对资本和流动性产生影响，因此，三者相互影响，组成一个内生性系统。本部分拟从三者之间的内生性关系出发，以中国上市商业银行为样本，对资本充足率、流动性创造和盈利能力进行实证分析。

2. 研究方法。为了研究流动性创造、资本充足率和银行盈利水平之间的关系，本部分使用面板向量自回归模型进行实证分析，具体模型如下：

$$LC_{i,t} = f(Cap_{i,t-n}, prof_{i,t-n}, z_{i,t}) + \varepsilon_{i,t}$$
$$Cap_{i,t} = f(LC_{i,t-n}, prof_{i,t-n}, z_{i,t}) + \varepsilon_{i,t}$$
$$prof_{i,t-n} = f(LC_{i,t-n}, Cap_{i,t-n}, z_{i,t}) + \varepsilon_{i,t}$$

其中，LC 表示流动性创造水平。普尔曼和布莱克指出，使用会计数据无法真正表示银行的流动性风险，应该使用综合性指标（synthetic indicators）来计算银行流动性风险。当前国际主流的具有代表性的是伯杰和鲍曼提出的流动性创造指标（LC）。根据伯杰和鲍曼的研究，本部分使用两个类型的流动性创造指标——LC1 和 LC2。LC1 主要关注商业银行资产负债表中的流动性创造；LC2 在 LC1 基础上，进一步将商业银行表外业务纳入流动性创造统计范畴。具体计算可以参见伯杰和鲍曼或者是刘志洋和宋玉颖（2015）。这里需要指出的是，根据伯杰和鲍曼的研究，流动性创造指标是根据资产类型，而不是根据资产负债期限进行计算的，主要原因是商业银行流动性风险主要关注银行出售资产的难易程度和相关成本，因此，即使贷款的期限很短，出售也非常困难，且中国的资产证券化业务尚未完全展开，所以笔者认为按照资产类型划分更能够比较好地体现商业银行的流动性创造水平，进而体现商业银行流动性风险。Cap 表示商业银行资本充足率水平，本部分选取一级资本充足率（Lev1）和资本充足率水平（Lev2）。Prof 表示商业银行盈利水平，具体来讲，本部分选择商业银行净资产收益率（ROE）作为代表变量。

在控制变量（z）选取方面，本部分选取的表示商业银行自身特点的控制变量为拨备与资产总额的比值（Pro）、取对数的商业银行资产规模（Size）和银行效率指标（Eff，银行成本与收入的比值）。在表征经济体整体状况方面，本部分选取 GDP 增长率（GDP）作为宏观经济控制变量，分别选择三个月 Shibor 与国债收益率之差（TED）和沪深 300 指数半年度收益率（HS300）

表示金融市场状况。在滞后阶数选取方面，伯杰（1995）在研究商业银行资本充足率与盈利水平之间的相关性时，使用的三阶滞后。霍尔瓦斯等使用四阶和十二阶滞后变量。由于本部分样本数据的限制，本部分分别选取了一阶滞后变量和二阶滞后变量。

3. 样本数据及实证结果。

（1）样本数据。本部分使用中国上市商业银行半年度数据进行实证分析，数据来源为 Wind 数据库以及各个上市商业银行年报。从表 5-19 中可以看出，整体上中国上市商业银行资本充足率平均在 12%，资本充足率比较充足，一级资本充足率也在 9% 以上。从流动性创造指标来看，中国上市商业银行表内流动性创造占资产比值平均值在 42.16%，最大值为 53%，最小值为 42%；考虑表外业务时，流动性创造占资产比值平均为 58.23%，大概增长了 16%。这说明中国商业银行的流动性创造除了体现在表内的流动性创造外，表外业务的影响也逐渐上升。在净资产收益率方面，中国上市商业银行平均值在 15% 左右，最大值达到 36%。在控制变量的统计方面，中国上市商业银行成本与收益比值（EFF）平均值在 32%，拨备与资产总额的比值（Pro）平均在 0.75%。三个月 Shibor 与国债收益率之差（TED）平均值为 1.4051%，沪深 300 指数半年度收益率（HS300）平均值为 -2.95%。

表 5-19　　　　　　　　银行特征样本数据统计

	均值	中值	最大值	最小值	标准差	偏度	峰度
LEV1（%）	9.5144	9.35	22.56	4.51	2.2463	1.6937	10.9167
LEV2（%）	12.2609	12.03	25.59	8.11	2.1421	2.278	14.2263
LC	0.4216	0.4283	0.5345	0.2361	0.0574	-0.5044	3.0831
LCOFF	0.5823	0.6167	0.9956	0	0.1843	-1.1388	4.5607
ROE（%）	15.5558	14.55	36.71	4.32	5.4082	0.476	2.8198
EFF（%）	32.295	31.505	44.88	19.45	5.6942	0.2036	2.5052
SIZE	28.4628	28.4474	30.6418	25.204	1.3237	-0.2985	2.4295
PRO（%）	0.7531	0.7046	1.3169	0.1213	0.2394	0.3419	2.6455
TED（%）	1.4051	1.2616	3.0015	0.4297	0.7514	0.719	2.6557

（2）实证结果。表 5-20 和表 5-21 为模型实证结果。从表 5-20 和表 5-21 中的实证结果可以看出，第一，资本充足率对商业银行流动性创造的约束不是很强。资本充足率一阶滞后对表内流动性创造的影响不显著，二阶滞后对表内流动性创造有显著的影响，这说明商业银行在半年的时间范围内无法通过资本充足率来限制商业银行的流动性创造，因此本书的实证结果也支持了金融脆弱性挤出假说（financial fragility crowding out thoery）。同时回归结果还表明，二阶资本充足率滞后项对考虑表外的流动性创造没有显著影响，这也从侧面反映了资本充足率对商业银行表外业务约束不足的现实。第二，资本充足率与商业银行盈利水平关系密切。不论是一级资本充足率还是资本充足率水平，其滞后一阶都对下一期的净资产收益率产生显著的负向影响。本期的资本充足率高，证明商业银行资本约束增强，进而会影响下一期的盈利水平。同时，实证结果还表明，本期盈利水平高，下一期资本充足率水平会下降，这说明商业银行盈利水平高不一定会导致下一期的资本充足率提高。这可能是因为商业银行盈利水平高是以增加风险承担为代价，因此，当计算基于风险加权的资本充足率时，本期的风险承担会影响下一期的资本充足率计算的风险加权资产，因此盈利水平的提升降低了资本充足率水平，这也从侧面表明商业银行的盈利水平可能会低于经风险调整的收益率。第三，商业银行流动性创造与净资产收益率水平不存在显著的关系。这个结论表明表示商业银行整体流动性风险的流动性创造指标不会显著地影响商业银行净资产收益率，因此，与偿付能力监管不同，由于流动性风险更加具有短期性，因此对流动性进行监管不会影响商业银行的净资产收益率。

总体上，本部分实证模型表明，商业银行资本充足率对商业银行流动性创造的约束力量不足，提高资本充足率要求不能降低商业银行的流动性风险，但能够降低商业银行的盈利水平；而商业银行的流动性风险却对商业银行盈利水平影响不显著。本部分也从侧面为监管当局加强流动性监管提供了支持。

第5章 宏观审慎监管主要工具：Basel Ⅲ 之偿付能力监管与流动性监管的组合

表 5-20　模型实证结果

	模型1 LEV1	模型1 LC1	模型1 ROE	模型2 LEV1	模型2 LC1	模型2 ROE	模型3 LEV2	模型3 LC1	模型3 ROE
LC1 (-1)	-0.0812	0.5790***	-1.3809	0.6243	0.4989***	-3.0026	-1.0633	0.5000***	-3.0990
LC1 (-2)	0.6700***	0.00004	-0.7332***	-0.7391	0.1847***	-0.1950	0.7179	0.1874***	-0.6360
LEV1 (-1)				0.4976***	0.0038	-0.5815***			
LEV1 (-2)				0.1091*	-0.0061***	0.0563			
LEV2 (-1)							0.4201***	0.0029	-0.3428*
LEV2 (-2)							0.0803	-0.0048**	-0.1018
ROE (-1)	-0.0569***	-0.00004	-0.6385***	-0.0318*	-0.0005	-0.2483***	-0.0355*	-0.0003	-0.2298***
ROE (-2)				0.0156	0.00006	0.6803***	0.0198	0.00001	0.6988***
c	2.7615	-0.0821	13.8493	2.6051	-0.0209	8.6372	5.7456*	-0.0399	6.6270
eff	-0.0346*	0.0002	-0.0671	-0.0366***	-0.0009	-0.1185***	-0.0394***	-0.0007	-0.0897*
size	0.0850	0.0083***	0.7057***	0.0881	0.0047	0.1507	0.0976	0.0050	0.1715
pro	-0.0694	0.0024	-0.3122	0.0337	0.0228	-0.1104	-0.3292	0.0270	0.2412
ted	0.1714*	-0.0148***	0.5971	0.2129***	-0.0171***	0.2322	0.2770***	-0.0172***	0.1808
hs300	-0.6052***	0.0356***	-1.6478	-0.4830	0.0502***	-1.0794	-0.5555	0.00475***	-0.0224
gdp	-0.0352	0.0046	0.0382	0.0331	0.0095***	0.6469***	-0.1106	0.0096***	0.6963***
Adj R-squared	0.7846	0.7205	0.5815						
Log likelihood	-217.9055			-183.8588			-202.6867		

注：*、**、*** 分别表示 10%、5%、1% 水平显著。

表 5-21 模型实证结果

	模型 4				模型 5				模型 6		
	LEV2	LC1	ROE	LEV2	LC2	ROE	LEV2	LC2	ROE
LC1(−1)	0.1704	0.5790***	−2.1456						
LC1(−2)									
LC2(−1)				0.0281	0.4244***	−2.4192	0.7120	0.3908***	−1.5473
LC2(−2)				0.6052***	−0.0071	−0.5729***	0.5329	0.1612***	−1.0891
LEV2(−1)	0.6033***	0.00002	−0.5514***	−0.0682***	0.0006	−0.6077***	0.4115***	−0.0155	−0.3328*
LEV2(−2)	−0.0619***	−0.0004	−0.5939***				−0.0948	0.0034	−0.1328
ROE(−1)				−0.0353*	−0.0568	8.0855	4.4594*	0.0027	−0.2198***
ROE(−2)				0.0226	0.0032	0.0170	−0.0303*	0.0014	0.7076***
c	5.5835*	−0.0813	6.2581	5.6345***	−0.0568	8.0855	4.4594*	−0.0389	8.5566
eff	−0.0344	0.0002	0.0039	−0.0325*	0.0032	0.0170	−0.0303*	0.0008	−0.0695
size	0.0848	0.0083***	0.8235***	0.0923	0.0143*	0.8083***	0.1380***	0.0092	0.0969
pro	−0.4332	0.0023	0.6085	−0.5930	−0.0111	0.0553	−0.6192	0.0262	0.2104
ted	0.2419***	−0.0148***	0.6579*	0.2829***	−0.0182	0.8158*	0.2738***	0.0125	0.2861
hs300	−0.8082***	0.0356***	−1.5764	−0.6267***	0.0182	−1.2194	−0.3734***	0.0890*	−1.0408
gdp	−0.1375*	0.0046	0.1011	−0.1578***	0.0019	0.0412	−0.1228	0.0123	0.6421***
Adj R-squared	0.7035	0.7012	0.5783						
Log likelihood	−236.3096			−258.9772			−222.2602		

注:*、**、***分别表示10%、5%、1%水平显著。

第5章 宏观审慎监管主要工具：Basel Ⅲ之偿付能力监管与流动性监管的组合

图 5-7~图 5-12 分别是模型 1~模型 6 的脉冲反应图。从图 5-7~图 5-12 中可以看出，第一，商业银行流动性创造增加并没有对资本充足率造成冲击。根据商业银行流动性创造的计算，商业银行流动性创造，一方面由于负债的减少而变大，另一方面由于资产的扩张而变大。从脉冲图可以看出，即使当商业银行资产扩张进而流动性创造增加时，资本充足率也并没有表现出下降的趋势，这说明中国上市商业银行在增加自身流动性创造功能的同时，并没有以牺牲资本充足率为代价。第二，当提高资本充足率要求时，商业银行流动性创造功能没有受到冲击。这说明增加资本监管的力度，不会影响商业银行的流动性创造功能。第三，当商业银行盈利水平受到冲击时，资本充足率会出现下降趋势，但并没有影响商业银行的流动性创造水平。第四，当资本充足率受到冲击时，商业银行盈利水平会下降；而流动性创造受到冲击时，对盈利水平的影响不明显。

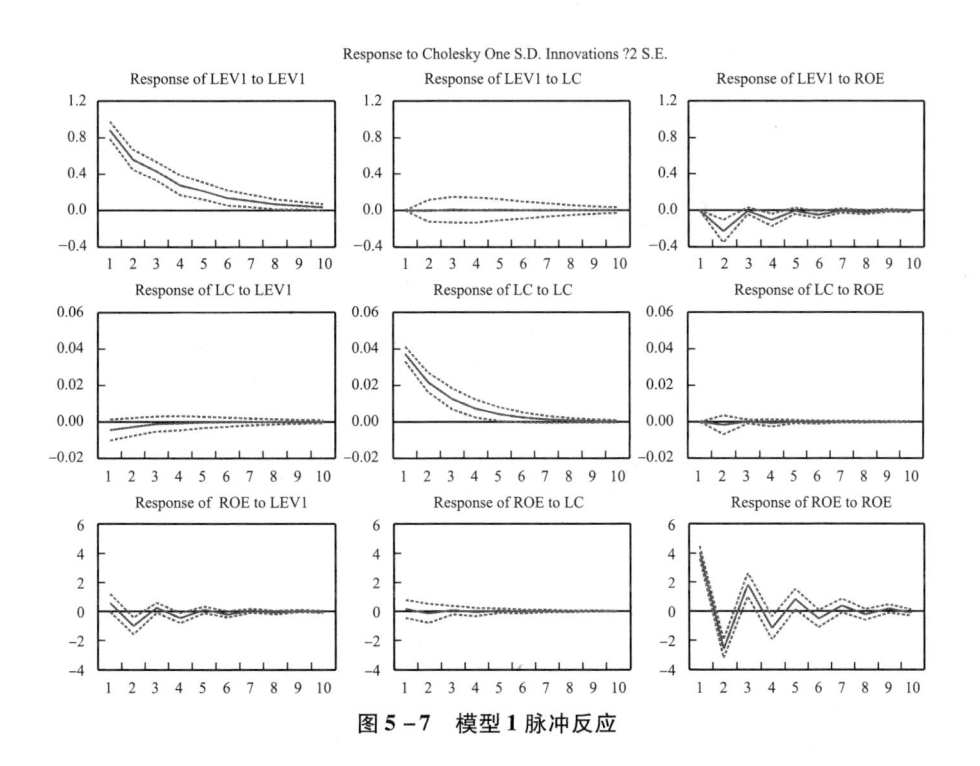

图 5-7 模型 1 脉冲反应

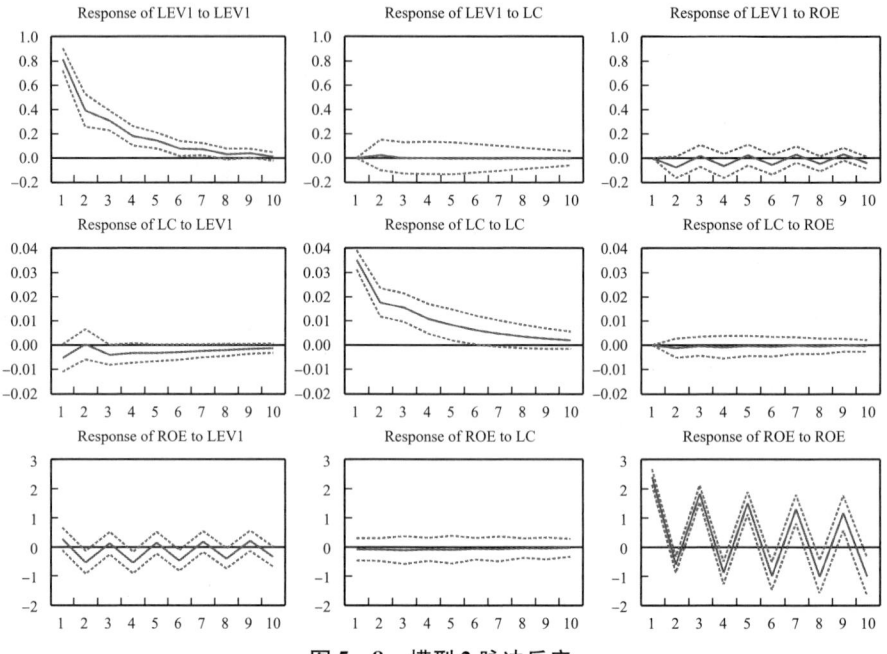

图 5-8 模型 2 脉冲反应

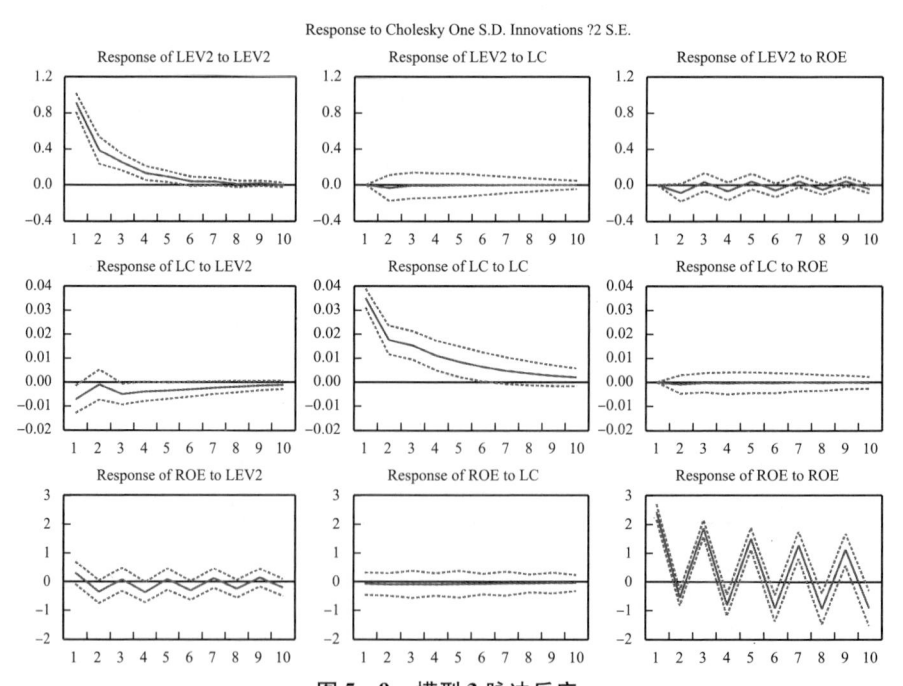

图 5-9 模型 3 脉冲反应

第 5 章　宏观审慎监管主要工具：Basel Ⅲ 之偿付能力监管与流动性监管的组合

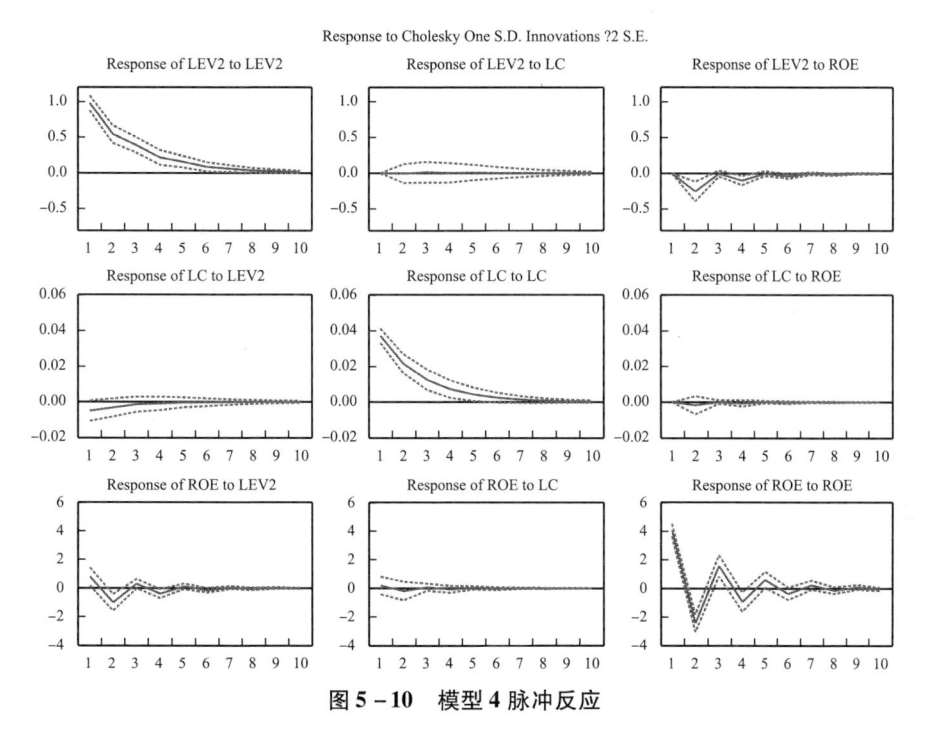

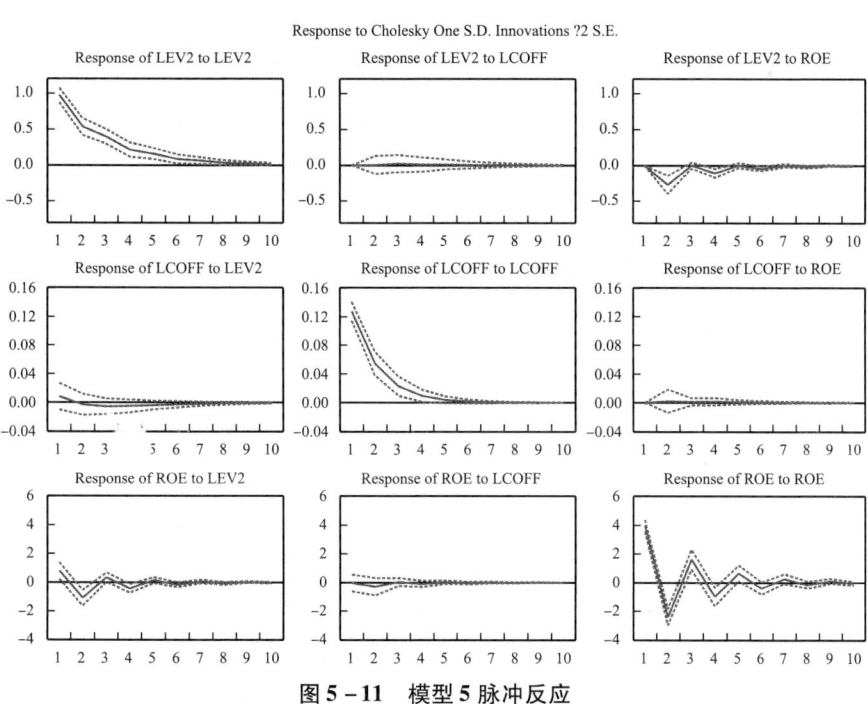

图 5-10　模型 4 脉冲反应

图 5-11　模型 5 脉冲反应

图 5-12　模型 6 脉冲反应

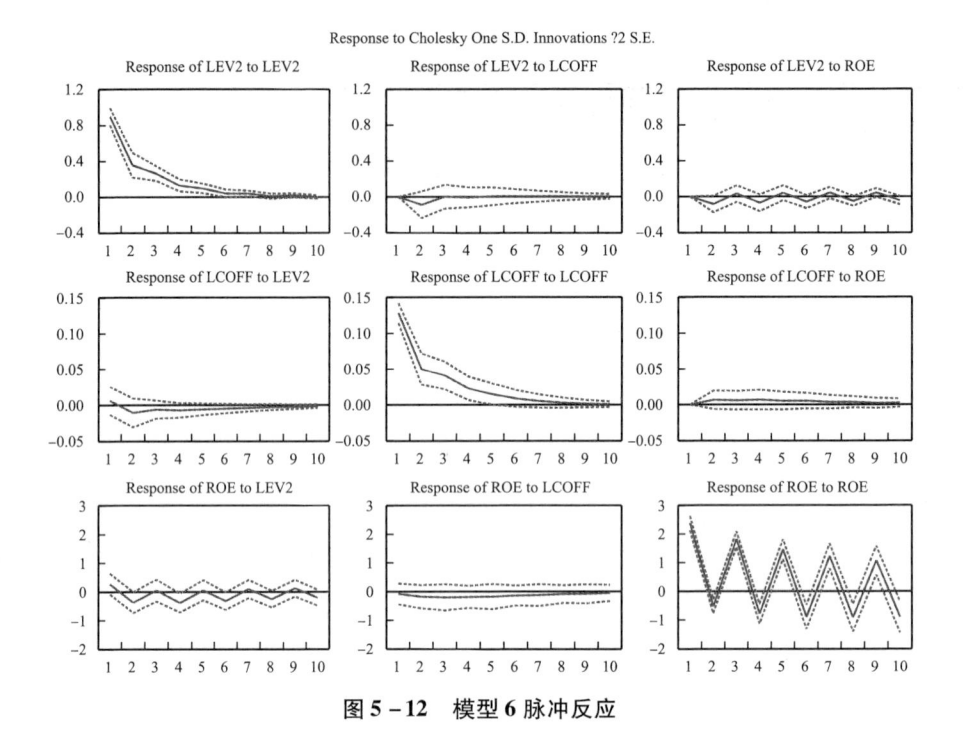

结合第三点和第四点，我们可以发现，流动性对商业银行盈利水平的影响不是很高，这说明，在当前中国商业银行体系中，资本监管能够影响商业银行的盈利水平，但流动性风险对商业银行的盈利水平约束不大，其主要原因是商业银行的流动性风险更多地呈现出短期性，而以 ROE 为代表的盈利水平的计算是关注于相对较长的时期。根据商业银行信息披露的常规做法，最短也要一个季度披露一次 ROE。而如果商业银行一旦爆发了流动性风险，可能仅仅几天就会使得银行陷入困境。因此，只要是样本中存在 ROE 的计算，且其计算值为正常值或者是非负值，则证明商业银行经营活动正常，主要还是受到资本监管的约束，因为商业银行本身行使的金融功能中就包含了流动性风险，市场参与者知道商业银行存在流动性错配风险。同时中国商业银行体系背后的政府信用担保又大大降低了存款人挤兑的可能性，因此流动性风险致使商业银行倒闭的风险又会大大降低，因此我国商业银行整体盈利能力受资本监管约束较高。本部分实证结果也从侧面为监管当局流动性监管的合理性提供了支持，因为流动性风险并不会对商业银行的盈利水平产生较大的

负面影响。

5.4.2 资本监管、流动性监管对中国宏观经济的影响

1. 实证模型设定。本部分的样本为中国 16 家上市商业银行，数据来源为银行公开季报、半年报、年报以及 Wind 数据库，样本期间为 2007 年第一季度～2014 年第四季度。本章使用向量自回归模型研究 Basel Ⅲ 对实体经济运行的影响。本章选择实体经济变量包括季度 GDP 增长率（GDP）、季度金融机构信贷供给增长率（credit），数据来源为和讯网。具体回归模型如下：

$$\begin{pmatrix} GDP_t \\ spread_t \\ credit_t \\ LTD_{t-1}/LEV1_t \end{pmatrix} = T_0 + T_1 * \begin{pmatrix} GDP_{t-1} \\ spread_{t-1} \\ credit_{t-1} \\ LTD_{t-1}/LEV1_{t-1} \end{pmatrix} + T_2 * \begin{pmatrix} GDP_{t-2} \\ spread_{t-2} \\ credit_{t-2} \\ LTD_{t-2}/LEV1_{t-2} \end{pmatrix} + \begin{pmatrix} \varepsilon_{1,t} \\ \varepsilon_{2,t} \\ \varepsilon_{3,t} \\ \varepsilon_{4,t} \end{pmatrix}$$

(5-8)

其中，LTD[①]（存贷比）或者 LEV1 为各上市商业银行的季度平均值，数据来源为 Wind 数据库。本章分别将 LTD 和 LEV1 代入向量自回归模型，研究 Basel Ⅲ 对实体经济的影响。同时为了研究 Basel Ⅲ 对实体经济借贷成本的影响，本章引入了信贷息差（credit spread）变量，用 spread 表示，使用数据为各上市商业银行净息差的季度平均值，数据来源为 Wind 数据库。

2. 实证结果。经 Johansen 协整检验，本章向量自回归模型（VAR）中的变量之间存在协整关系，因此，可以建立向量自回归模型。本章使用 AR 根图表方法对滞后阶数进行检验，如果被估计的 VAR 模型所有的根模的倒数小于 1，在单位圆内，则模型稳定。从图 5-13 中可以看出，本章 VAR 模型所有的根模的倒数都在单位圆内，模型稳定。

---

① 使用存贷比的原因，上面已经说明。

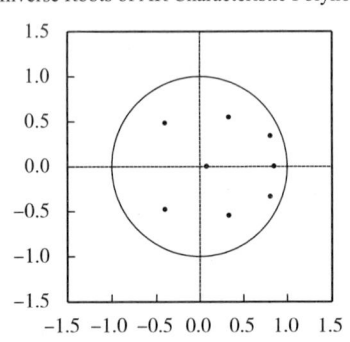

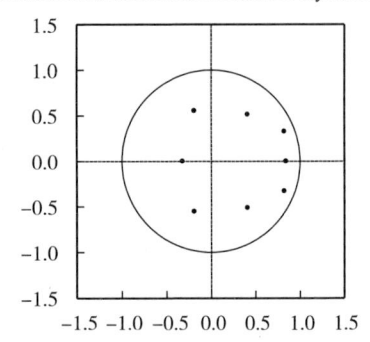

图 5–13　滞后阶数检验结果

说明：左边是变量为核心资本充足率下的滞后阶数检验图，右边是变量为存贷比下的滞后阶数检验图。

在模型检验稳定基础上，本章进一步进行了格兰杰因果检验，如表 5–22 所示。整体来看，核心资本充足率、金融机构信贷供给增长率以及金融机构信贷息差是 GDP 的 granger 原因。从单独因素来看，核心资本充足率也是 GDP 的 granger 原因。进一步，笔者发现，TCE 是 spread 的 granger 原因，但 spread 并不是 GDP 的 granger 原因，因此，笔者认为提高资本充足率要求并不会通过信贷息差渠道影响经济增长。同时，笔者还发现 credit 是 GDP 的 granger 原因，但 TCE 不是 credit 的 granger 原因，因此，提高资本充足率要求并不会通过影响金融机构的信贷供给来影响经济增长。从图 5–14 中的脉冲分析来看，当 TCE 变量受到冲击时，GDP 增长率会先降低，然后在第四～第五期缓慢回升，这与 credit 对 TCE 冲击的反应路径一致，进而从侧面证明了 credit 是 GDP 的 granger 原因。spread 对 TCE 冲击的反应呈现先上升、后降低，最后平稳的趋势，这与 GDP 的反应路线并不一致。因此，脉冲反应也从侧面证明提高资本充足率要求并不会通过信贷息差渠道影响经济增长。

从存贷比分析来看，存贷比、金融机构信贷供给增长率以及金融机构信贷息差是 GDP 的 granger 原因。从单因素来看，存贷比并不是 GDP 的 granger 原因。进一步，笔者发现存贷比既不是 spread 的 granger 原因，也不是 credit 的 granger 原因，即在此模型体系中存贷比似乎表现出与其他三个变量独立的特征。由于王等（Wong et al., 2010）证明了存贷比与 NSFR 的线性关系，同时考虑到流动性风险更关注短期性，而宏观经济的变化更考虑长期特性，

第5章 宏观审慎监管主要工具：Basel Ⅲ 之偿付能力监管与流动性监管的组合

因此本书认为流动性风险监管不会对宏观经济产生较大的负面影响。从脉冲反应图也可以看出，当 LTD 变量增加时，GDP 和 credit 都出现了上升的情况，这反映了贷款增加能够促进 GDP 增长的现状，与 credit 是 GDP 的格兰杰原因的结论一致。但从脉冲响应图中可以看出，GDP、credit 以及 spread 变量对 LTD 变量冲击的反应都不是很强烈，虽有波动，但短期内也都恢复了正常。

总体上，本章实证分析表明，加强资本充足率监管对中国宏观经济的影响较大，具体表现在信贷增长率下降、GDP 增速降低以及贷款成本变大，而加强流动性监管对中国宏观经济的影响相对较轻。

表 5-22　　　　　　　　格兰杰因果检验

		原假设	Chi 统计量	自由度	P 值
模型变量为资本充足率	TCE 方程	credit 不能 granger 引起 TCE	17.52	2	0.0002
		GDP 不能 granger 引起 TCE	1.422	2	0.4910
		spread 不能 granger 引起 TCE	9.310	2	0.0095
		credit、GDP、spread 不能同时 granger 引起 TCE	28.98	6	0.0001
	credit 方程	TCE 不能 granger 引起 credit	1.216	2	0.5445
		GDP 不能 granger 引起 credit	3.076	2	0.2148
		spread 不能 granger 引起 credit	1.204	2	0.5477
		TCE、GDP、spread 不能同时 granger 引起 credit	10.04	6	0.1229
	GDP 方程	TCE 不能 granger 引起 GDP	7.9481	2	0.0188
		credit 不能 granger 引起 GDP	15.01	2	0.0006
		spread 不能 granger 引起 GDP	1.339	2	0.5119
		TCE、credit、spread 不能同时 granger 引起 GDP	42.99	6	0.0000
	spread 方程	TCE 不能 granger 引起 spread	4.613	2	0.0996
		credit 不能 granger 引起 spread	3.241	2	0.1978
		GDP 不能 granger 引起 spread	14.41	2	0.0007
		TCE、credit、GDP 不能同时 granger 引起 spread	22.55	6	0.0001

续表

		原假设	Chi 统计量	自由度	P 值
模型变量为存贷比	LTD 方程	credit 不能 granger 引起 LTD	10.94	2	0.0042
		GDP 不能 granger 引起 LTD	0.1361	2	0.9342
		spread 不能 granger 引起 LTD	0.1221	2	0.9455
		credit、GDP、spread 不能同时 granger 引起 LTD	16.04	6	0.0135
	credit 方程	LTD 不能 granger 引起 credit	2.910	2	0.2334
		GDP 不能 granger 引起 credit	4.885	2	0.0869
		spread 不能 granger 引起 credit	1.663	2	0.4355
		LTD、GDP、spread 不能同时 granger 引起 credit	12.41	6	0.0534
	GDP 方程	LTD 不能 granger 引起 GDP	3.817	2	0.1483
		credit 不能 granger 引起 GDP	18.25	2	0.0001
		spread 不能 granger 引起 GDP	11.29	2	0.0035
		LTD、credit、spread 不能同时 granger 引起 GDP	33.85	6	0.0000
	spread 方程	LTD 不能 granger 引起 spread	1.645	2	0.4393
		credit 不能 granger 引起 spread	5.298	2	0.0707
		GDP 不能 granger 引起 spread	13.61	2	0.0011
		LTD、credit、GDP 不能同时 granger 引起 spread	17.51	6	0.0076

Response to Cholesky One S.D. Innovations ?2 S.E.

Response of CREDIT to LD

Response to Cholesky One S.D. Innovations ?2 S.E.

Response of CREDIT to CAP

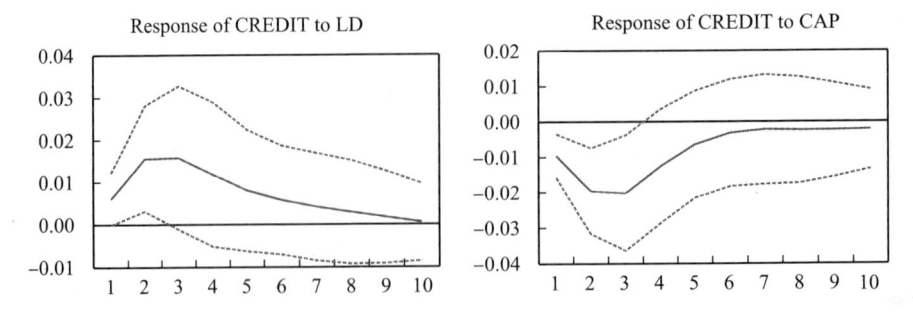

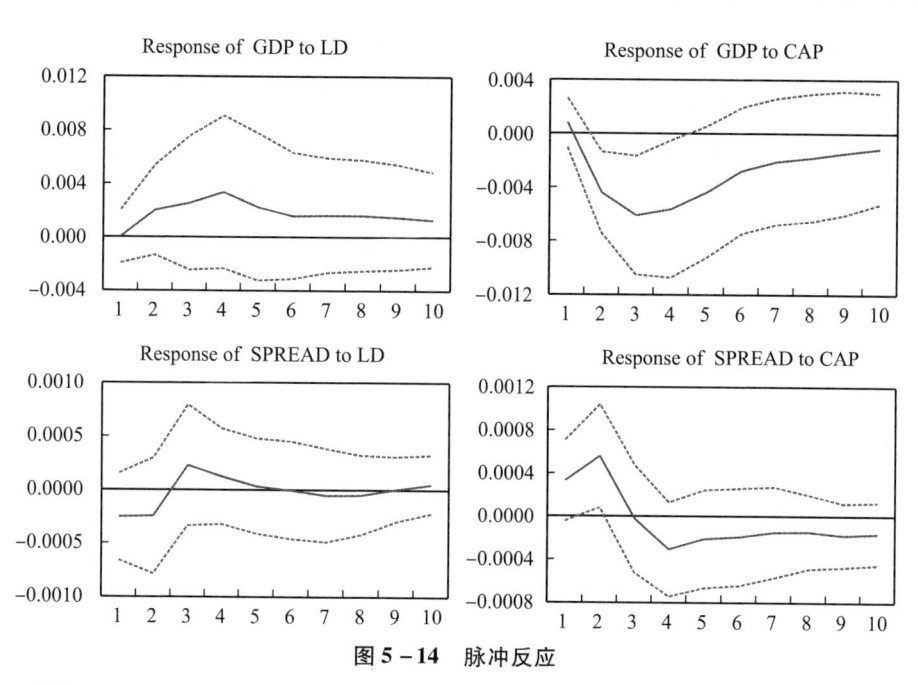

第5章 宏观审慎监管主要工具：Basel Ⅲ之偿付能力监管与流动性监管的组合

图 5-14 脉冲反应

说明：左边三个图表示 credit、GDP、spread 对 LTD 变量的脉冲反应，右边三个图表示 credit、GDP、spread 对 LEV1 变量的脉冲反应。

5.5 本章小结

国际实践经验表明，实施 Basel Ⅲ 对宏观经济的影响利大于弊。从中国银行业经营状况来看，我国商业银行目前存在偿付能力风险和流动性风险，但总体上应该不会引发银行业危机。本部分使用面板向量自回归方法研究了中国上市商业银行流动性创造、资本充足率与盈利水平三者之间的动态关系。实证分析结果表明，商业银行资本充足率水平与商业银行盈利能力呈现出显著的负相关；商业银行资本充足率水平能够在一年的范围内约束表内的流动性创造，但对表外流动性创造的约束则相对较弱；商业银行流动性创造水平与净资产收益率不存在显著关系。另外，本部分实证分析表明，加强资本充足率监管对中国宏观经济的影响较大，具体表现在信贷增长率下降、GDP增速降低以及贷款成本变大，而加强流动性监管对中国宏观经济的影响相对较轻。因此，实施 Basel Ⅲ 对中国宏观经济的影响整体体现出了负面的特点。

但需要注意的是，国际上对 Basel Ⅲ 的收益计算是建立在金融危机损失数据基础上的，而中国尚未发生过银行业危机，因而无法计算因避免金融危机所获得的收益。因此，加强银行业监管对宏观经济产生负面影响可以是存在的，但并不能完全证明对中国没有益处。

第 6 章

商业银行流动性风险、偿付能力风险与银行体系风险

经典行业组织理论和金融中介理论指出,商业银行资产与负债紧密相关,尤其是考虑到借款人违约和债务可获得性两个问题的时候,两者相关性更强。2008 年金融危机进一步支持了商业银行流动性风险和偿付能力风险相互影响的结论。美国 FDIC 和 OCC 发布的金融危机报告称,危机期间主要倒闭的银行都同时受到了流动性风险和信用风险的冲击,而信用风险无疑是影响商业银行偿付能力的重要因子。UBS 在危机期间给股东的报告称:其忽略了区分流动性资产与非流动性资产各自不同的风险特征,进而忽略了流动性风险与信用风险的相互作用。2008 年经验数据也表明,2007 年 8 月~2010 年 9 月,在美国倒闭的 254 家银行中,既有流动性原因,也有偿付能力不足的原因。其中,根据美国 FDIC 和 OCC 统计,由于贷款损失导致偿付能力不足的倒闭银行个数为 106,流动性原因为 117 家。因此,综合研究商业银行流动性风险与商业银行偿付能力风险的关系,对实施宏观审慎监管具有重要的指导意义。

6.1 偿付能力风险与流动性风险

6.1.1 偿付能力风险与融资成本

商业银行的偿付能力与融资成本关系密切。一方面,高融资成本会腐蚀

银行盈利，影响商业银行的偿付能力；另一方面，偿付能力风险高的银行的融资成本也会越来越高。因此，两者存在相互加强机制。

在变量选择方面，一些学者使用信用违约互换价差（CDS）作为商业银行融资成本的替代变量，并使用基于股票市场的数据进行研究。安纳特等（Annaert et al., 2013）研究 2004~2008 年 31 家欧洲商业银行的信用违约互换价差的影响因素。研究结果表明，商业银行融资成本与偿付能力风险存在显著的相互加强机制，即杠杆率越高，融资成本越高。安纳特等测算表明，商业银行股票周收益率下降 1%，CDS 价差增加 64 个基点。格雷等（Gray et al., 2012）使用公允价值信用价差（fair value credit spread, FVCDS）作为商业银行融资成本的表示变量，并使用基于股票市场计算的杠杆率数据，发现融资成本与商业银行杠杆率存在非线性关系。格雷等的结论已经在压力测试模型中使用。在压力测试的基准情景中，商业银行加权平均期望违约概率在压力时期结束后上升了 75%，相当于 FVCDS 增加了 75%，但是当银行体系处在极度困境时期时，商业银行加权平均期望违约概率在压力时期结束后上升了 150%，但却相当于 FVCDS 增加了 200%，即偿付能力风险与融资风险存在非线性关系。巴比胡加和斯帕特罗（Babihuga and Spaltro, 2014）使用 14 个发达国家的 54 家国际性银行 2001~2012 年的 CDS 数据，研究冲击对商业银行融资成本的影响。他们运用面板误差修正模型证明了商业银行偿付能力风险和融资成本存在显著的相互影响机制。长期来看，巴比胡加和斯帕特罗实证结果表明，1% 的资本充足率的增加会降低 26 个基点的融资成本。哈桑等（Hasan et al., 2014）使用 23 个国家的 161 家全球性银行的 CDS 数据发现，在 2001~2011 年，基于市场数据计算的商业银行杠杆率增加 1%，会使得 CDS 平均增加 101 个基点。

一些学者使用商业银行资产负债表数据研究两者之间的相互影响。皮埃雷（Pierret, 2014）使用固定效应面板向量自回归模型研究了 49 家美国银行 2000 年第一季度~2013 年第一季度流动性风险与偿付能力风险之间的关系。皮埃雷使用短期负债作为流动性风险的表示变量，短期资产作为衡量流动性风险管理能力的变量，用阿查里亚等（2010, 2012）提出的预期资本短缺（expected capital shortfall, SRISK）作为商业银行偿付能力风险变量，结果表明高偿付能力风险的影响会影响其获得短期资金的能力，且短期负债越多，金融危机中倒闭的概率越高。艾曼斯等（Aymanns et al., 2015）分别使用美国 10000 家商业银行和全球 80 个国家的 2700 家银行 2003~2013 年的数据，研究商业银行偿付能力风险与融资成本之间的关系。艾曼斯等使用平均融资成本和银行间融资成本两个变量刻画商业银行的融资成本，线性回归模型表明两者之间存在显著的负相关性；而分年度的回归表明在差的年份比在好的年份系数估计值更大。

由于商业银行偿付能力风险与流动性风险存在相互影响，因此，研究两者之间的关系需要解决内生性问题。迪斯汀格温对此问题进行了很好的研究。迪斯汀格温使用 2000~2006 年 870 家美国和欧洲上市商业银行的数据，使用监管资本充足率作为偿付能力风险变量，使用流动性创造和 NSFR 作为流动性风险变量。迪斯汀格温将变量分为内生变量和外生变量，构建不同的方程研究流动性风险与偿付能力风险之间的相关性，其结论表明，流动性风险与偿付能力风险存在显著的相关性，且在困境时期相关性更强。

6.1.2　系统性冲击对偿付能力风险与流动性风险的影响

商业银行会行使以下几类中介职能：信用转换、期限转换、流动性转换和抵押品转换。每一个类别的功能都会使银行暴露在偿付能力风险和流动性风险之下，都存在偿付能力风险与流动性风险的交互作用，因此，商业银行所面临的系统性金融冲击基本也可以归结为上述四类。其中信用转换与抵押品转换主要影响商业银行的偿付能力风险，而期限转换和流动性转换使得商业银行暴露在流动性风险之下。为了加强商业银行的稳健经营程度，前文指出，Basel Ⅲ 同时加强了偿付能力监管和流动性监管，偿付能力监管主要体现在资本充足率和杠杆率两个指标上，而流动性监管主要体现在流动性覆盖比率和净稳定资金比率两个指标上。

银行体系的系统性冲击会同时影响商业银行偿付能力风险和流动性风险。保施和施马尔茨（Pausch and Schmaltz, 2013）从微观视角构建了压力测试的模型，并将流动性风险与资本充足率（偿付能力风险指标）的相互反馈机制嵌入此压力测试模型。在保施和施马尔茨压力测试的模型中，流动性风险来源于信用事件的触发导致资金来源的减少，同时流出增加，从而使得偿付能力风险和流动性风险可以互相影响。从表 6-1 中可以看出，银行体系每一个冲击类型都影响净稳定资金比率，因为净稳定资金比率的计算既考虑了资金使用，又考虑了资金的全部来源。比如，当借款人信用风险上升时会侵蚀银行资本，进而影响净稳定资金比率。同时资产流动性冲击会对商业银行偿付能力风险和流动性风险产生负面影响。从图6-1中可以看出，为了满足监管要求，当冲击发生时，银行需要对业务模式进行改变，以满足偿付能力监管和流动性监管要求。

表6-1　银行体系冲击对商业银行偿付能力风险和流动性风险的影响

冲击类型	信用风险冲击	抵押品冲击	融资流动性冲击	资产流动性冲击
冲击表现	借款人信用风险增加	抵押品价格下降	短期资金来源匮乏，无法低成本获得长期资金	信贷承诺转入表内需要抛售资产
影响指标	资本充足率	资本充足率		资本充足率
	杠杆率		杠杆率	杠杆率
		流动性覆盖比率	流动性覆盖比率	流动性覆盖比率
	净稳定资金比率	净稳定资金比率	净稳定资金比率	净稳定资金比率

资料来源：巴塞尔委员会（Basel Committee，2015）。

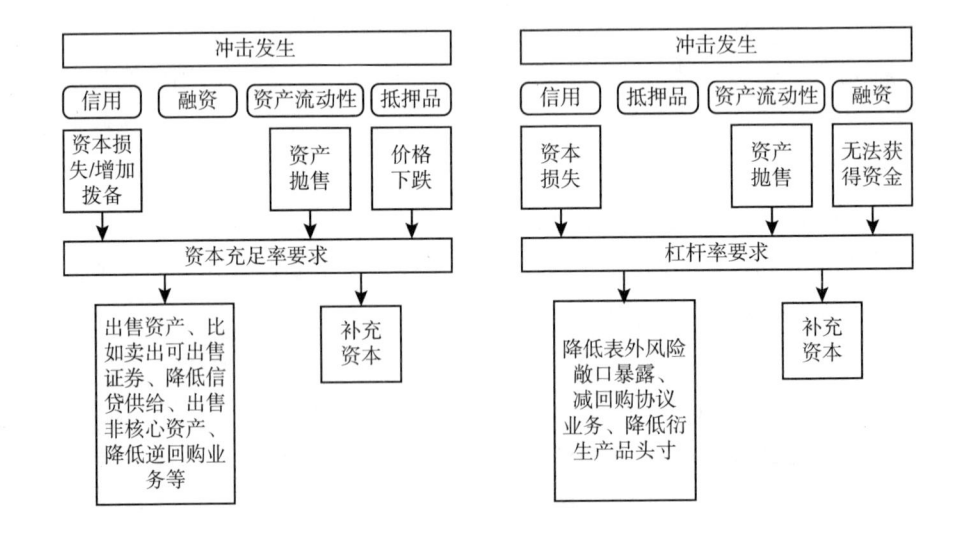

```
          冲击发生                                    冲击发生
┌────┬────┬──────┬────┐           ┌────┬────┬──────┬────┐
│信用│融资│资产流动性│抵押品│       │信用│抵押品│资产流动性│融资│
└────┴────┴──────┴────┘           └────┴────┴──────┴────┘
资本损失/     资产         价格           资本         资产         无法获
增加拨备      抛售         下跌           损失         抛售         得资金
     │         │           │               │           │             │
     └─────────┼───────────┘               └───────────┼─────────────┘
           资本充足率要求                            杠杆率要求
           │              │                         │              │
  出售资产、比如卖出     补充                降低表外风险敞口暴露、   补充
  可出售证券、降低信     资本                减回购协议业务、降低     资本
  贷供给、出售非核心                         衍生产品头寸
  资产、降低逆回购
  业务等
```

第6章 商业银行流动性风险、偿付能力风险与银行体系风险

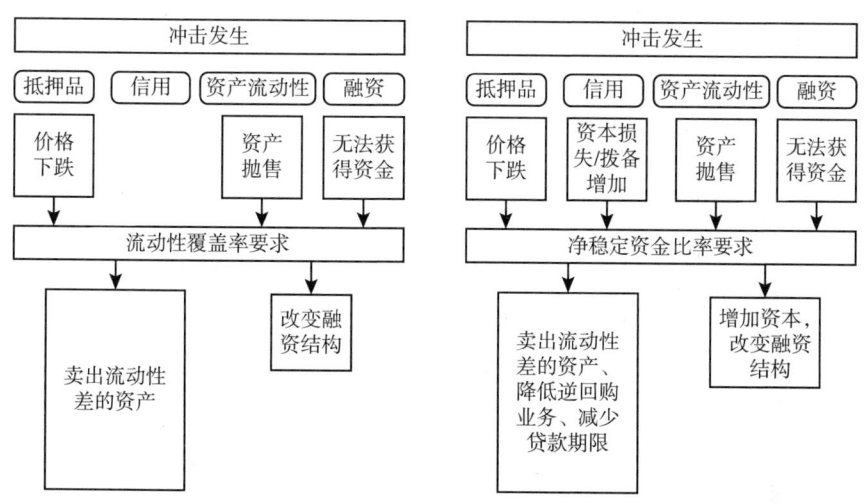

图6-1　银行偿付能力风险管理和流动性风险管理应对系统性冲击的机制

资料来源：巴塞尔委员会（Basel Committee，2015）。

6.2 嵌入流动性风险与偿付能力风险的系统性风险测度模型

6.2.1 加拿大中央银行模型

加拿大中央银行开发的自上而下的压力测试模型 MFRAF（macro – Financial risk assessment framework），不仅测度了国内主要商业银行的偿付能力风险，同时也考虑了融资流动性风险，并测度了双边风险敞口暴露导致的传染风险。MFRAF 的主要特色是考虑了银行债权人的行为动机，研究了宏观风险形成的微观机制。MFRAF 认为短期债权人如果担心银行的资产质量，则其继续提供短期资金的动机就大打折扣。基于此考虑，MFRAF 将商业银行的流动性风险状况（比如流动性资产比率、短期融资能力、金融资产市场流动性状况）纳入模型。

MFRAF 主要包括三个相互独立的模块（见图6-2）。

图 6-2　MFRAF 体系

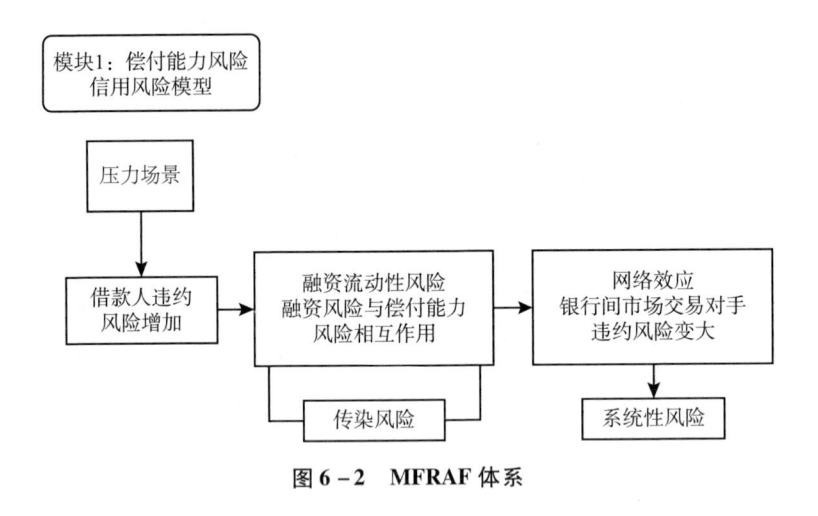

第一个模块关注由于宏观经济冲击导致商业银行信用风险上升。第二个模块在第一个模块对信用风险损失程度测度的基础上,将融资流动性风险引入模型。在 MFRAF 中,商业银行资产负债表流动性状况指标定义为:

$$\lambda = \frac{流动性资产 + 资产抛售折扣率 \times (非流动性资产 — 信用损失)}{到期债务} \quad (6-1)$$

MFRAF 认为 λ 既考虑了流动性风险又考虑了信用风险（偿付能力风险的主要类型）。当 λ 大于 1 时,商业银行遭受挤兑风险较低,相反则风险较高。MFRAF 指出,当一家银行发生挤兑时,抛售折扣率将会变大,从而更容易发生传染风险。

第三个模块刻画的就是第二个模型导致的能够通过银行间市场导致的传染风险。

在 MFRAF 基础上,加拿大中央银行基于 Merton 期权定价理论设计出基于金融市场数据的系统性风险测度模型。在 2014 年发布的金融体系报告中,加拿大中央银行指出,商业银行股价下跌和波动性增强能够增加加拿大银行体系风险,可以作为压力情景的考虑因素。基于此考虑,加拿大中央银行将压力情景设置为 S&P/TSX 合成指数下跌 39%,隐含波动率增加 51%。加拿大中央银行根据经济的不同部门,分别测算每个部门的不良贷款率,并根据历史信息对违约损失率进行校准,最后计算对商业银行净利润的影响,进而影响商业银行的资本充足率水平。同时,加拿大中央银行假设压力情景下,这六家系统重要性银行 CDS 上升 180 个基点（上文指出的融资成本替代变量），信用等级从投资级下降至非投资级。在此情景下，加拿大中央银行分析银行股票波动率与不良贷款之间的关系，结论表明商业银行股票波动率与 CDS 密切相关。

加拿大中央银行基于 Merton 期权定价理论设计的系统性风险模型比之前的 MFRAF 模型能够更好地捕捉银行体系的脆弱性。MFRAF 认为，监管资本能够有效地覆盖损失，银行收入也能够有效补充银行资本，从而抵御冲击。加拿大中央银行基于 Merton 期权定价理论设计的系统性风险模型认为基于市场数据的系统性风险测度能够更好地反映市场的预期，其整体结论表明，无论是获得担保的融资还是没有获得担保的融资，都会对银行稳定产生巨大影响，流动性风险是影响银行稳定的主要因素。

6.2.2 挪威中央银行模型

挪威中央银行开发的模型认为，银行体系的系统性风险来源于企业部门的冲击，商业银行的拨备覆盖率、不良贷款率和净利润与经济产出密切相关，但其短期负债比率和长期负债比率基本保持不变。挪威中央银行主要关注银行的股票价格，但银行股票价格并不是监管压力测试模型的主要输出变量。在金融体系压力情景下，挪威中央银行假设 Norwegian 合成指数降低 30%，进而估计银行的股票价格下跌幅度。挪威中央银行希望得到商业银行股票价格与银行实际 ROE 与历史平均 ROE（12%）之差的相关性。当实际 ROE 为零时，假设银行股票价格下跌 50%；而当股票价格下跌 50% 时，挪威中央银行假设股票价格波动率增加一倍。

挪威中央银行假设初始时，六家系统重要商业银行的信用评级都为投资级，其中，四家以个人住房抵押贷款为主要收入来源，资本充足率充足；另外两家以企业贷款为主，资本充足率呈现下跌趋势。挪威中央银行假设在困境时期，这六家商业银行的股价下跌幅度为 20%～50%。在困境时期，两家银行信用评级下跌至非投资级，一家是股票下跌最大的，而与直觉不太相符的是，另一家却是股票价格下跌幅度最小的。压力测试结果表明股票波动率与商业银行违约概率密切相关。

对于挪威中央银行的压力测试，需要指出的是，这六家商业银行的初始评级各不相同，但股票价格的相同下降幅度会使得违约率的增加幅度基本相同。比如银行A初始违约概率为0.05%，而银行B是0.5%，在压力测试结束后，违约概率上升5倍，A银行变为0.25%，B银行变为2.5%，但A银行仍是投资级别，而B银行是非投资级别。因此，即使非常小的冲击，对于初始评级不同的商业银行，对商业银行偿付能力和融资能力的影响都可能是致命的。

在流动性风险压力测试方面，在每一个季度，挪威中央银行可以计算每家商业银行的融资需求，而此融资需求取决于当期发行的债券数量。在压力情景下，挪威中央银行假设银行无法获得资金，现金流为负值。为了满足流动性要求，银行只有折价出售资产，折扣率即为银行的损失，需要由银行资本来承担，进而影响偿付能力。

6.2.3 美国监管当局模型

美国监管当局对七家大型银行控股公司进行了系统性风险压力测试。其主要关注点也是当银行股票价格下跌后对其信用评级的影响。测试结果表明，当商业银行股票价格下跌20%~84%时，这七家银行才有可能降为非投资级，基于市场价格计算的隐含违约概率可以作为银行降级的预测因素，但是初始评级的影响却不是很大。比如，两家银行的初始评级类似，一家银行股票价格下跌30%就会被降为非投资级，但另一家可能需要股票价格下降64%才能够被降为非投资级。其主要原因在于商业银行经营模式导致的损失预期并不相同。美国监管当局模型还表明，降级风险最高的银行往往是短期融资比率较高的银行，因此其系统性压力测试模型还考虑当股价价格下跌20%~30%时，是否影响市场资金提供者继续提供滚动资金的支持的意愿。

6.2.4 奥地利中央银行银行体系压力测试模型

奥地利银行体系偿付能力压力测试模型主要基于商业银行资产负债表的数据，其覆盖了奥地利国内所有银行的并表数据。其对流动性风险的测度主要通过考察商业银行对抗困境的能力。奥地利中央银行在施行流动性压力测试时主要面临三个挑战：数据可获得性、参数不确定性、压力情景下流动性风险和偿付能力风险的相互传导机制以及中央银行的角色定位。奥地利中央银行流动性压力测试覆盖了 29 家国内最大的银行，其目的是为了保证商业银行将自身的流动性风险所产生的负外部性内部化，避免中央银行的最后贷款人角色带来的道德风险问题。

奥地利中央银行的压力测试模型对偿付能力风险和流动性风险的相互作用特别重视。奥地利中央银行先假设商业银行偿付能力受到冲击，影响商业银行流动性风险，之后流动性风险又反过来影响商业银行的偿付能力。此时，奥地利中央银行考虑了银行之间的网状联系，并研究了由此导致的银行间的传染风险。根据之前对违约损失率的假设，奥地利中央银行就可以模拟出一家银行偿付能力风险对其他银行偿付能力的影响。同时，奥地利中央银行又将偿付能力风险引入流动性风险的压力测试中，从而构建了流动性风险与偿付能力风险的相互传导的模型。

6.2.5　荷兰银行流动性压力测试模型

荷兰银行（Netherlands Bank）开发的流动性压力测试模型（liquidity stress-tester，LST）是从上至下的系统性风险测度模型，使用的数据是商业银行层面的数据。根据 Basel Ⅲ，LST 运用蒙特卡洛模拟的方法，模拟流动性缓冲、LCR 和 NSFR 的压力情景下商业银行的流动性风险状况，同时也考虑了中央银行的非常规货币政策的影响。LST 考虑商业银行资产流动性风险和融资流动性风险，但并没有刻意考虑偿付能力风险。虽如此，LST 考虑了由于流动性风险导致的商业银行股票价值降低的问题，以及资产流动性风险如何影响商业银行的信用风险状况。在两类风险的相互影响方面，LST 模型一方面考虑了由于资产抛售导致金融资产价格下跌对商业银行偿付能力的影响，另一方面也考虑了挤兑风险对信贷供给的影响，且考虑了银行惜贷所产生的恶性循环，进而对偿付能力的负面影响。同时 LST 模型考虑了异质性声誉风险导致的银行资产负债的调整，进而对银行股票价值的影响。

6.2.6　墨西哥中央银行的压力测试模型

测算银行体系的损失分布在墨西哥中央银行的压力测试模型中占有重要

地位。其基本思路为：来自宏观经济的冲击导致银行出现初始信用损失，此损失会导致一些银行倒闭，之后倒闭会传染，最后在一定的假设下模拟银行体系的损失分布。由于墨西哥中央银行能够得到其国内商业银行的具体运行数据，因此墨西哥中央银行的压力测试模型具有自下而上的特点。墨西哥中央银行了解每一家商业银行的风险敞口暴露，且由于墨西哥银行体系规模较小，因此比较容易的模拟出可能的损失分布。墨西哥中央银行压力测试模型通过宏观经济等共同的风险因子模拟市场风险和信用风险同时导致的损失，比如利率的上涨会使得资产价格下跌，贷款组合违约率上升。墨西哥中央银行使用结构化向量自回归模型研究银行体系损失和实体经济之间的关系。墨西哥中央银行认为，尽管此方法存在局限性，但结构化向量自回归模型能够捕捉宏观经济冲击对商业银行信用风险和市场风险的短期影响，且中央银行有足够的数据测度此影响。

同时，墨西哥中央银行也指出，其压力测试模型对流动性风险考虑不足，没有考虑流动性短缺和期限错配对商业银行偿付能力的影响。墨西哥中央银行未来会将市场风险、信用风险和流动性风险纳入统一的框架，研究各类风险之间的交互关系对银行业系统性风险的影响。

6.2.7　韩国中央银行 SAMP 模型

韩国中央银行开发的 SAMP（systemic risk assessment model for macro-prudential policy）模型可以测度银行体系的各类风险，且可以评估系统性风险。SAMP 不仅仅模拟宏观经济冲击的第一轮影响，还通过模拟银行间传染、资产抛售、信贷收缩和去杠杆化模拟第二轮影响。SAMP 包含六大模块：宏观风险模块、银行盈利与损失模块、违约传染模块、融资流动性风险传染模块、多期模块和系统性风险度量模块。其中在 SAMP 整体模型中比较有特色的是其融资流动性风险模块。

融资流动性风险主要考虑两个因素来评估银行体系的流动性风险：偿付能力风险与流动性风险的交互作用以及银行体系的关联度。融资流动性风险传染的过程是银行体系出现资产抛售和挤兑，偿付能力风险增加，银行无法获得融资，从而进一步恶化银行资产负债情况，银行间市场也出现挤兑危机。具体来讲，宏观经济冲击导致资本充足率下降，商业银行流动性逐渐流失，

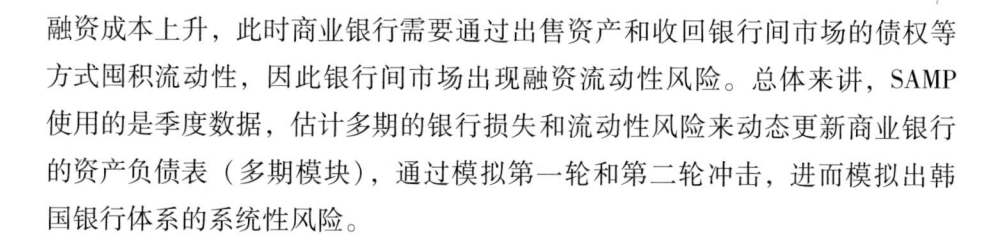

融资成本上升，此时商业银行需要通过出售资产和收回银行间市场的债权等方式囤积流动性，因此银行间市场出现融资流动性风险。总体来讲，SAMP 使用的是季度数据，估计多期的银行损失和流动性风险来动态更新商业银行的资产负债表（多期模块），通过模拟第一轮和第二轮冲击，进而模拟出韩国银行体系的系统性风险。

6.2.8　欧洲中央银行压力测试模型

欧洲中央银行开发了自上而下的宏观压力测试模型估计商业银行偿付能力风险。模型包括四个组成部分：宏观金融压力情景设计、分析压力情景对商业银行的影响、偿付能力计算和传染模型。第一部分，在宏观金融压力情景设计方面，金融冲击主要来自历史分布的尾部极端数据，变量之间的相关性使用 Copula 模型估计。在此基础上，第二部分研究这些压力情景对商业银行信用风险、市场风险的影响，进而研究对商业银行损失吸收能力的影响。第三部分就是在了解这些影响的基础上，在假设商业银行最大化经风险调整的收益基础上，动态地计算压力情景下商业银行的偿付能力。上述三个步骤都属于第一轮影响，第二轮影响主要关注冲击在银行间的传染和银行与实体经济之间的反馈。第四个步骤主要使用的模型包括基于风险敞口的银行间市场传染风险测度模型、基于会计数据的交叉传染模型、基于市场数据的传染模型以及 DSGE 模型等。

在欧洲中央银行的模型中，流动性的角色在于帮助银行通过监管当局的偿付能力检查。同时在压力情景下，模型假设抵押品要求增加，市场主要资金提供者倒闭会影响银行获得资金的难易程度和成本。抵押品价值变化会导致外部融资溢价出现变化，未来预期的资本注入也会影响银行的融资结构和流动性风险。同时模型假设由于直接风险敞口暴露导致的损失也会由于资产抛售而继续增加。总体上，欧洲中央银行的压力测试模型主要出于监管的目的来开发，它是欧洲维持金融稳定政策的重要组成部分，对欧洲金融监管架构的建立也有重要的促进作用。

6.2.9　各国模型的整体分析

从各国实施宏观审慎监管的实践过程来看，在系统性风险模型测度和保证金融体系稳定方面，宏观审慎监管出现了微观化的实施特征。加拿大中央银行模型、挪威中央银行模型和美国监管当局开发的模型都主要使用金融市场数据，通过使用商业银行股票数据来测度银行体系风险。这些模型的整体结论表明，金融市场对银行体系的风险评估比监管指标所体现的银行业的风险要高（见表6-2）。

表6-2　加拿大中央银行模型、挪威中央银行模型和美国监管当局模型比较

国家	压力情景来源	股票价格估计方法	模型结果输出	模型结论
加拿大	加拿大中央银行2014FSR	对于股票指数，使用压力情景；对于个体银行股票价格，使用信用损失估计	估计隐含（implied）的六家商业银行的信用评级	金融市场并不认为加拿大银行体系偿付能力良好
挪威	挪威中央银行2013年FSR修订	使用估计的beta预测单个银行的股票价格；使用压力情景预测股票指数	两家银行被降为非投资级别	商业银行即使满足监管要求，但融资成本仍较高
美国	DFAST 2013	反向压力测试：假设银行被降级为非投资级，银行股票价格下降多少	商业银行股票价格需下降20%~84%才能变为非投资级	金融市场认为银行业风险较高，即便如此，监管也忽略了流动性风险对银行体系的压力

注：FSR为Financial Stability Report；DFAST为Dodd-Frank Act Stress Testing。
资料来源：巴塞尔委员会（2015）。

表6-3为各国嵌入偿付能力风险和流动性风险的系统性风险测度模型比较。从表6-3中可以看出，各国监管当局在实施宏观审慎监管来管理银行体系系统性风险时，都将偿付能力风险和流动性风险纳入模型，且虽说宏观审慎监管管理的是系统性风险，是一个整体和宏观的概念，但是，从表6-3中可以发现，代表性监管当局开发的模型主要使用的均是微观银行业的数据，通过控制银行业的经营行为来防止风险的发生与传染，是一个从微观到宏观逐渐上升的监管思路与过程。因此，中国实施宏观审慎监管时应注意：第一，充分认识宏观审慎监管的实施特征。通过对国际经验的实践分析来看，宏观审慎监管政策实施的基本逻辑是从微观到宏观的导向。因此作为中国监管当

第6章 商业银行流动性风险、偿付能力风险与银行体系风险

表6-3 各国嵌入偿付能力风险和流动性风险的系统性风险测度模型比较

	加拿大中央银行	奥地利中央银行	荷兰中央银行	墨西哥中央银行	韩国中央银行	挪威中央银行	欧盟中央银行
使用的数据	资产负债数据;银行间直接风险敞口数据	监管当局搜集的数据	监管当局数据;股票市场数据;现金流	商业银行经营明细数据	监管当局从商业银行资产负债表中获取的明细数据	公开市场数据;商业银行财务报告	监管当局从商业银行资产负债表中获取的明细数据
冲击类型	宏观经济冲击增加银行信用风险	宏观经济冲击增加银行信用风险,折扣率变大和对银行平衡资产负债表的能力的负面影响	资产价值损失;资金来源匮乏	宏观经济冲击导致市场风险和信用风险上升	宏观经济冲击影响偿付能力风险	违约率、违约损失率冲击	利率风险、信用风险、市场风险冲击
反馈机制	资产价值下跌导致资金到期时无法继续获得滚动资金支持	偿付能力风险影响现金流入,进入短期货市场融资出现困难,从而进一步加剧偿付能力风险	资产价格下跌和融资获得变得困难会导致银行囤积流动性	无,静态模型	银行间市场违约传染,去杠杆导致损失	强调宏观经济与资本充足率和借款利率的反馈机制	使用DSGE模型关注实体经济与金融体系的相互作用机制
偿付能力风险与流动性风险的交互	未来对偿付能力风险的预期会影响融资可获得性,流动性出现短缺,放大传染风险	融资冲击导致可出售证券损失,进而影响偿付能力	可出售证券价格下跌使央行干预导致资产损失,进而影响流动性风险和信贷供给	没有将信用风险和流动性风险在一个框架下考虑	资本充足率下降导致流动性风险上升	融资成本决定借款利率和资本管理水平	融资成本影响偿付能力、抵押品价值和资本注入等

续表

	加拿大中央银行	奥地利中央银行	荷兰中央银行	墨西哥中央银行	韩国中央银行	挪威中央银行	欧盟中央银行
资产负债表的动态模拟	不是商业银行经营行为驱动	通过参数校验模拟资产抛售对商业银行再平衡资产负债表（counter balancing）的影响	取决于银行流动性囤积程度	静态模型，不存在	当冲击来临时，银行间积累流动性	在目标资本充足率要求下，最优化借款利率	最优化经风险调整的收益率
压力情景的测度指标	资产流动性比率（λ）	净融资缺口；流动性获得能力	流动性缓冲在各个银行和各类情景下的分布	损失超过资本充足率的部分	流动性缓冲比率	信用风险损失	资本充足率
系统性风险类型	传染风险挤兑发生	共同风险敞口的风险传染	银行初始反应导致的第二轮危机	传染风险	银行违约；流动性囤积惜贷	实体经济与银行之间的反馈	银行间市场传染风险
是否考虑金融机构之间的关联度	考虑了银行间的传染风险	使用的是经典网络传染模型	没有考虑	使用的是经典网络传染模型	银行倒闭和流动性提取导致传染风险发生	没有考虑	既使用了动态网络模型，又使用了静态网络模型

局，要加强对此逻辑链条的认识，通过设计出作用于个体金融机构的监管工具来保证整体银行业的稳定。第二，继续加强商业银行偿付能力监管和流动性监管，坚定不移实施 Basel Ⅲ。稳健的金融机构是银行业体系稳定的基础，商业银行的偿付能力风险和流动性风险直接影响银行体系的稳定。我国监管当局应以 Basel Ⅲ 为核心，继续推进巴塞尔资本协议在中国的实施进程，保证金融机构的稳定。第三，加强银行业数据建设。不论是实施微观导向的宏观审慎监管，还是关注银行间风险敞口所导致的关联度风险，都离不开银行经营数据分析。因此，监管当局要从关联度的视角出发，增强金融机构经营的精细化数据库建设（刘志洋和宋玉颖，2013），使得宏观审慎监管事半功倍。

6.3 商业银行信用风险与流动性风险

正如前文指出，商业银行倒闭同时受到商业银行偿付能力风险和流动性风险的影响。偿付能力风险主要指的是资本充足率要求，根据 Basel 资本协议，商业银行偿付能力风险主要受到信用风险、市场风险和操作风险的影响。2008 年金融危机的经验表明，流动性风险可以与偿付能力风险相互转化，而信用风险又是影响偿付能力风险的重要因素，因此研究商业银行信用风险与流动性风险之间的关系，对商业银行风险管理具有借鉴意义。

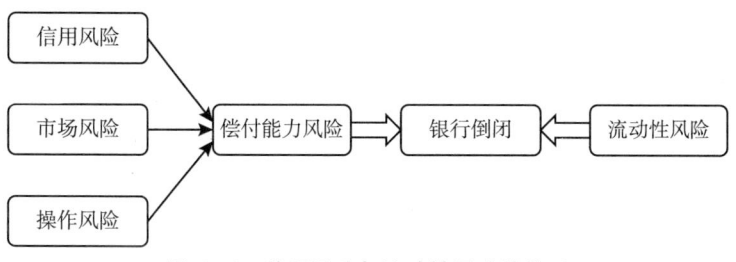

图 6-3 信用风险与流动性风险的关系

资本监管与流动性监管在 2008 年金融危机后成为关注的焦点。一种观点认为高资本充足率能够通过降低银行流动性创造功能[①]来缓释金融体系脆弱

[①] 伯杰和鲍曼（Berger and Bouwman，2009）指出，商业银行流动性创造越多，流动性风险越高。

性。然而艾伦和盖伦（Allen and Gale，2004）指出，高资本充足率使银行风险承担能力增强，因而会增加银行流动性创造功能，进而增加银行流动性风险。伯杰和鲍曼使用美国 1993~2003 年商业银行数据，实证分析表明，对于大型银行来讲，银行资本充足率与流动性创造（考虑表外业务）正相关，即商业银行偿付能力风险与流动性风险呈现正相关，而对小型银行来讲，此相关性为负值。目前，针对商业银行信用风险主要通过计提风险资本来覆盖，而流动性风险主要在 Basel Ⅲ 框架下来监管。作为巴塞尔委员会成员国，中国银监会积极推进 Basel Ⅲ 框架下的资本监管与流动性监管。对于商业银行来讲，信用风险和流动性风险是最重要的两类风险，两者会相互作用，会最终影响商业银行偿付能力风险。因此在中国积极推进 Basel Ⅲ 实施的背景下，研究商业银行信用风险和流动性风险如何相互影响及如何影响的商业银行偿付能力，对我国推进 Basel Ⅲ 的实施，保证银行体系稳定都具有重要的政策参考价值。

本章使用表征商业银行信用风险的指标（CR）为本期不良贷款余额与上一期贷款减值准备的比值，表示银行对下一期信用风险水平的预测，具体如下：

$$CR = \frac{NPL_t}{LP_{t-1}} \qquad (6-2)$$

其中，NPL 表示不良贷款余额，LP 表示贷款减值准备。

本部分的研究样本为中国 16 家上市商业银行，数据来源为银行公开季报、半年报、年报以及 Wind 数据库，样本期间为 2007~2014 年。表 6-4 为剔除异常值后的样本统计数据。从流动性创造角度看，整体上商业银行流动性创造占资产比例的平均值和中位数为 42%，不到 50%，说明整体来讲，商业银行流动性风险不会对商业银行的偿付能力产生负面影响。从 NSFR 比率来看，我国上市商业银行 NSFR 整体均值在 1.7 左右，超过了 100% 的基本要求，中位数也在 1.61，NSFR 最大值出现在 2008 年的北京银行，最小值也略微超过 100%。从信用风险指标来看，平均值为 56%，说明整体上商业银行计提了足够的资产损失准备来覆盖不良贷款。但统计数据表明，信用风险指标最大值为 5.9，出现在 2014 年年底的兴业银行，同时在样本数据中，还有大量超过 1 的情况，这从侧面说明商业银行信用风险也不容忽视，拨备覆盖率也出现了不足的情况。从本书使用KMV模型测算的违约概率来看，平均违约概率为0.01465，去除异常值，超过10%的样本个数为5个，最大值为交通银行在2013年底的违约概率，为45%。除去超过违约率超过10%的样本个数，中国上市商业银行平均违约概率为0.0038。从核心资本充足率来看，中国上市商业银行核心资本充足率平均值较高，为9.80%。剔除异常值后，中国上市商业银行核心资本充足率最大值为14.60%，为宁波银行在2008年的数据。其实，如果将核心资本充足率异常值包括进来，则本书发现，所有大的异常值都来源于北京银行、南京银行和宁波银行三家城市商业银行。

表6-4　　　　　　　　　　　银行特征样本数据统计性质

	LR	NSFR	CR	PD	CAP（%）	ROA	NI	SIZE
均值	0.4224	1.7052	0.567001	0.01465	9.803894	0.0090	0.0148	14.59323
中位数	0.4284	1.6101	0.44185	2.47E-05	9.34	0.0088	0.0146	14.6171
最大值	0.5546	2.3802	5.9327	0.4548	14.60	0.0186	0.0304	16.7951
最小值	0.2361	1.0070	0.0042	9.15E-28	4.3	0.0000	0.0000	11.232
标准差	0.05866	0.6650	0.551213	0.257437	2.878042	0.0041	0.0068	1.341406
偏度	-0.5106	4.7636	5.100443	3.245856	2.751917	0.1471	0.1439	-0.38568
峰度	3.1854	32.9811	44.61534	11.73019	16.14928	2.0439	1.9249	2.708894

本章考察商业银行流动性风险与信用风险如何相互影响，因此，使用动态面板回归模型，研究两者之间如何相互影响，具体回归方程式如下：

$$CR_{i,t} = \alpha_i + \beta_1 CR_{i,t-1} + \beta_2 LR_{i,t-1} + control + \varepsilon 1_{i,t} \quad (6-3)$$

$$LR_{i,t} = \delta_i + \theta_1 LR_{i,t-1} + \theta_2 CR_{i,t-1} + control + \varepsilon 2_{i,t} \quad (6-4)$$

其中，t表示时期，i表示商业银行，CR为信用风险变量，LR为流动性风险变量，control为相应控制变量，具体包括银行规模（百万，取对数，size）、净资产收益率（ROA）、利息收入占比（NI）、GDP增长率（GDP）以及沪深300指数收益率（STOCK）。（6-3）式为信用风险方程（CR），（6-4）式为流动性风险方程（LR）。当使用NSFR作为流动性风险测度变量时，数据频率为年度数据，使用流动性创造指标时为半年度的数据。α_i和δ_i表示固定效应。

表6-5为流动性风险、信用风险与银行倒闭风险之间的相关性检验。从表6-5中可以看出，商业银行倒闭风险（PD）与信用风险的相关性不显著，与LR比率相关性显著，与NSFR比率相关性不显著，这从侧面表明商业银行倒闭风险可能与银行资产流动性风险有关，而与融资流动性风险（NSFR）关系不大。表6-5还可以看出，信用风险与LR比率显著相关，与NSFR比率相关性不显著。因此整体来讲，商业银行的融资流动性风险对商业银行信用风险和整体偿付能力风险影响有限。这可能反映了当前我国商业银行在金融体系的主导地位，商业银行的资金来源非常稳定，因此，更多的流动性风险可能表现在资产方面。

表6-5　　　　　　　　　　相关性检验

	PD	CR	LR	NSFR
PD	1			
CR	-0.10507	1		
T统计量	-1.54193			
P值	0.1246			
LR	0.300319	-0.17111	1	
T统计量	4.595129	-2.53464		
P值	0.00000	0.012		
NSFR	-0.7785	-0.1465		1
T统计量	-0.5947	-1.128		
P值	0.5543	0.2639		

表6-6为（6-3）式、（6-4）式的回归结果。相关性检验表明，CR与NSFR相关性不显著，因此本章主要考虑CR与LR之间的相互作用机制。本章使用Sargan检验J统计量来判断模型设定是否正确，其原假设是模型过度约束正确。从表6-6回归结果可以看出，无法拒绝原假设，因此本书认为模型设定正确。从（6-3）式回归结果可以看出，LR对CR具有显著的正向影响，即商业银行流动性创造水平越高，商业银行信用风险越大。由于LR

指标考虑了商业银行的资产持有状况,因此本书认为商业银行在行使流动性创造的经济职能过程中,由持有企业非流动性资产所带来的流动性风险的增加也会导致不良贷款余额的增加。由于上一期 LR 对 CR 影响不显著,说明商业银行在向经济体提供流动性时已经在当期计提了相应的拨备,因此,两者不存在跨期影响。(6-4)式回归结果表明,商业银行的信用风险不显著影响商业银行流动性风险。这主要是因为中国商业银行不良贷款的拨备覆盖率较高,不会由于贷款质量下降而影响商业银行的流动性管理:一方面,拨备覆盖可以解决资产损失问题;另一方面,中国商业银行资金来源也相对较为稳定,融资流动性风险并不突出。

总之,笔者认为,表示商业银行整体流动性风险的流动性创造指标会显著地影响银行信用风险,但表示银行融资流动性风险的 NSFR 比率不会影响商业银行的信用风险;信用风险对银行流动性风险的影响不显著。

表6-6　　　　　　　　(6-3)式和(6-4)式回归结果

因变量	(6-3)式:信用风险			(6-4)式:流动性风险		
	动态面板模型回归结果			因变量为流动性创造(动态面板模型)		
CR(-1)	-0.2794***	-0.6024***	-0.3504***	-0.014	-0.0061	-0.0131
CR				-0.0001	0.0175	-0.0038
LR	0.7036***	0.9274***	0.7773**			
LR(-1)	-0.3006	-1.2209	-0.2614	0.5072***	0.5492***	0.4563***
SIZE	0.3703***	0.3837***	0.3133***	-0.0364**	-0.0313**	-0.034**
ROA			48.76***	-0.0774	-8.313	
NI	27.02***				3.264	
GDP	-0.097***	-0.1440***	-0.1053***	-0.0008	-0.0041	0.0001
STOCK	0.0013***	0.0008***	0.0004***	0.0006***	0.0009***	0.0007***
样本量	181	181	181	181	181	181
J统计变量	13.362	12.89	13.856	10.988	8.704	12.02
J统计变量P值	0.1469	0.2299	0.2847	0.2765	0.3678	0.2837

注:*、**、***分别表示10%、5%、1%水平显著。

6.4　商业银行流动性风险、偿付能力风险与银行体系风险

商业银行的核心职能是将流动性的储蓄资金转化成非流动性的贷款。由于商业银行运营模式存在这种流动性错配，因此当资产价格受到冲击时，商业银行会面临流动性风险。但是，当商业银行面临流动性风险时，并不意味着商业银行失去了偿付能力，商业银行经营的基本面可能是良好的。由于商业银行的流动性风险经常会转化成银行恐慌，因此，有必要从流动性风险与偿付能力风险结合的角度来研究两者如何相互影响，以及最终如何影响银行业整体的稳定。

当银行受到流动性冲击时，银行会出售资产缓解流动性风险，而此时由于冲击是非系统性的，银行资产出售价格应与其基本价值大体相当。但是，如果所有银行都面临这个问题，则资产抛售导致资产价格大幅下跌会使得银行业雪上加霜，系统性风险就此爆发。因此，在系统性危机中，银行资产购买者无法获得融资支持，而储户又急于得到现金，最终结果就是商业银行失去偿付能力，出现了大面积的倒闭。

为了增强银行体系的稳定，巴塞尔委员会发布了 Basel Ⅲ，进一步增强了资本监管，并提出了流动性监管。资本监管旨在增加商业银行的偿付能力，而流动性监管则增加了银行短期抵御冲击的能力。两者相关性很强，但也不是完全替代。高资本充足率会增加储户的信心，降低银行对短期批发融资市场的依赖，因此有助于减轻银行的流动性风险，但并不足与抵御流动性冲击。正如 2008 年金融危机中所展示的，许多资本充足率较高的银行也面临资金匮乏的问题。反之，高流动性持有能够部分弥补资本充足率较低的不足，比如银行可以通过增加净稳定资金比率（NSFR）来降低非流动性的风险资产，增加流动性资产储备，进而提高资本充足率。另外随着调整 NSFR 增加银行资本充足率，增加 NSFR 的成本也会降低，即两者之间存在协同效应（ECB，2014）。

中国在"十三五"规划纲要中提出了实施宏观审慎监管的战略。在中国

推动"供给侧"改革的今天,管理银行业系统性风险,保障银行体系稳定,是推动"供给侧"改革的主要内容之一。实施 Basel Ⅲ 无疑是宏观审慎监管的重要组成部分。宏观审慎监管的核心理念是通过设计作用于微观金融机构的监管工具,来保证宏观层面的金融体系的稳定,因此,Basel Ⅲ 的资本监管与流动性监管无疑是宏观审慎监管实施的主要工具。这也要求宏观审慎监管的实施必然要有微观基础。因此研究偿付能力风险、流动性风险与银行体系系统性风险之间的关系,有助于认清两类风险如何影响银行体系的稳定,是实施 Basel Ⅲ,设计监管工具的重要前提。

6.4.1 商业银行流动性风险、信用风险与银行倒闭概率——静态分析

在研究流动性风险和信用风险如何对商业银行偿付能力影响方面,使用面板数据混同回归模型如下:

$$\text{Sol}_{i,t} = \alpha + \beta_1 \text{LR}_{i,t}(\text{NSFR}_{i,t}) + \beta_2 \text{CR}_{i,t} + \beta_3 \text{CR}_{i,t} * \text{LR}_{i,t}(\text{NSFR}_{i,t}) + \theta X_{i,t} + \lambda C_t + \varepsilon_{i,t} \tag{6-5}$$

其中,Sol 表示银行倒闭概率(使用第 5 章的商业银行的违约概率 PD),t 表示时期,i 表示商业银行,X 表示控制变量,包括取对数银行资产规模(size)、利息收入占比(NI)、资本充足率(CAP)以及资产收益率(ROA),C 表示宏观经济变量,包括沪深 300 指数收益率和 GDP 增长率,α 表示模型的截距项,$\varepsilon_{i,t}$ 为随机误差项。同时,考虑到 NSFR 比率计算的数据可得性原因,当使用 NSFR 表示商业银行流动性风险时,时间频率为年度;使用 LR 时,时间频率为半年度。

表 6 - 7 为(6 - 5)式回归结果。直觉上讲,从孤立角度来看,商业银行流动性风险越高,信用风险越高,商业银行倒闭的概率应该就越高;但信用风险与流动性风险交互作用对商业银行倒闭概率的影响则无法明确(Björn Imbierowicz and Christian Rauch,2014)。从单个变量回归来看,流动性风险对银行倒闭的概率影响显著,商业银行向经济体提供的流动性越多,即商业银行资产流动性风险越高,商业银行净稳定资金来源比率越低,商业银行倒闭概率越大。但信用风险对商业银行倒闭概率的影响不显著。笔者认为这与当前中国国情有关,因为此前国家曾经大举介入中国商业银行不良贷款处置

工作，这些不良贷款有国家和政府的信用背书，且本章所计算的 PD 是运用股票市场数据得到的，能够体现市场的基本观点，因此市场参与者认为，即使商业银行不良贷款余额增加，国家也会出手进行剥离，商业银行不会因此而倒闭。

表 6 - 7　　　　　　　　　（6 - 5）式混同回归结果

因变量	银行违约概率（PD）					
常数项	-0.4758***	0.018***	0.1126***	-1.327***	-1.3697***	0.0458
CR			-0.049	0.4742	0.4843	0.0368
LR	1.326***			1.4454***	1.5496***	
CR * LR				-1.1903*	-1.2001*	
NSFR		-0.004***				0.0218*
CR * NSFR						-0.0398*
SIZE				0.0456***	0.050***	0.0011
ROA				5.384		
NI					1.555	
GDP				-0.234***	-0.2482***	-0.0067**
Stock				-0.022***	-0.0223***	-0.0013***
样本个数	215	60		215	215	60
Prob (F - statistics)	0.0005	0.0007		0	0	0.000184
Adjusted R²	0.085	0.011		0.187	0.1833	0.3123

注：*、**、***分别表示10%、5%、1%水平显著。

同时，从表 6 - 7 还可以看出，CR 与 NSFR 乘积的回归系数显著为负值，说明当商业银行资金来源稳定时，即使信用风险增加，银行违约概率也会降低。CR 与 LR 乘积的回归系数显著为负值，此结果与比约恩和克里斯蒂安·罗赫（Björn Imbierowicz and Christian Rauch，2014）回归结果是一致的。结合之前的回归结果，两者存在显著正相关性，笔者认为当商业银行流动性创造增加导致银行信用风险上升时，市场参与者会认为此时存在"大而不倒"的现象（Björn Imbierowicz and Christian Rauch，2014）。笔者认为这与中国国情是一致的：第一，商业银行在中国金融体系居于主体地位，信贷供给功能无可替代；第二，本章样本中的上市商业银行均关联度广、规模大，因此，倒闭的社会成本极高；第三，在中国金融市场中，存款保险制度没正式出台之前，存在政府对金融机构的隐形担保。因此，当金融机构风险增加时，由于政府隐形担保的存在，且本章所计算的违约概率是基于股票市场的数据，具有前瞻性，因此市场参与者就会认为商业银行不会倒闭，即出现了"大而不倒"的现象。然而，这种"大而不倒"的现象本质来源是国家承担了商业银行流动性风险和信用风险的管理任务。因此，笔者认为，当商业银行自身行之有效的从流动性风险和信用风险交互作用角度做好风险管理，则能够降低银行倒闭概率。

6.4.2 商业银行流动性风险、偿付能力风险与银行体系稳定——动态分析

1. 研究方法。本章从微观的视角使用 KMV 模型测算银行体系风险。为了研究银行一旦违约导致的债权人损失的大小，本章需要在 KMV 模型框架下继续估计违约损失率（LGD）。假设违约没有其他成本，则债权人回收率（RR）为：

$$RR = E\left(\frac{A_T}{DB} \mid A_T < DB\right) \quad (6-6)$$

假设银行资产市场价格 A_T 服从对数正态分布，因此，可以解得：

$$RR = \frac{A_0}{DB} e^{rT} \frac{N(-d_1)}{N(-d_2)} \quad (6-7)$$

违约损失率为：

$$LGD = 1 - RR = 1 - \frac{A_0}{DB} e^{rT} \frac{N(-d_1)}{N(-d_2)} \quad (6-8)$$

在此基础上，根据风险定义的二维属性，一家银行的倒闭的预期损失（INDSYS）可以表示为：

$$INDSYS_i = PD \times LGD \quad (6-9)$$

从 KMV 模型的估计可以看出，其使用的均为银行资本市场数据，因此，根据 KMV 模型求解的风险应体现了市场对于银行业风险的态度，且具有向前预期的特点。

在流动性风险指标选取方面，本部分从表内和表外两个角度来选取指标。从表内流动性指标来看，根据伯杰和鲍曼的研究，本部分选取商业银行流动性创造与银行总资产比值（LC）表示。同时本部分选取存贷比指标（DL）和表外承诺性支出总额占资产比值（用 UL 表示）。DL 刻画了银行表内流动性风险程度，而 UL 刻画了银行未来可能需要提供的流动性。银行贷款占存款比越低，银行信贷供给下降，流动性风险降低；而 UL 比例越高，则银行未来信贷供给会增加，对银行产生流动性压力。

本章使用面板向量自回归模型（panel - VAR）研究商业银行偿付能力风险、流动性风险如何影响银行业体系稳定，具体模型设定如（6 - 10）式：

$$\begin{pmatrix} \text{Sol}_{i,t} \\ \text{Liq}_{i,t} \\ \text{Indsys}_{i,t} \end{pmatrix} = \alpha + \sum_{j=1}^{p} \beta_j \begin{pmatrix} \text{Sol}_{i,t-j} \\ \text{Liq}_{i,t-j} \\ \text{Indsys}_{i,t-j} \end{pmatrix} + \varepsilon_{i,t} \quad (6-10)$$

其中，$\text{Sol}_{i,t}$ 为偿付能力风险变量，$\text{Liq}_{i,t}$ 为流动性风险变量，P 为滞后阶数，使用的软件为 EViews7.2。本章使用 SC 准则对每个模型进行滞后阶数的判断。

2. 样本数据。本章使用中国 16 家上市商业银行半年度数据，时间跨度为 2008～2014 年，数据来源为 Wind 数据库及上市商业银行半年报和年报。从表 6 - 8 中可以看出，整体上商业银行存贷比平均值为 67.87%，符合监管要求，而商业银行表外支出承诺占比平均值为 24%。从流动性创造总量来看，商业银行所创造的流动性占资产平均比重为 42%。由于本章计算流动性创造没有考虑表外业务，因此，综合这几个指标比较来看，中国上市商业银行流动性风险应主要集中在表内。从银行偿付能力指标来看，商业银行整体资本充足率较高，LEV1 平均在 9% 以上，LEV2 平均在 12% 以上，而商业银行所有者权益与资产比值平均为 5.81%，基本处于正常状态。从商业银行风险来看，预期损失 PD × LGD 平均值在 2%，这说明商业银行倒闭整体上会给债权人带来 2% 的预期损失，最大值出现在建设银行 2009 年 6 月 30 日的数据，表明如果银行倒闭，则会给债权人带来达到 22% 的损失。从预期损失的整体来看，中国银行业整体风险较低，倒闭给债权人的预期损失也不是很高。

第6章 商业银行流动性风险、偿付能力风险与银行体系风险

表6-8　　　　　　　　　　　　样本数据统计性质

	DL（%）	UL	LC	LEV1	LEV2	LEV3	PD×LGD
均值	67.8751	0.2369	0.4216	9.4225	12.1550	0.0581	0.0260
中值	69.4600	0.2284	0.4283	9.2950	11.9700	0.0577	0.0050
最大值	84.2673	0.6050	0.5345	22.5600	25.5900	0.1211	0.2234
最小值	47.4300	0.0003	0.2361	4.5100	8.0400	0.0231	5.42E-13
标准差	6.3853	0.0949	0.0574	2.2071	2.1302	0.0127	0.0402
偏度	-0.4441	0.9047	-0.5044	1.7052	2.1948	0.7214	2.2407
峰度	3.2684	4.4911	3.0831	11.1227	13.9254	6.6138	8.7907

3. 实证结果。本章先使用 SC 准则判断各个模型的滞后阶数，SC 值见表 6-9。由于变量增加了一个，且根据本章样本量的特点，为了使得检验能够进行，本章滞后阶数标准选择了 7。从表 6-9 中可以看出，DL、PD×LGD 分别与 LEV1、LEV2 和 LEV3 建立的自回归模型滞后阶数为 1；LC、PD×LGD 分别与 LEV1、LEV2 和 LEV3 建立的自回归模型滞后阶数为 1；虽然 SC 检验显示 UL、PD×LGD 与 LEV1 和 LEV3 建立模型的自回归阶数选择为 7，但是本章考虑到样本的时间跨度，考虑到经济含义和实际的政策指导意义，将 UL、PD×LGD 与 LEV1、LEV2 和 LEV3 建立的自回归模型滞后阶数仍然选择为 1。

表6-9　　　　　　　　（6-10）式滞后阶数判断（SC值）

滞后阶数	DL、PD×LGD、LEV1	DL、PD×LGD、LEV2	DL、PD×LGD、LEV3	LC、PD×LGD、LEV1	LC、PD×LGD、LEV2	LC、PD×LGD、LEV3	UL、PD×LGD、LEV1	UL、PD×LGD、LEV2	UL、PD×LGD、LEV3
0	5.9351	5.8471	-4.4956	-3.2650	-3.3646	-13.7501	-2.2265	-2.2192	-12.3474
1	4.1639*	4.3166*	-6.8544*	-4.4730*	-4.3533*	-15.1731*	-3.2301	-2.8554*	-13.3740
2	4.2424	4.4042	-6.5473	-4.2190	-4.1203	-14.8376	-2.5901	-2.1869	-13.0967
3	4.7435	5.0911	-5.9228	-3.8645	-3.5537	-14.3364	-2.4073	-1.9616	-12.4980
4	5.1793	5.4431	-5.6797	-3.7828	-3.7155	-14.1235	-2.2011	-1.5603	-12.3759
5	5.2141	5.2829	-5.6421	-3.2104	-3.1752	-13.4962	-2.0069	-0.9155	-12.3131
6	5.7408	5.4895	-5.3058	-2.9998	-2.6733	-13.6210	-1.9668	-1.6672	-13.0905
7	6.1528	6.0369	-4.5809	-3.0906	-2.0795	-13.2419	-4.6920*	-2.8164	-19.0845*

注：*表示最小值。

从图 6-4 可以看出，当商业银行存贷比上升时，商业银行贷款比重增加，因此商业银行倒闭的预期损失呈现出迅速上升的态势。同时图 6-4 表明，商业银行资本充足比率上升会增加商业银行风险承担，因此增加了商业银行倒闭的预期损失。图 6-5 的脉冲响应也表明，当商业银行的流动性创造变大时，商业银行流动性风险上升，商业银行倒闭的预期损失会增加。同样，图 6-5 表明商业银行资本充足率会通过增加商业银行的风险承担，进而增加商业银行风险，增加倒闭的预期损失。图 6-6 的脉冲响应表明，当商业银行表外流动性风险上升时，商业银行倒闭的预期损失明显上升，银行体系风险增加。从偿付能力风险来看，整体来讲，当商业银行偿付能力增加时，商业银行倒闭的预期损失呈现出上升状况，这反映出商业银行资本充足率提高会增加银行信贷投放和风险承担增加，进而导致银行经营风险上升。

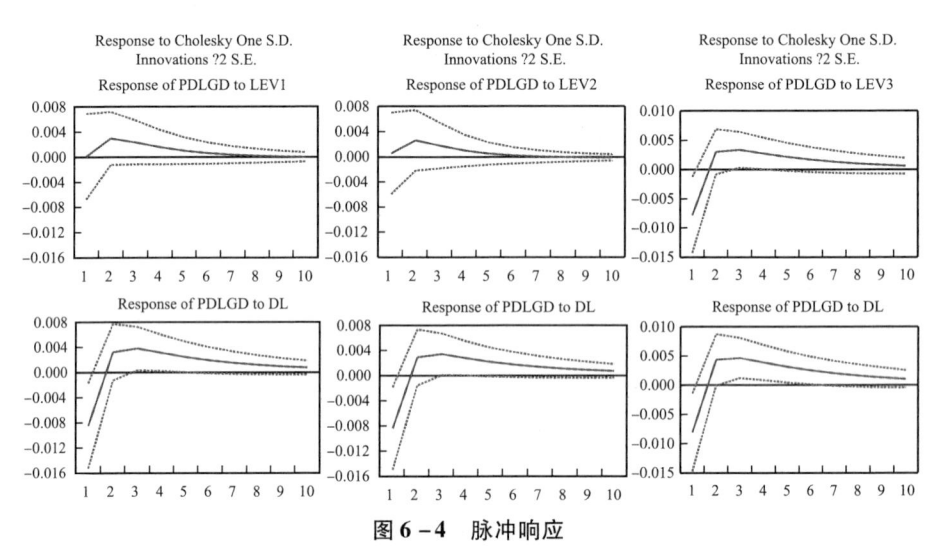

图 6-4 脉冲响应

注：(6-8) 式中流动指标为 DL，偿付能力指标从左到右分别是 LEV1、LEV2、LEV3。

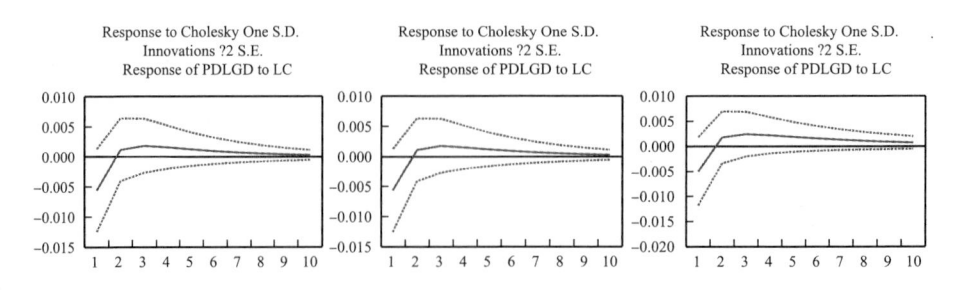

图 6-5 脉冲响应

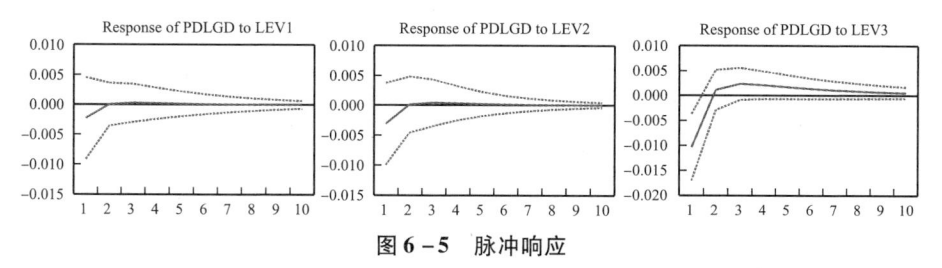

注：(6-8) 式中流动指标为 LC，偿付能力指标从左到右分别是 LEV1、LEV2、LEV3。

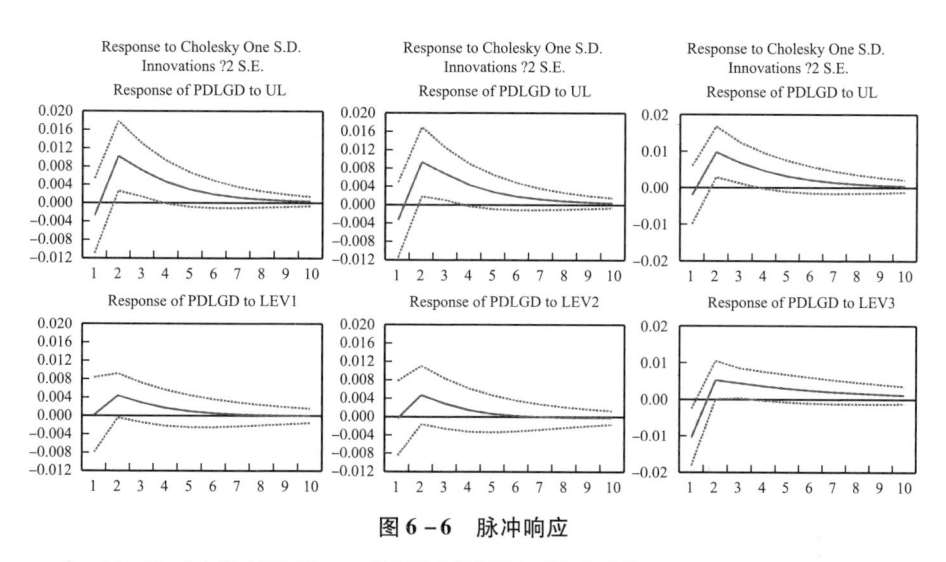

图 6-6 脉冲响应

注：(6-8) 式中流动指标为 UL，偿付能力指标从左到右分别是 LEV1、LEV2、LEV3。

总体来讲，图 6-4、图 6-5 和图 6-6 的结论表明，一方面，商业银行流动性风险上升会增加银行体系的系统性风险；另一方面，资本充足率的上升会增强商业银行的风险承担能力，因此会增加银行体系的风险承担量，进而增加银行倒闭所带来的预期损失。

6.5 本章小结

2008 年 Basel Ⅲ的出台进一步强化了对商业银行偿付能力的监管，同时加强了商业银行的流动性风险监管。为了保证银行体系的稳定，Basel Ⅲ强化了宏观审慎的监管导向。宏观审慎监管离不开微观层面的风险监测与分析。监管当局重视宏观审慎监管的微观基础。以 Basel Ⅲ 为代表的宏观审慎监管的主要作用机制在于通过设计作用于微观金融机构的监管工具来保证宏观金融体系的稳定。基于此考虑，监管当局应该进一步加强对银行业金融机构的资本监管和流动性监管，从而保证商业银行的偿付能力不受损害，增强商业银行抵御流动性冲击的能力。同时监管当局也要注重资本监管与流动性监管的协同效应。本章研究结论表明，商业银行的偿付能力与流动性状态存在协同效应，两者存在相互补充机制。因此，监管当局在加强商业银行偿付能力监管和流动性监管的同时，要注重发挥这种协同机制，增加监管执行的灵活性，从而降低银行所面对的监管成本。另外，监管当局需要从微观视角关注银行业系统性风险的形成机制。虽然中国尚未爆发真正意义上的银行业危机，但未雨绸缪也是明智之举。监管当局要从宏观上整体把控，更要在微观层面关注系统性风险的形成机制。对于系统性风险的管理一定要强调风险管理的事前性，如何降低预期损失应该是系统性风险管理的目标。中国监管当局要从微观的风险形成机制角度出发加强对系统性风险的事先预判，从而更好地保证银行业的稳定运行。

第 7 章

货币政策工具的"宏观审慎"效果

随着中央银行通货膨胀调控能力的增加,预期增长无法持续往往不是由于高的通货膨胀率,而是由于信贷和资产价格的快速增长。稳定的价格和工资使得经济体对未来预期看好,这种乐观反映在资产价格快速上涨中,因为资产价格是未来预期的折现。当经济体处境良好时,折现率低,资产价格自然上涨,因此,货币政策可能对逐渐积累的金融失衡反应缓慢,所以在经济体稳定向好的时期,金融失衡极易累积,当到达一定限度后,系统性风险就会爆发。因此,如何同时调控实体经济和金融体系,成为摆在金融监管当局面前的重要课题。

7.1 历史中的货币政策与金融体系稳定的关系

国际清算银行专家博里奥指出,历史上没有任何一项制度安排同时能够实现持续的价格稳定和金融体系稳定,货币政策及金融体系稳定却不可避免地交织在一起。博里奥将金融体系发展分为以下四个时代:金本位时代、两次世界大战时期、布雷顿森林体系时代及后布雷顿时代。在各个时代中,金融体系和货币政策特征如表 7-1 所示。

表7-1 各时代金融体系和货币政策特征

	制度特征		稳定程度	
	金融体系	货币政策	金融体系	货币政策（价格稳定程度）
金本位时代	自由化	金本位制度，货币政策可信度高	不稳定	价格稳定
两次世界大战时期	自由化	金本位和纸币制度并行	不稳定	有波动
布雷顿森林体系时代	被压抑	行政化（fiat）加剧，可信度下降	稳定	基本不稳定
后布雷顿时代	自由化加强	行政化（fiat）加剧，可信度上升	不稳定	恢复稳定

资料来源：博里奥（2014）。

在金本位制度时期，价格稳定，但金融体系常常出现危机（Borio and Filardo，2004）。在金本位制度时期，货币政策和金融体系联系紧密，因为黄金连接着两者。价格稳定意味着保证银行券可以随时兑换成黄金，而金融危机则意味着纸币无法兑换黄金。在那个时期，很少对金融体系施加监管要求，中央银行的货币政策也是被动的，仅仅是保证利率的稳定。但是在那个时期，金融危机不时出现。当信贷和资产价格快速增长时，保证黄金可兑换性不足以保证金融体系稳定（Goodhart and Delargy，1998）。

在两次世界大战期间，随着金本位制度逐渐弱化，货币政策和金融体系的紧密程度逐渐减弱。此期间金融体系不稳定加剧，而价格稳定则提上日程。中央银行保证存款能够转化为货币，因此金融危机与黄金可兑换性关系不大，但货币政策却给信贷快速增长和金融危机爆发铺平了道路。无论在欧洲还是在美国，大萧条之前，金融失衡都大量积累。大萧条爆发后，各国监管当局对银行体系施加流动性、期限错配程度以及资本要求，金融监管制度初见雏形，以存款保险制度为代表的金融安全网也逐渐形成。

在布雷顿森林体系时代，从某种意义上讲是存在金融压抑的，这种压抑对金融体系的稳定有正面作用，但其最终导致了大通货膨胀（Borio，2014）。布雷顿森林体系的货币制度设计以及对贷款增速和利率的限制降低了审慎监管的地位，且对企业资产负债表、外贸及外汇交易都施加了严格的控制。布雷顿森林体系有助于政府融资，但对金融周期的关注不够，中央银行对信贷的关注往往是被动的（Borio and Lowe，2004）。虽然在一段时期内该制度保证了金融体系的稳定，但20世纪60年代末70年代初，随着宏观经济政策越来越不明确，通货膨胀再度爆发。

随着布雷顿森林体系的解体，金融体系自由化加剧，但系统性风险也上升，且往往在价格稳定的状态下，金融体系脆弱性增加。随着20世纪80年代金融监管放松，政府主导型金融体系转化为市场主导型金融体系，且此时通货膨胀也在西方国家得到有效控制。但恰恰在此时期，金融周期作为主要经济推动因素登上了舞台，金融不稳定状态开始冲击经济体系，而这恰恰是在产出稳定、价格稳定时期出现的，所以似乎有些矛盾（Borio，2013）。但这绝不是最新的现象，因为日本和挪威的危机也出现了类似的状况，因此，随着金融体系不稳定的加剧，我们应该加强审慎监管（Borio and Toniolo，2008）。2008年金融危机表明，金融体系不存在自我稳定机制（Borio，2014）。

7.2 货币政策与银行体系稳定

中央银行通过调控利率可以影响银行信贷。货币政策的银行信贷渠道理论认为当存在准备金比率约束和银行流动性受到限制时，利率上升会导致贷款紧缩（Bernanke and Gertler，1995）。范登海维尔（Van den Heuvel，2002）提出的货币政策银行资本传导渠道理论认为，利率上升会给银行带来损失，银行资本充足率下降，因此，除非降低股利发放，否则银行会降低贷款供给以保证资本充足率。近期有关的理论认为货币政策会影响银行风险承担偏好，进而影响银行信贷供给。阿德里安和申（Adrian and Shin，2010）认为低利率会影响银行净资产，降低资产波动率从而出现低估风险的状况。这会增加银行的风险胃口（risk appetite）[①]，进而增加银行信贷。实证分析表明，只要银行资本昂贵，资本充足率存在约束，则上述货币政策的传递理论都能够得

---

① 风险偏好与风险胃口之间的区别，陈忠阳（2006）已经有清晰的辨析。

到实证的支持（Aiyar, Calomiris and Wieladek, 2014；Bridges et al., 2012；Altunbas et al., 2015）。

同时，从上述研究我们可以看出，货币政策和资本充足率要求会同时影响银行信贷供给。实证分析表明，银行风险胃口也是时变的，当基准利率较低时，银行风险胃口会变大（Jiminez et al., 2008）。此时如果提高资本充足率要求，则银行资本缓冲下降的比率会非常大，因此提高利率对银行信贷供给影响不是很大（Shekhar Aiyar et al., 2015）。塔科尔（Thakor, 1996）通过分析货币政策与资本充足率交互作用来分析商业银行的信贷供给影响因素。塔科尔认为，当政策发生改变时，银行会重新配置资产。在塔科尔模型中，当资本充足率要求上升时，由于存在竞争，因此，银行很难将由此带来的成本转移给客户。为了满足资本充足率要求，银行需要持有类似于政府债券的低风险权重的资产。此时银行资本充足率与货币政策的交互作用就体现在利率期限溢价（interest rate term premium）上。如果期限溢价为正，说明持有政府债券能够带来正的收益。因此塔科尔认为，资本充足率要求和货币政策通过影响银行资产结构（在政府债券和贷款之间进行选择）来影响信贷供给，但具体方向与利率期限溢价有关。

国外学者对货币政策与银行体系稳定的关系进行了大量研究。整体来讲，研究分为两个路径：一个是关注个体银行基本状况；另一个是关注银行业整体的信用风险。无论是哪种路径，对宏观经济政策如何影响银行体系稳定的结论莫衷一是。

在研究银行体系稳定与货币政策关系的文献中，第一类研究主要站在微观视角，关注银行的异质性，运用银行资产负债表数据进行面板回归来研究货币政策如何影响银行信贷供给波动，进而研究银行体系稳定，代表性文献有卡希亚普和斯坦（Kashyap and Stein, 1995）以及埃尔曼等（Ehrmann et al., 2001）。这类研究主要关注银行的个体特征，比如资产规模、资本充足率、流动性比率等，研究货币政策冲击如何影响这些个体特征。整体结论认为传统银行信贷渠道理论适用于小型、资本充足率低或者流动性比率低的银行（Engler et al., 2005）。然而过度关注微观往往无法看清宏观整体现象（R. Jimborean and J‐S. Mésonnier, 2010）。正如阿什克劳特（Ashcraft, 2006）所指出，基于面板数据回归分析得出的有关中小银行的结论并不能看出当金融摩擦存在时，货币政策如何影响银行整体的稳定。

关于此研究的另一个类别是运用向量自回归（VAR）模型建模。整体来讲，此类模型能够相对清晰地解释货币政策的传导机制。此类模型将信贷作为一个整体引入 VAR 模型，研究货币政策如何影响信贷供给以及实体经济。然而伯南克和格特勒（Bernanke and Gertler，1995）研究发现，银行整体信贷对货币政策冲击的反应不显著。美索尼亚（Mesonnier，2008）认为这种不显著存在结构性问题，应该将银行整体贷款组合进行分解，分为对家庭部门和非金融类企业，或者分为短期和长期两种情况。因此仅仅使用整体信贷规模无法准确研究货币政策如何影响银行体系稳定。但如果将银行贷款组合分解加入 VAR 模型中，又会面临自由度不足的问题。另外，当利率上升时，使用 VAR 模型无法准确研究银行信贷紧缩的原因，比如是因为资本充足率不足导致出现了信贷配给，还是因为实体经济的需求本身就不足。

因此，对于货币政策与银行体系稳定关系的研究势必要同时兼顾宏观与微观两个层面。一些研究已经开始关注了宏微观结合的研究思想。吉尔克里斯特、扬科夫和扎克拉塞克（Gilchrist，Yankov and Zakrajsek，2009）以及博伊文、吉安奴尼和斯特凡诺维奇（Boivin，Gianonni and Stevanovic，2009）研究宏观经济指标如何影响债券的信用风险。戴夫等（Dave et al.，2009）使用美国个体银行数据研究各类银行信贷与货币政策之间的动态关系。阿德里安和申研究美国投资银行的杠杆率与宏观经济的动态关系。他们证明了银行监管指标能够用来预测宏观经济的波动，美联储也正在使用这些指标指导其货币政策的实施。

7.3 货币政策稳定金融体系的局限性

中央银行在促进价格稳定的同时，也要保证金融体系的稳定。历史上，中央银行家非常关注金融体系的稳定。古德哈特（Goodhart，1988）强调，成立中央银行最主要的动机就是应对过度自由的银行体系导致的金融危机。古德哈特指出："在 19 世纪，主流社会认为自由的银行体系能够有效地进行运作，不需要外界监管的拘束。但事实表明，由于存在信息不对称、传染风险以及竞争压力，银行体系会出现周期性恐慌。这直接促使非竞争性的、非营利性的中央银行的诞生。"巴格特（Bagehot，1873）也从中央银行最后贷款人的角色角度讨论了其维护金融体系稳定的职能。

　　稳定的金融体系能够使得资金在借款人与贷款人之间有效分配，并能够有效分散风险，因此，对经济的长期增长、价格稳定以及货币政策的实施都是有益的。不稳定的金融体系对宏观经济有危害也基本达成共识。费希尔（Fisher，1933）指出，大萧条爆发的主要原因是过度负债后导致的通货紧缩。雄萌等（Grung – Moe et al.，2004）指出，在斯堪的纳维亚国家爆发的银行危机都与房地产信贷过快增长有关。

　　灵活的通货膨胀目标制通过稳定通货膨胀率和产出，进而有助于稳定金融体系，同时也有助于稳定资产价格和信贷增长（Borio and Lowe，2002）。鲁比尼（Roubini，2006）指出，在执行货币政策过程中，是否应将通货膨胀目标制与稳定产出相结合从而保证金融体系稳定，结论还不很统一。但达成共识的是，稳定的通胀率对于资金的有效配置是必要的，因为通胀导致的实际财富转移效应不存在了。同时，产品价格能够引导消费和投资，因此不会存在过度投资问题，因而也不会存在过度负债问题，从而降低了陷入困境抛售资产的概率（Mishkin，2005）。稳定产出可以保证借款人偿债能力，同样可以降低违约率。比恩（Bean，1983）指出，当名义工资具有黏性时，稳定的名义收入在维持借款人偿债能力中非常重要。

　　但货币政策在关注价格稳定和产出增长的同时，在稳定资产价格和信贷增速方面却显得相对迟缓（Borio and Lowe，2002）。事实经验表明，过度负债和投资往往出现在资产价格快速上涨时期，因此此时抵押品价格最高，借债能力最强。而之后的抵押品价格下跌导致的偿债能力的丧失会导致信贷紧缩、企业倒闭、失业率增加和通货紧缩。另外，稳定的价格和产出并不意味着稳定的资产价格和信贷增长，因为资产价格常常偏离其内在价值。一旦资产价格偏离其内在价值，信贷增长就会加快，经济体会出现过度消费和投资，从而给金融体系稳定和宏观经济稳定带来负面影响。当资产价格高于持续性增长水平时，可以采取紧缩性货币政策来"熨平"信贷周期，从而稳定产出和通货膨胀。而当资产价格波动性很强时，货币政策可能会出现过度反应的情况，从而不利于稳定宏观经济。理论上，当货币政策针对信贷增长率进行调节时，虽然专注于稳定信贷增长有助于稳定资产价格、消费和投资，从而有助于宏观经济和金融体系的稳定，但是历史经验（尤其是美国20世纪80年代早期经验）却不支持此结论，因为这会增加利率的波动，从而危害金融体系和宏观经济。

在过去的20多年，各国中央银行似乎成功地应对了通货膨胀，但金融体系却变得越来越不稳定。发达国家和新兴市场国家均爆发过金融危机，给经济体产出带来了巨大影响。随着金融体系自由化加深，信贷的扩张与收缩或者资产价格的上涨与下跌似乎成了驱动经济波动的主要因素。由于各国中央银行成功地使经济体保持了低通货膨胀率，因此经济快速上涨无法持续的指标并不是高通货膨胀率，而是资产价格或者是信贷的快速增长。因此金融体系失衡是金融脆弱性的主要原因。这种失衡预示了经济衰退的到来和通缩的出现。

2008年金融危机表明，资产价格和信贷的过快上涨会导致金融体系出现顺周期性，而这种顺周期性会给实体经济的增长带来很大的负面作用。一方面，在经济繁荣时期，所有的风险指标，包括市盈率以及信用价差都处于最好的数值，市场认为当前风险非常低，因而会进一步促进金融体系的繁荣和经济的增长。而一旦资产价格掉头直下，市场认为风险很高，金融体系向实体经济输送信贷的能力下降，实体经济增长就会受到牵连。另一方面，个体层面理性行为的加总不一定会产生集体结果的最优，比如"囚徒困境"或是"羊群效应"。试想，如果让一个银行家用当前快速增长时期的业务份额以降低未来某个时候市场的大跌对银行的影响的程度，一般来讲是行不通的。其核心机制在于对银行家的绩效评价都是短视的。

而这种顺周期机制会出现在低通货膨胀的环境中。比如，在全球化生产浪潮中，由于技术的进步和对未来经济增长乐观的期望在增加供给的同时，会压低产品价格，而这种乐观会体现在快速上涨的资产价格中。外加随着中央银行对保持价格稳定的各种政策可信度的提升，使得经济体出现价格和工资黏性，使得高通货膨胀率并没有随着无法持续的总需求的扩张而出现。由于没有出现高通货膨胀率，中央银行就没有必要采取紧缩型货币政策，而这会造成金融失衡的逐渐积累。

2008年金融危机爆发之前，自由度高的金融体系与低通胀环境并存了许多年，相对宽松的货币政策伴随着大量的金融创新使得资产价格快速上涨，最终导致了金融危机的爆发。而之所以爆发金融危机，恰恰是我们认为很伟大的三项制度综合作用的结果：金融体系自由化导致金融脆弱性增加、生产全球化保证了产品价格的低廉、反通货膨胀的可信的货币政策保证了低通胀环境。任何一项成就我们都引以为豪，但综合作用的结果就是金融危机的爆发。但我们决不放弃我们取得的成就，因为这些都是值得保留的。我们需要做的是找出原因。其原因在于，忽视了金融周期与经济周期的不同步问题，进而忽略了金融体系的失衡，因此审慎监管的角色也就缺失了。

7.4 利率水平对银行盈利的影响

银行盈利是商业银行资本的主要来源，基准利率水平与利率期限结构对商业银行资本充足率和银行体系稳定具有重要影响。货币政策会影响金融市场参与者对短期利率的预期，进而影响对长期利率的预期。2008年金融危机后，研究利率水平与银行盈利的直接关系应该得到广泛重视。为了应对金融危机，许多发达国家的短期基准利率基本降低至"零利率"，且自从2011年十年利率期限溢价也几乎为负值。虽然各国央行降低基准利率有助于缓解金融危机的影响，但低利率水平对银行盈利能力的负面影响也逐渐显现（Rajan，2013）。

当前中国正处在利率市场化进程当中，"十三五"规划要求推进利率市场化，加快建设适应市场需求的利率形成和调控机制，形成市场收益率曲线，同时也要利用货币市场的有效传导机制，来体现央行政策利率对市场的引导作用。随着利率市场化进程的加深，商业银行的经营模式和盈利能力也必然会面临新的挑战。因此研究利率水平对银行盈利能力的影响机制，有利于商业银行未雨绸缪，应对利率市场化的深入对提高银行盈利能力所带来的挑战。但是正如国际清算银行经济学家博里奥所讲，"对银行盈利能力和货币政策之间的关系的研究处在相对不足状态，这是令人诧异的。"从当前国内来讲，对两者之间关系的研究也相对不足。

7.4.1 研究方法与样本数据

1. 研究方法。结合博里奥等（2015），动态面板模型的具体表达式如下：

$$Y_{k,t} = \delta Y_{k,t-1} + \alpha_0 r_t + \alpha_1 r_t^2 + \beta_0 \theta_t + \beta_1 \theta_t^2 + \Phi' C_{k,t} + \Psi' X_{k,t} + \vartheta_k + \varepsilon_{k,t} \quad (7-1)$$

其中，k = 1，…，16，k 表示上市商业银行的样本数量；t = 1，…，32，t 表示时期数（2007 年至 2014 年的每年四个季度）；$\varepsilon_{k,t}$ 为随机误差项；ϑ_k 表示模型固定效应。模型中各变量的含义如下：被解释变量 Y 分别表示 16 家国内上市银行的盈利指标，包括净利息收入与资产总量比值（net interest income to total assets，NII），非利息收入与资产总量比值（non-interest income to total assets，NNII），拨备与资产总量比值（provisions to total assets，Pro），资产收益率（ROA）。r 为短期利率，采用各年份每季度末的 3 个月期 Shibor。θ 表示收益率曲线的斜率，采用每季度末 10 年期国债收益率与 r 的差额。控制变量 C 表示宏观经济状况的指示指标，分别为名义 GDP 增长率和沪深 300 股票指数收益率。

根据银行信贷渠道理论，银行的特有特征也会影响银行信贷供给，也就是说，银行在防止外来冲击方面存在个体能力的差异。比如，当货币政策紧缩时，资本充足率低的银行获取存款更加困难，因此，信贷投放也大为降低；或者流动性资产低的银行需要保有更多的流动性资产，从而降低了信贷投放。因此，为了控制贷款供给因素对银行盈利的影响因素，回归模型间接使用表示银行特征的控制变量 X 来对此因素进行控制。根据国内外学者研究，选取的控制变量分别为银行规模（size，取总资产的自然对数；Kashyap and Stein，2000），银行资本充足率（cap；Adrian and Shin，2010），表示流动性风险的存贷比指标[①]（LTD）、银行效率指标（eff，银行成本与收入的比值）、短期融资来源占比指标（fund，各银行活期存款与定期存款的比率；Gambacorta and Marques，2011）。本书使用动态面板模型的广义矩估计方法估计上述模型。

2. 样本数据描述。本书的研究样本为中国 16 家上市商业银行的季度数

[①] 本书研究样本期间内国内仍存在存贷比的监管指标，因此加入此指标来控制贷款规模变量，会使得模型更为合理。

据，时间跨度为 2007~2014 年，数据来源为 Wind 数据库及上市商业银行季度及年度财务报告。表7-2 为样本数据的统计特性。从表7-2 中可以看出，中国16家上市商业银行利息收入平均占资产比值为1.48%，而非利息收入占比为0.32%。因此，中国上市商业银行盈利的主要来源还是利息收入。从图7-1中可以看出，2007 年第一季度至2014 年第四季度，中国16家上市商业银行拨备占资产的比值整体比较稳定，基本维持在0.5%~1%之间，平均为0.69%，且拨备覆盖与资产比值并不显著地随短期利率的变化而变化。而NII、NNI 和 ROA 变化步调较为一致，且整体上随短期利率的变化而变化。这说明短期利率是影响银行盈利能力的重要因素之一。

同时，表7-2 表明收益率曲线的斜率，即10年期国债收益率与短期利率的差额平均为负值。这说明长期利率低于短期利率。一般来讲，长期利率低于短期利率表明宏观经济处在下行区间。这与样本期的宏观经济形势基本一致，因为样本期包含了2008年金融危机爆发，中国经济增速下滑等区间。由于通胀率维持低位，外加货币政策呵护，货币市场流动性维持宽松平稳的状态，因此会出现10年期国债收益率小于短期利率的情况。从图7-2可以看出，从2008年第三季度国际金融危机爆发，到2010年第三季度，在金融危机影响最大的两年中，由于市场风险较高，因此长期利率与短期利率之差也在高位运行，而从2011年起，长期利率一直低于短期利率，这也反映了我国处在低通胀环境，且经济增速下降的事实。与图7-1类似，拨备覆盖与资产比值并不显著地随收益率曲线斜率的变化而变化。在2011年之前，NII、NNI 和 ROA 与收益率曲线斜率变化的步调不是很一致，而从2011年之后，NII、NNI 和 ROA 与收益率曲线斜率变化的步调相对一致。而在收益率曲线的斜率处在高位时，银行盈利显著增长，这与我国在全球金融危机爆发后国家刺激政策以及银行大量的信贷投放有关。随着2011年金融危机影响逐渐减小，我国经济增速也缓慢下行，避免经济过热现象出现，收益率曲线的斜率也处在了低位，同时随着利率市场化进一步推进，银行盈利水平此时与收益率曲线斜率的变化出现了同步。

第7章 货币政策工具的"宏观审慎"效果

表7-2　　　　　　　　　　银行特征样本数据统计特性

	NII	NNI	PRO	ROA	R(%)	θ(%)	size	cap(%)	LTD(%)	eff(%)	fund
均值	0.0148	0.0032	0.0069	0.0090	3.9047	-0.1369	14.5274	12.0559	68.2286	32.0352	1.0273
中值	0.0146	0.0028	0.0065	0.0088	4.2369	-0.3434	14.5541	11.8550	69.60	31.5000	0.9784
最大值	0.0304	0.0114	0.0273	0.0186	6.3917	2.0901	17.9562	30.6700	85.046	46.9607	1.8845
最小值	0.0000	-0.0004	0.0000	0.0000	1.2241	-2.4941	11.1112	3.4600	47.43	15.6000	0.5355
标准差	0.0068	0.0021	0.0027	0.0041	1.3869	1.2085	1.3374	2.5394	6.8366	5.8363	0.2787
偏度	0.1439	1.0115	1.0855	0.1471	-0.4290	0.2609	-0.2816	1.9736	-0.3374	0.1329	0.5906
峰度	1.9249	3.7957	9.0295	2.0439	2.1687	2.3734	2.6028	13.8706	2.9246	2.6421	2.7959

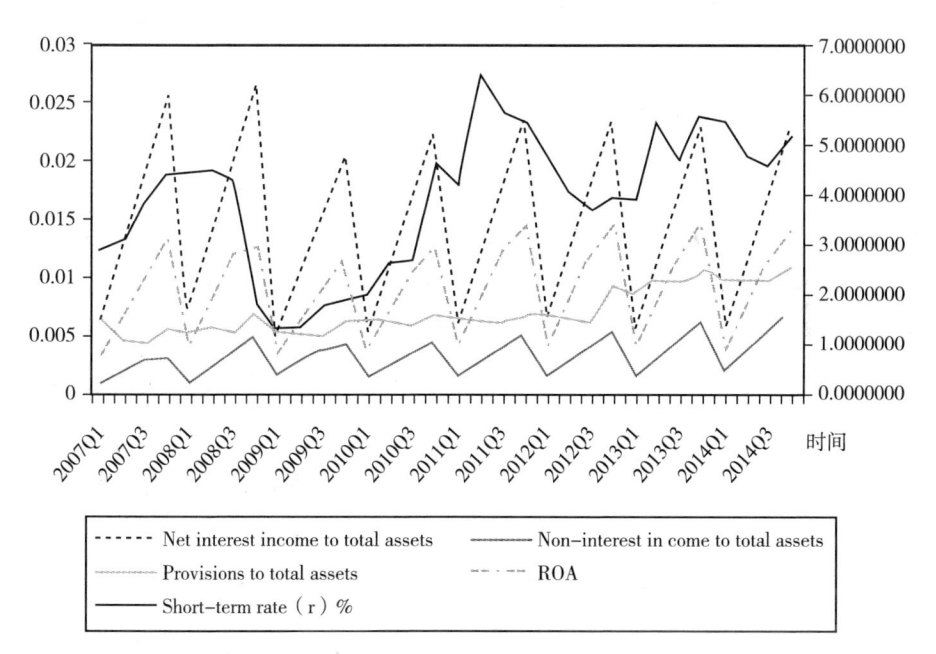

图7-1　各银行 NII、NNII、Pro 和 ROA 各期均值与短期利率走势

注：右坐标轴表示短期利率。

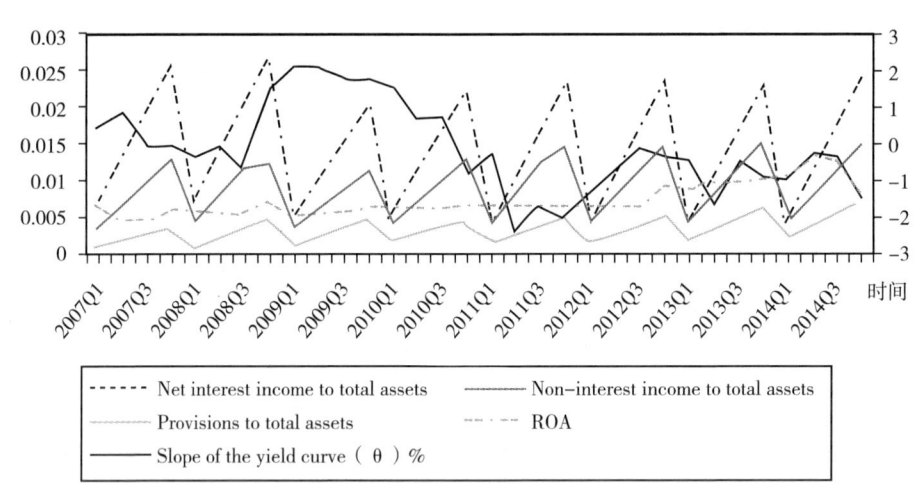

图 7-2　各银行 NII、NNII、Pro 和 ROA 各期均值与收益率曲线的斜率走势

注：右坐标轴表示收益率曲线的斜率。

7.4.2　实证结果

本书使用动态面板模型广义矩估计方法估计模型，估计软件为 EViews 软件，表 7-3 为模型实证结果。由于 J 统计量原假设是"模型过度估计正确"，而表 7-3 估计结果的 J 统计量 P 值表明无法拒绝原假设，因此本书认为模型设定是准确的。从表 7-3 可以看出，短期利率以及收益曲线斜率对拨备与资产总量比值的影响均不显著，说明利率水平对银行整体坏账率的影响不是很大。

在银行利息收入方面，银行净利息收入与短期利率正相关，这说明短期利率越高，银行利息收入越多。这与银行垄断假说的理论基本一致，即由于我国商业银行在借贷市场中仍处于垄断地位，因此银行存款利率的上涨幅度低于贷款利率，当短期利率越高，银行利息收入增长越大。由于 r^2 的回归系数显著为负值，因此净利息收入与短期利率的相关性具有凹的特点。这表明当短期利率接近于 0 时，短期利率的变化对银行盈利的影响更大。从表 7-3 可以看出，收益率曲线的斜率估计结果显著负，说明期限溢价越高，银行利息收入水平反而越低。此结果与博里奥的结果虽然不一致，但博里奥等也指出，期限结构对银行利息收入的影响可正可负，这与贷款需求有关。因此，笔者认为这与中国当前企业融资成本过高有关。因为当前企业看到长期利率较短期利率有较大幅度上升时，由于中国企业（除大型国企）在银行贷款的成本本身就较高，而一旦长期利率进一步上涨，企业对银行长期贷款的需求会降低，反而转向其他渠道获得资金，这与当前中国国情相符。同时需要注意的是，GDP 增长率与银行利息收入的关系显著为正，这与弗里德曼和库特纳（Friedman and Kuttner, 1993）的观点（即实体经济可以通过自身利润的增长来实现内部融资，因此经济增长时也会出现对银行贷款依赖程度降低的现象）并不一致，这说明中国企业增长需要银行的资金支持，中国企业与银行关系非常紧密。

从非利息收入来看，与利息收入类似，银行非利息收入与短期利率正相关，但由于 r^2 的回归系数显著为负值，因此净利息收入与短期利率的相关性具有凹的特点，此结论与博里奥不一致，本书认为这与中国当前国情是相符合的。在中国银行业，非利息收入具体项目有：第一，存款账户的服务费用；第二，其他服务费和佣金收入，包括代买卖证券、贵重物品保管、信息咨询、办理信用卡、承销国债等收入；第三，其他收入，指银行所得信托收入、融资租赁收入、表外业务收入等非利息收入。由于中国银行业的业务以存贷为主，因此当短期利率上升时，存款数量会大幅增加，因此与存款有关的服务（比如消费结算业务）也会增加。同时由于中国金融衍生品市场发展不健全，因此，银行在管理利率风险时对利率风险也不是完全对冲的，存在非利息收入增加的可能性。同时，由于中国银行业交易型金融资产占比不是很高，因此证券价格的变化对银行非利息收入影响有限。银行收益曲线斜的估计系数显著为负，说明期限结构对银行非利息收入的影响为负，且由于 θ^2 的估计系数显著为正值，因而这种影响具有凸的特性，表明银行非利息收入会随着期限溢价的增长而快速增长，从侧面表明银行并没有完全对冲长期利率上升的风险。同时 GDP 回归系数显著为正值，说明实体经济对银行提供的中间服务的需求随着经济增长而增加。股票收益率的估计系数显著为负值，这从侧面表明银行非利息收入的来源不在股票市场。

从整体银行资产收益率来看，由于银行净利息收入高于非利息收入，因此银行整体收益率应受利息收入主导。从回归结果来看，银行资产收益率与短期利率正相关，且由于 r^2 的回归系数显著为负值，因此银行资产收益率与

表 7-3　　模型实证分析结果

被解释变量	NII		NNII		Pro		ROA①	
被解释变量一阶滞后	-0.2885	-0.1551	0.2209	0.2306	0.3904	0.5421***	0.0939	0.1799
r	0.1180**	0.1385***	0.0300***	0.0283***	0.001312	0.0004	0.1081***	0.1164***
r^2	-0.0322***	-0.0347***	-0.0065***	-0.0059***	-0.000812	-0.0007	-0.0236***	-0.0248***
θ	-0.0212***	-0.0168**	-0.0009*	-0.0005*	-0.000610	-0.0008	-0.0053***	-0.0043**
$θ^2$	-0.5212***	-0.0526***	0.0081***	0.0065***	-0.002433	-0.0026	-0.0298***	-0.0309***
size	-0.0163**	-0.0192*	0.0011	0.0065***	0.001787*	0.0025	0.0003***	0.0004***
LTD	-0.0001	-0.00008	0.00001	0.0001	0.000003	0.000005	0.0005***	0.0005***
cap	-0.0004	-0.0003	0.0001*	0.0001**	-0.000278	-0.0001	-0.0001	0.000002
eff	0.00005		0.00008	0.00008	0.000001			
fund	-0.0028		0.0010	0.0010	-0.000364		-0.0001	0.0013
GDP	0.0278***	0.0260***	0.0036***	0.0003***	0.001345***	0.0014*	0.0140***	0.0137***
stock	-0.0032***	-0.0031***	-0.0005***	-0.0004***	0.000150	-0.0002	-0.0175***	-0.0019***
样本量	480	480	480	480	480	480	480	480
J 统计量	0.1025	1.1170	2.7219	2.5392	2.6939	3.1897	1.0357	0.8570
J 统计量 P 值	0.9987	0.9808	0.8428	0.6376	0.6103	0.7846	0.9842	0.8357

注：*、**、*** 分别表示 10%、5%、1% 水平显著。

① 由于因变量为收益与资产比值，因此，在解释变量中去掉资产规模变量，以避免模型估计过程中出现奇异矩阵的问题。

短期利率的相关性具有凹的特点。这与亚历山德里和纳尔逊（Alessandri and Nelson, 2015）以及热奈和波德杰耶克（Genay and Podjasek, 2014）的结论基本一致。与利息收入类似，收益率曲线的斜率估计结果显著为负值，说明期限溢价越高，银行资产收益率越低，且收益率曲线的斜率对银行资产收益率的影响具有凹的特征。这也侧面反映了银行收益由利息收入主导的客观现实。

总之，笔者认为，货币政策与商业银行盈利水平存在非线性关系。使用2007～2014年16家中国上市商业银行的数据，笔者认为银行净利息收入、银行非利息收入和银行资产收益率与短期利率正相关，且相关性具有凹的特性；银行净利息收入和银行资产收益率与收益率曲线斜率的相关性为负，且具有凹的特性；银行非利息收入与收益曲线斜率的相关性显著为负，且具有凸的特性；利率水平不影响银行拨备与资产的比值。基于上述研究，笔者认为货币当局在实施宽松货币政策，将短期利率和长期利率保持在低位较长时间时，应注意政策产生的负效应。对于给定的宏观经济状况，银行盈利水平将会受到短期利率非常低的负面影响。如果利率市场化进程进一步深入，且当银行非利息收入在银行收入中占比越来越大时，平缓的利率期限结构会伴随着负的期限溢价，会增加银行盈利。当然总体来讲，利率水平对银行盈利的影响还取决于货币政策如何影响宏观经济，取决于货币政策实施的有效性，这也应该是该主题下进一步讨论的问题。

7.5 宏观审慎视角下的准备金制度与银行信贷供给调控

近期新兴市场国家的实践经验表明，运用准备金制度实施逆周期的宏观审慎监管，能够有效缓解货币政策调控经济中遇到的尴尬。将准备金要求作为宏观审慎政策工具看待是一个较为新颖的观点，因为以往观点认为对存款实施准备金要求是货币政策工具重要组成部分。当短期利率成为货币政策主要调控工具时，一些国家不再使用准备金要求来调控通货膨胀。然而准备金要求却是非常良好的宏观审慎监管工具。它可以对信贷供给进行调控，与资本监管进行配合，同时有管理商业银行流动性的职能。因此将准备金制度纳入宏观审慎监管工具箱有其重要的实践意义。

7.5.1 宏观审慎视角下的准备金制度

在 2006~2008 年，大批国际资本流入新兴市场国家，导致这些国家信贷快速增长，经济严重过热，巴西年度信贷增长率已经达到 35%。哥伦比亚和秘鲁不断提高基准利率，但是也不能抑制由于大规模资本流动所导致的信贷过快增长。而随着信贷不断增长，银行体系坏账率呈现出上升趋势。在这种背景下，拉丁美洲各国开始运用准备金要求应对信贷的过快增长，取得了较好的效果。随着雷曼兄弟的破产，金融危机全面爆发。政策调控专注于防止信贷供给大幅下降而导致经济紧缩。拉丁美洲各国中央银行均下调基准利率，哥伦比亚下调 600 个基点，秘鲁下调 525 个基点，巴西下调 500 个基点。各国中央银行同时通过降低准备金要求向经济体注入流动性。宽松的货币政策使得信贷增长在 2011 年中期达到高峰。银行对私人部门的信贷年度增长率突破了 20%。巴西、秘鲁等国家再次使用准备金要求等手段降低信贷增长。蒙托罗和莫雷诺（Montoro and Moreno，2011）运用静态模拟的方法研究巴西、秘鲁和哥伦比亚准备金要求的实施经验，认为准备金要求可以帮助货币政策在处理跨国资本流入导致信贷快速增长所带来的困境，有效地支持了货币政策的实施。

准备金制度可以作为宏观审慎监管工具的原因主要包括：第一，准备金要求可以对信贷进行逆周期调控。在经济上升时期，提高准备金要求会增加银行贷款利率，从而有利于降低经济体信贷的过快增长，使得经济体内杠杆率不至于过高。在经济下行期，放松准备金要求能够有效为金融体系注入流动性。第二，准备金要求可以用来调节银行体系融资结构，有效管理系统性风险。秘鲁运用准备金要求对银行体系小于两年的国外借款施行限制，有效地降低了银行体系的脆弱性。第三，准备金要求可以与资本监管互补。在金融困境时期，韩国政府通过对银行准备金支付更高的利息来充实银行资本。当某些国家缺乏有效的二级市场来对银行资产进行定价时，资本充足率的计算准确程度也大打折扣，此时，准备金要求可以作为资本监管的有效补充。第四，准备金要求有助于配置信贷资金。巴西运用准备金要求控制金融机构对特定经济部门的信贷投放。当系统性风险非常明显时，准备金要求可以用来控制金融机构发行的金融工具（可转让大额存单）所导致的信贷增长。

准备金要求对信贷成本以及信贷可获得性的影响与银行体系的市场结构、金融发达程度以及准备金制度本身的设计有关。沃尔什（Walsh，2012）指出，准备金要求可以看做是对银行体系的征税。托瓦等（Tovar et al.，2012）指出，由于银行既吸收存款，又发放贷款，因此无论从资产方，还是从负债方，银行都必须要服务客户，所以准备金要求对银行的影响与银行业市场结构密切相关。如果银行在市场中存在一些垄断能力，或者金融摩擦存在，准备金要求的变化所导致的成本会全部或者部分地体现在贷款利率中（Glocker and Towbin，2012a）。格洛克和托宾（Glocker and Towbin，2012a）运用 DSGE 模型证明在以下三种市场摩擦存在情况下，准备金要求对贷款利率具有显著影响。这三种摩擦分别是：市场分割，即家庭部门持有储蓄，企业从银行获得贷款；银行持有超额准备金存在实际成本；委托代理成本。

金融市场的结构决定了准备金要求所带来的成本是由存款者承担还是由借款人承担。赖因哈特（Reinhart，1999）从两个极端的市场结构视角讨论准备金要求对银行信贷的影响。第一个场景为银行面对完全竞争的贷款需求市场，但在存款市场中具有一定的垄断能力。在这种情况下，赖因哈特认为银行会将准备金要求所带来的成本以低存款利率的形式全部传递给存款人。第二个场景为银行面对完全竞争的存款市场，但在贷款市场上具有垄断能力。在这种情况下，银行会要求较高的贷款利率，降低经济体中的信贷供给，准备金要求所带来的成本均被借款人承担。在这两类场景中，贷款利率和存款利率之差均扩大。

准备金要求对信贷和利率的影响取决于货币政策以及银行是否有除存款之外的其他融资渠道，因为在一般均衡模型框架下，这些因素均会产生反馈效应（Tovar et al.，2012）。在数量货币政策框架下，准备金要求对货币乘数的影响很大，进而会影响货币供给和信用供给程度。然而随着金融体系的发展，货币乘数的角色也发生变化，贷款证券化的发展使得银行创造的信用高于可获得的存款数量（Tovar et al.，2012）。在盯住通货膨胀制度的货币政策框架下，中央银行会向市场提供短期流动性支持，使得市场利率按照其短期政策目标利率出清。当中央银行提供的流动性可以看做是银行除存款外的其他融资来源时，提高准备金要求会降低存款利率，从而保持贷款利率不变（Edwards and Vegh，1997）。然而中央银行短期流动性支持可能会增加银行期限错配的程度，或者由于短期基准利率不确定的原因，提高准备金要求会降低信贷供给，提升贷款利率（Vargas et al.，2010）。这意味着银行各种融资渠道和金融市场的不完全可替代性是准备金要求发挥作用的前提保障（Tovar et al.，2012）。格洛克和托宾认为一个理想的政策体系应该是：政策当局运用短期利率调节通货膨胀和产出，运用准备金要求调节信贷规模来保持金融体系的稳定。

跨国资本流入催生的信贷过快增长增加了金融体系的脆弱性，因此对国际资本流入施加准备金要求是宏观审慎监管的重要组成部分。吉尔伯特·特里等（Gilbert Terrier et al.，2011）认为，准备金制度在以下几个方面能够有效控制国际资本流入给金融体系带来的负面影响：第一，当国际融资环境相对轻松时，准备金要求应为逆周期调控的主要工具。如果对各种类型的资本流入均施加准备金要求，能够有效控制经济体过度杠杆化以及过多的国外借款，从而降低金融体系的脆弱性。第二，准备金要求可以改变经济体的融资结构，使得国外债务长期化，从而避免国际资本突然撤出所带来的负面影响。第三，准备金要求能够给货币政策留下足够空间，货币当局可以通过提高基准利率应对信贷过快增长，且能够防止利率升高引发的大规模资本流入。

各国国情的不同使得对准备金要求进行实证分析非常困难，因此对实施准备金要求的效果以及如何实施也没有一致的结论。爱德华兹和韦格（Edwards and Vegh，1997）运用向量自回归方法，研究逆周期性质的准备金要求对一个小型开放的经济体的影响。然而由于他们的研究目标是考察银行体系对外币冲击的放大效应，其模型并没有对准备金要求对信贷的影响进行特别研究。布斯塔曼特（Bustamante，2011）假设存在异质性且风险厌恶的金融机构，运用一般均衡分析框架分析逆周期使用准备金要求对经济体消费波动性的影响，结论表明，银行风险厌恶程度越高，逆周期运用准备金制度越能降低经济体消费的波动性。埃万德罗和塔克达（Evandro and Takeda，2011）研究巴西的数据，认为准备金要求会降低银行对家庭部门的信贷供给，尤其是小型银行。利姆等（Lim et al.，2011）运用49个国家的数据，使用事件分析方法以及动态面板回归方法研究从 2000~2010 年宏观审慎工具在降低系统性风险方面的效果。他们的研究结论认为，宏观审慎监管工具有助于降低信贷顺周期性，但这取决于金融体系面对的冲击类型。他们的研究证明了准备金要求至少在短期能够有效地减缓信贷的顺周期性效应，但是为了保证准备金要求持续有效，监管当局应定期对准备金要求进行调整。格洛克和托宾运用结构向量自回归模型（structural vector autoregression）研究利率政策和准备金要求对信贷市场的冲击，结论表明相机紧缩性实施会降低国内信贷供给，但是对宏观经济的影响则不同。他们发现提高准备金要求会使得本币贬值，具有通胀效应，但却有助于稳定金融体系。

虽然准备金制度在应对信贷过快增长方面具有很多优势，然而一些学者认为，准备金制度存在一些不足之处。埃扎吉尔等（Eyzaguirre et al.，2011）认为，虽然准备金要求有非常多的优点，但也不应替代传统的货币政策、汇率政策以及财政政策。罗比塔耶（Robitaille，2011）通过研究巴西准备金比率实施经验，认为当政策当局对金融体系实施准备金要求具有非对称性质的时候，准备金要求在管理银行流动性风险敞口暴露方面具有很大的局限性。在 2008 年金融危机爆发之前，提高准备金要求改变了银行经营行为，使得银行开发其他融资渠道，从而增加了金融体系的脆弱性。在金融危机爆发之前，大型银行往往寻求稳定安全的定期存款替代产品，而中小银行则更多地依赖于贷款出售。因此，2008 年全球金融危机爆发后，当存款准备金要求放松时，大银行开始囤积流动性，政府部门则作为类似于最后贷款人的角色出现。这意味着，准备金要求在需要的时候没有释放足够的流动性，尤其是对于中小银行。同时规避准备金要求的金融创新使得准备金的功用大打折扣。罗比塔耶的研究表明，当政策当局在校准准备金要求时，应该首先确认金融体系遭受流动性冲击的可能性是否更大，从而会出现系统性风险。巴尔加斯等（Vargas et al.，2010）认为，准备金要求使得金融机构经营成本上升，而这些成本会反映在存款利率或者贷款利率上。巴尔加斯指出，2002~2009 年的实证研究表明，除抵押贷款利率外，政策基准利率与市场利率是存在长期正相关性的。虽然对 CDs 的准备金要求为零，但对 CDs 的边际准备金要求（marginal reserve requirement）对 CDs 的长期利率具有显著影响。这意味着准备金要求会对存款结构的构成产生结构性影响（Vargas et al.，2010）。

7.5.2　新兴市场国家的实践经验

新兴市场国家由于其经济体处在发展的特殊时期，常常会面临两难抉择。当经济处在困境时期，货币当局往往担心降低利率会进一步导致本币贬值；而当经济处在繁荣时期，货币当局担心提高利率会加速国际资本流入反而推动信贷增长，使经济更加过热。准备金制度对于新兴市场国家来讲，无疑是解决上述问题的良方。准备金制度是监管当局要求银行部分持有存款或者负债以作为流动性储备，其形式包括在中央银行存放的现金或者购买的政府债券等。监管当局常常根据银行存款的种类和币种设置不同的准备金要求，一些国家的中央银行对准备金支付利率，一些国家对银行的非存款性负债（包括本国借款以及国外借款）提出准备金要求，还有一些国家对资产持有也实施准备金要求（Palley，2004）。

2008年金融危机爆发后，实施宏观审慎监管、保证金融体系稳定成为国际监管改革的主流方向。宏观审慎监管在时间维度方面的核心是控制银行信贷的顺周期性对宏观经济运行的负面影响。里昂和奎斯佩（Leon and Quispe，2010）指出，当美元化的经济体处在金融困境时，准备金要求可以作为非传统的货币政策工具来使用。近年来准备金要求在新兴市场国家常常被用来作为逆周期调控金融体系流动性以及管理系统性风险的重要工具，比如：1995年阿根廷监管当局通过降低准备金要求向经济体注入流动性；2004年巴西也通过降低准备金要求向银行体系注入流动性以应对金融体系的信心危机。

对于新兴市场国家来讲，准备金制度是非常重要的宏观审慎监管工具（Bin Wang and Tao Sun，2013）。第一，准备金制度可以作用于金融体系，而类似于贷款价值比等工具只能作用于特定经济部门。第二，实证分析表明，准备金制度可以有效防范系统性风险。托瓦认为，准备金制度作用效果适中，具有过渡平滑效应（transitory effect），可以对货币政策进行有益补充。雅辛米尔等（Yasin Mimir et al.，2012）指出，时变的准备金要求能够有效抵御宏观经济的负面冲击，从而缓释顺周期效应。第三，新兴市场国家运用准备金制度进行逆周期调控取得了良好的效果。全世界有74%的新兴市场国家将准备金制度作为主要的逆周期调控工具，而只有38%的发达国家将准备金制度作为主要的逆周期调控工具（Federico et al.，2012）。费德里克等（Federico et al.，2012）运用1970~2012年52个国家的数据分析宏观审慎视角下准备金制度的实施与货币政策之间的关系，结论表明，由于许多新兴市场国家害怕在经济衰退期降低利率会导致本币的贬值，在经济繁荣期提高利率反而会使大规模国际资本流入，因此许多新兴市场国家将准备金制度作为逆周期调控的主要工具。

自从中国加入WTO之后，十几年的贸易顺差以及巨额的外汇储备使得市场对人民币升值的预期加剧，导致了大范围的国际资本流入，巨额的外汇储备也直接推动了M2供给量的增长，进而推动信贷的快速增长。2008年金融危机爆发后，为了应对金融危机对经济增长带来的负面影响，中国政府实施了大规模刺激经济计划。与之伴随的便是银行信贷供给的快速增长。这与上述拉丁美洲的国家面对的问题非常相像。国际经验表明，信贷的过快增长会降低信贷质量，会对金融体系稳定产生负面影响。因此，借鉴他国的经验从宏观审慎的视角研究准备金制度，对中国实施宏观审慎监管，管理系统性风险具有重要的现实意义和实践价值。

1. 巴西的实践经验。在2008年金融危机期间，巴西中央银行对准备金政策的运用比较激进，且具有一定的创新性。巴西中央银行运用准备金要求成功地向经济体注入了流动性，促使流动性由大银行流向小银行，并实现了准备金制度的信贷配置功能。巴西中央银行在2008年10月规定，如果大银行购买小银行的资产，则可以免除部分准备金要求。巴西存款保险机制推出一款新的储蓄产品，使用该产品进行融资的金融机构将享受较低的准备金要求。但是，巴西央行规定降低准备金要求所增加的信贷应该向偏远地区支援，发展农村贷款。

2010年巴西为了控制信贷的过快增长，开始实施紧缩导向的宏观审慎政策。监管当局对消费贷款和汽车贷款提出更高的准备金要求。巴西在2011年1月对银行在外汇即期市场的美元头寸也增加了准备金要求。2011年11月，随着欧洲主权债务危机的爆发，巴西放松了除准备金要求外的所有宏观审慎监管要求。2011年12月，巴西通过放松准备金要求以及降低准备金支付的利率来引导大银行收购小银行资产。

2. 哥伦比亚和秘鲁的实践经验。哥伦比亚运用准备金要求来应对大规模的资本流入导致的信贷过快增长,因此哥伦比亚信贷过快增长的特点具有供给驱动的特征。2007年5月,哥伦比亚中央银行对国内存款(CDs,储蓄账户等)引入边际准备金要求(marginal reserve requirement),并对国外负债提出准备金要求以及更高的拨备覆盖要求,以应对信贷过快增长以及新增贷款质量的下降,防止私人经济部门杠杆率的过快提高,降低金融体系的脆弱性。随着2008年金融危机的爆发,2008年第三季度,哥伦比亚央行降低准备金要求以及边际准备金要求,从而有效地缓解了信贷供给不足对经济的负面影响。巴尔加斯认为,哥伦比亚实施准备金要求对商业贷款利率具有长期影响,加强了政策对存款利率和贷款利率的影响力度。

2008年之前,秘鲁信贷增长过快。为应对经济过热、大量国际资本流入以及金融体系内的流动性过剩,秘鲁央行在运用货币政策调控的同时,运用准备金要求以应对信贷的过快增长。秘鲁监管当局认为,准备金要求每增加一个百分点的影响与基准利率上升25个基点的效果相一致,2008年早期准备金要求能够有效应对短期资本快速流入,从而降低金融体系的脆弱性程度。在2008年金融危机爆发后,秘鲁监管当局迅速降低准备金要求,从而向经济体注入了足够的流动性。秘鲁央行认为,通过降低准备金要求向经济体注入流动性比降低基准利率的效果要好,利率是用来控制通货膨胀的,而准备金要求能够有效地稳定金融体系,并能够有效防止信贷过快增长。随着2010年秘鲁经济的反弹,秘鲁央行更加依赖运用准备金要求来控制信贷的快速增长。虽然秘鲁央行已经将基准利率从1.25%上调至3.5%,但是利率的上升有助于吸引国外资本的进入,反而更容易促进由于国外资本快速增长所带来的信贷过快增长。因此,秘鲁央行积极的使用准备金要求来应对银行体系内的过剩流动性。在2011年1月,秘鲁央行对国内金融机构的离岸分支机构均实施准备金要求。

秘鲁对所有类型的存款均实施准备金要求。由于经济体美元化的深入以及央行在流动性短缺时期无法印刷外币,秘鲁央行要求对外币存款计提更高的准备金要求。秘鲁监管当局要求金融机构应首先计算在准备金要求之下的所有负债额度,然后计算当月每日的平均准备金要求。秘鲁存在两个准备金要求体系:法定准备金要求是针对每日平均的准备金要求;边际准备金率则根据政策参照期间决定。如果银行第一次准备金要求不足,则银行被罚款；如果出现第二次准备金不足，银行经营则进入特殊的监控程序中。

3. 土耳其和韩国的实践经验。土耳其中央银行针对本币不同期限的存款设计了不同的准备金要求：针对活期存款、通知存款、私人往来账户、1个月到期的存款以及非存款性负债，准备金要求为8%；剩余期限为3~6个月的存款，准备金要求为7%；剩余期限为1年的存款，准备金要求为6%；剩余期限为1年以上的存款，准备金要求为5%。据估计，此措施能够减少76亿土耳其里拉的市场流动性，约为其2010年GDP的0.7%，2009年信贷总量的2.3%。

2008年金融危机期间，韩国中央银行运用准备金制度有效地加强了银行资本充足率，从而增加了银行体系的信贷能力。2008年12月，韩国中央银行以对准备金进行利息支付的形式一次性向韩国银行体系输入5002亿韩元，充实银行资本，约占GDP的0.05%。韩国中央银行运用准备金制度的方式的优势在于迅速地改善银行的资产负债表，保证了银行体系的稳定。

7.5.3　运用准备金制度缓释信贷顺周期性——基于中国实证分析

为了应对信贷的快速增长，2010年中国不断提高准备金比率要求。由于2010年年初商业银行信贷的大幅增长，国内需求出现过热现象；国外资本的流入使得经济体内的流动性进一步增加，进一步增加需求过热。经过多方考虑，政策普遍认为通过准备金要求来控制信贷的过快增长是一个很好的办法（Gilbert Terrier et al.，2011）。中央银行在2010年不断提高准备金要求，据估计其政策力度相当于减少3600亿元人民币存款，为2010年GDP总量的0.9%。然而高盛集团估计，由于中国商业银行有1.5~2个百分点的超额准备金，因此准备金比率的提升对商业银行信贷供给幅度的影响有限。从图7-3可以看出，中国信贷月增长率基本保持在10%上下。在2008~2010年，中国信贷月度增长率在15%以上。随着准备金比率要求的不断提高，从2010年2月，中国信贷月度增长率又恢复到10%。

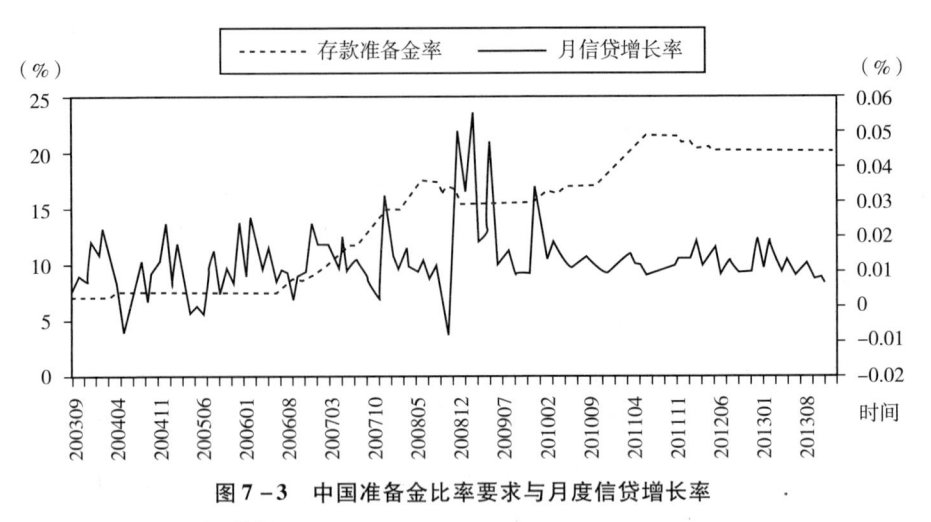

图7-3 中国准备金比率要求与月度信贷增长率

资料来源：和讯财经数据。

本章使用 2006~2013 年中国季度宏观经济数据，运用向量自回归模型研究准备金要求与信贷增长、存贷款基准利率之间的关系，探索运用准备金要求对信贷进行逆周期调控的效果。根据托瓦实证研究模型以及 VAR 模型滞后阶数选择的相关方法，选择的滞后期限为 2 期，具体实证模型如下：

$$Y_t = T_0 + T_1 \times Y_{t-1} + T_2 \times Y_{t-2} + \varepsilon_t \quad (7-2)$$

其中，Y 表示自回归向量，包括准备金要求（用 rr 表示）、GDP 增长率（用 gdp 表示）、信贷增长率（用 credit 表示）以及利率变量。利率变量包括：同业拆借加权利率（用 interest 表示）、6 个月贷款基准利率（用 loan 表示）和 6 个月贷款利率与存款利率之差（用 diff 表示）。经 Johansen 协整检验，这些变量之间存在协整关系，因此，可以建立向量自回归模型。

本章运用 AR 根图表方法对滞后阶数进行检验，其原理是被估计的 VAR 模型所有的根模的倒数小于 1，即位于单位圆内，则其是稳定的。从图 7-4 可以看出，VAR 模型所有根模的倒数都在单位圆内，因此，模型是稳定的。

根据上述设定的 VAR 模型，本书进一步进行了格兰杰因果检验，具体如表 7-4 所示。整体来讲，信贷增速、准备金要求和利率水平是 GDP 的 granger 原因，GDP、准备金要求和利率水平整体也是信贷增速的 granger 原因。从单独因素来讲，准备金要求是 GDP 的 granger 原因。当利率变量为 6 个月贷存利率差时，准备金要求是信贷增速的 granger 原因，但当利率变量为 "6 个

图 7-4 滞后阶数检验结果

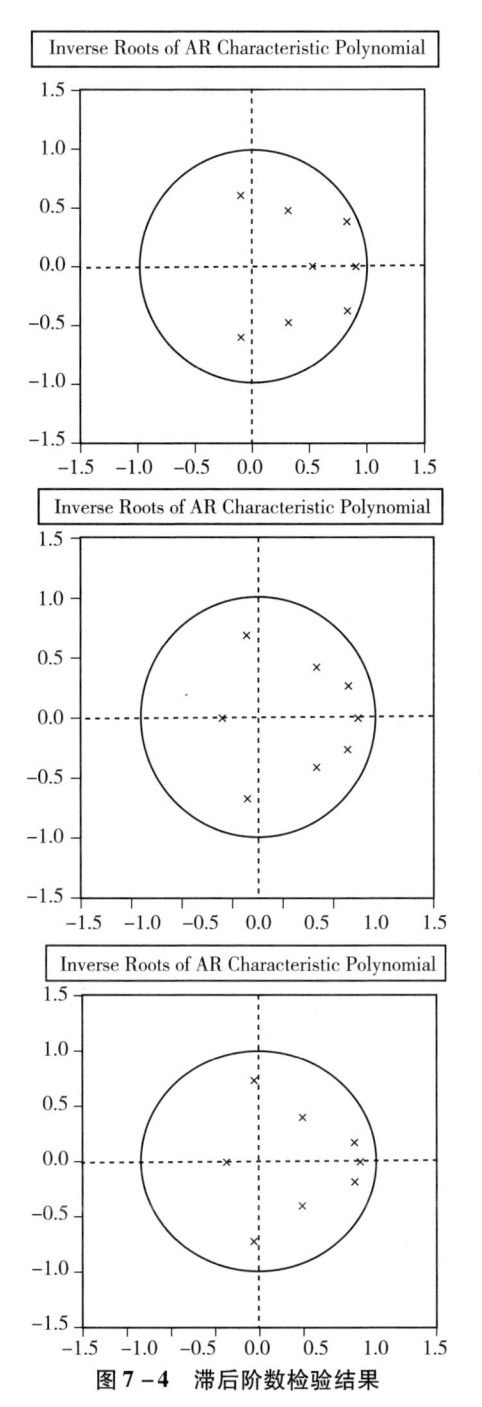

注：模型利率变量（从左至右）为"6个月贷款基准利率"、"同业拆借加权利率"和"6个月贷存利率差"下的模型滞后阶数检验结果。

月贷款基准利率"和"同业拆借加权利率"时,准备金要求不是信贷增速的 granger 原因。这说明准备金要求对信贷增速的影响取决于利率变量的选择,这从侧面说明对信贷进行调控的宏观审慎监管需要与货币政策等相关政策紧密配合,才能达到良好的效果。

表 7-4 格兰杰因果检验结果

		原假设	Chi 方统计量	自由度	p 值
利率变量为6个月贷存利率差	credit 方程	diff 不能 granger 引起 credit	3.241045	2	0.1978
		GDP 不能 granger 引起 credit	0.945074	2	0.6234
		RR 不能 granger 引起 credit	5.244026	2	0.0727
		diff GDP RR 不能同时 granger 引起 credit	8.193056	6	0.2243
	diff 方程	credit 不能 granger 引起 diff	0.588804	2	0.745
		GDP 不能 granger 引起 diff	0.184262	2	0.912
		RR 不能 granger 引起 diff	0.065641	2	0.9677
		credit GDP RR 不能同时 granger 引起 diff	0.98502	6	0.9862
	GDP 方程	credit 不能 granger 引起 GDP	0.494749	2	0.7808
		diff 不能 granger 引起 GDP	0.587823	2	0.7453
		rr 不能 granger 引起 GDP	8.344446	2	0.0154
		credit diff RR 不能同时 granger 引起 GDP	12.34368	6	0.0547
	RR 方程	credit 不能 granger 引起 RR	2.405738	2	0.3003
		diff 不能 granger 引起 RR	2.804697	2	0.246
		GDP 不能 granger 引起 RR	0.354823	2	0.8374
		credit diff GDP 不能同时 granger 引起 RR	4.468029	6	0.6136
利率变量为6个月贷款利率	credit 方程	GDP 不能 granger 引起 credit	0.865642	2	0.6487
		interest 不能 granger 引起 credit	9.218198	2	0.01
		RR 不能 granger 引起 credit	0.146627	2	0.9293
		interest GDP RR 不能同时 granger 引起 credit	15.39123	6	0.0174
	interest 方程	credit 不能 granger 引起 interest	2.065989	2	0.3559
		GDP 不能 granger 引起 interest	2.343157	2	0.3099
		RR 不能 granger 引起 interest	5.037966	2	0.0805
		credit GDP RR 不能同时 granger 引起 diff	9.376209	6	0.1535

续表

		原假设	Chi方统计量	自由度	p值
利率变量为6个月贷款利率	GDP方程	credit 不能 granger 引起 GDP	2.61733	2	0.2702
		interest 不能 granger 引起 GDP	2.665328	2	0.2638
		rr 不能 granger 引起 GDP	7.431837	2	0.0243
		credit diff RR 不能同时 granger 引起 GDP	15.55251	6	0.0164
	RR方程	credit 不能 granger 引起 RR	2.297945	2	0.317
		interest 不能 granger 引起 RR	3.543617	2	0.17
		GDP 不能 granger 引起 RR	0.406002	2	0.8163
		credit interest RR 不能同时 granger 引起 RR	5.258581	6	0.5111
利率变量为同业拆借加权利率	credit方程	loan 不能 granger 引起 credit	6.265423	2	0.0436
		GDP 不能 granger 引起 credit	0.549264	2	0.7599
		RR 不能 granger 引起 credit	0.009385	2	0.9953
		loan GDP RR 不能同时 granger 引起 credit	11.83526	6	0.0657
	loan方程	credit 不能 granger 引起 loan	4.870463	2	0.0876
		GDP 不能 granger 引起 loan	1.125121	2	0.5697
		RR 不能 granger 引起 loan	0.392415	2	0.8218
		credit GDP RR 不能同时 granger 引起 diff	8.913746	6	0.1785
	GDP方程	credit 不能 granger 引起 GDP	1.536516	2	0.4638
		loan 不能 granger 引起 GDP	3.137152	2	0.2083
		rr 不能 granger 引起 GDP	8.580985	2	0.0137
		credit loan RR 不能同时 granger 引起 GDP	16.28127	6	0.0123
	RR方程	credit 不能 granger 引起 RR	4.151824	2	0.1254
		loan 不能 granger 引起 RR	16.74938	2	0.0002
		GDP 不能 granger 引起 RR	2.937614	2	0.2302
		credit loan GDP 不能同时 granger 引起 RR	19.38708	6	0.0036

脉冲函数反映了变量之间的动态关系，脉冲反应图如图7-5、图7-6和图7-7所示。

图 7-5 脉冲反应

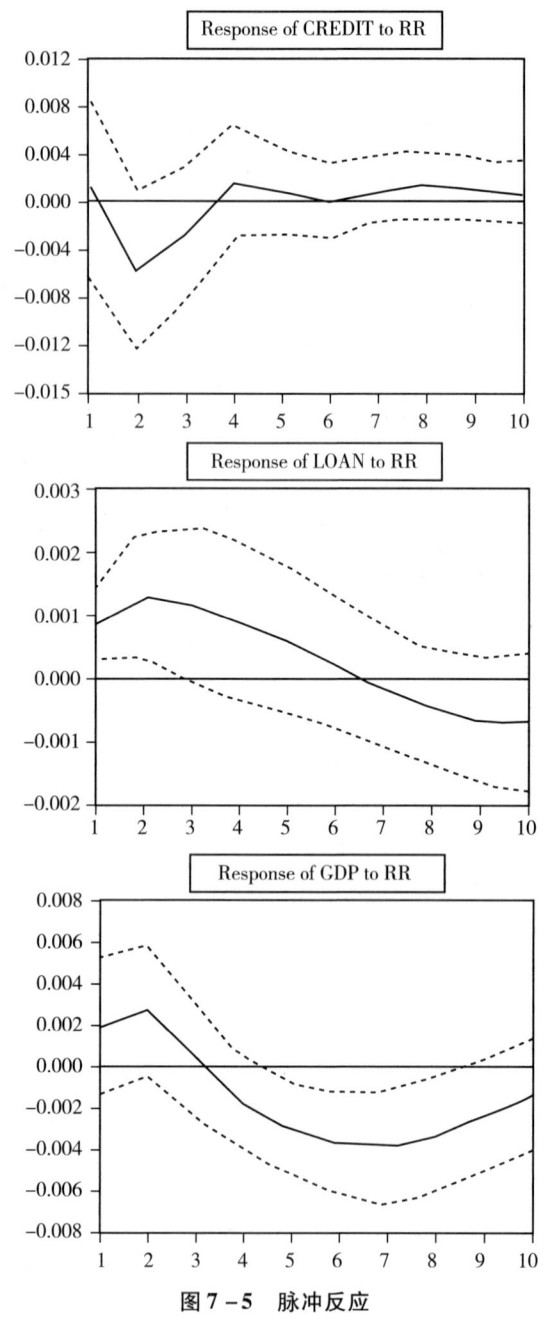

注：模型利率变量为"6个月贷款基准利率"下的信贷增长率、GDP增长率以及6个月贷款基准利率对准备金要求的脉冲反应，虚线表示正负两个标准差。

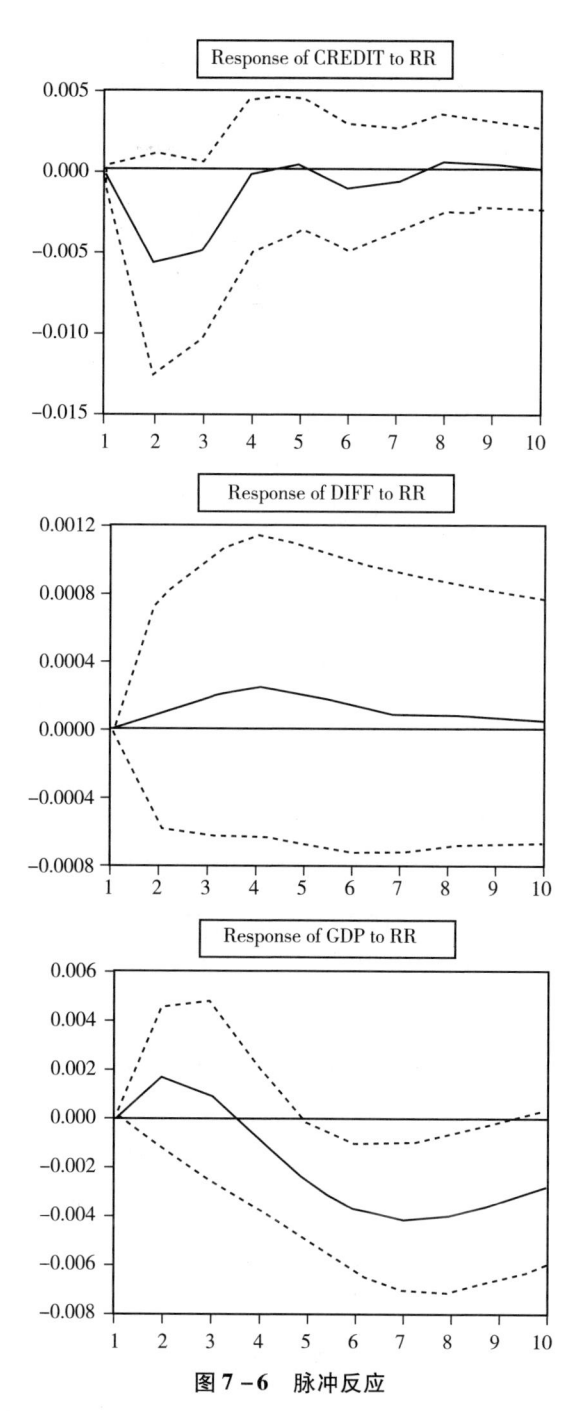

第7章 货币政策工具的"宏观审慎"效果

图 7-6 脉冲反应

注：模型利率变量为"6个月贷存利率差"下的信贷增长率、GDP 增长率以及 3 个月贷款基准利率对准备金要求的脉冲反应，虚线表示正负两个标准差。

图 7-7 脉冲反应

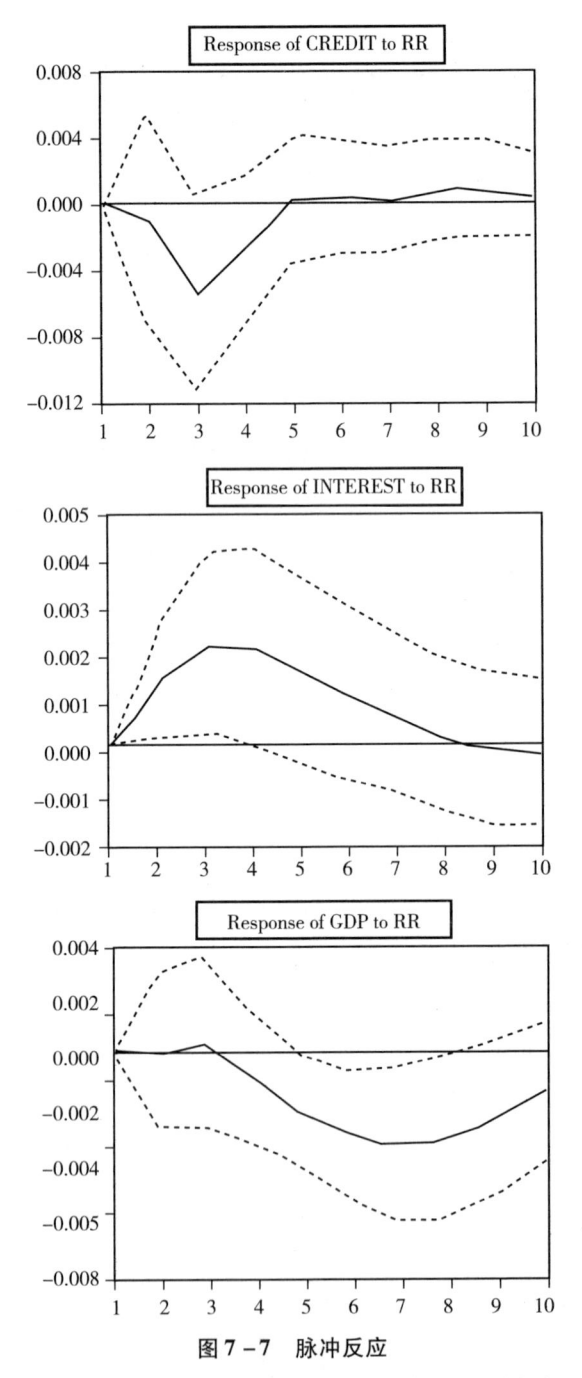

注：模型利率变量为"同业拆借加权利率"下的信贷增长率、GDP 增长率以及同业拆借月加权利率对准备金要求的脉冲反应，虚线表示正负两个标准差。

第7章 货币政策工具的"宏观审慎"效果

从图 7-5 中可以看出，准备金要求的提高会导致 6 个月贷款基准利率的上涨，在第二期达到最高点后开始逐渐下降，但是相对于冲击前是增加的，与之相对应的便是信贷增速的降低以及 GDP 增长率的下降。根据赖因哈特的分析，这说明银行在贷款市场上具有垄断力量。当到第七期时，贷款基准利率开始降低，这与 GDP 增长率的下降幅度在第七期开始回升相对应。图 7-6 显示准备金要求的提高会导致"6 个月贷存利率差"上涨，这与赖因哈特的结论一致。图 7-7 显示了准备金要求的提升会增加银行同业拆借利率，在第三期达到最大值，随后增幅逐渐降低，到第八期收敛至零。整体来看，准备金要求的冲击对利率的影响持续时间较长，宏观审慎监管工具的实施会给货币政策带来一定的影响。

从脉冲反应图可以看出，在利率变量是同业拆借加权利率、6 个月贷款基准利率以及 6 个月贷存利率差下，增加准备金要求都会降低信贷增长率，在第二到第三期信贷增长率的降幅达到最大，之后信贷增长率下降幅度开始放缓，到第五期恢复 0，冲击被逐渐消化。准备金要求对 GDP 增长率的冲击从第三期开始显现，GDP 增长率从第三期开始下降，到第七期降至最低点，然后开始回升。结合这两个结论不难看出，当提高准备金要求降低信贷增长率时，短期内 GDP 增长率并没有因为信贷供给增长率的下降而立刻降低，这降低了短期经济波动。从长期来看，信贷增长率降低幅度逐渐回升，而此时准备金要求的提高对经济增长的负面影响开始显现，GDP 增长率开始出现缓慢的下降。但由于信贷增长率的回升，GDP 增长率在经过一段时期下降后就开始回升。这说明运用准备金要求调控信贷增长率没有出现银行信贷供给与实体经济相互加强的顺周期性问题，即没有出现信贷供给的降低导致 GDP 增长率进一步降低这种恶性循环机制。因此，运用准备金制度对信贷增长率进行逆周期调控能够有效地缓解银行信贷的顺周期性问题。

总之，本部分的实证分析表明：第一，来自准备金制度的正向冲击能够降低信贷增长率，增加贷款利率、同业拆借利率以及贷存利率；第二，提高准备金要求在使信贷增长率下降的同时，短期内并没有造成 GDP 增长率的迅速下降；而当提高准备金要求对 GDP 增长率负面影响效果开始显现时，信贷增长率又开始回升，这说明运用准备金制度进行逆周期调控没有出现信贷供给与实体经济相互加强的顺周期性问题。

对于中国来讲，应结合本国国情，积极有效地运用准备金制度实施逆周期的宏观审慎监管。随着我国金融市场的逐渐开放，人民币升值预期下的国际资本流入引发的信贷泡沫会对我国金融体系产生负面影响。我国根据资本流入类型（国外借款、资本流入以及直接投资）以及期限分类施加准备金要求，规定其应在央行存款额度以及对准备金的支付利率。同时应将准备金要求与其他政策工具结合起来，控制跨国资本过快流入。比如，在1994年马来西亚要求商业银行针对国外银行非储蓄账户应在中央银行存放一定的本币；禁止本国公民向非本国公民出售短期货币工具以及对公开头寸施加非对称性限额管理等。

在运用准备金制度实施宏观审慎监管的同时，要正确认识准备金制度存在的不足，积极应对运用准备金制度管理系统性风险会遇到的难点。比如在对非核心负债要求准备金计提的问题上，政策当局应该考虑如下问题：准备金要求是应仅仅针对存款性负债还是也要针对非存款性负债、政策实施期限问题、是否应对准备金支付利息、准备金要求的基数是什么等。同时监管当局还应根据经济周期调整准备金比率以及政策实施期限，并使其与金融稳定目标和货币政策目标相容。虽然准备金要求能够应对由于国际资本流入引发的信贷过快增长，但是其也存在不足之处。第一，运用准备金要求组织跨国资本流入仅仅是暂时的，国际资本会寻求其他渠道逃避监管。第二，准备金要求的设计和实施较为复杂。第三，对跨国资本实施准备金要求存在风险，即可能会导致跨国资本的突然离开，国际货币基金组织建议仅当其他工具无法应对跨国资本流入而导致的信贷过快增长时，监管当局才应运用准备金要求。总之，我国在运用准备金制度实施逆周期宏观审慎监管的同时，也应关注准备金制度的缺陷，并采取措施最大化的发挥准备金制度在保障金融体系稳定方面的优势，有效进行逆周期调控，保障金融体系的稳定。

7.6 本章小结

2008年金融危机表明，中央银行运用货币政策稳定金融体系存在局限性。其原因在于，传统宏观经济理论忽略了金融冲击对实体经济的传导，且货币政策忽视了金融周期与经济周期的不同步问题，进而忽略了金融体系的失衡，因此宏观审慎监管的角色缺失。利率是货币政策调控的主要工具。利率水平的高低，对银行业盈利具有显著影响，进而影响商业银行的资本充足率水平。在实施宏观审慎监管，增强商业银行资本充足率水平时，需要考虑利率政策对银行业资本充足率的影响。本部分实证分析表明，利率水平与商业银行盈利水平存在非线性关系，应关注利率水平对商业银行资本充足率的影响；另外中国也应该从宏观审慎视角使用准备金制度来控制银行信贷增速。笔者认为，货币政策应专注于经济体的调控，金融体系的稳定应由宏观审慎监管负责，且两个部门既要相对独立又要密切联系，这样才能保证整体经济健康发展。

第3篇 时间维度下的宏观审慎监管

Basel Ⅲ提出了逆周期资本缓冲的办法来缓解银行信贷的顺周期性，目的是在经济繁荣时期实施计提体制，以应对经济衰退期。然而，Basel Ⅲ逆周期资本缓冲计提机制想法虽好，但实践中存在明显问题，在许多情况下与预期相悖。本篇第8章分析了Basel Ⅲ与预期相悖的表现。

宏观审慎监管的逆周期调控应尽量发挥宏观审慎监管定向调控的特征，针对性地对某一行业信贷过快增长进行调控，既要防止相关行业信贷过快增长，风险累积增加，又不会影响其他行业的信贷供给。本篇第9章实证分析了中国上市商业银行对各个行业的信贷风险敞口，并着重测算了商业银行对房地产行业的风险敞口。因为与其他行业相比，房地产行业的特点非常特殊，既具有金融资产属性，又具有实体经济属性，因此，其是"系统重要性"行业，这也是为什么金融危机背后往往有房地产行业的身影的原因。宏观审慎监管要对重点行业进行调控，以防止"城门失火，殃及池鱼"。

第9章在第8章的基础上，设想了基于行业信贷供给的逆周期调控体系。商业银行行业信贷供给既受商业银行资本充足率的影响，也会受流动性风险的影响。第9章使用微观的行业信贷数据，从"机构记忆"假说视角出发，将影响商业银行信贷供给的因素分为主观和客观两个维度。整体结论表明，中国商业银行经营者并没有忘记过去的"教训"，对信贷供给是以控制导向为主。但是，客观因素实证结果表明，流动性风险和资本充足率对不同行业的信贷供给的影响各不相同，且中国房地产业和建筑业风险非常高，却吸收了大量银行信贷。因此，逆周期的宏观审慎监管要发挥其精准化调控特点，避免"一家有病、大家吃药"劣势。

逆周期调控时，监管当局要了解当前金融体系的风险积累状态，同时也需要公允价值会计制度的配合。第10章从宏观审慎的视角对金融稳定信息的披露问题进行研究，对宏观审慎监管需要披露信息的原因、披露工具、披露对象以及披露情景的选择的问题进行了探讨，对金融稳定信息披露的国际实践进行总结。同时，第10章分析表明，公允价值会计不但对于2008年金融危机的"贡献度"有限，相反还起到了抑制金融危机恶化的作用，忽略导致金融危机爆发的核心因素，把"罪责"强加于公允价值会计是舍本逐末，避重就轻。我们不能否认公允价值会计存在"盯模"等不完善的制度缺陷，但是一味地否定公允价值会计也不是明智的选择，最大限度发挥公允价值会计的优势，改进其劣势，应是金融危机爆发后完善会计准则的应有之义。

第 8 章

Basel Ⅲ 逆周期调控工具体系

逆周期资本缓冲主要针对的是银行信贷顺周期性问题，即金融体系与实体经济的相互加强机制。Basel Ⅲ 提出了逆周期资本缓冲的办法来缓解银行信贷的顺周期性，目的是在经济繁荣时期计提资本，以应对经济衰退期。然而，Basel Ⅲ 逆周期资本缓冲计提机制想法虽好，但实践中存在明显问题，在许多情况下与预期相悖。

8.1 金融体系的顺周期性

虽然经济体中的金融部门能够促进货币政策的有效实施，但也存在放大经济冲击的作用，同时也是产生经济冲击的部门。最典型的例子就是银行风险管理以及资本监管中存在的顺周期性问题。

8.1.1 2008 年金融危机之前的金融体系顺周期性表现

在 2008 年金融危机爆发前，国际清算银行的学者和专家就已经对经济体内不断积累的失衡状态提出了预警。然而经济发展良好使得国际社会对这些预警视而不见。在 2008 年金融危机爆发前，经济发展良好主要有以下两个方面的表现。

第一，通货膨胀维持低位。在世界范围内，2008 年之前，不论是发达国家还是发展中国家，通货膨胀基本都在个位数，而且许多国家都开始担心通货紧缩（比如日本、德国、瑞典）。美国为了防止通货紧缩，在2002年开始了宽松的货币政策。在通货膨胀率保持低位的同时，通货膨胀的波动率也大为降低，通货膨胀的冲击都被认为是不可持续的。总之，在金融危机爆发之前，经济体的感觉是通货膨胀已经被驯服了。

第二，全球经济增长良好，产出波动率低。在2008年之前，无论是发达国家还是新兴市场国家，都经历了较快的经济增长。中国保持了将近20年的10%的经济增长率，印度的经济增长率也持续增加。在产出波动方面，以美国为代表的国家出现了自从20世纪80年代中期以来最好的局面，其增长势头仅仅被1990～1991年和2001～2002年这两个小规模的冲击所打断。

然而，虽然全球经济体整体表现良好，但在2008年之前，全球金融体系则不很稳定，比如金融市场价格短期波动性上升，金融市场的流动性枯竭等。长期资本管理公司（LTCM）的倒闭使得当年IMF年都弥漫着悲观的情绪，1994年墨西哥危机以及1997年亚洲金融危机都显示了金融体系危机对实体经济增长的负面作用。巴林银行的倒闭、金融体系操作风险的上升、"9·11"事件都给金融体系的稳定带来负面影响。总体上，2008年之前，金融体系的特点主要为：

第一，存在伴随着固定资产投资增长的资产价格上涨和下跌周期，其中以房地产最具代表性。金融危机爆发前，工业化国家中只有德国和日本没有出现房地产价格过快上涨，因为这两个国家正经历上一次信贷泡沫、资产价格和投资周期的低点。在新兴市场国家，国际资本的流入进一步促进了房地产价格的上涨，房地产价格的上涨导致了经济体内杠杆率的上升。日本和德国的教训已经表明，过高的杠杆率会导致金融体系脆弱性上升。历史似乎是可以再现的，金融体系杠杆率上升的结果就是风险逐渐积累，繁荣无法持续。

第二，全球体系失衡严重。2005年年中，美国贸易赤字已经占据其GDP总量的6.5%。而美国贸易赤字又靠资本账户盈余来弥补，美国债务水平上升，造成美国资产价格上涨。当此趋势调头时，贸易赤字和杠杆率上升的双重影响就会爆发，金融体系就会出现动荡。而金融失衡造成的危机动荡的案例历历在目，比如20世纪80年代主权债务危机、1998年俄罗斯违约、巴西雷亚尔危机、纳斯达克暴跌等，都与金融体系失衡有关（William White，2006）。因此，在2008年之前就已经有爆发金融危机的迹象。

8.1.2　金融体系与实体经济的相互作用机制

1. 2008 年金融危机之前西方国家的经济增长。实证表明，1970 年之后，西方国家经济周期的波动幅度下降了许多（Duval et al., 2007）。在美国，产出波动降低，通货膨胀保持低位运行，同时其他 OECD 国家也存在类似的经历。有以下几个原因促成了西方国家经济增长良好的现象。第一，宏观经济政策，尤其是货币政策运用得当（Blanchard and Simon, 2001）。达尔斯高等（Dalsgaard et al., 2002）指出，随着西方国家央行独立性的增强、通货膨胀目标制的实施以及管理通货膨胀决心的上升，使得西方国家货币政策的可信度上升，从而使经济体对通货膨胀的预期更为准确。切凯蒂等（Cecchetti et al., 2009）实证分析表明，在 25 个 OECD 国家中，有 21 个国家成功地运用了货币政策控制了通货膨胀率，但货币政策对产出波动的影响则不显著。

第二，金融部门占经济比重的增长。德布拉斯（De Blas, 2009）指出，金融市场深化以及金融创新的提升平滑了经济体内的消费和投资，增加了经济体内风险管理的手段。切凯蒂等发现，私人部门的信贷投放与产出波动幅度降低密切相关。本克等（Benk et al., 2009）指出，信贷市场的自由化有效地吸收了经济体内的冲击。虽如此，2008 年的金融危机给上述结论带来了挑战。布赫等（Buch et al., 2014）指出，出现美国经济体单个企业产出波动增长，而整体产出波动降低的原因是金融市场的发展使得高风险的公司能够获得外部融资。金融市场平滑消费功能的增加使得美国家庭部门在面临未来不确定因素时，风险管理手段更多（Dynan et al., 2006）。

2. 金融体系与实体经济的相互作用机制。银行信贷以及资本市场存在放大经济周期的作用，同时经济周期反过来也能够影响银行信贷供给。阿塞亚和布伦伯格（Asea and Blomberg, 1998）发现，美国存在银行信贷与经济周期的相互作用放大机制，即银行信贷的顺周期性问题，因此，需要对银行信贷进行逆周期调控来进行缓解。经济体对信贷的需求以及信贷的供给受经济周期的影响较大。信贷的需求受到生产、消费和投资的影响；而在经济上升期，银行信贷标准较松，在下降期则要求较严格。此现象在住房抵押贷款的发放方面也表现明显。银行信贷顺周期性的结果就是在经济上升期积累了大量的风险，因此，在经济衰退期，银行无法满足实体经济的信贷需求。之后，在 Basel Ⅱ 发布征求意见稿前后,学者们发现银行资本监管存在顺周期性问题,建议加强逆周期资本调控,但尚未实施就发生了 2008 年金融危机。然而银行监管资本是否存在顺周期问题,不同的国家表现也不尽相同,学者们的研究结论也颇具争议(见表 8-1),并没有形成银行信贷与经济周期之间关系的明确结论。这与学者们的研究样本和时间跨度、国家特点、估计方法和控制变量的选取等都有关。

表 8-1　　　　银行信贷与经济周期作用机制的研究成果

代表性成果	国家或地区	样本时间区间	是否存在顺周期性问题
阿于索(Ayuso,2002)	西班牙	1988~2000 年	存在
斯多兹和维多(Stolz and Wedow,2005)	德国	1995~2003 年	存在
弗朗西斯和奥斯本(Francis and Osborne,2009)	英国	1990~2006 年	存在,但相对较弱
令奎斯特(Lindquist,2003)	挪威	1995~2001 年	不存在
约计和米兰(Jokipii and Milne,2006)	欧盟	1997~2004 年	老欧盟成员国存在 新成员不存在
拜克和美兹美克(Bikker and Metzenmakers,2007)	欧盟和美国	1992~2001 年	老欧盟成员国不存在 美国存在
吉姆和李(Kim and Lee,2006)	30 个 OECD 国家和 7 个亚洲国家	1995~2004 年	OECD 国家和美国不存在 亚洲国家存在
艾维克和拉瓦索(D'Avack and Levasseur,2007)	11 个中欧和东欧国家	1997~2005 年	存在

一些学者的研究是以多个国家为研究样本。乔基庇伊和米尔恩(Jokipii and Milne,2006)实证结果表明,老欧盟成员国存在监管资本的顺周期性问题,尤其是大型商业银行,但新成员国不存在此问题。比克和梅森(Bikker and Metzenmakers,2007)的研究成果表明,整体上欧盟国家不存在监管资本的顺周期性问题,但他们发现消费贷款增长率越高,银行资本充足率越低。同时比克和梅森发现老欧盟成员国的监管资本存在逆周期调控的特点。虽然

银行贷款增长与资本充足率负相关,但基姆和李(Kim and Lee,2006)使用30个OECD成员国和7个亚洲国家的数据,实证结果表明,监管资本与经济周期不存在显著的相关性。当基姆和李对样本进行分组时,他们发现OECD国家的资本监管具有逆周期的特点,而亚洲国家存在顺周期性问题。

还有一些学者专注于单一国家的银行数据。阿尤索等(Ayuso et al.,2002)实证分析表明,西班牙的资本缓冲存在轻微的顺周期性现象。德国和英国的监管资本也同样存在顺周期性问题(Stolz and Wedow,2005;Francis and Osborne,2009)。但挪威却不存在此问题(Lindquist,2003)。

8.2 Basel Ⅲ 逆周期资本缓冲体系

由于资本充足率要求与具有顺周期性的风险资产的风险程度的变化密切相关,因此,在应对期望损失的顺周期性之后,应运用逆周期资本缓冲应对风险资产非期望损失的顺周期性。一些学术文献研究了银行风险资产的顺周期性,从而也支持这个结论。比如卡希亚普和斯坦在巴塞尔资本协议正式出台之前,运用反实际模拟方法(counterfactual simulation)证明银行风险资产的顺周期性。雷普略等(Repull et al.,2010)发现银行资本充足率与经济周期密切相关。安吉利尼等(Angelini et al.,2011)运用动态一般随机均衡模型证明了银行风险资产的权重具有非常强的顺周期性。由于动态拨备仅仅平滑了期望损失的顺周期性,因此需要逆周期资本缓冲应对非期望损失的顺周期性。

8.2.1 逆周期调控的基本原则

逆周期调控的最佳境界是在系统性风险开始积累的时候计提逆周期资本缓冲,同时各国金融监管当局也希望各国家逆周期资本计提的规则基本一致,从而保证国际银行业的公平竞争。Basel Ⅲ 提出了私人部门信贷与GDP比值,但是,巴塞尔委员会指出,这一个指标不一定适用于所有的国家和地区,每个国家和地区可以根据自身的可获得的数据信息设计逆周期资本调控机制。巴塞尔委员会在2010年提出了逆周期监管实施的基本原则。

1. 明确逆周期监管目标。监管目标决定了逆周期资本缓冲计提标准，进而决定了当信贷快速增长、系统性风险不断累积时，逆周期调控在多大程度上能够稳定银行体系。逆周期资本缓冲的目标是，当信贷快速增长时，为了应对不断累积的系统性风险所导致的银行业未来损失的增加，提高银行自我保护的能力。当经济出现衰退风险，风险变高时，逆周期资本缓冲得到释放，增强银行吸收损失的能力，防止信贷紧缩的出现。这里需要强调的是，逆周期资本缓冲不是用来调控经济周期和资产价格，是银行监管当局在经济体的特定条件下的银行监管决策。

2. 私人部门信贷与 GDP 比值是逆周期调控的主要盯住变量，各国监管当局应该明确解释如何使用该变量来发布逆周期资本计提的要求。但是各国监管当局也可以根据本国国情使用其他的经济变量和定性信息来分析经济体信贷供给的可持续性和系统性风险状况。

3. 警惕盯住变量发布错误信号。在做逆周期资本计提的决策之前，银行监管当局应在私人部门信贷与 GDP 比值和其他经济变量的走势进行比较，检验私人部门信贷与 GDP 比值与其他经济变量所蕴含的信息是否一致，其他经济变量包括各类资产价格、融资成本、CDS 价差、信用状况调查、实际 GDP 增长率、非金融企业债务偿付能力等。同时也要防止单纯由于 GDP 下跌导致私人部门信贷与 GDP 比值变大，进而发布错误信号的情况。

4. 要在正确的时间释放资本。当信贷增长缓慢，系统性风险慢慢累积时，逆周期资本也应慢慢释放。如果信贷增长是未来金融困境发生的滞后指标，则监管当局需要快速释放逆周期资本，以免出现信用收缩现象。一般而言，逆周期资本释放节奏可以与商业银行损失吸收能力下降程度和风险资产增加程度相一致。同时监管当局需要决定释放期是多长时间，这样一方面减缓银行对资本充足率要求的不确定性，另一方面也使得银行有目的的运用资本吸收损失，控制资产价格快速上涨。

5. 其他工具的配合。除逆周期资本计提外，控制信贷增长还需要其他监管工具的配合，比如贷款价值比（loan to value ratio）、对相关行业借贷的控制等。

8.2.2　Basel Ⅲ逆周期资本缓冲调控体系

逆周期资本调控以国际清算银行的监管实践为中心展开。为了确定逆周期资本缓冲的挂钩变量，国际清算银行将经济变量分为三类：第一类为宏观经济变量，比如 GDP 增长率、信贷增长率、信贷与 GDP 比值对长期趋势值的偏离、股票价格与房地产价格对长期均衡值的偏离；第二类变量为银行经营状态变量，主要为盈利水平变量；第三类指标为融资成本，主要的表示变量为信用价差。

最终，巴塞尔委员会选择了信贷与 GDP 比值作为逆周期资本调控的挂钩变量，主要原因是：第一，虽然金融周期与经济周期相关性非常强，但是产出的波动频率比信贷和资产价格的波动频率要高很多；第二，信贷与 GDP 比值对危机的预测能力非常强；第三，房地产价格和股票价格往往过早地释放逆周期资本计提的信号；第四，银行盈利水平的预测能力仅在美国和西班牙表现较好；第五，信贷价差仅在 2008 年金融危机中预测能力良好。基于以上原因，巴塞尔委员会最终选择了信贷与 GDP 比值作为逆周期资本计提的挂钩变量。

对于信贷变量的定义，巴塞尔委员会要求要捕捉经济体私人部门所有的债务总量，不仅仅包括银行业贷款，包括国际融资，其目的是使得银行业了解整体的信贷供给总量，以便对每家银行施行相同比率的逆周期资本要求。同时巴塞尔委员会认为，使用整体流向私人部门的信贷总量有助于防止监管套利的发生，防止银行通过其他渠道向经济体注入信贷资金，且实证证据也支持使用总体流向私人部门的信贷数据。从这个意义上讲，信贷总量应该包括一国所有国内和国外银行和非银行金融机构对该国的家庭部门和企业发放的贷款以及所有家庭部门和企业发行的债券，即包括在银行和非银行金融机构资产负债表中债券的价值总量。这里需要强调的是，信贷数据并没有包括银行间借贷的数据，而且也不包括公共信贷的风险敞口。

8.2.3　Basel Ⅲ逆周期资本计提机制

逆周期资本计提分为三步：第一步，计算信贷与 GDP 比值；第二步，计算该比值与其长期趋势值之差；第三步，根据此差值调整逆周期资本比率要求。

1. 计算信贷与 GDP 的比值。在时间 t，某个国家信贷与 GDP 的比值为：

$$Ratio_t = credit_t / GDP_t * 100\%$$

其中，GDP 表示国内 GDP 总量，credit 表示流向私人非银行部门的信贷总量。变量 GDP 和 credit 均使用名义价值，频率为季度。

2. 计算比值与长期趋势值之差。如果此比值显著高于长期趋势值，即差值大于零，则意味着相对于 GDP 的增长速度，信贷供给过度，系统性风险增加。具体来讲，此差值计算公式为：

$$Gap_t = Ratio_t - Trend_t$$

其中，Trend 表示根据历史信息计算的此比值的长期平均值。虽然可以使用移动平均等技术计算长期平均值，但是巴塞尔委员会建议使用 HP 滤波方法计算长期均衡值，其原因是 HP 对于近期值赋予了更大的权重，且委员会建议平滑参数 λ 为 400000。

3. 确定逆周期资本计提比率。当 Gap 低于某一个临界值 L 时，逆周期资本计提为零。随着 Gap 变量越来越大，逆周期资本要求也随之增加。当 Gap 值增长至最大值 H 时，逆周期资本要求比率达到最高。因此决定逆周期资本缓冲比率的主要参数是 L 和 H。巴塞尔委员会给出的参考值是 L 等于 2%，H 等于 10%。当 Gap 值大于 10% 时，逆周期资本要求为 2.5%；当 Gap 值处在 2%~10% 之间时，逆周期资本要求在 0%~2.5% 之间呈现线性变换。比如，当 Gap 值为 6%，处在 2%~10% 之间一半的位置，逆周期资本要求就是 1.25%。

8.3 Basel Ⅲ 逆周期资本缓冲的表现

8.3.1 发达国家的表现

正如德雷曼等（Drehmann et al., 2010）所指出的，"最佳指导商业银行如何积累资本缓冲的指标并不一定在释放资本缓冲方面表现得最好"，"信贷与 GDP 比值只是一个领先指标","从资本释放指标来看,一些表示银行业整体情况的指标可能会表现得更好"。Basel Ⅲ将信贷与 GDP 比值作为预测银行业危机的指标,但其并没有考虑此指标与经济周期指标的相关性,比如 GDP 增长率。拉法尔·瑞普罗和杰西·撒拉那(Rafael Repullo and Jesus Saurina, 2011)使用来自世界银行数据库的数据,研究一些西方国家 1986~2009 年之间私人贷款与 GDP 比值和 GDP 增长率之间的关系。图 8-1 为英国的私人信贷与 GDP 比值同长期趋势值之间的关系,样本时长为 1986~2009 年,虚线为 HP 滤波结果($\lambda = 400000$)。从图 8-2 可以看出,在 1986 年,信贷与 GDP 比值的缺口为 2.9%,在 1989 年达到阶段性定点,为 18.5%,而在 1999 年达到最低点,为 -19.5%,之后又在 2008 年达到 31.4%。从图 8-2 中我们不难发现,当 GDP 增长率非常低时,恰恰是信贷与 GDP 比值显示需要计提资本缓冲之时,及两者之间存在负相关性。图 8-3 为两者的回归结果,回归系数显著为负值。图 8-4 也表明,当 GDP 增长率很低时,指标显示银行需要计提逆周期资本,而 GDP 增长率比较高时,许多年份指标显示银行逆周期资本计提为零。

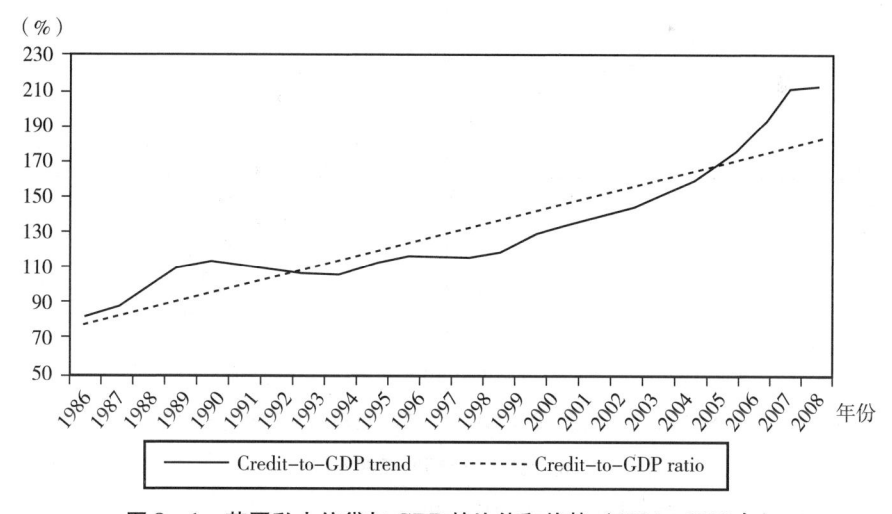

图 8-1 英国私人信贷与 GDP 的比值和趋势(1986~2009 年)

资料来源:拉法尔·瑞普罗和杰西·撒拉那(2011)。

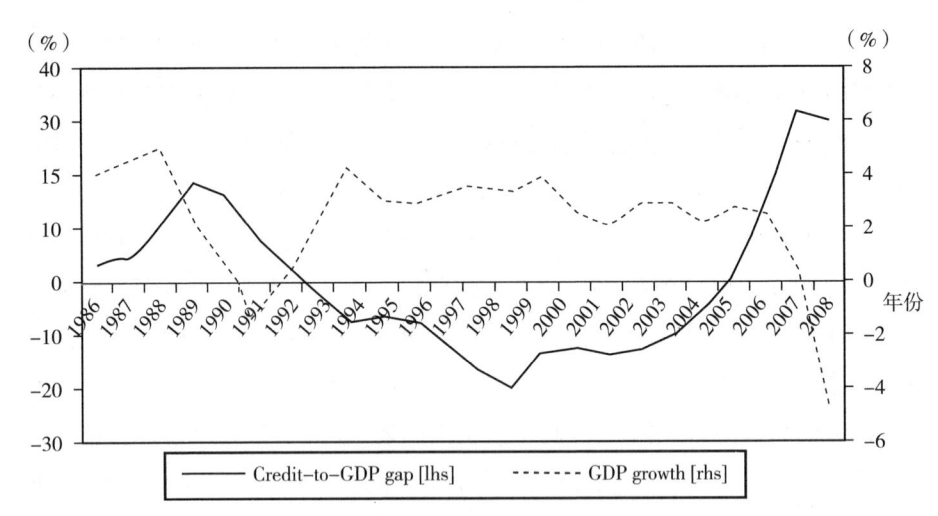

图 8-2　英国信贷与 GDP 比值的缺口和 GDP 增长率之间的关系（1986~2009 年）

资料来源：拉法尔·瑞普罗和杰西·撒拉那（2011）。

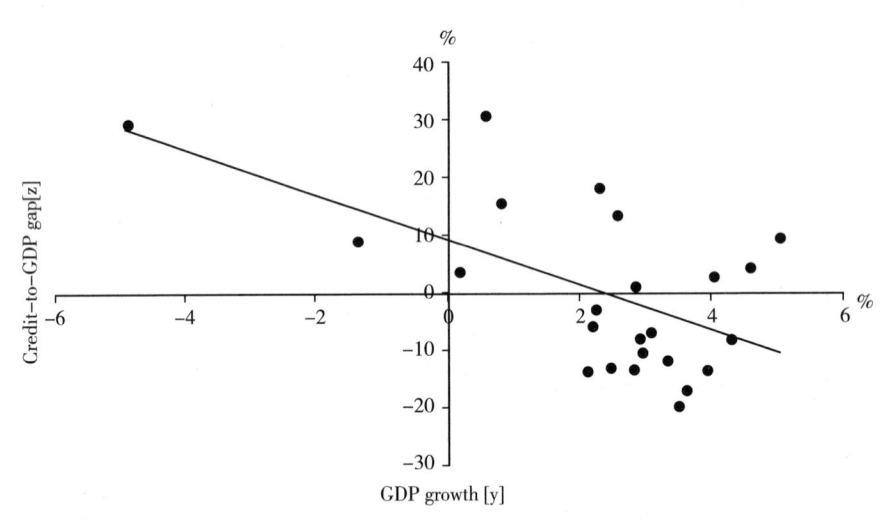

图 8-3　英国信贷与 GDP 比值的缺口与 GDP 增长率之间的关系（1986~2009 年）

资料来源：拉法尔·瑞普罗和杰西·撒拉那（2011）。

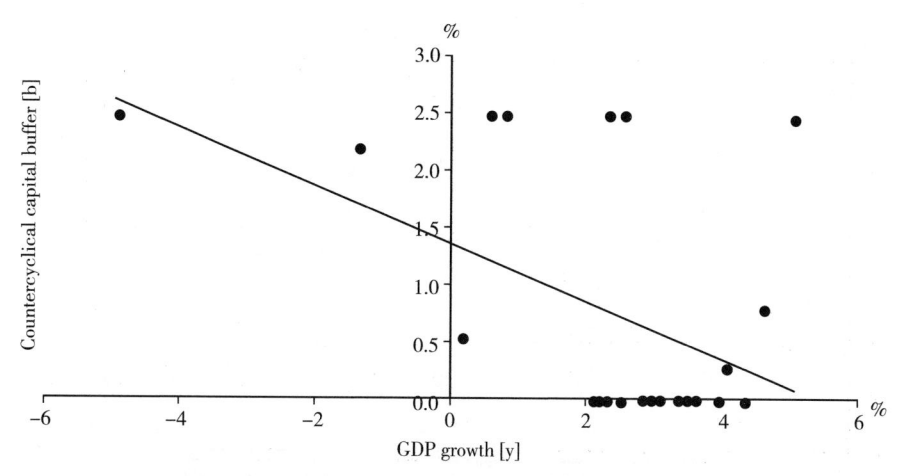

第8章　Basel Ⅲ逆周期调控工具体系

图 8-4　英国逆周期资本计提与 GDP 增长率之间的关系（1986~2009 年）

资料来源：拉法尔·瑞普罗和杰西·撒拉那（2011）。

拉法尔·瑞普罗和杰西·撒拉那使用世界银行数据库，进一步计算了法国、德国、意大利、日本、西班牙和美国的情况，结论基本类似。表 8-2 显示，在第一列，除了美国之外，其他国家的相关系数均为负值，平均相关系数为 -0.17；在第二列，除了西班牙和美国为正，其他国家也均为负值，平均值为 -0.13（见图 8-5~图 8-10）。

表 8-2　各个国家信贷与 GDP 比值缺口、逆周期资本计提要求分别同其 GDP 增长率的相关系数（1986~2008 年）

国家	信贷与 GDP 比值缺口同 GDP 增长率	逆周期资本计提要求同 GDP 增长率
法国	-0.31	-0.34
德国	-0.26	-0.14
意大利	-0.03	-0.07
日本	-0.32	-0.38
西班牙	-0.03	0.27
英国	-0.58	-0.48
美国	0.31	0.23

资料来源：拉法尔·瑞普罗和杰西·撒拉那（2011）。

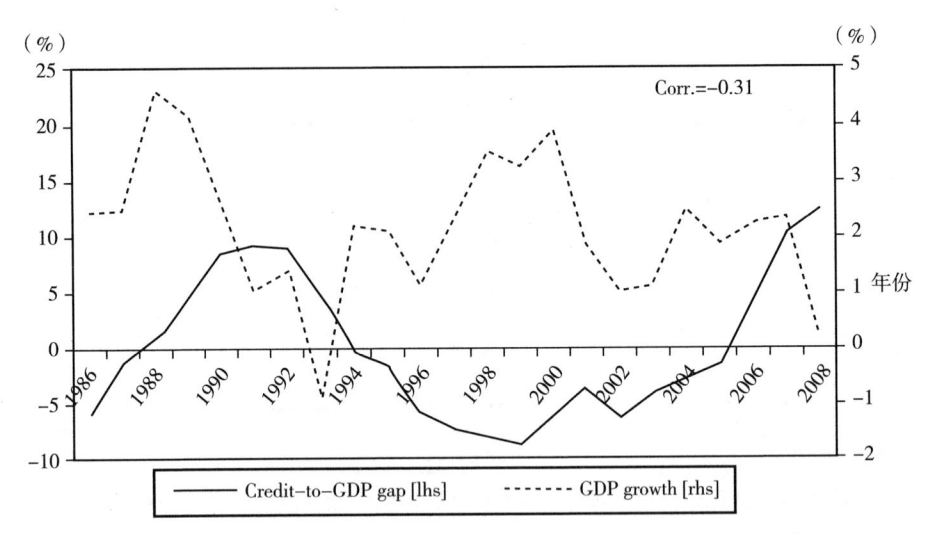

图 8-5 法国信贷与 GDP 比值缺口与 GDP 增长率（1986~2008 年）

资料来源：拉法尔·瑞普罗和杰西·撒拉那（2011）。

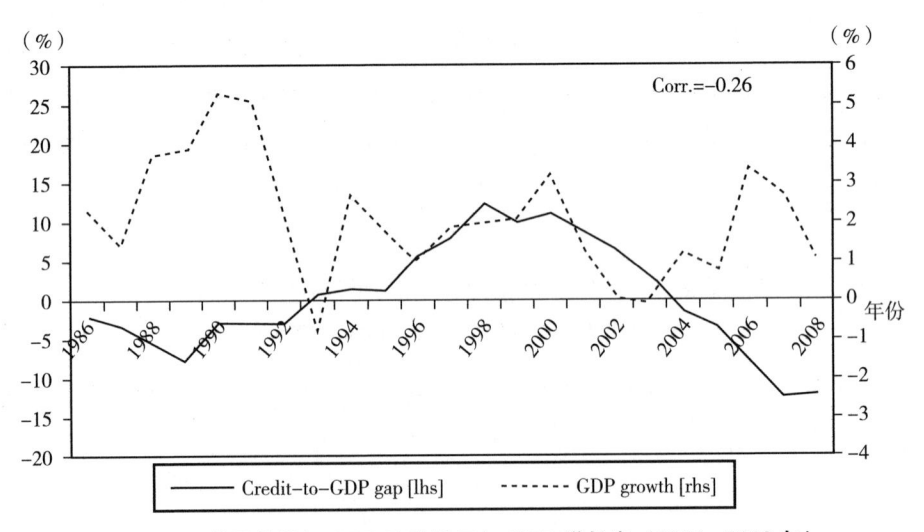

图 8-6 德国信贷与 GDP 比值缺口与 GDP 增长率（1986~2008 年）

资料来源：拉法尔·瑞普罗和杰西·撒拉那（2011）。

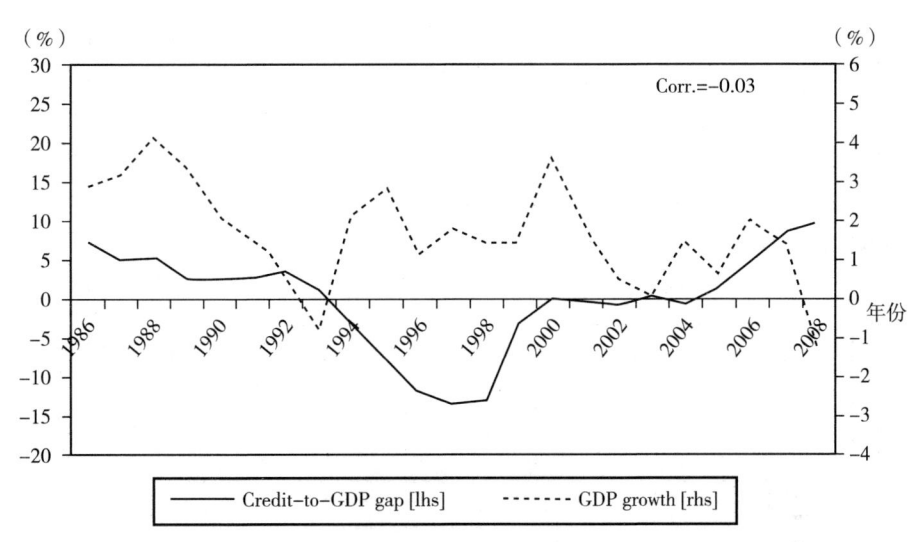

图8-7　意大利信贷与GDP比值缺口与GDP增长率（1986~2008年）

资料来源：拉法尔·瑞普罗和杰西·撒拉那（2011）。

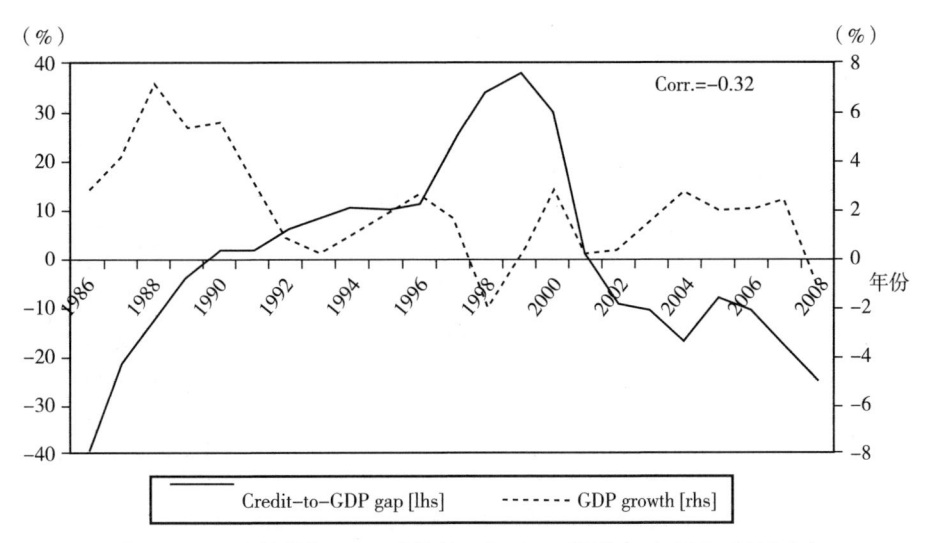

图8-8　日本信贷与GDP比值缺口与GDP增长率（1986~2008年）

资料来源：拉法尔·瑞普罗和杰西·撒拉那（2011）。

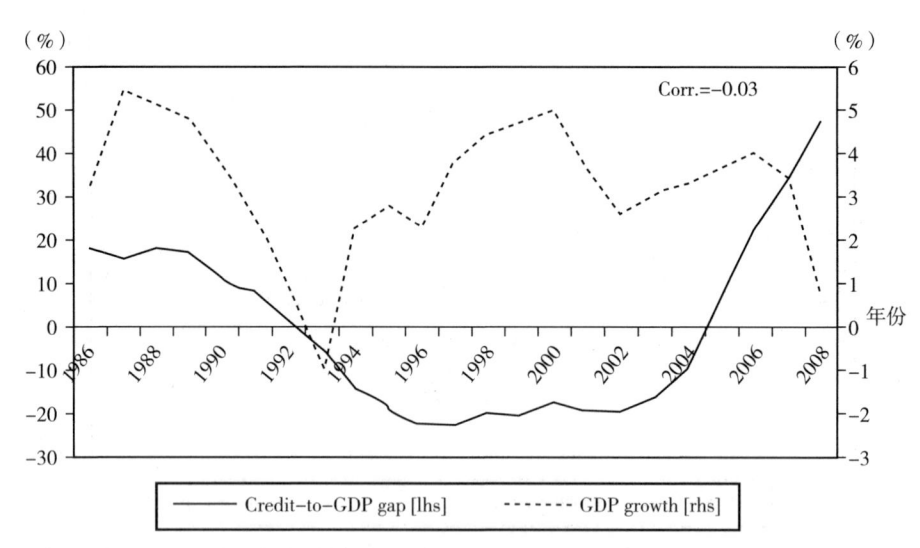

图 8-9　西班牙信贷与 GDP 比值缺口与 GDP 增长率（1986~2008 年）

资料来源：拉法尔·瑞普罗和杰西·撒拉那（2011）。

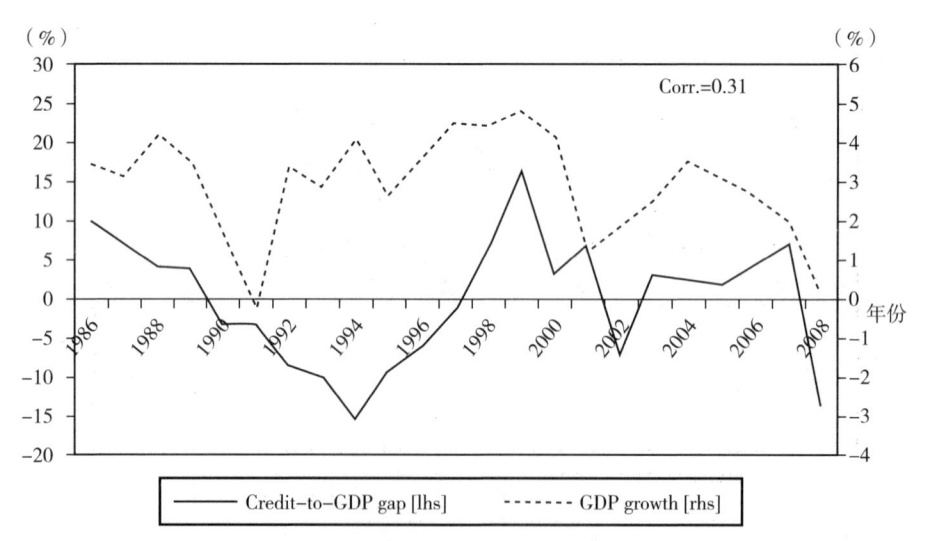

图 8-10　美国信贷与 GDP 比值缺口与 GDP 增长率（1986~2008 年）

资料来源：拉法尔·瑞普罗和杰西·撒拉那（2011）。

为了进一步验证此相关系数的显著性，拉法尔·瑞普罗和杰西·撒拉那使用这些国家存款类金融机构的信贷数据进行了分析，结果如表 8-3 所示。从表 8-3 可以看出，大多数国家的相关系数仍旧为负值，第一列的平均值为

-0.36，第二列的平均值为-0.33。且美国的相关系数从表8-2的正值变为表8-3的负值。这说明逆周期资本决策对信贷变量的选择非常敏感。

表8-3　各个国家信贷与GDP比值缺口、逆周期资本计提要求分别同其GDP增长率的相关系数（1986~2008年）

国家	信贷与GDP比值缺口同GDP增长率	逆周期资本计提要求同GDP增长率
法国	-0.61	-0.65
德国	0.07	-0.10
意大利	-0.32	-0.40
日本	-0.26	-0.28
西班牙	-0.43	0.05
英国	-0.72	-0.67
美国	-0.23	-0.18

资料来源：拉法尔·瑞普罗和杰西·撒拉那（2011）。

总之，发达国家的测算表明，根据信贷与GDP比值来进行逆周期调控，其结果是在GDP增长率降低时计提逆周期资本，而在GDP增长率处在高位时释放资本，严重违背了巴塞尔委员会的初衷。之所以出现这种情况，原因在于：第一，信贷供给往往滞后于经济周期（Giannone, Lenza and Reichlin, 2010）。在经济下行时期，实体经济对信贷的需求仍然较高，比如信贷承诺的使用等，因此在这个时期信贷与GDP比值仍处在高位。第二，信贷与GDP比值穿过趋势线也需要时间，因此无法在危机爆发时迅速释放资本。

8.3.2　发展中国家的表现

1. 印度的表现。图8-11为印度1950~2010年银行信贷与GDP比值和长期趋势值之间的关系。其趋势值是根据Basel Ⅲ提出的HP滤波法得到。从图8-11可以看出，20世纪50~80年代，信贷与GDP比值都在其趋势值上下附近波动。在20世纪90年代是低于趋势值，直到21世纪出才显著高于趋势值。因此，印度信贷与GDP比值的走势图对逆周期资本调控的指导意义并不是很大。

图 8-11　印度信贷与 GDP 比值走势

资料来源：图拉西格皮纳斯和查德哈里（Tulasi Gopinath and A. K. Choudhary, 2012）。

发展中国家和发达国家的不同在于金融深化程度。在印度，非正规信贷市场与正规信贷市场并行发展，因此如果计算信贷供给总量的话，需要考虑印度所有偏远地区的家庭之间的非正规信贷。这些借贷包括亲属之间的、朋友之间的、地主发放的等。这些信贷大概占据印度信贷总量的 30%（Tulasi Gopinath and A. K. Choudhary, 2012）。同时，在印度，只有 40% 的人群有银行账户，金融压抑现象非常严重。由于统计数据的缺乏，在印度，计算信贷与 GDP 比值的走势意义不是很大。

总之，对于发展中国家来讲，实施逆周期资本调控，数据是一个很大的挑战。发展中国家金融深化程度较低，且许多非正规信贷无法纳入信贷统计半径之内，因此作为发展中国家，应该结合本国国情来设计逆周期资本调控工具。

2. 中国的表现。中国银监会政策研究局李文泓和罗猛（2011）对 Basel Ⅲ 逆周期资本调控在我国的实施进行了分析。从图 8-12 可以看出，计提资本缓冲的区间都对应着信贷快速增长的区间。在李文泓和罗猛（2011）的基础上，结合拉法尔·瑞普罗和杰西·撒拉那的研究方法，作者发现中国 1994～2011 年"信贷/GDP 缺口"与 GDP 增长率以及逆周期资本缓冲比率与 GDP

增长率之间的相关系数也为负值，分别是 -0.464 和 -0.134。

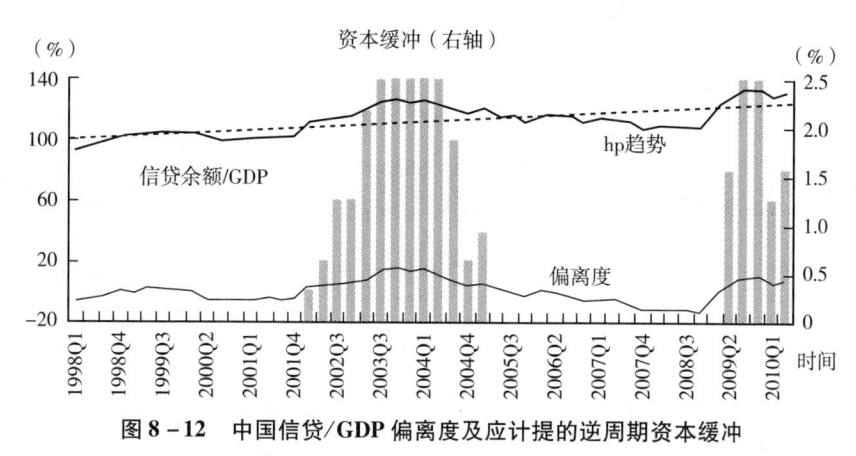

图 8-12　中国信贷/GDP 偏离度及应计提的逆周期资本缓冲

资料来源：李文泓和罗猛（2011）。

8.4　本章小结

宏观审慎监管的维度之一是时间维度，即建立逆周期调控体系，防止资产价格快速上涨造成的系统性风险逐渐累积。为了进行逆周期调控，巴塞尔委员会公布逆周期资本计提办法。然而，实证数据表明，巴塞尔资本协议逆周期调控的表现与理想中存在差距，主要体现在信贷与 GDP 比值缺口与 GDP 增长率和逆周期资本计提要求与 GDP 增长率的相关系数为负值上面。同时作为发展中国家，其国情与发达国家也存在差别，因此对于信贷这个变量的统计也有出入。同时，巴塞尔资本协议的逆周期资本计提总体过于宏观，精细化程度有待提高，也没有发挥宏观审慎监管定向调控的特征，会出现"一家有病，大家吃药"的状况。因此，作为发展中国家，中国一方面要加强逆周期调控的精细化程度，对相关产业和行业的过热发展进行定向调控，避免对其他部门的负面影响；另一方面也要结合中国的具体国情，设计出符合自身发展阶段的逆周期调控体系。

第 9 章

商业银行行业信贷风险敞口分析

2008年金融危机爆发后，实施宏观审慎监管，保证金融体系稳定成为各国监管当局的共识。银行对各个行业风险敞口暴露常常被监管当局和学术界认为是影响银行风险和金融体系稳定的重要因素之一。宏观审慎监管的逆周期调控应尽量发挥宏观审慎监管定向调控的特征，针对性地对某一行业信贷过快增长进行调控，既防止相关行业信贷过快增长，风险累积增加，又不会影响其他行业的信贷供给。

9.1 行业风险敞口与商业银行绩效

商业银行对不同行业的风险敞口暴露会影响银行的风险以及银行体系的稳定。银行信贷集中度对银行风险承担行为和银行体系的稳定会产生两种效应。一方面，传统的资产组合理论认为分散贷款可以最大限度地降低非系统风险；另一方面，将贷款集中投向某几个领域有助于银行对借款人进行监督，更有利于降低银行信用风险，增加银行收益。如果银行专注于某些领域发放信贷，则银行就能够获得专业技能，使得银行能够提前感知风险的增加，从而有助于银行迅速采取相关措施。正如斯蒂格利茨和韦斯（Stiglitz and Weiss, 1981）指出，可信的贷款监测能够降低借款人的风险转移（risk shifting）效应。从系统性风险来看，如果一国银行体系信贷不是非常分散，则很有可能会导致银行贷款风险敞口基本一致，导致金融体系同质性显著上升。进一步讲，即使银行能够分散贷款投放，银行体系还是有可能出现同质性情况，意味着金融机构可能会同时出现困境。瓦格纳（Wagner，2010）指出，即使银行能够有效分散贷款组合，银行的分散化贷款组合也可能趋同。

由于银行贷款无法完全细分，或者银行无法完全分散化贷款投放，因此银行必然会面临着信贷集中度风险。安然事件和世通事件证明了银行贷款过于集中对银行的负面影响。巴塞尔委员会2004年的研究表明，20世纪13次银行业危机均与信用风险过度集中相关，这也是为什么在新巴塞尔资本协议中，巴塞尔委员会将集中度风险纳入巴塞尔监管框架第二支柱。在巴塞尔协议2.5和巴塞尔资本协议Ⅲ中，均保持了对集中度风险的监管要求。发达国家的实证分析表明，行业风险敞口暴露对于银行经济资本和银行绩效具有显著影响。温顿（Winton，1999）研究表明，分散化贷款会降低银行行使贷款监督职能的动机，从而会增加银行倒闭概率。杜尔曼和马斯切林（Duellmann and Masschelein，2007）研究表明，如果银行将贷款投放至一个行业，则经济资本会增加11.7%。阿查里亚等（2006）对意大利、海登等（Hayden et al.，2007）对德国的实证研究表明，银行专注于对特定行业发放贷款会降低贷款损失程度。博威等（Boeve et al.，2010）研究表明，与分散化贷款相比，德国银行在专注几个行业发放信贷方面，更能有效行使监督职能。塔巴克等（Tabak et al.，2011）研究认为，巴西银行集中贷款比分散化贷款更能够提高银行绩效。

9.2 商业银行绩效变量选择

本章的研究样本为中国16家上市商业银行，样本时间为2006~2013年。本章选取四个变量表征银行绩效（即后面的Performance变量），分别是银行股票年度收益率、银行股票年度波动率、年度市值与账面价值之比以及银行系统性风险贡献度（ΔCoVaR）。银行股票年度收益率、银行股票年度波动率、年度市值与账面价值之比的数据来源为国泰安数据库，而ΔCoVaR需要计算得到，具体计算过程详见本书第14章。

9.3 基于股票收益率数据研究

9.3.1 行业风险敞口估计

本章从两个视角，运用分位数回归分析银行的行业风险敞口暴露：第一，分析商业银行对各行业的风险敞口；第二，分析来自各行业冲击的风险敞口。在估计商业银行对各行业风险敞口方面，(9-1) 式中 $F_{i,t}$ 为大智慧各个行业指数的日收益率。在估计上市商业银行对来自各个行业冲击的风险敞口方面，本章通过时间序列模型求解残差项的方式得到各个行业的冲击。设共有 i 个行业指数，每一个指数表示为 $F_{i,t}$，为了估计 $F_{i,t}$ 的扰动项，本章首先对每个 $F_{i,t}$ 进行 ARMA 模型回归，运用自相关系数和偏相关系数来识别 ARMA 的滞后阶数。根据鲍尔和舒尔茨（Baur and Schulze, 2009）的研究，ARMA 模型估计后得到的残差项 $f_{i,t}$，即为来自各行业冲击的近似替代，如 (9-2) 式所示。

$$Q_r(\tau \mid F_t) = a_i(\tau) + b_i(\tau) F_t \qquad (9-1)$$

$$Q_r(\tau \mid f_t) = a_i(\tau) + b_i(\tau) f_t \qquad (9-2)$$

其中，r 表示中国上市商业银行股票日收益率，$Q_r(\tau \mid F_t)$ 和 $Q_r(\tau \mid f_t)$ 表示 r 的条件 τ 分位数，与 F_t 和 f_t 为线性关系。分位数回归可以研究 F_t 和 f_t 对 r 不同分位点的影响（Koenker and Bassett, 1978），可以看出不同市场状态下银行对不同行业风险敞口的大小。如果系数 b_i 在不同的分位点的估计值均非常稳定，则说明银行对行业 i 的风险敞口暴露较为稳定，不存在极端影响情况。如果系数 b_i 的估计值在低分位点非常高，说明行业 i 对银行的负面影响非常大，这说明来自行业 i 的冲击会影响银行的稳健经营。

9.3.2 行业风险敞口与商业银行绩效回归分析

本章运用 2006~2013 年股票日度收益率的数据求解中国 16 家上市商

业银行对 27 个行业在 99 个分位点的风险敞口暴露状况。采用股票收益率数据测度银行风险的理由可以参见陈忠阳和刘志洋（2013）的研究。本章选取的 27 个行业指数来自大智慧行业指数，具体包括房地产、电力、外贸、商业连锁、有色金属、电器、运输物流、造纸印刷、工程建筑、计算机、机械、煤炭石油、化工化纤、仪电仪表、供水供气、建材、电子信息、酿酒食品、旅游酒店、钢铁、医药、纺织服装、通信、交通设施、交通工具、教育传媒和农林牧渔。从表 9-1 中可以看出，银行财报中占比最大的制造业，其平均行业风险敞口和行业冲击风险敞口并非最大，商业银行对工程建筑行业的风险敞口高于制造业。股份制商业银行和城市商业银行对房地产行业的风险敞口比国有大型商业银行大。总体来讲，财报中贷款占比额度大的行业未必是市场认为银行风险敞口最大的行业[①]。表 9-2 为各行业风险敞口暴露测算处在前三位的商业银行。整体来讲，股份制商业银行行业风险敞口暴露较大，其中华夏银行、浦发银行、兴业银行和平安银行出现频率较高。

表 9-1　　各类型商业银行各风险敞口数据平均值

类型	风险敞口	制造业	房地产	电力	商业连锁	有色金属	运输物流	工程建筑
城市商业银行[①]	行业风险敞口均值	0.71	0.68	0.78	0.76	0.55	0.71	0.84
城市商业银行	报表行业占比均值	0.23	0.10	0.02	0.12	0.00	0.04	0.04
城市商业银行	行业冲击敞口均值	0.01	0.11	-0.03	-0.17	-0.11	0.00	-0.20
股份制商业银行[②]	报表行业占比均值	0.21	0.09	0.04	0.10	0.02	0.07	0.04
股份制商业银行	行业冲击敞口均值	-0.33	0.08	-0.31	-0.45	-0.28	-0.35	-0.53
股份制商业银行	行业风险敞口均值	0.70	0.71	0.78	0.74	0.56	0.73	0.83
国有大型商业银行[③]	报表行业占比均值	0.22	0.09	0.09	0.09	0.03	0.12	0.03

[①] 本章估计了每家银行对 27 个行业在 99 个分位点的风险敞口，即每家银行得到一个 99×27 矩阵。由于版面原因，无法将详细结果附上。总体来讲，报表中占比大的行业，市场认为其风险敞口估计值未必大。

续表

类型	风险敞口	制造业	房地产	电力	商业连锁	有色金属	运输物流	工程建筑
国有大型商业银行	行业冲击敞口均值	-0.14	-0.03	-0.06	-0.23	-0.14	-0.21	-0.21
国有大型商业银行	行业风险敞口均值	0.47	0.43	0.54	0.50	0.37	0.51	0.56

注：电力行业对应的报表行业为电力、热力、燃气及水生产和供应业；商业连锁对应的是报表中的批发和零售业；有色金属对应的是报表中的采矿业；运输物流对应的是报表中的交通运输、仓储和邮政业；工程建筑对应的是报表中的建筑业；电器、造纸印刷、机械、酿酒食品、钢铁、医药、纺织服装等对应报表中的制造业。行业风险敞口数据和行业冲击敞口数据均为分位数估计的 0.05 分位点平均值，0.01 分位点数值与 0.05 分位点数值比较结果类似。

①包括北京银行、南京银行和宁波银行。
②包括兴业银行、浦发银行、华夏银行、招商银行、中国民生银行、中信银行、中国光大银行和平安银行。
③包括中国工商银行、中国建设银行、中国农业银行、中国银行和交通银行。

表 9-2　　　　　　　　对各行业风险敞口暴露最大的银行

行业	行业风险敞口分位点	敞口大小前三位的银行	行业冲击敞口分位点	敞口大小前三位的银行
制造业	0.01	兴业银行	0.01	中国光大银行
		华夏银行		中国农业银行
		中国光大银行		招商银行
制造业	0.05	华夏银行	0.05	浦发银行
		平安银行		招商银行
		宁波银行		兴业银行
房地产	0.01	中国光大银行	0.01	中国建设银行
		华夏银行		中国银行
		中国民生银行		中信银行
房地产	0.05	平安银行	0.05	中信银行
		华夏银行		中国建设银行
		兴业银行		中国工商银行
电力	0.01	宁波银行	0.01	浦发银行
		平安银行		中国光大银行
		中国光大银行		华夏银行

续表

行业	行业风险敞口分位点	敞口大小前三位的银行	行业冲击敞口分位点	敞口大小前三位的银行
电力	0.05	华夏银行	0.05	浦发银行
		平安银行		平安银行
		北京银行		兴业银行
商业连锁	0.01	华夏银行	0.01	兴业银行
		兴业银行		中国光大银行
		宁波银行		南京银行
商业连锁	0.05	宁波银行	0.05	浦发银行
		华夏银行		兴业银行
		平安银行		招商银行
有色金属	0.01	华夏银行	0.01	招商银行
		北京银行		兴业银行
		中国民生银行		浦发银行
有色金属	0.05	华夏银行	0.05	浦发银行
		浦发银行		华夏银行
		兴业银行		招商银行
运输物流	0.01	华夏银行	0.01	招商银行
		兴业银行		兴业银行
		招商银行		中国光大银行
运输物流	0.05	华夏银行	0.05	华夏银行
		平安银行		平安银行
		兴业银行		浦发银行
工程建筑	0.01	华夏银行	0.01	兴业银行
		浦发银行		浦发银行
		兴业银行		招商银行
工程建筑	0.05	华夏银行	0.05	浦发银行
		平安银行		招商银行
		兴业银行		华夏银行

分位数回归所得到的风险敞口暴露的结果并非时间序列形式，因此无法运用面板数据回归模型。本章使用截面回归形式，研究银行风险敞口与银行绩效之间的关系，回归方程如下：

$$performance_i = c + expsure_i + controls_i + u_i \quad (9-3)$$

其中，performance 为本章第二部分提到的银行绩效变量，controls 为银行业研究中（Beck et al.，2013；Laeven and Levine，2009）经常运用的控制变量，包括取对数的规模（size）、不良贷款率（npl）、贷款总额与资产比率（loan）、杠杆率（lev）、资本充足率（cap）等。performance 和控制变量取值为银行 2006~2013 年各年度的平均值①。exposure 为衡量银行风险敞口变量，具体说明如表 9-3 所示。

表 9-3　　　　　　　　exposure 变量取值说明

行业风险敞口回归变量说明：
S1：每家银行估计分位数结果 0.01 分位点的各行业的前十位均值
S2：每家银行估计分位数结果 0.05 分位点各行业的前十位均值
S3：每家银行估计分位数结果 0.01~0.05 分位点均值的各行业的前十位均值
S4：每家银行估计分位数结果 0.01 分位点各行业敞口的标准差
S5：每家银行估计分位数结果 0.05 分位点各行业敞口的标准差
S6：每家银行估计分位数结果 0.01~0.05 分位点各行业敞口均值的标准差
行业冲击敞口回归变量说明：
S7：每家银行估计分位数结果 0.01 分位点的各行业的前十位均值
S8：每家银行估计分位数结果 0.05 分位点各行业的前十位均值
S9：每家银行估计分位数结果 0.01~0.05 分位点均值的各行业的前十位均值
S10：每家银行估计分位数结果 0.01 分位点各行业敞口的标准差
S11：每家银行估计分位数结果 0.05 分位点各行业敞口的标准差
S12：每家银行估计分位数结果 0.01~0.05 分位点各行业敞口均值的标准差

注：均值刻画风险敞口暴露的大小；标准差刻画风险敞口的分散程度，标准差越大，分布越不均匀。

---

① ΔCoVaR 值为 2008~2013 年均值。

结合贝克和琼河（Beck and Jonghe，2014）的研究，本章先对各控制变量解释银行绩效变量的显著性水平进行回归分析。表9-4显示，规模越大的银行其股票平均收益率、股票平均波动率以及市值与账面价值之比均值越小，而规模对银行 ΔCoVaR 均值影响则不显著。贷款比值越高，股票平均收益率和股票平均波动率越高。银行杠杆率越高，ΔCoVaR 越大；而银行资本充足率越高，ΔCoVaR 越小。不良贷款率越高，股票平均波动率越高。从拟合优度来看，解释力最强的是股票平均波动率，为0.443；其他三个绩效变量的解释力度均不是很强，最低的 ΔCoVaR 的拟合优度仅为0.145。

表9-4　　　　各控制变量对于银行绩效变量的解释状况

	股票平均收益率	股票平均波动率	市值与账面价值之比均值	ΔCoVaR
NPL		0.0895*		
size	-0.081*	-0.1076*	-0.3246**	
loan	2.9867**	2.8016*		
lev				0.268*
cap				-0.0021**
constant	0.9167	2.4171	11.041**	-0.016**
ajusted-R^2	0.282	0.443	0.233	0.145

注：本表的回归结果为去除显著性水平低的变量的回归结果，*、**、***分别表示10%、5%和1%水平显著。

在表9-4基础上，本章将银行风险敞口变量逐一引入，并舍弃不显著的控制变量，结果如表9-5和表9-6所示。从股票平均收益率看，银行风险敞口变量回归系数大都非常显著。从风险敞口大小看，行业风险暴露越大，银行股票平均收益水平越高；行业冲击风险敞口越大，股票收益率越低。从暴露分散程度来看，行业集中度越高，银行股票平均收益水平也越高。随着风险敞口变量的引入，拟合优度显著上升。从股票平均波动率水平看，银行风险敞口变量回归系数大都显著。从行业敞口大小看，行业风险敞口越大，行业越集中，银行股票波动率越高。从行业冲击敞口看，冲击敞口越大，股票波动率会越低，但冲击所发生的行业越集中，股票平均波动率则越大。随着风险敞口变量的引入,拟合优度有一定程度的上升。从市值账面价值比率看,对行业风险敞口越大,越有助于增加银行市值账面价值比率,而敞口的集中程度则对市值和账面价值比率的影响不显著。整体上行业冲击风险敞口对银行市值账面价值比率的影响不显著。随着风险敞口变量的引入,拟合优度也有一定程度的上升。无论是行业敞口,还是行业冲击敞口,对银行 ΔCoVaR 的影响均不显著。

表9-5　　　　　　　行业风险敞口对银行绩效的影响

	股票平均收益率	股票平均波动率	市值与账面价值之比	ΔCoVaR
S1	0.6927**	1.4644***	3.019**	-0.0033
ajusted-R^2	0.317	0.400	0.278	0.080
S2	0.794**	1.657**	3.3503**	-0.0038
ajusted-R^2	0.366	0.490	0.323	0.084
S3	0.7738**	1.246*	3.3045**	-0.0033
ajusted-R^2	0.358	0.451	0.322	0.082
S4	4.3516***	5.03***	9.2697*	-0.060
ajusted-R^2	0.586	0.593	0.374	0.162
S5	-0.3869	2.348	-2.13	0.0188**
ajusted-R^2	0.222	0.303	0.176	0.424
S6	5.615**	5.6267*	9.07	-0.084
ajusted-R^2	0.373	0.420	0.234	0.129

注:*、**、***分别表示10%、5%和1%水平显著。

表9-6　　　　　　　行业冲击对银行绩效的影响

	股票平均收益率	股票平均波动率	市值与账面价值之比	ΔCoVaR
S7	-0.351*	-0.357	-0.631	-0.0057
ajusted-R^2	0.382	0.48	0.216	0.129
S8	-0.58***	-0.557*	-1.0814	0.00347
ajusted-R^2	0.561	0.557	0.278	0.084

续表

	股票平均收益率	股票平均波动率	市值与账面价值之比	ΔCoVaR
S9	-0.498**	-0.5853*	-0.8157	-0.001
ajusted-R^2	0.501	0.527	0.238	0.075
S10	1.5091**	1.618	2.852	-0.007
ajusted-R^2	0.442	0.509	0.24	0.083
S11	1.7947*	2.64**	5.06	0.007
ajusted-R^2	0.390	0.469	0.294	0.076
S12	2.01**	2.512**	3.5187	-0.002
ajusted-R^2	0.476	0.479	0.244	0.074

注：*、**、*** 分别表示10%、5%和1%水平显著。

9.4 基于银行财务报表数据研究

本部分运用面板回归模型研究银行对各行业的风险敞口暴露与表征银行绩效变量之间的关系。（9-4）式各变量的含义与（9-9）式相同。样本期间为2006~2013年。敞口变量（exposure）说明如表9-7所示。数据来源为Wind数据库以及各上市商业银行年报。

$$\text{performance}_{i,t} = c + \text{exposure}_{i,t} + \text{controls}_{i,t} + u_{i,t} \qquad (9-4)$$

表9-7　　　　　　　　　　exposure 变量说明

exposure 变量说明
S13：每家银行2006~2013年各个行业占比波动率
S14：每家银行2006~2013年前三大行业占比
S15：HHI 指数
S16：单一最大客户贷款比率
S17：最大十家客户贷款比率

注：HHI 指数为银行报表中各行业占比平方和，指数值越高说明银行行业集中度越高。

与本章前面的研究一致，本部分研究控制变量对银行绩效变量的解释力度。根据面板回归检验，本章对股票年收益率、年波动率以及年度市值与账面价值之比运用混同回归模型，对 $\Delta CoVaR$ 运用固定回归模型[1]，结果如表9-8所示。不良贷款率对四个绩效变量的影响均为正向。高风险伴随着高预期收益，不良贷款率的增加在增加银行风险的同时，也增加了银行股票收益率水平。规模对四个绩效变量的影响均为负向。贷款比率对股票年波动率的影响显著为负，但由于数值非常小，笔者认为其不具有经济上的显著性。银行杠杆率越高，股票年收益率越低。而资本充足率越高的银行，其股票年波动率越高，这可能是因为资本越充足的银行，越倾向于涉足高风险的业务。

表9-8　　　　各控制变量对于银行绩效变量的解释状况

	股票年收益率	股票年波动率	年度市值与账面价值之比	$\Delta CoVaR$
NPL	2.57 ***	0.065 ***	6.871 ***	0.038 ***
size	-0.143 ***	-0.004 ***	-0.460 ***	-0.0018 ***
loan		-0.0006 **	-0.068 ***	
lev	-0.096 **			
cap		0.0022 ***		
constant	4.096 **	0.095 **	12.49 ***	0.0037
ajusted - R^2	0.266	0.394	0.359	0.804
样本容量	99	109	109	89
prob(F-statistic)	0.0000	0.0000	0.0000	0.0000

注：样本容量为EViews软件自动显示的样本容量数值。*、**、*** 分别表示10%、5%、1% 水平显著。

在表9-8基础上，本章将银行风险敞口变量逐一引入，并舍弃不显著的控制变量，结果如表9-9所示。从表9-9中可以看出，单一最大客户贷款比率对股票收益率有显著的正向影响。整体上行业集中度越高，股票波动率

---

[1] 由于前文求解 CoVaR 的时间是从2008年开始，因此，对 CoVaR 进行的相关面板回归的样本期间为 2008~2013 年。

越大,市值与账面价值比也越大。总体上行业风险敞口对银行系统性风险贡献度的影响不显著。随着行业风险敞口变量的引入,在回归系数显著的情况下,各回归的拟合优度均有一定程度的上升。

表9-9　　　　　　　　　行业风险敞口对银行绩效的影响

	股票平均收益率	股票平均波动率	市值与账面价值之比	ΔCoVaR
S13	-3.91	0.321***	16.11*	0.076
ajusted-R^2	0.261	0.445	0.371	0.807
S14	-0.49	0.051**	3.30*	0.077
ajusted-R^2	0.260	0.423	0.371	0.807
S15	-1.98	0.165***	7.95**	0.04*
ajusted-R^2	0.263	0.475	0.378	0.808
S16	0.11**	0.0005	0.101	-0.0001
ajusted-R^2	0.295	0.392	0.356	0.797
S17	0.028***	0.000009	0.039**	-0.00005
ajusted-R^2	0.323	0.390	0.380	0.801

注:*、**、***分别表示10%、5%、1%水平显著。

9.5　中国银行业行业风险敞口预测

本章运用2006~2013年股票日度收益率的数据求解中国16家上市商业银行对下述27个行业在0.01和0.05分位点的风险敞口暴露状况。采用股票收益率数据测度银行风险的理由可以参见陈忠阳和刘志洋(2013)。本章选取的27个行业指数来自大智慧行业指数,具体包括:房地产、电力、外贸、商业连锁、有色金属、电器、运输物流、造纸印刷、工程建筑、计算机、机械、煤炭石油、化工化纤、仪电仪表、供水供气、建材、电子信息、酿酒食品、旅游酒店、钢铁、医药、纺织服装、通信、交通设施、交通工具、教育传媒和农林牧渔。对行业风险敞口的估计方法同9.3.1相同。

本部分借鉴陈忠阳、刘志洋和宋玉颖(2012)的研究成果,运用merton

跳扩散模型拟合每个行业指数数据，并对每个行业指数估计出相关参数。在对模型参数估计基础上，本章使用蒙特卡洛模拟法，对每个行业指数向前预测 6 个月，模拟 1 万条路径，因此会得到每个行业指数的一个分布。本章取每个分布最低的 0.01 和 0.05 分位点的数值，并乘以每家银行对每个行业的 (9-1) 式和 (9-2) 式分位数估计的系数值，就可以预测未来行业风险如何影响银行股票表现。需要说明的是，虽然本章的预测时间为 6 个月，但由于股票市场反应的未来所有信息的折现值，对预测结果的理解不应拘泥于只有 6 个月的时间。

9.5.1 估计模型

传统资产定价理论假设资产价格是用一个连续的布朗运动来表示，但是在实际资产运动的过程中，资产价格会出现断点性跳跃。如果在资产运动不连续的情况下，仍然使用传统的基于连续型假设的定价模型，则会低估风险。基于此考虑，本章引入带跳的布朗运动过程。这一过程包括两个部分：一是正常情况下资产价格正常的布朗运动过程，即资产价格的正常波动；二是当重要信息到来，资产价格发生幅度很大的异常波动。即 merton 跳扩散模型：

$$d\ln S_t = \mu dt + \sigma dB_t + J dN_t \qquad (9-5)$$

其中，S_t 表示 t 时刻标的资产的价格；μ 为漂移项；σ 表示上述过程的扩散强度；J 表示跳动强度 (size)，服从期望为 μ_J，方差为 σ_J^2 的正态分布；N 为跳动次数 (times)，服从强度为 λ 的 poisson 分布。在这个模型下，我们需要估计的参数为 μ、σ、λ、μ_J 和 σ_J^2，使用的方法为 MCMC(markov chain monte carlo) 算法。由 gibbs 抽样方法、beyes 学习规则以及共轭分布的基本知识和杰弗里斯关于缺少先验信息的论述即可以得到参数估计值，具体估计方法探讨可以参加陈忠阳等 (2012) 的研究。

9.5.2 实证结果

本章使用 merton 跳扩散模型对 27 个行业指数 2006 年 8 月 30 日 ~ 2013 年 12 月 31 日的数据进行了拟合，每个行业的参数估计结构如表 9-10 和表 9-11 所示。

表 9-10　　行业指数数据（$F_{i,t}$）模型参数估计结果

	μ	μ_J	σ	σ_J	λ
房地产	0.000481	-0.077200	0.000625	2.072100	0.016300
电力	0.000268	-0.015000	0.000386	0.004700	0.041900
外贸	0.000655	-0.092400	0.000705	0.543000	0.017900
商业连锁	0.000357	-0.055200	0.000412	0.178900	0.019200
有色金属	0.000238	-0.024700	0.000750	6.252300	0.009100
电器	0.000828	-0.044400	0.000470	0.383600	0.019600
运输物流	0.000239	-0.064000	0.000521	0.127900	0.020400
造纸印刷	0.000321	-0.067100	0.000534	0.142800	0.022200
工程建筑	0.000337	-0.033900	0.000424	0.093000	0.035600
计算机	0.000821	-0.037000	0.000521	1.646100	0.020700
机械	0.000461	-0.070500	0.000502	0.656200	0.018200
煤炭石油	0.000327	-0.003800	0.000521	0.012800	0.053700
化工化纤	0.000390	-0.045600	0.000474	1.925500	0.021400
仪电仪表	0.000487	-0.054800	0.000484	0.812000	0.028000
供水供气	0.000526	-0.072100	0.000558	0.264000	0.021200
建材	0.000642	-0.019900	0.000576	0.794000	0.014300
电子信息	0.000434	-0.055600	0.000584	1.195100	0.022100
酿酒食品	0.000599	-0.041500	0.000389	0.166000	0.022800
旅游酒店	0.000482	-0.026300	0.000581	0.167700	0.035800
钢铁	0.000072	-0.074900	0.000558	0.321600	0.014300
医药	0.000892	-0.056900	0.000424	1.205900	0.017800
纺织服装	0.000459	-0.071000	0.000542	0.586300	0.023100
通信	0.000320	-0.039700	0.000479	0.902000	0.014300
交通设施	0.000199	-0.021100	0.000436	0.241200	0.039700
交通工具	0.000550	-0.067400	0.000539	0.228200	0.017700
教育传媒	0.000465	-0.074600	0.000594	0.007900	0.018800
农林牧渔	0.000621	-0.074200	0.000531	1.986500	0.018700

表 9-11　　　　　　行业冲击数据（$f_{i,t}$）模型估计结果

	μ	μ_J	σ	σ_J	λ
房地产	0.000003	0.000560	0.000154	0.163800	0.038300
电力	-0.000013	0.006600	0.000112	0.072300	0.033700
外贸	-0.000014	0.001100	0.000150	0.035100	0.028700
商业连锁	-0.000032	0.002900	0.000121	0.040100	0.038400
有色金属	-0.000044	-0.003000	0.000217	0.148900	0.032700
电器	-0.000006	0.001600	0.000127	0.033600	0.035100
运输物流	-0.000015	0.011200	0.000101	0.024400	0.024900
造纸印刷	-0.000064	-0.015100	0.000145	0.817300	0.029600
工程建筑	0.000016	-0.001600	0.000078	0.057300	0.032600
计算机	-0.000123	0.004500	0.000179	0.352400	0.023000
机械	-0.000027	0.004100	0.000095	0.150100	0.022200
煤炭石油	-0.000024	0.010200	0.000147	0.011200	0.044900
化工化纤	-0.000020	-0.023300	0.000103	0.239000	0.018000
仪电仪表	-0.000089	0.014300	0.000143	0.271800	0.019600
供水供气	-0.000002	0.020100	0.000136	2.225200	0.037800
建材	-0.000001	0.002400	0.000145	0.082100	0.021600
电子信息	-0.000066	-0.027000	0.000181	5.028800	0.007300
酿酒食品	-0.000006	-0.003500	0.000150	1.008000	0.036200
旅游酒店	-0.000060	0.011400	0.000184	0.155600	0.020700
钢铁	-0.000009	0.040300	0.000150	0.008800	0.019500
医药	-0.000030	-0.005500	0.000156	0.865000	0.039200
纺织服装	-0.000043	-0.003200	0.000127	0.216600	0.037800
通信	-0.000066	0.010000	0.000151	0.207800	0.040100
交通设施	-0.000009	0.007900	0.000114	0.429100	0.033300
交通工具	-0.000042	0.006800	0.000112	0.064500	0.026100
教育传媒	-0.000079	0.016200	0.000229	0.374200	0.041200
农林牧渔	0.000025	0.004800	0.000197	0.381600	0.032800

在估计参数基础上，本章使用 merton 跳扩散模型，使用蒙特卡洛模拟方法，向前预测未来 6 个月的 $F_{i,t}$ 和 $f_{i,t}$，模拟一万条路径。这样，在得到向前预测分布基础上，使用（9-1）式和（9-2）式估计的 b_i 值，乘以分布的 1% 和 5% 分位点的数值，就可以得到每家银行在未来 6 个月内对每个行业的风险敞口，具体如表 9-12 所示。

表 9-12　　　　各上市商业银行主要的行业风险敞口

银行名称	对 $F_{i,t}$ 风险敞口	对 $f_{i,t}$ 风险敞口
城市商业银行		
宁波银行	房地产（-） 制造业（-）	工程建筑（+） 交通运输（--）
南京银行	房地产（--） 商业连锁（--）	工程建筑（+）
北京银行	房地产（---） 交通运输（--）	工程建筑（+） 制造业（-）
股份制商业银行		
平安银行	工程建筑（--） 制造业（--）	房地产（--） 工程建筑（+） 制造业（+）
浦发银行	房地产（---） 工程建筑（--） 商业连锁（--） 制造业（--）	工程建筑（++） 房地产（--） 制造业（--）
华夏银行	房地产（---） 工程建筑（---） 制造业（---）	工程建筑（+） 制造业（-）
中国民生银行	房地产（---） 工程建筑（---） 制造业（---）	有色金属（+） 交通运输（--）
招商银行	房地产（---） 制造业（--）	工程建筑（+） 制造业（++）

续表

银行名称	对 $F_{i,t}$ 风险敞口	对 $f_{i,t}$ 风险敞口
股份制商业银行		
中国光大银行	房地产（- - -） 交通运输（- - -） 工程建筑（- - -） 制造业（- - -）	电力（+） 商业连锁（+） 制造业（+）
兴业银行	房地产（- - -） 制造业（- - -） 交通运输（- -）	工程制造（+ +）
中信银行	房地产（- - -） 交通运输（- -） 制造业（- -）	制造业（+）
国有大型商业银行		
交通银行	房地产（- -） 交通运输（- -） 制造业（-）	工程建筑（+）
中国农业银行	房地产（-）	制造业（+）
中国工商银行	房地产（- -） 制造业（-）	制造业（+）
中国建设银行	房地产（- -） 有色金属（-）	商业连锁（+） 工程建筑（+）
中国银行	房地产（-） 制造业（-）	制造业（+）

注："+"表示风险敞口对银行股票表现产生正面影响；"-"表示风险敞口对银行股票表现有负面影响。"+"和"-"越多，表示影响越大。

从表 9-12 中的估计结果可以看出，与其他行业相比，整体银行业对房地产的风险敞口均较大，且影响是负面的，具有系统性特点。16 家上市商业银行均表现出对房地产行业的负面风险敞口，而在冲击敞口方面，16 家上市商业银行对房地产的敞口表现不明显，这说明整体上市商业银行对房地产行业的风险敞口具有系统性特征，这是与现实情况吻合的。从 2014 年开始，中国房地产行业的发展进入了一个调整周期。2014年12月,标准普尔发表公告称,"中国银行业持有的房产市场风险敞口远高于其报表的贷款数据,房产市场下滑将在一两年内会增加银行业的信用风险。"标普资深董事、分析师廖强认为,中国银行业对房地产市场的实际风险敞口远高于财务报表的显示,中国银行业对在之后的几年内对房地产的风险敞口非常高。2015年银行不良贷款率全线上涨,房地产行业风险的暴露是银行不良贷款上涨的主要原因之一。同时,从表9-12中可以看出,中国上市商业银行对制造业、工程建筑业等风险敞口也较高。风险敞口从本质上讲是银行信贷投放所致,因此对银行业实施审慎监管,从控制信贷增速和金融体系杠杆率出发来调控风险敞口高的行业,同时要结合当前的实际情况,重点针对房地产行业的信贷增速进行控制和调控。

9.6 本章小结

不论是使用股票市场数据,还是使用银行财务报表数据,中国上市商业银行行业风险敞口都很高,且商业银行对不同行业的风险敞口的大小存在区别。风险敞口的形成原因是银行信贷发放的结果,因此,宏观审慎监管对银行信贷的逆周期调控应该具有定向性的特征,针对风险敞口高的主要行业的信贷供给进行调控,从而避免"一家有病,大家吃药"的情况出现。为了有针对性地实施宏观审慎监管,监管当局也应做到:对银行风险敞口暴露进行积极监管,建立银行风险敞口监测分析系统;加强银行行业风险敞口数据搜集工作,提高数据的精细化程度;正确认识风险敞口集中的两面性,保证监管效率的同时,尽量降低监管成本。

第 10 章

基于行业信贷供给视角的逆周期调控研究

巴塞尔委员会提出的逆周期资本调控机制主要针对信贷供给总量计提逆周期资本缓冲。但是我们不难发现,根据总量进行调控存在"一家有病,大家吃药"的缺陷。比如某家银行的信贷供给处在正常水平,但是其他银行的信贷供给增速过快,导致了所有银行都要增加资本要求,这对信贷供给增长稳健的银行带来了负面影响。另外,当对总量进行调控时,在控制信贷总量时会使得一些需要信贷支持的行业得不到信贷支持。因此逆周期调控也要进行差异化调控,控制信贷过热增长的部门,但不应影响其他部门的信贷可获得性。

10.1 流动性风险与银行信贷供给

商业银行信贷顺周期性强调金融体系和实体经济的相互加强机制。在经济繁荣期,银行信贷供给会大幅上升,推动经济繁荣;而在经济衰退期,信贷供给大幅收缩,加剧经济的衰退。同时,银行不良贷款在经济衰退期大量出现,而在经济繁荣期不良贷款非常少。此现象从侧面表明银行在经济繁荣期过多地承担了风险。正如格林斯潘所说,"低质量贷款都是在经济繁荣期发放的","但经济衰退期的问题不是在于银行发放了低质量的贷款,而是不发放任何贷款"。弗思(Furth, 1986)指出,"人的本性决定了,借贷双方都会无异议地认定经济持续增长,在经济周期最顶端发放的贷款都是基于经济将永远增长的不现实的假设基础上的。"美联储高级信贷经理调查报告也同样证实了此类现象(Lown and Morgan,2006)。

银行信贷顺周期性问题往往造成当危机爆发时出现信贷紧缩现象。学术界主要从两个方面研究信贷供给不足的机制:在需求方面,去杠杆化使得家庭部门和企业信贷需求不足;在供给方面,银行资产负债表持续恶化使得银行资本充足率大幅下降,银行出现惜贷行为。然而当银行受到冲击时,首要表现是流动性风险的上升,银行面临融资风险。同时,在危机中,银行大量表外信贷承诺会转换成表内资产,因此,银行信贷供给能力也会受到冲击。

对于偿付能力风险如何影响银行信贷供给的研究颇多,但是有关流动性风险和商业银行信贷供给的关系的研究则在金融危机爆发之后才逐渐增加。流动性风险就是银行流动性头寸受到负面冲击。由于银行是经济体流动性供给枢纽,因此商业银行流动性风险状况会影响经济体内的信贷供给。通过银行资产负债表,银行一个业务条线受到的冲击会造成其他业务条线的信贷供给紧缩(Cetorelli and Goldberg,2009)。2008年金融危机爆发后,一些实证分析表明流动性风险敞口能够对银行信贷供给产生影响。比如伊瓦希纳和沙尔夫斯泰因(Ivashina and Scharfstein,2010)证明在银团贷款市场中存在此现象;科尼特等(Cornett et al.,2011)证明了美国商业银行信贷供给中也存在此现象。安东尼亚德斯(Adonis Antoniades,2014)指出,融资市场的压力、信贷承诺的使用和住房抵押贷款的供给均会给银行流动性带来负面影响。

流动性风险可以看做是信贷供给渠道中存在的摩擦。早期研究信贷供给的摩擦主要关注于货币政策对银行信贷供给的影响,建立了货币政策传导的银行渠道理论,但对信贷需求的关注不够。之后,许多学者使用微观的银行资产负债表数据,并控制需求因素(比如考虑银行所在地区、不同行业的经济周期属性等)研究影响银行信贷供给的因素(Kashyap and Stein,2000;Cetorelli and Goldberg,2009;Aiyar,Calomiris and Wieladek,2012)。之后,学术界也开始研究商业银行流动性风险如何影响信贷供给,主要关注以下三个方面:第一,如何控制信贷需求因素;第二,要考虑当银行某一类型的贷款受到冲击时,如何影响其他行业的贷款供给;第三,流动性风险如何通过融资风险、表外风险等因素恶化银行资产负债表(Adonis Antoniades,2014)。

在美国，随着个人贷款微观数据越来越多，许多研究在控制需求因素基础上，运用精度更高的数据对银行信贷供给的影响因素进行研究，而且这些研究中均存在流动性风险的角色。帕拉维西尼（Paravisini，2008）研究了阿根廷政府干预对银行信贷供给的影响。洛特斯金纳和斯特拉恩（Loutskina and Strahan，2009）研究了美国存款成本和资产流动性对不良贷款的影响。普里、罗霍尔和斯蒂恩（Puri, Rocholl and Steen, 2011）研究了美国次贷危机如何影响德国零售贷款的供给。德尔阿里西亚、伊甘和拉文（Dell'Ariccia, Igan and Laeven, 2012）运用高精度数据研究了2008年金融危机爆发前银行业竞争与住房抵押贷款供给之间的关系。希门尼斯等（Jimenez et al., 2012）研究西班牙银行的资产负债表特征如何影响工商贷款供给。整体来讲，上述研究的结论表明，银行流动性风险会造成信贷供给的下降。

在2008年金融危机爆发后，银行融资流动性风险是美国银行业整体压力的主要来源（Schwarz，2010）。当市场流动性吃紧时，如果商业银行核心存款比率较高，则存在资金流入商业银行体系的情况，从而为银行获得了流动性缓冲（Strahan, Gatev and Schuermann 2005）。在加拿大，依靠核心存款融资的商业银行比依靠金融市场批发融资的商业银行在危机中表现得更好（Ratnovski and Huang，2009）。在金融危机期间，银行的流动性还受到信贷承诺使用的考验。霍姆斯特龙和蒂罗尔（Holmstrom and Tirole，2000）指出，企业之所以和银行签订信贷承诺协议，是为了对冲企业所面临的流动性风险。伊瓦希纳和沙尔夫斯泰因以及坎培罗、吉安博纳、格雷厄姆和哈维（Campello, Giambona, Graham and Harvey, 2011）给出了危机期间美国企业增加信贷承诺使用的证据。总之，在危机期间，企业通过信贷承诺将自身的流动性压力传递给商业银行。

2008年金融危机爆发后，信贷供给与流动性风险的关系得到了学术界的关注。伊瓦希纳和沙尔夫斯泰因研究了存款、信贷承诺与银团贷款供给之间的相关性。他们发现，由于许多金融机构与雷曼兄弟存在协同提供信贷承诺的合约，而一旦雷曼兄弟倒闭，与雷曼兄弟有关的信贷承诺的贷款需求都要由存在合约关系的银行来提供，而这是造成危机之后新的贷款投放不足的主要原因。科尼特研究商业银行整体贷款组合，发现商业银行流动性风险会导致银行出现流动性囤积行为，进而缩小信贷供给。然而伊瓦希纳和沙尔夫斯泰因以及科尼特在研究中对需求因素的控制考虑不足。

总之，以往的研究要么主要关注流动性风险对信贷供给的影响，要么只研究偿付能力风险对信贷供给的影响，同时以往的研究并没有控制银行家的主观因素在银行信贷供给中的作用。本章拟使用更加明细的银行行业贷款数据，在控制了银行家主观因素基础和需求因素基础上，综合研究流动性风险与偿付能力风险如何影响每个行业的信贷供给状况，以期为中国实施宏观审慎监管提供参考。

10.2 机构记忆假说（IMH）

金融机构终究是"人"来运作，而"人"的行为由其动机决定（刘志洋和宋玉颖，2013）。艾伦·N. 伯杰和格雷戈瑞·F. 德尔（Allen N Berger and Gregory F. Udell，2004）最早从"人"的行为出发来解释银行信贷供给随经济周期的巨幅变化，提出了"机构记忆"假说（institutional memory hypothesis，IMH）来解释银行信贷的顺周期性问题。IMH 认为，随着经济繁荣，多种因素作用会使得银行信贷经理渐渐忘却之前经历过的贷款损失，从而放松信贷标准，造成信贷快速增长。实证结果表明，IMH 对发展中国家的信贷顺周期性问题的解释更为有利。如果一家金融机构（乃至整个银行体系）丧失了"机构记忆"，则会出现发放净现值为负的贷款的状况，且股东也无法甄别贷款的好与坏（Allen N Berger and Gregory F Udell，2004），会给银行体系带来系统性风险。

我国"十三五"规划纲要提出，要加强金融体系的宏观审慎监管。宏观审慎监管分为两个维度，其中一个维度就是如何解决银行信贷的顺周期性问题。因此，了解我国银行业信贷供给特点是实施宏观审慎监管的前提。刘志洋（2013）实证分析证明了银行信贷顺周期性产生的原因在于银行自身的供给因素。但是，我们不难发现，信贷供给最终决策一方面取决于经营银行的"人"的主观因素，"人"是否忘记曾经放松贷款标准所带来的损失。当银行家对经济有信心时，在"贷与不贷"的选择的时候，银行家会偏向于放贷，尤其是在经济繁荣时期，每位银行家决策的加总就会影响经济周期的持续程度。当决策者逐渐淡忘过去所遭受的巨额损失时，信贷标准就会下降，其结果要么是贷款增速加快，要么是贷款定价偏低，或者两者兼而有之。而此过程往往在经济繁荣期出现，因此，信贷周期与经济周期出现重叠，并对经济周期产生了放大的作用。另一方面银行的实际风险状况也会影响银行的信贷供给，即使银行家没有忘记过去的教训，但银行经营指标的良好表现会促使银行增加信贷供给。

IMH 认为，银行贷款部门对银行贷款风险和潜在损失的评估将随着时间的流逝而变得乐观，对之前教训有淡忘的迹象，并导致随着经济逐渐繁荣，银行的信贷发放标准降低，信贷供给会大幅增长，进而在经济衰退期出现损失（Allen N Berger and Gregory F Udell，2004）。其实顺周期性所强调的在经济衰退期间银行信贷收缩应该是相对于之前的经济繁荣期，且从某种意义上讲，经济衰退期的信贷收缩是经济繁荣期发放了过多的低质量贷款的结果。而造成该结果的根本原因在于"决策者"的行为。

10.2.1 "机构记忆"的周期

IMH 理论认为，当银行出现大量不良贷款时，银行对此教训往往是深刻的，因此银行之后一段时间内的放贷行为都会受到此教训的影响。一般而言，在银行遭受不良贷款巨额损失后，银行会非常关注企业特征与风险的关系、不同类型的贷款合同结构、不同贷后监督方法的有效性以及最佳的贷款损失降低策略，而此时对于银行决策者而言是最为关注这些方面的，因为风险历历在目（Allen N Berger and Gregory F Udell，2004）。然而，随着银行逐渐走出遭受损失的阴霾，贷款决策质量逐渐下降，对借款人的甄别、分析、设计、监督和止损等所有相关流程的工作质量均呈现下降态势。之所以出现这种原因，一方面，由于随着时间的流逝，痛苦的记忆逐渐消退；另一方面，处于种种原因，新上任的贷款决策者没有经历过上一次的贷款损失。IMH 理论认为，当银行贷款决策者逐渐淡忘过去的教训时，结果就是银行贷款标准放松，低质量贷款的发放会逐年增长，曾经不能得到贷款的借款人将会很容易得到贷款。

在此决策过程下，银行贷款的损失会上升，贷款决策者会将其注意力转移至不良贷款处置方面。经历了此过程，银行管理者会回忆起之前不良贷款的教训，同时也在吸取新的教训，比如如何发放一笔高质量的贷款、如何进

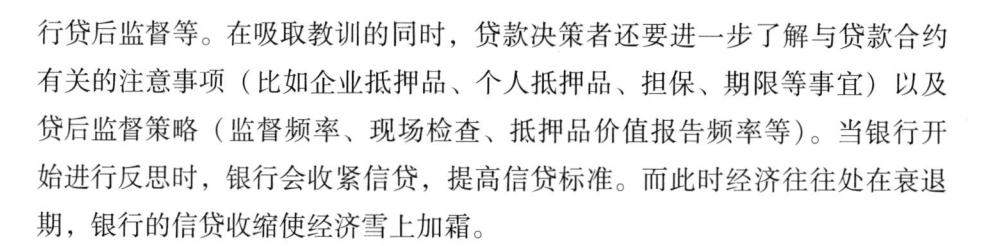

行贷后监督等。在吸取教训的同时,贷款决策者还要进一步了解与贷款合约有关的注意事项(比如企业抵押品、个人抵押品、担保、期限等事宜)以及贷后监督策略(监督频率、现场检查、抵押品价值报告频率等)。当银行开始进行反思时,银行会收紧信贷,提高信贷标准。而此时经济往往处在衰退期,银行的信贷收缩使经济雪上加霜。

10.2.2 出现"机构记忆"问题的原因

银行之所以会出现"机构记忆"问题,主要有以下四个原因。

(1)银行内部贷款评估系统失效。在经济繁荣期,银行内部贷款审核系统会部分解决信贷标准降低的问题。内部贷款审核往往规定贷款要依据"硬信息"来决策,因此,对放松信贷标准有一定遏制作用。比如高管层可以对每位信贷经理进行配额限制,从而防止其由于忘记过去的教训而导致的降低贷款发放标准的行为。同时银行可以根据经济周期对不同类别的贷款增加贷款利率和抵押品要求。然而此工作的问题在于,由于新老信贷经理放松信贷标准的时间进程不一致,因此很容易对银企关系带来负面影响,很容易将高质量的借款人拒之门外。另外银行内部贷款评估系统只能用财务数据等"硬信息"对贷款决策进行评估,当许多贷款要根据"软信息"来决策时,此系统的作用将大打折扣。基于此考虑,该系统对银行贷款决策者的评价往往根据此人过去一段时期内所发放的贷款的表现,主要包括:第一,能否及时缓释贷款损失;第二,不良贷款出现的频率;第三,损失是否能够被提早预警;第四,是否提早进行干预(Allen N. Berger and Gregory F. Udell,2004)。此做法的初衷是评估贷款决策者发放高质量贷款及降低贷款损失的能力。但是此系统也会逐渐失效,因为随着银行开始吸取教训后,问题贷款会越来越少,因此对贷款决策者的评估越来越好。这时随着时间的推移,银行对过去出现的不良贷款的教训逐渐淡忘,信贷标准开始放松,从而出现了银行信贷审核标准放松且贷款评估过程放松的双重问题。

(2)银行之间的竞争关系也会导致"机构记忆"问题的发生。由于银行之间存在竞争关系,尤其是在经济繁荣时期,因此为了不破坏银企关系,银行此时往往心照不宣地降低信贷标准,发放许多净现值为负值的贷款,直到银行遭受损失时,银行才知道谁是好的信贷经理。然而正如大多数银行家所指出的,维持长期的银企关系从长期来看是价值最大化的,即使短期发放了净现值为负的贷款。

(3) 银行的委托代理问题会导致"机构记忆"问题的发生。随着经济逐渐走出低谷,高管与股东之间的代理问题也会导致银行降低信贷标准,发放更多的贷款。监管者、次级债券投资者、股东以及其他利益相关者均需要了解银行贷款质量状况,但这些利益相关者都没有银行管理层了解贷款质量。而从外部信息获取来看,由于在经济繁荣期,问题贷款非常少,因此利益相关者也会误认为银行贷款质量不存在问题。同时,即使高管层知道在信贷周期中贷款质量最终会下降,其也无法阻止贷款的发放,因为从短期来看,实施理性的定价策略会导致与其他银行相比利润过低,不利于竞争。因此,高管层有动机隐瞒信贷经理放松贷款标准的信贷决策。同时由于高管层了解在经济繁荣期,所有的银行都会增加信贷供给,而对之前的经济衰退期的损失置之不理,因此,一旦经济掉头出现问题,所有银行均会出现损失,因此是系统性风险,不是个别高管的能力问题。这样一种不对称的激励机制的存在使得银行高管不会以过往的教训为戒。

(4) 银行规模也会影响"机构记忆"问题的出现。其实至于大型银行还是小型银行更适用于机构记忆假说,研究观点不尽相同。一方面,由于大型银行委托代理问题严重以及管理层级较多,因此会加剧大银行的机构记忆淡化所导致的问题;另一方面,小银行会更多地依赖于关系贷款,因为在大银行的组织层级结构中,"软信息"很难发挥作用,且大银行的客户往往在资本市场中融资能力强,因此小型银行会存在机构记忆假说的所提出的问题。

10.2.3 IMH 与其他理论的关系

许多理论对银行信贷的顺周期性特征进行了解释。比如行为金融学从过度乐观(短视性)和有限理性角度解释了银行信贷供给在经济周期中的变化;萨姆博基(Zsamboki, 2002)、阿特曼和桑德斯(Altman and Saunders, 2001)等认为是政府的监管强度下降导致了银行在经济繁荣期扩张信贷;阿查里亚和约鲁马泽(Yorulmazer, 2003)认为,整体上银行业存在羊群行为,所有银行都有动机和其他银行的经营行为保持一致,这样一旦出现问题,政府也"法不责众";埃弗里和戈迪(Avery and Gordy, 1995)提出的季度性贷款理论(loan seasoning）解释不良贷款的延迟出现现象。IMH 与上述理论形成互补关系，比如 IMH 认为过度乐观会造成降低信贷标准的行为，也会腐蚀有经验的信贷经理，使其忘掉过去的教训；IMH 还认为，之所以不良贷款的出现具有延期特点，也是由于在经济体处在繁荣期时，信贷经理对过去的教训淡忘了，才发放了太多低质量的贷款；政府的监管强度下降也会给信贷经理以假象，使其忘记了过去的教训。总之，IMH 在其他理论基础上，将其他理论延伸至"人的行为"这一根本，从"人"的决策角度解释银行信贷的顺周期性问题。

10.3 研究方法

商业银行流动性充裕程度能够影响商业银行的信贷供给。当经济处在繁荣期时，银行资本充足率较高的另一面就是银行流动性充足，因此，银行有动机大量发放信贷；而当经济处在衰退期时，银行出现流动性困境，因此，银行会降低信贷供给。为了研究商业银行偿付能力风险和流动性风险对银行信贷供给的影响，需要控制经营商业银行的"人"的主观因素的作用，从而研究客观的流动性风险和偿付能力风险如何影响银行信贷供给。

10.3.1 基本模型设定

为了研究银行行业信贷供给与银行流动性风险之间的动态关系，本章使用面板向量自回归模型（Panel – VAR），具体模型为：

$$\begin{pmatrix} \text{loan}_{ijt} \\ X_{i,t} \\ \text{cap}_{i,t} \end{pmatrix} = \alpha + \beta_1 \begin{pmatrix} \text{loan}_{ijt-1} \\ X_{i,t-1} \\ \text{cap}_{i,t-1} \end{pmatrix} + \beta_2 \begin{pmatrix} \text{loan}_{ijt-2} \\ X_{i,t-2} \\ \text{cap}_{i,t-2} \end{pmatrix} + \delta Y_{jt} + \text{TSLB}_{i,t} + \varepsilon_{ijt}$$

其中 loan_{ijt} 和 X 为内生变量，loan_{ijt} 表示 i 银行在 t 时刻对行业 j 的贷款供给，X 为表示商业银行流动性风险的变量，cap 为商业银行资本充足率，表示银行偿付能力风险。Y_{jt} 为影响行业 j 在 t 期对贷款的需求因素，为外生变量；ε_{ijt} 为扰动项；α 为常数项。IMH 理论的核心在于随着银行逐渐走出低谷，信贷标准会逐渐放松，银行信贷增速将变快，因此本章设置时间距离变量 TSLB，表示当期距离上一次银行遭受重大损失的时间距离，为外生变量。对于变量 X，本章选取存贷比指标（DL）和表外承诺性支出总额占资产比值（用 UL 表示）。DL 刻画了银行表内流动性风险程度，而 UL 刻画了银行未来可能需要提供的流动性。银行贷款占存款比越低，银行信贷供给能力则应越强；而 UL 比例越高，则银行信贷供给能力则下降。

变量 Y 主要控制行业需求因素对信贷的影响。本章选取了制造业（ZZY）、交通运输业（JTYS）、房地产（FDC）、批发零售（PFLS）和建筑业（ZJY）五个行业。在需求的控制变量选取方面，交通运输业的需求控制变量为客运量同比数据（JTYSKY）和货运量同比数据（JTYSHY）；房地产行业的需求控制变量主要为固定资产投资价格同比数据（FDCINV）和国房景气指数（FDCJQ）；批发零售行业的需求控制变量为社会消费品零售总额同比增长率（PFLSZE）和全国百家大型零售企业零售额同比增长率（PFLSBJ）；建筑业的需求控制变量为签订合同总额同比增长率（JZYHT）和企业个数同比增长率（JZYQY）。由于制造业在我国包括的对象广泛，涉及面极广[①]，因此本章对制造业的需求控制变量为企业生产者购进价格指数当月同比值（ZZYGJ）和中国规模以上工业增加值当月同比值（ZZYGM）来粗略控制。

10.3.2 行业信贷供给变量

本章主要使用商业银行行业的贷款增长率作为衡量银行信贷供给的变量。根据艾伦·N. 伯杰和格雷戈瑞·F. 德尔的研究，结合中国银行业贷款的行业分布情况，本章使用每家银行制造业（ZZY）、交通运输业（JTYS）、房地产（FDC）、批发零售（PFLS）和建筑业（ZJY）的贷款增长率表示。当贷款增长率越快时，银行越有可能存在放松信贷标准的情况，尤其是在经济繁荣时期（Allen N Berger and Gregory F Udell, 2004）。之所以使用分行业贷款数据，而不是使用整体贷款数据，主要是考虑宏观审慎监管的定向调控特点。宏观审慎监管时间维度强调银行信贷助推经济趋势，空间维度强调行业共同

---

① 中国的制造业分为三类：第一类是轻纺工业，包括食品、饮料、烟草加工、服装、纺织、皮革、木材加工、家具、印刷等；第二类为资源加工工业，包括石油化工、化学纤维、医药制造业、橡胶、塑料、黑色金属等；第三类为机械、电子制造业，其中包括机床、专用设备、交通运输工具、机械设备、电子通信设备、仪器等。

风险敞口导致的间接关联性,而行业风险敞口本身就是银行信贷的产物。因此宏观审慎监管两个维度的切合点是行业风险敞口。

10.3.3 距离之前最大损失的时间的变量选择

为了验证IMH理论,本章所需要的最重要的一个外生变量为距离上一次银行最大损失的时间长度(用TALL表示),此时间长度可以表示银行将当前决策与过往损失的结合程度,时间过得越长,银行忘记之前的损失的可能性就越大。本章以年为单位,数据上溯到1990年。本章使用不良贷款率代表贷款的损失,其主要原因:一是信贷经理的考核指标常常为不良贷款率;二是监管当局也非常关注不良贷款率。各上市商业银行从1990年至今,在Wind数据库可得数据的范围内,出现的最大不良贷款率的时间点如表10-1所示。

表10-1　　　　　　各商业银行不良贷款率最高点

银行	平安银行	宁波银行	浦发银行	华夏银行	中国民生银行	招商银行	南京银行	兴业银行
不良贷款率(%)	11.59	0.96	5.23	7.18	2.61	19.55	10.55	3.23
时间	2005Q1	2004Q4	2002Q3	2000Q4	2002Q2	1999Q4	2002Q4	2002Q4
银行	北京银行	中国农业银行	交通银行	中国工商银行	中国光大银行	中国建设银行	中国银行	中信银行
不良贷款率(%)	4.53	26.17	2.93	25.41	9.57	19.21	27.51	8.12
时间	2004Q4	2005Q4	2004Q4	2002Q4	2005Q4	2001Q4	2001Q4	2003Q4

资料来源:Wind数据库;Q表示季度。

关注不良贷款率只考虑了银行未来可能遭受的损失,但没有考虑银行的盈利状况。在银行正常经营过程中,利润大幅度下滑对信贷经理的冲击与不良贷款率增加非常类似。因此,本章引入银行距离利润大幅度下降的时间变量(用TROE表示),来分析随着时间的流逝,银行是否存在忘记过去遭受损失的情况。利润变量为净资产收益率(用ROE表示)。各上市商业银行从

1990 年至今，在 Wind 数据库可得数据的范围内，出现的最低 ROE 值的时间点如表 10-2 所示。

表 10-2　　　　各商业银行净资产收益率（ROE）最低点

银行	平安银行	宁波银行	浦发银行	华夏银行	中国民生银行	招商银行	南京银行	兴业银行
净资产收益率（%）	3.28	5.00	4.47	3.61	4.73	5.33	4.08	5.52
时间	2005Q2	2011Q1	2015Q1	2012Q1	2010Q1	2015Q1	2011Q1	2011Q1
银行	北京银行	中国农业银行	交通银行	中国工商银行	中国光大银行	中国建设银行	中国银行	中信银行
净资产收益率（%）	5.08	5.32	3.95	4.84	4.56	5.25	3.09	3.34
时间	2015Q1	2015Q1	2015Q1	2015Q1	2015Q1	2015Q1	2007Q1	2009Q1

资料来源：Wind 数据库；Q 表示季度。

需要说明的是，如果样本数据时点 t 在整体指标出现最低点之前，则距离之前最大损失的时间变量取值为 t 之前的最低值到 t 的时间长度，以年为单位。如果当前时间点为最低点，则取零。

10.4　样本数据和实证结果

10.4.1　样本数据

本章使用中国 16 家上市商业银行半年度数据，时间跨度为 2008~2014 年，数据来源为 Wind 数据库及上市商业银行半年报和年报。从表 10-3 可以看出，中国上市银行平均距离上次不良贷款率的最高值的时间为 8.97 年，而距离上次净资产收益率最低值的时间平均仅有 3.09 年，这可能是因为中国上市商业银行上次出现大规模不良贷款率的情况较早，自从中国银行业逐渐改革以来，中国银行业不良贷款率已经大幅降低的缘故。而之所以 TROE 变量的平均值较小，其原因是，在 2008 年金融危机爆发后，我国经济增长速度放

第10章 基于行业信贷供给视角的逆周期调控研究

表10-3 样本统计性质

	TALL	TROE	ZZY	FDC	JTYS	PFLS	JZY	JTYSHY(%)	JTYSKY(%)	FDCINV(%)	FDCIQ(%)	PFLSBJ(%)	PFLSZE(%)	JZYHT(%)	DL(%)	UL	Cap(%)	ZZYGJ(%)	ZZYGM(%)	JZYQY(%)
均值	8.9688	3.0917	0.0792	0.1066	0.0640	0.1290	0.1149	8.5549	8.1107	22.2071	98.6293	14.5479	16.2715	4.1700	67.8751	0.2369	12.1541	101.7018	11.5357	22.1098
中值	9.0000	2.2500	0.0725	0.0704	0.0432	0.1165	0.1066	9.5995	6.8000	20.0500	97.2500	13.7450	16.3500	4.3152	69.4600	0.2284	11.9700	98.6850	10.5000	21.0500
最大值	16.0000	11.0000	0.5320	0.9010	0.8806	0.8688	1.0325	14.7000	30.4700	38.1000	105.0600	29.2200	23.0000	14.5000	84.2673	0.6050	25.5900	113.4800	18.5000	31.6000
最小值	3.2500	0.0000	-0.4063	-0.3621	-0.9989	-0.2584	-0.4221	0.3100	0.3000	8.3000	93.9300	0.4000	11.8891	-2.0000	47.4300	0.0003	8.1100	88.7500	5.7000	11.8133
标准差	2.6548	2.6548	0.1014	0.1566	0.1609	0.1429	0.1414	4.5885	7.6038	9.1213	3.5952	8.5219	3.0680	3.8259	6.3853	0.0949	2.1516	6.8144	3.3955	5.6497
偏度	0.1173	0.8334	0.4225	1.8185	-1.0213	1.2614	1.4867	-0.6546	1.9467	0.2580	0.4217	-0.0150	0.3967	1.0714	-0.4441	0.9047	2.1272	0.2009	0.3615	0.0334
峰度	2.4559	2.7838	7.7659	9.0044	18.1055	8.1582	11.9920	2.2107	6.4698	1.8016	1.7260	1.9592	2.4178	4.6316	3.2684	4.4911	13.4445	2.2161	2.3824	1.9049

缓，中国银行业在2014年和2015年的盈利水平也大幅下降，告别了之前高盈利的时代，因此，TROE变量较小，这也从侧面表明盈利水平大幅降低对中国银行业的影响尚存。从贷款增速来看，制造业和交通运输业平均贷款增速在7%左右，房地产、批发零售和建筑业平均都在10%以上，表明近些年中国贷款投放增速上涨较快。

10.4.2 实证结果

经Johansen协整检验，本章向量自回归模型（VAR）中的变量之间存在协整关系，因此可以建立向量自回归模型。本章使用AR根图表方法对滞后阶数进行检验，如果被估计的VAR模型所有的根模的倒数小于1，在单位圆内，则模型稳定。从图10-1和图10-2可以看出，本章VAR模型所有的根模的倒数都在单位圆内，模型稳定。

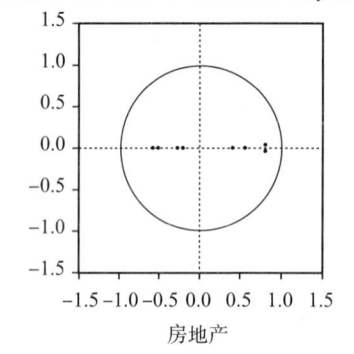

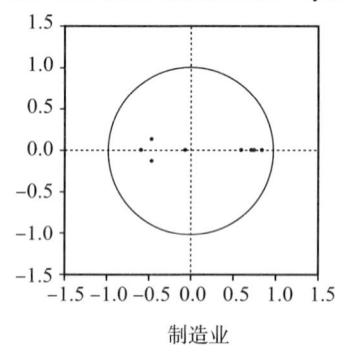

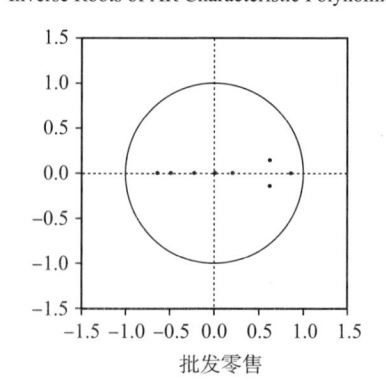

房地产

制造业

交通运输

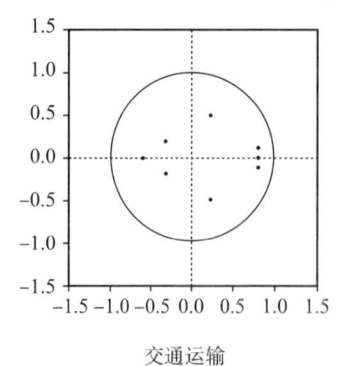

批发零售

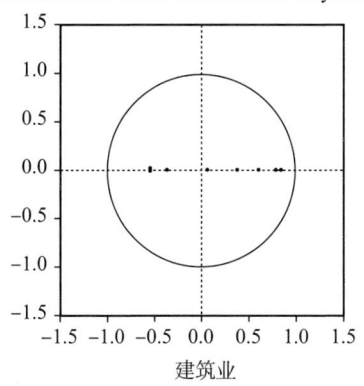

第 10 章 基于行业信贷供给视角的逆周期调控研究

Inverse Roots of AR Characteristic Polynomial

建筑业

图 10 - 1 模型检验

注：主观因素控制变量为 TROE。

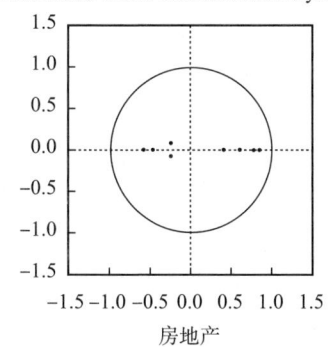

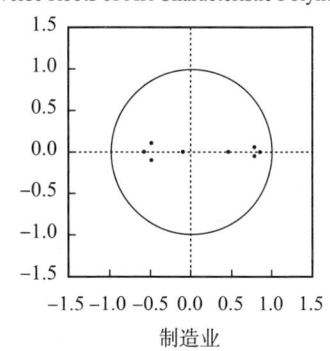

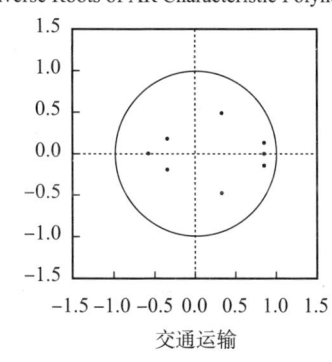

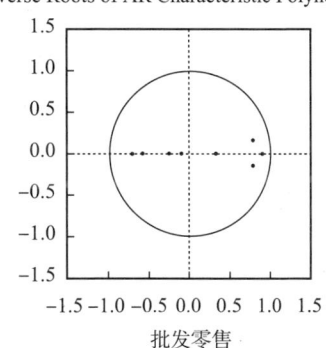

Inverse Roots of AR Characteristic Polynomial

房地产

Inverse Roots of AR Characteristic Polynomial

制造业

Inverse Roots of AR Characteristic Polynomial

交通运输

Inverse Roots of AR Characteristic Polynomial

批发零售

Inverse Roots of AR Characteristic Polynomial

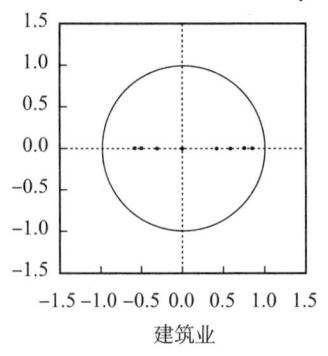

建筑业

图 10-2　模型检验

注：主观因素控制变量为 TALL。

表 10-4 为主观因素对银行供给影响的系数估计结果。TALL 系数估计结果整体为负值，但显著性较差。此结果表明，商业银行经营者并没有忘记之前大规模不良贷款的教训。TROE 系数估计结果有正有负，显著性略好于 TALL，在显著性较好的两个行业中，建筑业和批发零售业系数估计值显著为负，说明商业银行经营者并没有忘记之前的教训。制造业和房地产的 TROE 估计系数不显著，说明商业银行经营决策者控制这两个行业的贷款增速不及建筑业和批发零售业，这也从侧面反映了我国房地产贷款和制造业贷款增速过快的问题。但是总体来讲，模型估计结果表明商业银行经营者从主观上来看并没有忘记之前的教训，能够对信贷供给增速进行控制。

表 10-4　　　　　TALL/TROE 对行业贷款增速影响系数

	ZZY	FDC	JTYS	JZY	PFLS
TROE 系数值 （t 值）	-0.0007 (-0.2412)	-0.0011 (-0.2189)	0.0063 (0.9046)	-0.0081 (-2.0155)	-0.0151 (-2.812)
	ZZY	FDC	JTYS	JZY	PFLS
TALL 系数值 （t 值）	-0.0051 (-1.4167)	-0.0079 (-0.0704)	-0.0017 (-0.1903)	0.0004 (0.0839)	-0.0052 (-0.8661)

图 10-3 和图 10-4 为脉冲响应图。从图 10-3 和图 10-4 可以看出，当银行支出承诺受到冲击时，房地产信贷供给也随之上升，其他行业的信贷

供给出现下降,这说明银行未来的流动性支出会转化成房地产行业的实在信贷供给,当银行表外承诺性支出受到冲击时,其他主要行业的贷款供给则出现下降趋势,房地产贷款挤占了其他主要行业的信贷额度。当银行表内流动性受到冲击时,房地产、制造业和建筑业的信贷供给也随之下降,说明银行对这些行业的贷款降低供给,而批发零售行业的贷款却出现上升趋势,说明当银行流动性风险上升时,银行更倾向于向批发零售行业发放贷款。同时当表内出现流动性冲击时,交通运输贷款略有上升。从偿付能力风险的冲击来看,当商业银行资本充足率提高时,银行对房地产、建筑业和制造业的信贷供给增加,而交通运输和批发零售业的信贷供给出现下降的情况。从这个意义上讲,资本充足率导致的信贷顺周期性问题也具有分行业特征,整体上信贷增长并不意味着每个行业信贷都是增长。

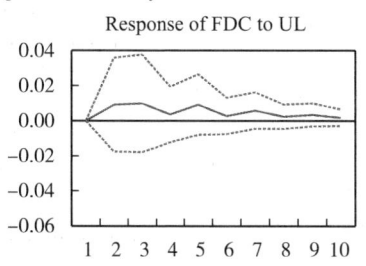

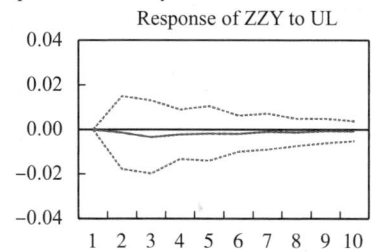

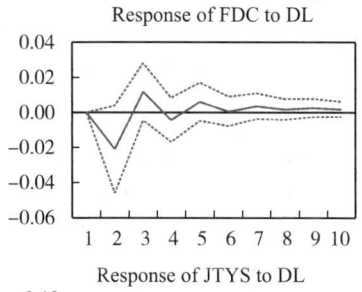

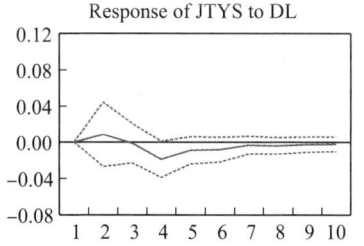

Response to Cholesky One S.D. Innovations ?2 S.E.
Response of FDC to UL

Response to Cholesky One S.D. Innovations ?2 S.E.
Response of ZZY to UL

Response to Cholesky One S.D. Innovations ?2 S.E.
Response of JTYS to UL

Response of FDC to DL

Response of ZZY to DL

Response of JTYS to DL

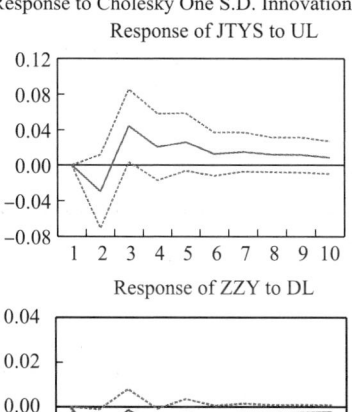

Response of FDC to CAP

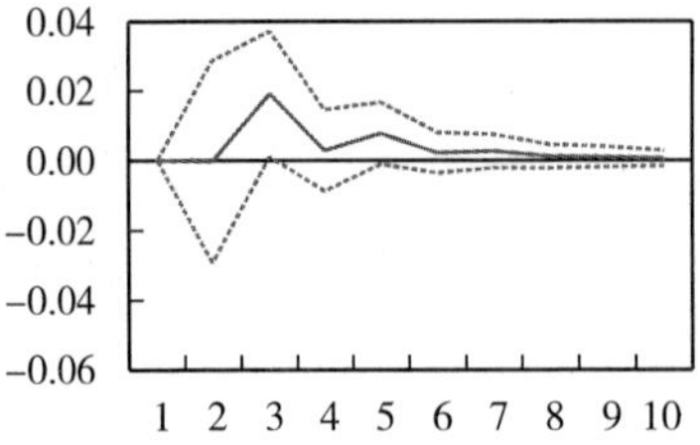

Response of ZZY to CAP

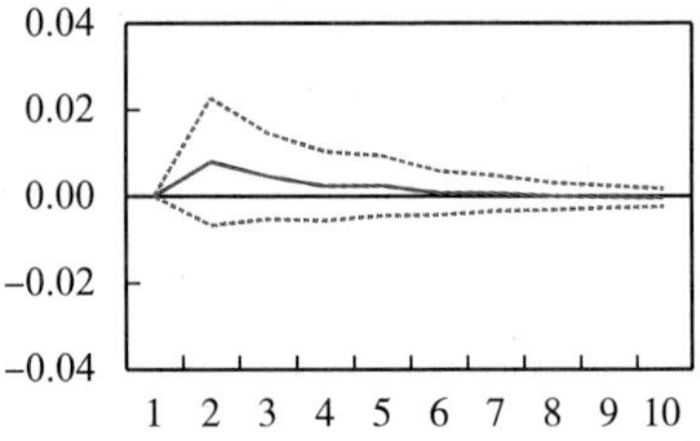

Response of JTYS to CAP

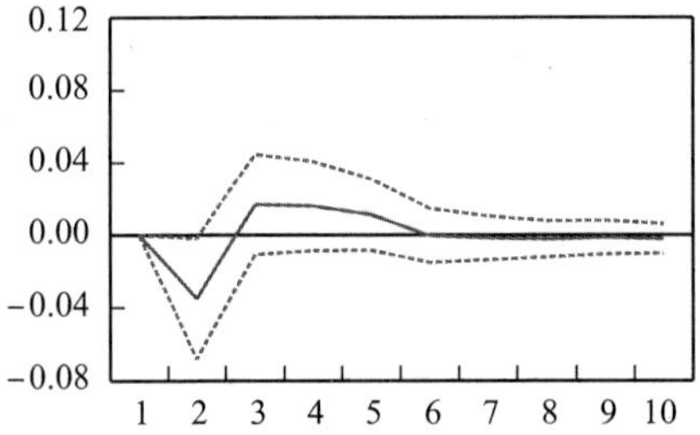

Response to Cholesky One S.D. Innovations ?2 S.E.

Response of PFLS to UL

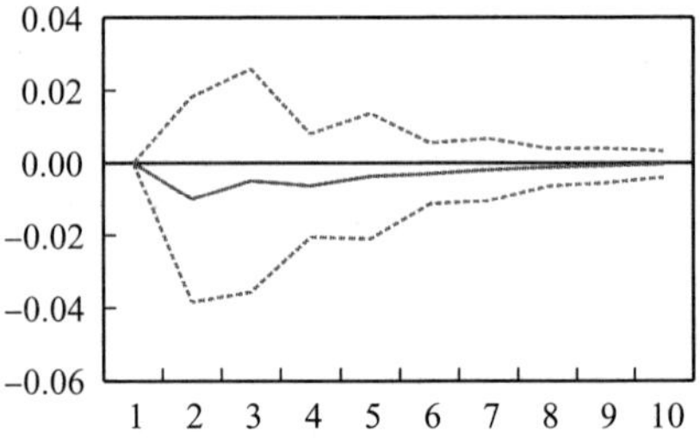

Response to Cholesky One S.D. Innovations ?2 S.E.

Response of JZY to UL

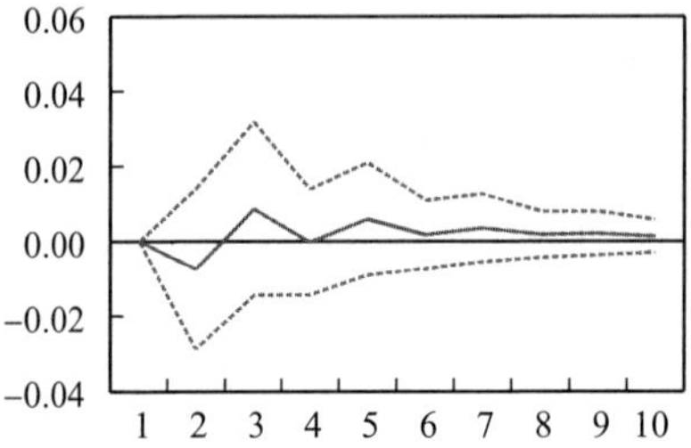

Response of PFLS to DL

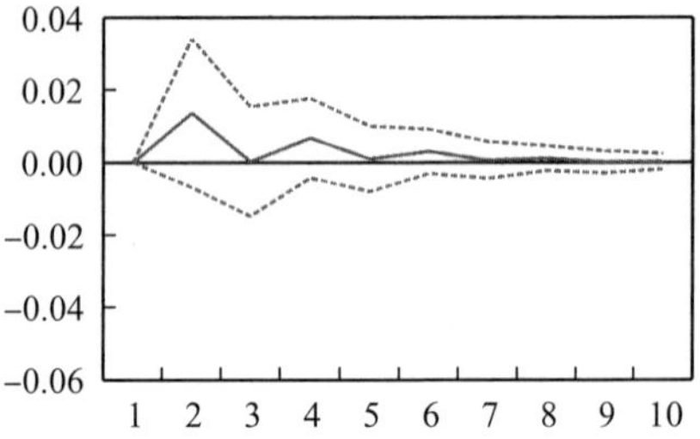

Response of JZY to DL

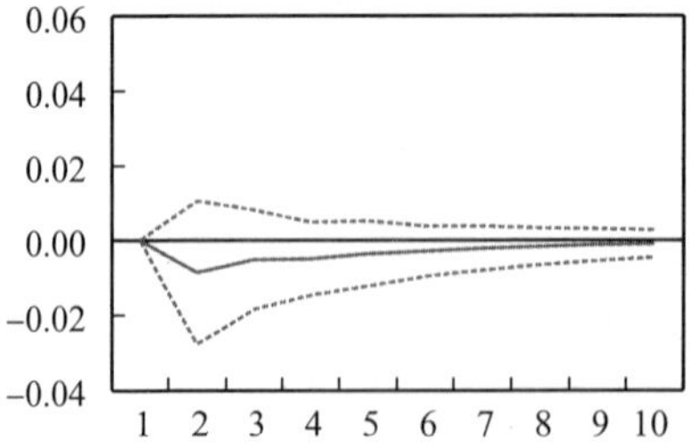

Response of PFLS to CAP

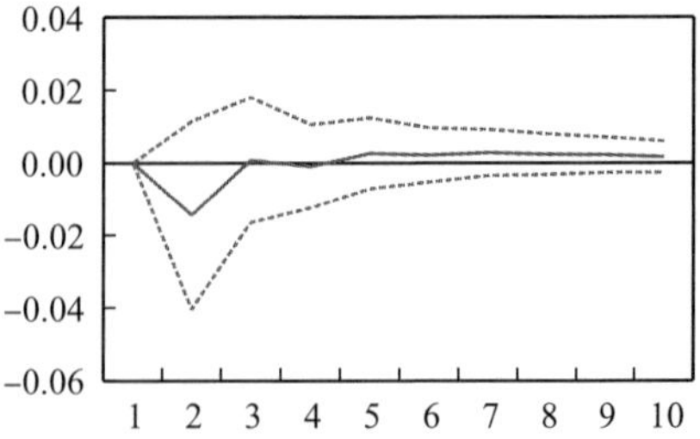

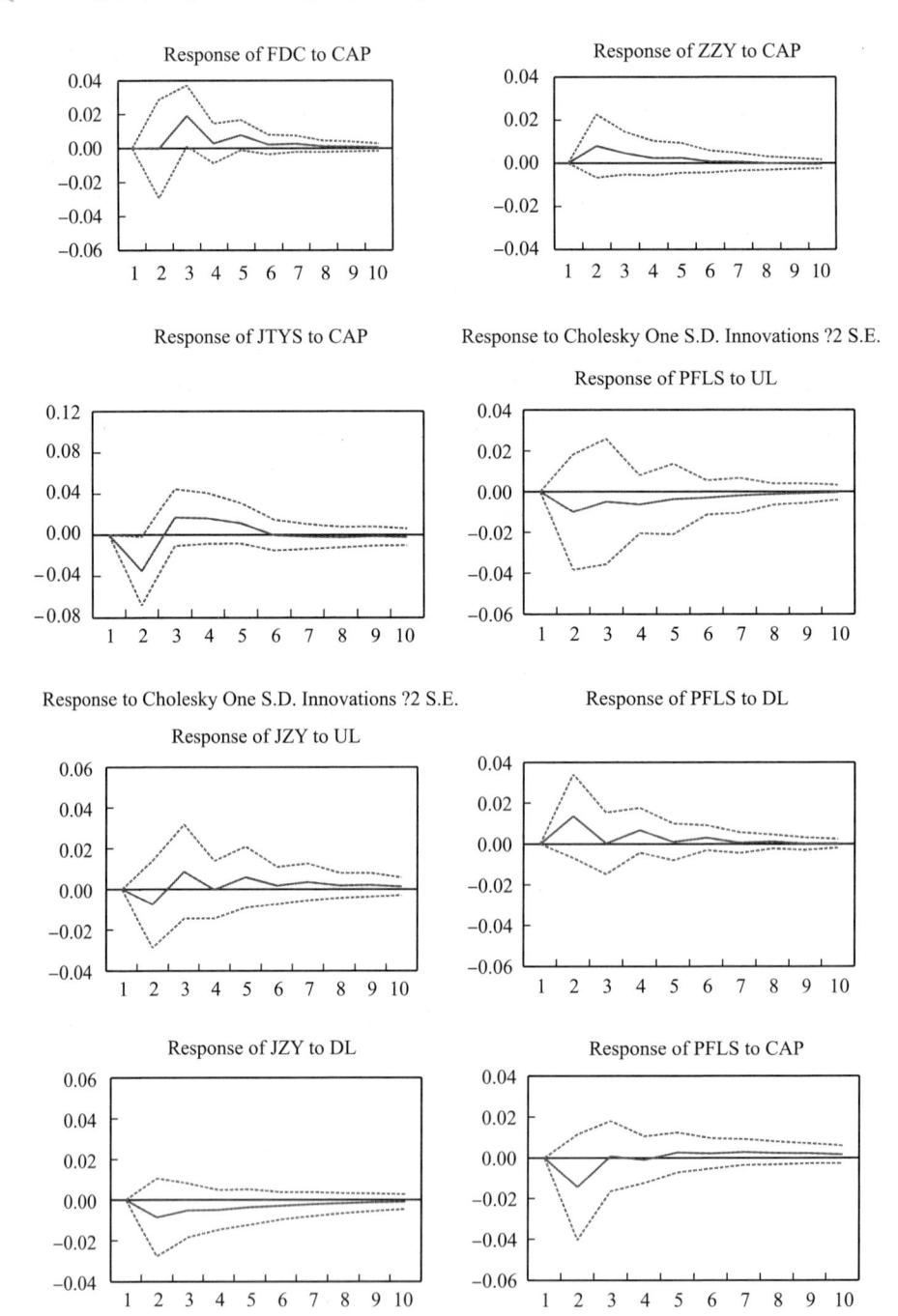

第10章 基于行业信贷供给视角的逆周期调控研究

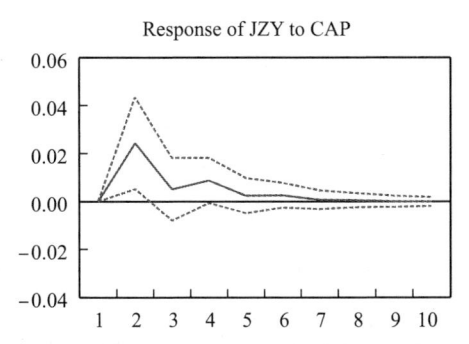

图 10-3 冲击响应（从左到右分别为房地产、制造业、交通运输、批发零售、建筑业）主观因素控制变量为 TALL

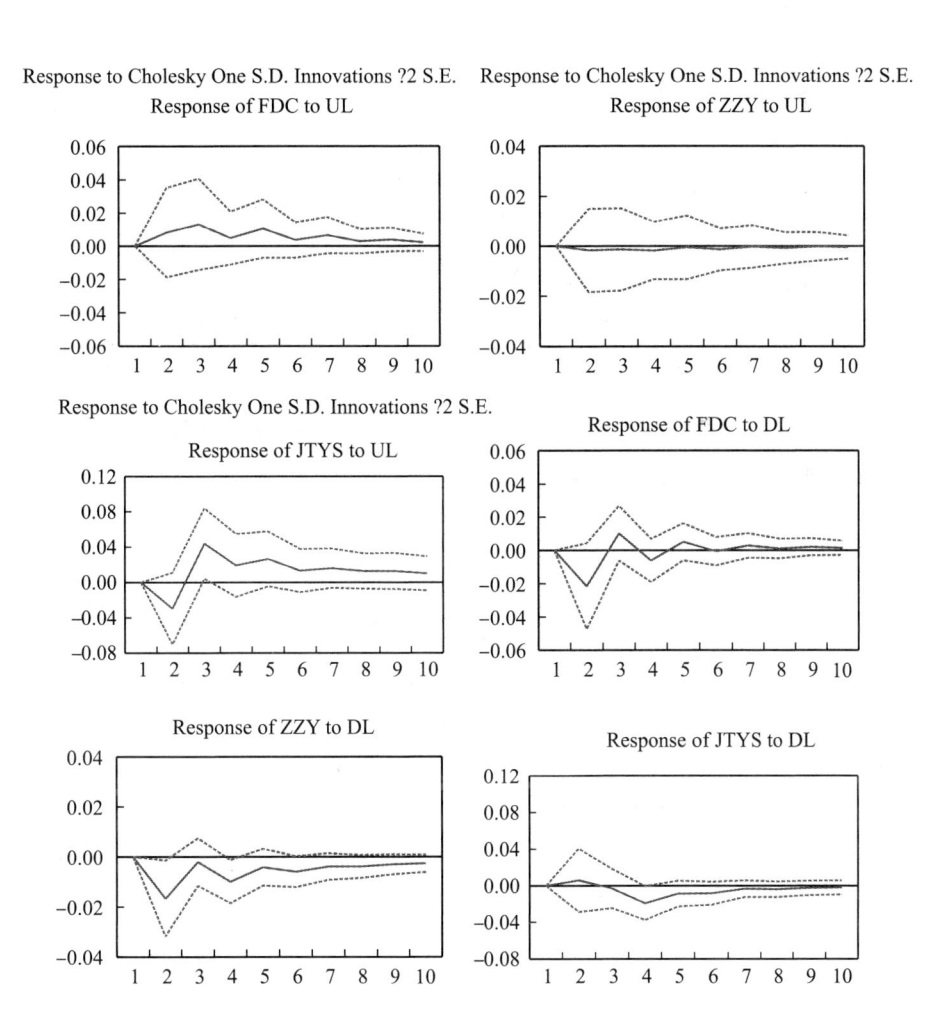

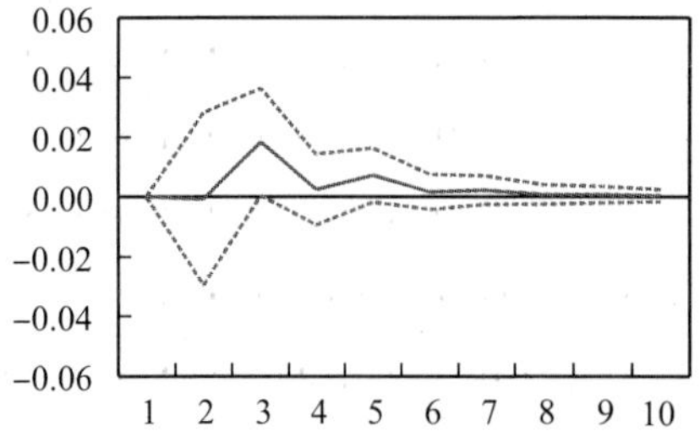

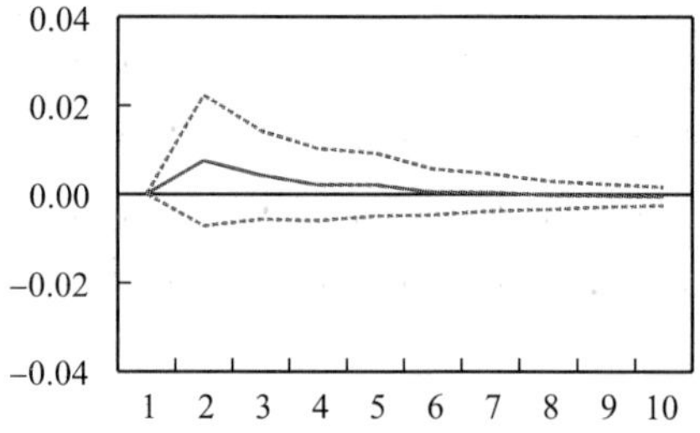

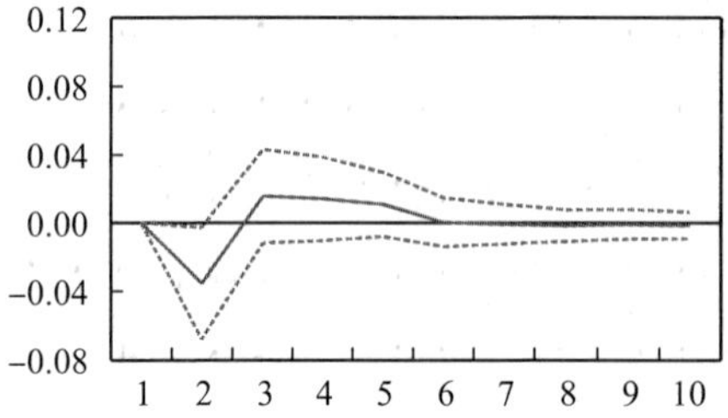

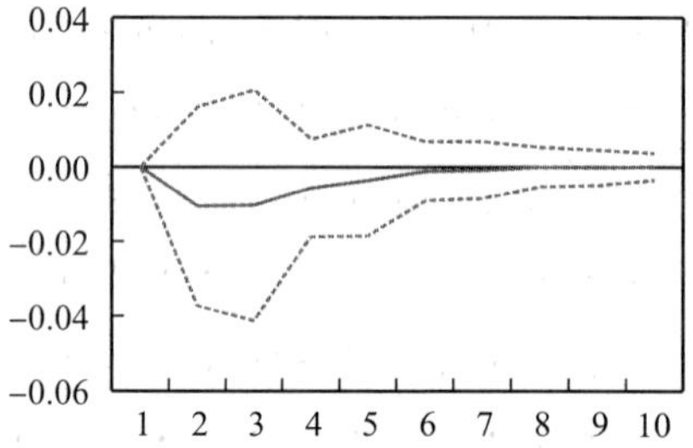

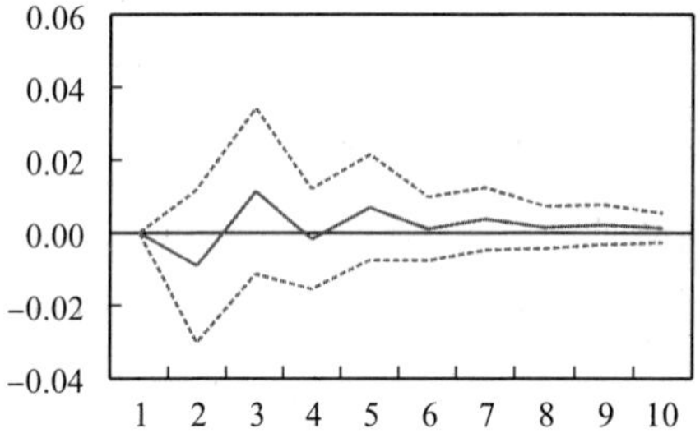

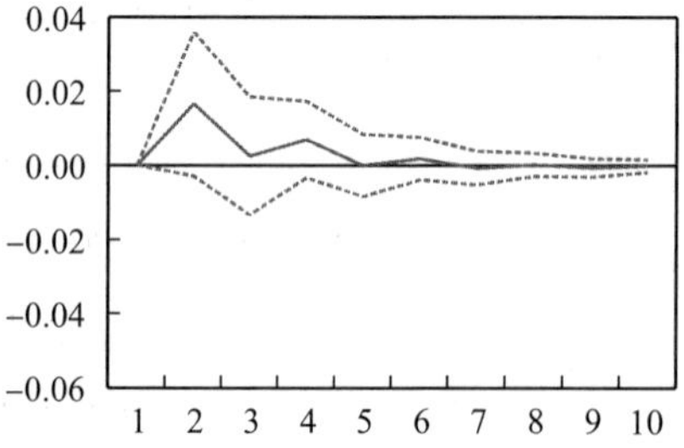

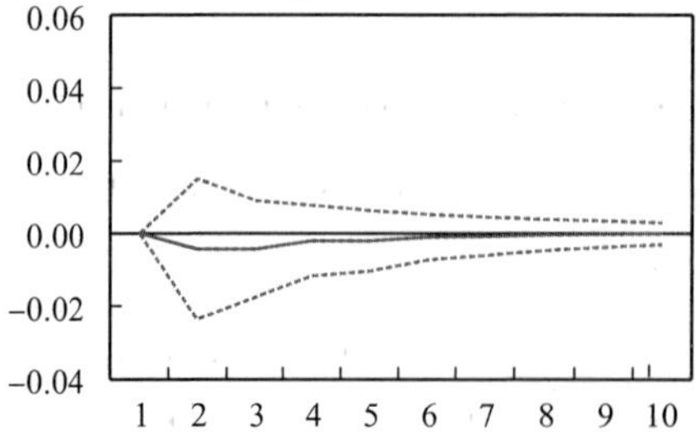

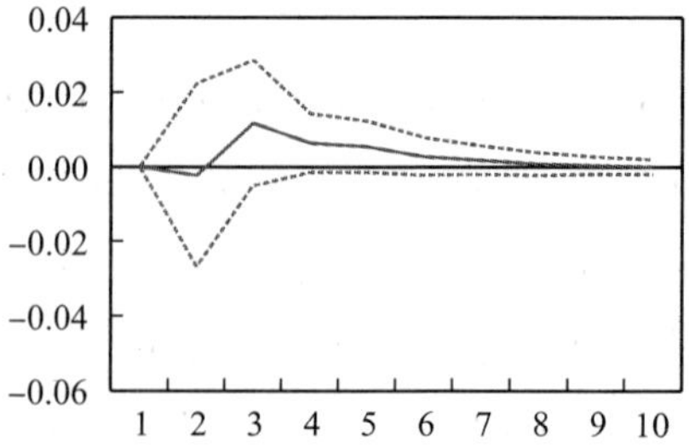

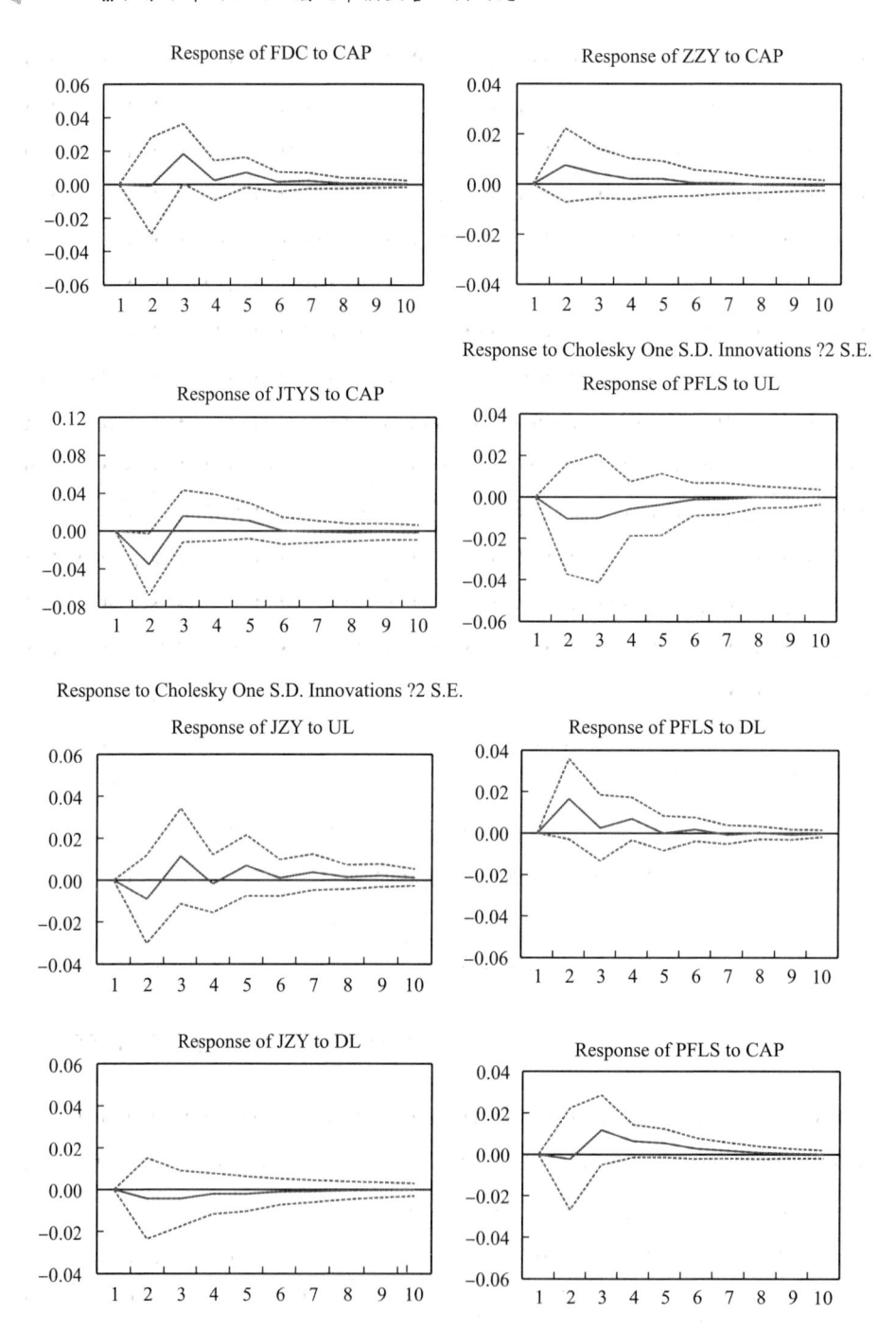

Response of JZY to CAP

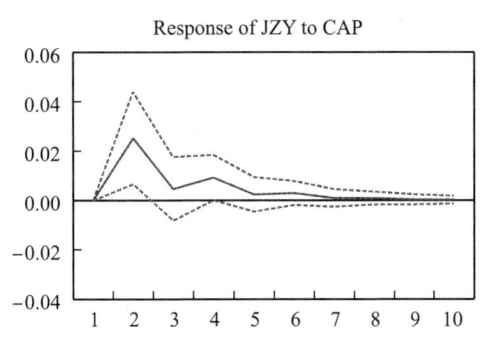

图 10-4 冲击响应图（从左到右分别为房地产、制造业、交通运输、批发零售、建筑业）主观因素控制变量为 TROE

总体上，从实证结果来看，表征主观因素的 TALL 和 TROE 呈现出控制信贷增长的特点，表明中国上市商业银行整体上没有淡忘之前的"教训"。从客观指标来看，不同的行业信贷供给受到影响的特征并不一致。当银行表外流动性风险增加时，房地产贷款会出现增长，而其他行业则会出现信贷收缩现象。而此时往往是实体经济企业信贷支持不足，急需银行"输血"的时候（宋玉颖和刘志洋，2014）。因此此时监管当局应对除房地产行业的其他行业的风险权重进行调整，引导银行向非房地产业发放信贷。而一旦银行贷款占比过高，表内流动性不足时，银行对房地产、制造业等行业的信贷供给会出现收缩，而批发零售业不会受到影响。此时监管当局也调整相应行业贷款的风险权重，避免信贷收缩的出现。资本充足率导致的信贷供给收缩则更多地显示在房地产、建筑业和制造业上。因此，为了解决资本监管的顺周期性而实施的逆周期资本调控，应该针对不同行业的信贷供给情况分类化和精准化调控，从而避免"一家有病，大家吃药"的缺陷。

10.5 基于行业信贷供给的逆周期调控体系建立

10.5.1 2008 年金融危机前后印度的动态风险权重调整实践经验

2004 年 12 月，印度使用动态资本权重调整机制和拨备制度，对特定行业的信贷增长和资产价格上升过快的问题进行调控,从而降低系统性风险累积程度和资产泡沫的放大。由于印度的统计数据有限,且历史中的数据参考性不是很高,因此,印度的动态风险权重调控主观性很强,主要依据的是信贷向特定行业流动的增长率进行调控。阿南德·辛巴(Anand Sinba, 2011)认为,虽然银行也在积极建立信贷与 GDP 比值的数据序列,但在信贷高速增长期,只需要看信贷增长率就够了。

2008 年金融危机爆发前后,印度既经历了信贷快速增长又受到国际金融危机的负面影响。根据印度中央银行的时间划分,2004 年 9 月~2008 年 8 月,印度处在系统性风险逐渐积累的时间段,货币政策偏向于紧缩;2008 年 10 月~2009 年 4 月,印度受到国际金融危机的影响,货币政策偏向宽松;2009 年 10 月~2011 年 7 月,印度货币政策又开始适度从紧。阿南德·辛巴指出,这三个时间段也恰好是宏观审慎监管调控发挥作用的三个时间段(见表 10-5)。

表 10-5　　2008 年金融危机前后印度动态风险权重调整和拨备调整　　单位:%

时间	资本市场客户贷款 风险权重	资本市场客户贷款 拨备率	住房贷款 风险权重	住房贷款 拨备率	其他零售贷款 风险权重	其他零售贷款 拨备率	商业房地产贷款 风险权重	商业房地产贷款 拨备率	系统重要性非存款类机构和非金融机构贷款 风险权重	系统重要性非存款类机构和非金融机构贷款 拨备率
2004 年 12 月	100	0.25	75	0.25	125	0.25	100	0.25	100	0.25
2005 年 7 月	125	0.25	75	0.25	125	0.25	125	0.25	100	0.25
2005 年 11 月	125	0.40	75	0.40	125	0.40	125	0.40	100	0.40
2006 年 5 月	125	1.00	75	1.00	125	1.00	150	1.00	100	0.40
2007 年 1 月	125	2.00	75	1.00	125	2.00	150	2.00	125	2.00
2007 年 5 月	125	2.00	50~75	1.00	125	2.00	150	2.00	125	2.00
2008 年 5 月	125	2.00	50~100	1.00	125	2.00	150	2.00	125	2.00
2008 年 11 月	125	0.40	50~100	0.40	125	0.40	100	0.40	100	0.40
2009 年 11 月	125	0.40	50~100	0.40	125	0.40	100	1.00	100	0.40
2010 年 12 月	125	0.40	50~125	0.40~2.00	125	0.40	100	1.00	100	0.40

资料来源:阿南德·辛巴(2011)。

第10章 基于行业信贷供给视角的逆周期调控研究

2004~2008年,印度经历了9%年增长率的快速增长期,通货膨胀压力较高,大量国外资本通过银行体系流入国内实体经济。高经济增长对银行信贷的需求剧增,信贷增长率平均达到30%,而房地产行业信贷年度增长率达到50%~100%,房地产价格也快速上涨,银行大量暴露在房地产行业风险敞口之下。但是印度同时流向其他行业的信贷增长率为20%左右。为了避免银行体系过多暴露在相关行业的风险之下,中央银行决定采取审慎监管措施,对相关行业信贷供给进行定向调控。从表10-5可以看出,商业房地产信贷风险权重从125%逐渐提高至150%,住房抵押贷款风险权重也从50%提高至75%,且如果LTV高于75%的大额借款,风险权重调高至100%。对于消费信贷和资本市场,印度始终保持较高的风险权重设置。但印度对于农业贷款和中小企业贷款,始终设置较低的风险权重。整体来讲,印度通过动态风险权重调整和拨备制度,降低了银行信贷对特定行业的增长率,缓解了逐渐积累的系统性风险。比如,银行对商业性地产的贷款大幅度下降,进而降低了银行风险敞口。

2008年金融危机的爆发对印度产生了负面影响。印度中央银行快速实施逆周期调控,在2008年11月降低了商业性地产以及其他非银行类企业的贷款风险权重。此措施也具有明显的定向特点,但是由于经济体总需求和银行风险胃口降低的原因,商业性地产信贷增长率在此期间下降到30%左右,企业贷款增长率也下降至30%左右,住房贷款增长率下降至6%,非食品部门信贷增长率下降至13%(Anand Sinba,2011)。

2009年末,印度国内需求开始恢复,虽然整体信贷增长率有限,但商业地产的信贷增长率快速增长,又超过了40%,因此,印度中央银行对地产行业信贷拨备率的要求进一步上升。2009年12月,印度金融市场开始对银行信贷质量出现担忧,此时,虽然印度商业银行盈利能力仍旧较强,但印度中央银行要求各个商业银行提前对整体不良贷款计提70%的拨备覆盖率,并要求在2010年9月完成。此举具有明显的宏观审慎监管的动态拨备特征。2010年11月,印度居民房地产价格快速上涨,达到了危机之前的水平,许多商业银行也设计出针对房地产贷款的金融产品,这些产品具有金融危机中"次级贷款"产品的特点。这引发了监管当局对银行未来资产质量的担忧,且监管当局认为房价上涨是人为推动的结果,投机性较强。在此背景下，2010年11月，印度中央银行又使用了宏观审慎监管的定向调控工具：对于信贷标准低的贷款的拨备率要求增加到2%；贷款总额在200万印度卢比以上的，LTV不能高于80%；贷款总额在200万印度卢比以下的，LTV不能高于90%；住房贷款在7500万印度卢比以上的，贷款风险权重为125%。

总之，印度的实践经验表明，时变的风险权重调整和拨备要求能够比较好地控制信贷快速增长，且也能够在经济衰退期促进银行放贷。郝聪仁（Hao Congren，2011）认为，印度的动态拨备在控制信贷快速增长方面比动态调整风险权重效果要好，因为动态拨备对银行经营风险进行了直接的规定，但通过风险权重调整来影响资本充足率进行逆周期调控需要通过定价机制影响信贷需求才能实现，因此时效性较慢。但仅仅认为宏观审慎的逆周期调控能够稳定宏观经济也是有失偏颇，毕竟货币政策对宏观经济的增长也有重要影响。

10.5.2 中国行业信贷定向调控实证分析

对于许多新兴市场国家，银行存在信贷风险敞口的行业相对较为集中。本章选取获得银行信贷支持较多的、在国民经济中地位比较重要的五大行业：制造业、建筑业、批发零售业、交通运输业和房地产业，并在对这些行业违约风险分析基础上，研究基于行业风险特征的逆周期定向调控体系的建立。

以默顿（Merton，1973）期权定价理论为核心发展出来的或有权益分析（contingent claims analysis，CCA）理论，是金融危机之后测度金融系统性风险的主要方法之一。而KMV模型则是CCA方法的主要代表。本章将行业看做一个公司，从而可以使用KMV模型分析行业整体的风险变化。KMV模型核心思想是将股票市值看做欧式看涨期权，当行业资产价值低于预期所需偿还债务的价值时，看涨期权作废，行业出现违约。本书针对KMV模型设定了违约触发值（用DB表示）。根据KMV模型的常规做法，本书对违约点的设定为：短期负债 + 0.5 × 长期负债。上述五大行业的股票市值总和数据、波动率数据、短期负债数据和长期负债数据均来自Wind数据库。

第 10 章 基于行业信贷供给视角的逆周期调控研究

在此基础上，笔者求解出上述五大行业的时变违约概率，见图 10-5。从图 10-5 可以看出，各个行业的风险演化特征并不完全一致。在样本区间内，由于中国经历了全球金融危机，这对中国制造业的影响较大，因此在金融危机爆发期间，制造业的风险迅速上升。但随着中国宏观经济的逐渐企稳，政府刺激政策的出台，制造业风险从 2010 年开始迅速下降。整体来看，交通运输和批发零售业的风险非常低，即使在 2008 年金融危机期间，违约概率也几乎为零。但是，从图 10-5 我们可以发现，当前我国行业风险最大的应该是建筑业和房地产业。受国家在 2008 年金融危机刺激政策的影响，建筑业从 2010 年开始，风险就显著上升，而房地产业从 2012 年开始，风险也逐渐提高。

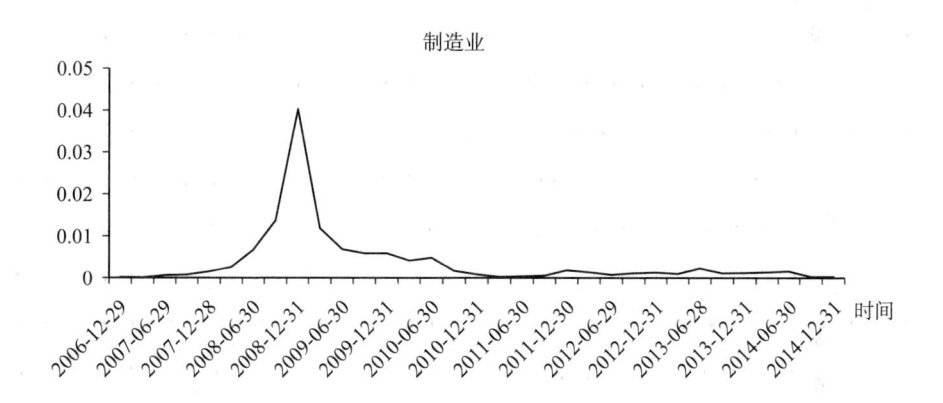

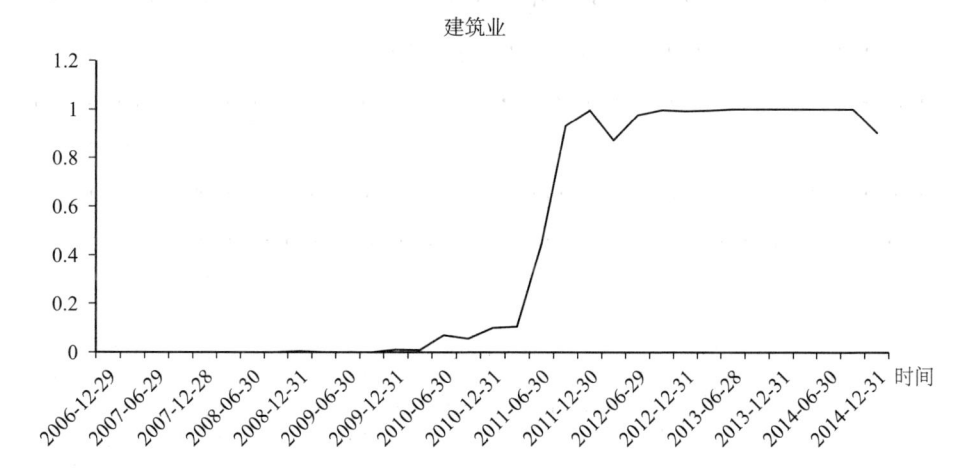

制造业

建筑业

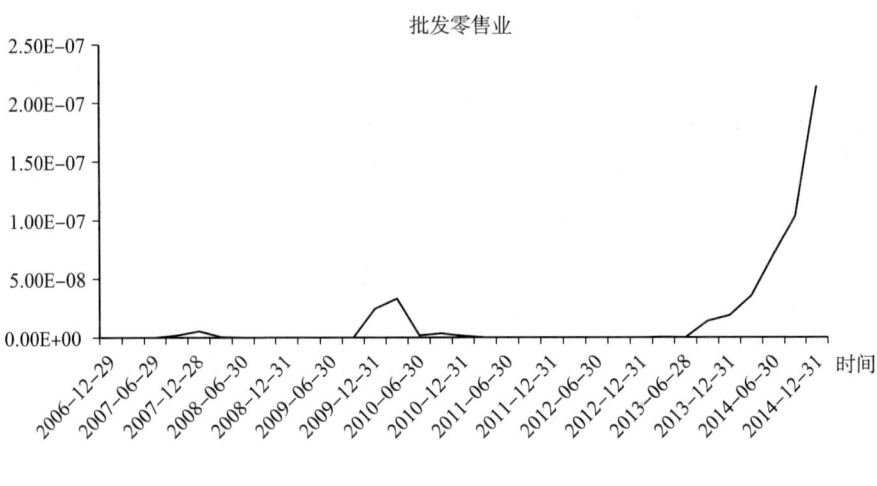

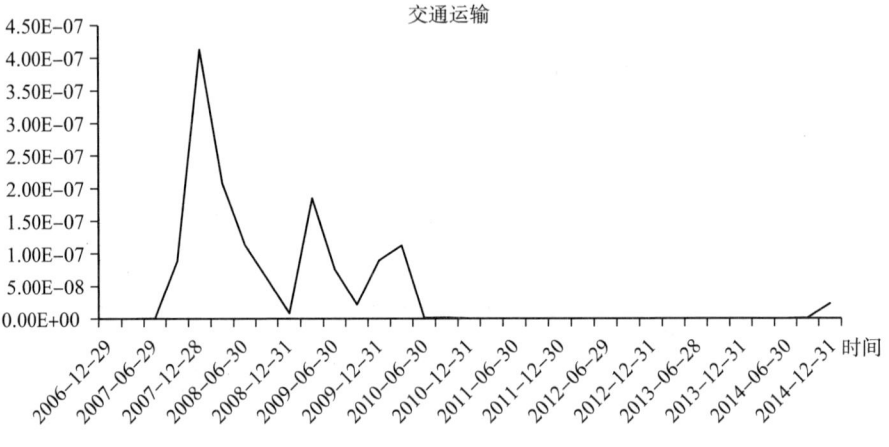

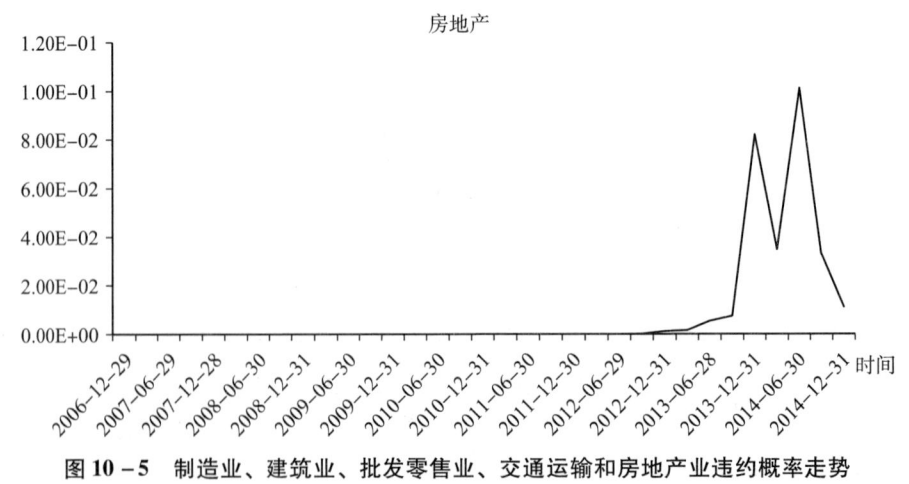

图 10－5 制造业、建筑业、批发零售业、交通运输和房地产业违约概率走势

总之，我国各个行业的风险特征走势并不完全一致。这说明监管当局在进行信贷调控时，应对各个行业贷款的风险权重有所区分。2008年金融危机后，逆周期信贷调控的主要工具是基于信贷与GDP比值缺口的逆周期资本缓冲机制，但从图10-6我们不难发现，各个行业的风险特征与整体经济走向并不完全一致，如果根据总体信贷指标进行逆周期资本调控，则势必对风险较低的行业的信贷供给产生负面影响，从而不利于经济增长。从图10-6可以看出，我国信贷与GDP比值缺口在金融危机期间为负值，说明应进行资本释放，从而增加银行信贷供给能力。但在2010年之后，数据显示我国应加强资本充足率要求，控制银行信贷供给。但是正如宏观经济增长所体现的，金融危机后，我国经济增长率将降低，此时经济体需要银行信贷的支持。因此这个时期基于总体指标的调控，必然会对我国经济结构的优化产生不利影响。

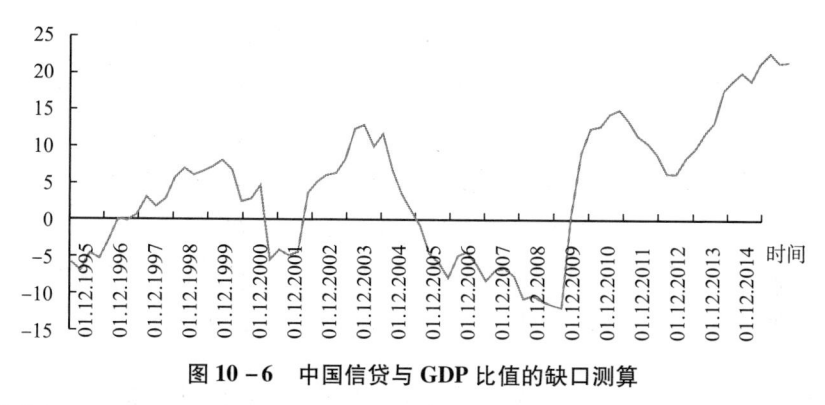

图10-6 中国信贷与GDP比值的缺口测算

资料来源：国际清算银行网站。

如果单纯根据信贷与GDP比率的缺口在2010年增加资本充足率要求，我们不难发现，房地产、建筑业和制造业的信贷流入会上升，而交通运输和批发零售等行业的信贷流入会降低。而房地产和建筑业的风险明显比其他行业要高，进而出现了挤占其他行业的信贷供给量的现象。从图10-5可以看出，2010年后，我国建筑业和房地产业风险快速上升，但其他行业的风险都非常低，因此监管当局仅仅需要控制流向这两个行业的信贷即可，比如增加这两个行业的贷款风险权重、提高贷款拨备覆盖率要求、对借款人限制杠杆比率等。同时从流动性风险指标来看，当控制了表外流动性风险（UL降低）

时，调控整体有效，因为制造业、交通运输和批发零售等低风险行业的信贷流入上升；但控制表内流动性风险（DL 降低）时，银行信贷还存在向房地产和建筑业等高风险行业流动，挤占其他行业信贷的现象。总之，对于宏观审慎监管，不论使用流动性风险监管工具，还是使用资本监管工具，逆周期信贷调控应具有行业针对性，防止出现"城门失火，殃及池鱼"的现象发生。

10.6 宏观审慎监管调控房地产行业

房地产价格巨幅波动对宏观经济运行影响极大。房地产价格过快上涨往往伴随着快速的信贷供给增长和杠杆率的增加。而一旦房价调头向下，经济体内的债务偿还问题便会被杠杆率过高而放大，进而威胁经济增长。然而面对房地产价格过快上涨，美国在 2008 年金融危机爆发前却采取了"善意的忽略（benign neglect）"的策略。格林斯潘解释之所以采取此措施，是因为：第一，无法及时认识到出现泡沫；第二，及时干预所造成的扭曲比等待泡沫破灭的成本高。因此，在 2008 年金融危机爆发之前应对资产泡沫的对策就是等待泡沫破灭，之后寻找被低估的资产。在此逻辑下，监管当局不会考虑资产是如何被持有、参与资产交易的成员以及资产的消费属性和投资价值属性。

10.6.1 需要宏观审慎监管调控房地产价格的原因

2008 年金融危机的爆发改变了监管者的态度。美国房地产泡沫破灭所造成的巨大成本使得全球金融监管当局认识到提前干预的重要性。危机爆发后，全球各国国家无论是货币政策还是财政政策，均进行了超常规的操作，但效果有限。其实房地产价格上涨背后所隐含的金融体系信贷快速增长以及杠杆率过高才是金融不稳定的根源，金融因素是推动房地产价格快速上涨的主要因素。因此事后我们需要思考，监管者究竟应该参照什么标准来调控房地产价格；如果监管需要介入，则其适用的政策工具是什么；这些政策工具的效果怎么样。实践表明，货币政策工具应对房地产泡沫过于迟缓，而财政政策又容易给经济体运行带来扭曲，经济成本较高。因此，本书认为，对于房地产行业的调控应使用宏观审慎监管工具,应构建以宏观审慎监管政策工具为核心的工具箱,发挥宏观审慎监管工具的定向性和差异性的调控功能,通过控制银行定向信贷投放和金融体系内的杠杆率来抑制房地产价格过快上涨。

房地产兼具消费价值和投资价值,因此银行业以提供信贷的方式介入房地产的经营链条,且对房地产价格的增长存在加强机制。理论上讲,房地产价格上涨并不一定意味着危机必然出现,危机出现的根源不在于房地产价格上涨,而是房地产价格上涨背后所伴随的金融因素。因此为了避免房地产价格大幅波动给经济增长带来的负面影响,对房地产价格的调控应专注于背后的金融因素。在中国的国情背景下,中国应通过对银行业实施审慎监管来调控房地产价格。

1. 银行介入房地产行业较深。房地产价格过快上涨其实不是问题,问题是推动房地产价格上涨的购买资金是从何处得到的。如果房地产价格上涨伴随着私人部门和金融机构杠杆率的上升以及金融体系的信贷增长,则一旦房价调头,经济体就会出现去杠杆化,经济增长就会出现阵痛,其背后的原因是资产价格下跌会恶化借款人资产负债状况,而这种恶化效应会通过杠杆率而放大。当银行介入房地产借贷的环节时,一旦出现资产价格下跌,银行就会收缩信贷,实体经济就会出现下滑。而当银行对资产价格上涨介入不是很深时,实体经济受到的影响往往不会很大。比较好的例子是美国网络股泡沫破灭事件,银行介入不深,美国经济仅仅经历了轻微的衰退。

当消费者和投资者购买房产时,资金来源往往是银行信贷。而股票市场通过借入资金而购买股票的情况占比较低。即使出现借入资金购买股票的情况,保证金制度也能够保证市场整体稳定。在美国,住房抵押贷款与房地产总价值之比为45%,而借钱买入的股票总额与上市公司股票价值之比不到5%(Christopher Crowe et al., 2011)。因此在2007年美国房价下跌时,所有与住房贷款有关的金融产品价格全部下跌,市场瞬间流动性蒸发,持有此类产品的投资者资产负债不断恶化,投资者不断抛售与住房贷款有关的产品,进而出现恶性循环。同时由于美国银行业对房地产的风险敞口由1985年的30%上涨至危机爆发前的54%(Christopher Crowe et al., 2011),银行资本遭受巨大腐蚀，顺周期性问题出现，美国经济陷入衰退。

2. 房地产价格波动往往伴随着危机的发生。由于美国房地产价格下跌引发的次贷危机不是唯一的案例。克雷森斯等（Claessens et al.，2010）运用统计方法研究发现，房价的泡沫程度与之后发生危机的严重程度成正比，即经历最严重危机的国家往往都是房价波动最大的国家。克里斯托弗克罗等（Christopher Crowe et al.，2011）指出，在有住房价格数据情况下的46次银行危机中，将近2/3的银行危机与房价泡沫有关；在51个存在房价周期统计的国家中，有35个出现了银行危机。与之形成对照的是，克里斯托弗·克罗等发现，在股票的涨跌周期中，只有15%最终演化成银行业危机。在克里斯托弗·克罗等研究的40个国家中，30多个国家全部经历过信贷供给和房价的同时快速上涨，并最终导致银行危机爆发；其中11个国家既经历了金融危机，之后又经历了实体经济危机。在没有经历"双上涨"的7个国家中，只有2个国家出现系统性银行危机，但危机损失程度非常低（Christopher Crowe et al.，2011）。同时，从表10-6和图10-7可以看出，许多国家在爆发银行业危机之前，都经历了房地产价格的快速上涨。从国外学者的研究可以看出，房价上涨与银行信贷供给增速息息相关，两者相互加强上涨会增加金融体系的脆弱性，因此需要宏观审慎监管工具来进行调控，保证金融体系稳定。

表10-6　　　　房地产价格和信贷快速上涨与危机爆发概率

	之后爆发金融危机概率（%）	之后经济增长下降概率（%）	两个情形同时出现（%）	两个情形出现一个（%）	样本国家数量（个）
房地产价格快速上涨	53	77	87	43	30
信贷供给快速上涨	67	78	93	52	27
只有房地产价格快速上涨	29	71	71	29	7
只有信贷供给快速上涨	100	75	100	75	4
两者同时出现	61	78	91	48	23
两者同时不出现	27	18	45	0	11

资料来源：克里斯托弗·克罗等（2011）。

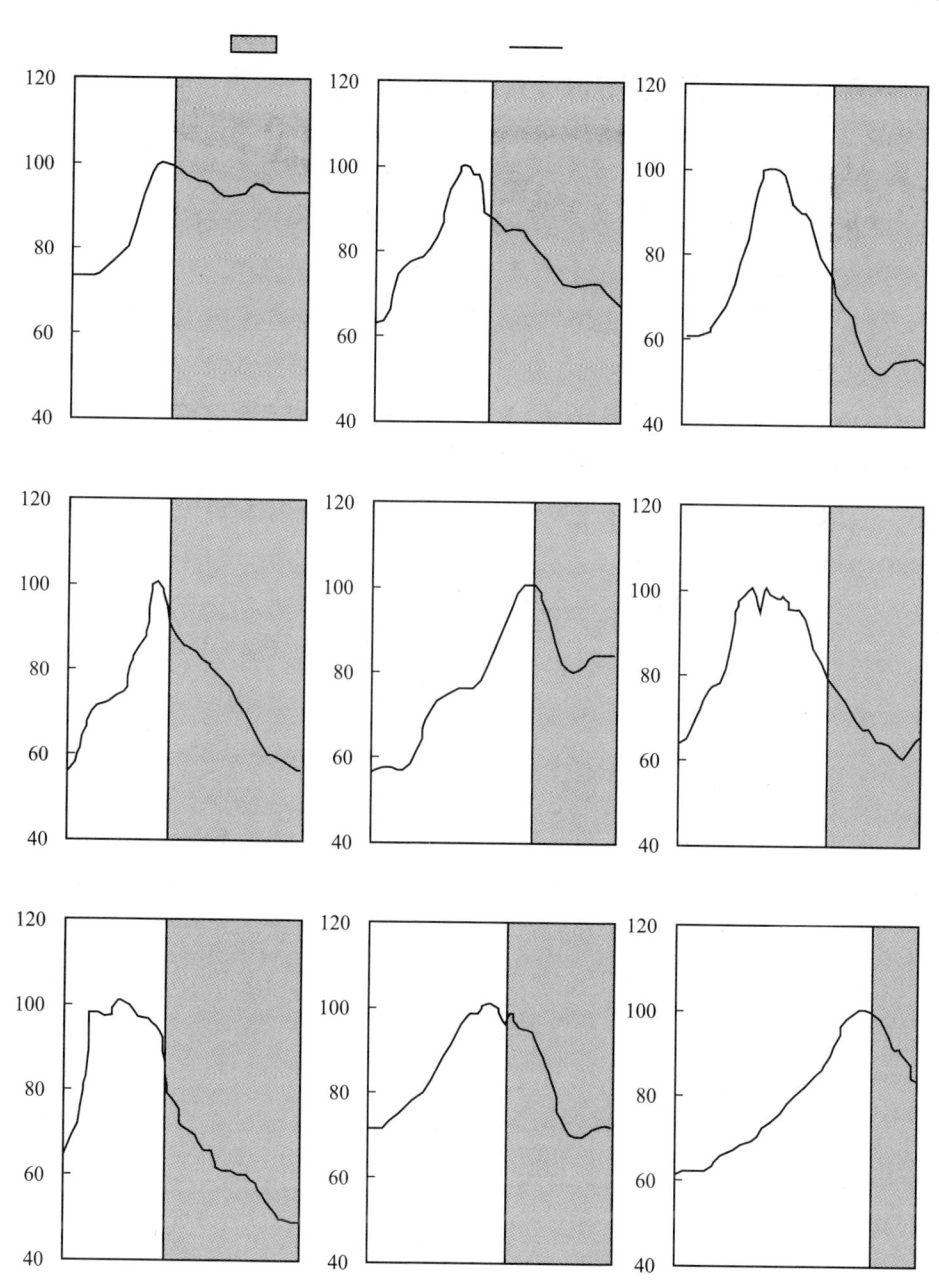

第10章 基于行业信贷供给视角的逆周期调控研究

图 10-7 房地产价格与银行危机爆发

注：阴影部分为银行危机爆发的时间。
资料来源：克里斯托弗·克罗等（2011）。

10.6.2 运用宏观审慎监管调控房地产国际实践

从国际来看，宏观审慎监管的发展尚处在初级阶段，运用其调控房地产行业的国家不是很多，效果也有待观察。在表 10-7 的 36 个国家中，80% 以上的国家没有对住房抵押贷款类产品的类型进行限制；虽然有大约一半的国家实施了贷款价值比（loan to value，LTV）和债务收入比（debt to income，DTI），但指导性意见居多，覆盖面也不够，只有 3 个国家将 LTV 和 DTI 与房地产价格紧密挂钩；只有不到 1/3 的国家通过准备金制度和风险权重调整来调控房地产行业。同时从表 10-7 可以看出，经历过亚洲金融危机的国家和地区（中国香港特区、韩国、马来西亚和新加坡）往往倾向于使用宏观审慎监管工具来调控房地产行业。一些东欧国家（保加利亚、克罗地亚、爱沙尼亚和乌克兰）也尝试着使用宏观审慎监管工具调控房地产，但效果不明显。许多国家和地区实施杠杆率调控时也存在挑战。比如在美国和中国香港特区，将贷款金额进行拆分，使得借款人的每笔贷款都符合 LTV 和 DTI 的要求，但一旦加总后则不符合监管要求。

许多国家和地区的宏观审慎监管实施表现出了精确性和专注性。比如韩国根据不同地区的房价上涨情况分类设置 LTV 和 DTI 比例要求；新加坡将一套房和二套房进行分开调控；中国香港特区也根据住宅的档次进行分类调控。

从调控效果来看，实证经验表明 LTV 比例越高，房价涨幅越大。杜卡等（Duca et al.，2010）构建了美国 1979~2007 年首次买房者面对的 LTV 要求的时间序列数据，运用协整模型实证分析表明，LTV 提高 10% 会使得房价上涨 8%~11%。韩国在 2002 年 9 月引入 LTV 比例，之后韩国的房价增长率从 3.4% 下降到 2003 年 4 月的 0.3%（Christopher Crowe et al.，2011）。同时韩国实施 DTI 比例使得房价增速从 2005 年 7 月的 2.3% 下降至 2005 年 8 月的 0.2%（Christopher Crowe et al.，2011）。中国香港特区实施 LTV 和 DIT 也得到了基本类似的结果。

但是实施 LTV 如何影响房价走势目前还没有完全的定论。一方面，LTV 和 DIT 数据往往不是完整的时间序列数据，对于许多国家和地区来讲数据缺失非常严重，而且许多国家和地区 LTV 和 DTI 调控目前还缺乏针对性，许多实证分析也都存在内生性问题；另一方面，虽然 LTV 和 DTI 可能效果明显，但国际实践经验表明,其短期性较强,并不一定适合作为房地产调控的长期工具(Christopher Crowe et al.,2011)。

表 10-7　　　　宏观审慎监管调控房地产行业国际经验

国家和地区	可以发放抵押贷款金融机构类型	抵押贷款种类	LTV	DTI	抵押贷款增长率	是否存在房地产行业贷款的专项准备金	是否对房地产贷款设置特定的风险权重	是否对贷款有全部的追索权
	是否存在下述的限制性条款							
阿根廷	不存在	存在	存在(80%)	存在(30%)	不存在	不存在	不存在	不存在
澳大利亚	不存在,但需要申请执照	不存在	不存在,但LTV过高会导致高资本充足率要求和私人抵押贷款保险要求	不存在,但私人抵押贷款保险会进行限制	不存在	不存在	存在	存在
奥地利	不存在,但需要申请执照	对外币抵押贷款存在	不存在	不存在	不存在	不存在	不存在	存在
比利时	不存在	不存在	不存在	不存在	不存在	存在	不存在	存在
保加利亚	存在限制	不存在	不存在	不存在	不存在	不存在	不存在	存在
加拿大	只有纳入监管半径的金融机构可以	不存在	私人贷款是80%,政府部门贷款为90%	存在,为45%	不存在	未知	未知	存在
哥伦比亚	不存在	不存在	不存在	不存在	不存在	存在	不存在	未知
克罗地亚	不存在	不存在	不存在	不存在	不存在	不存在	不存在	存在
塞浦路斯	不存在	不存在	住房贷款80%,商业贷款70%	不存在	不存在	不存在	不存在	不存在

续表

国家和地区	是否存在下述的限制性条款					是否存在房地产行业贷款的专项准备金	是否对房地产贷款设置特定的风险权重	是否对贷款有全部的追索权
	可以发放抵押贷款金融机构类型	抵押贷款种类	LTV	DTI	抵押贷款增长率			
捷克	不存在	不存在	不存在	不存在	不存在	不存在	存在	存在
埃及	银行和抵押贷款公司	不存在	不存在	40%	不存在	不存在	不存在	未知
爱沙尼亚	不存在	不存在	不存在	不存在	不存在	不存在	不存在	存在
芬兰	不存在	不存在	尽量不要高于90%	不存在	不存在	不存在	不存在	不存在
法国	授权的信贷公司	不存在	不存在	不存在	不存在	不存在	不存在	存在
德国	不存在	不存在	住房贷款80%，商业贷款60%	不存在	不存在	不存在	根据资产价格决定	存在
希腊	不存在	不存在	不存在	30%至40%	不存在	不存在	存在	存在
中国香港特区	只有商业银行可以	存在	HKMA负责调控	50%	不存在	不存在	不存在	存在
匈牙利	存在	存在	存在	存在	不存在	存在	不存在	存在
爱尔兰	不存在	不存在	不存在	不存在	不存在	不存在	不存在	存在
印度	不存在	不存在	90%	不存在	不存在	不存在	不存在	不存在
印度尼西亚	只允许银行	不存在	不存在	不存在	不存在	不存在	不存在	不存在
韩国	存在	存在	存在	存在	不存在	存在	不存在	存在
立陶宛	不存在	不存在	不存在	不存在	不存在	不存在	不存在	存在
马来西亚	只允许商业银行和伊斯兰银行	不存在	90%	不存在	不存在	存在动态拨备	存在	不存在

续表

国家和地区	是否存在下述的限制性条款					是否存在房地产行业贷款的专项准备金	是否对房地产贷款设置特定的风险权重	是否对贷款有全部的追索权
	可以发放抵押贷款金融机构类型	抵押贷款种类	LTV	DTI	抵押贷款增长率			
马耳他	不存在	不存在	不存在	不存在	不存在	不存在	不存在	存在
荷兰	需要许可证	不存在	打算实施	存在	不存在	不存在	不存在	存在
挪威	不存在	不存在	90%	30%	不存在	不存在	不存在	存在
波兰	存在	不存在	"T"条款	"T"条款	不存在	不存在	不存在	存在
俄罗斯	需要许可证	不存在	60%（国家机关贷款）	45%（国家机关贷款）	不存在	存在	不存在	存在
斯洛伐克	存在	针对住房贷款	存在	不存在	不存在	不存在	不存在	未知
西班牙	不存在	不存在	不存在	不存在	不存在	动态准备金	对于高LTV的贷款存在	存在
阿联酋	不存在	不存在	不存在	不存在	不存在	不存在	不存在	不存在
乌克兰	存在	存在	存在	存在	存在	当信贷供给增加时存在	当信贷供给增加时存在	存在
英国	不存在	不存在	不存在	不存在	不存在	不存在	不存在	不存在
美国	不存在	不存在	存在	不存在	不存在	不存在	存在	与各州有关
乌拉圭	不存在	不存在	对于特定贷款设定为90%	20%~30%	不存在	动态准备金制度	不存在	存在

资料来源：克里斯托弗·克罗等（2011）。

10.6.3　中国运用宏观审慎监管调控房地产行业政策建议

对房地产行业调控背后的目标应是防止由于房价过快上涨导致金融危机的爆发。本书通过对宏观审慎监管与房地产调控关系的分析，认为宏观审慎监管政策工具是调控房地产行业、防止房价过快上涨的利器，因为宏观审慎监管实施目标性极强，调控具有差异性特点，影响也是局部的，能够根据不同地区和不同时期的具体情况进行差异化调控，因此能够在不增加监管成本的情况下维护金融体系稳定。在使用宏观审慎监管政策工具调控房地产价格方面，首先要判断房价上涨速度与国民收入上涨速度的关系。同时监管当局要关注家庭部门杠杆率情况以及银行体系对于房地产部门的敞口，也要关注房价过快上涨是否出现集中在某些地区的现象。

1. 中国当前现状。从前面的实证分析来看，相对于其他行业，中国银行业整体对房地产风险敞口较高，且呈现出系统性特点。然而中国当前运用宏观审慎监管应对房地产泡沫的措施不是很多，主要靠中国银监会对银行住房贷款进行控制。中国银行业监督管理委员会以及中国人民银行为调控房地产价格的过快上涨，在 2007 年开始使用贷款价值比进行宏观审慎监管，具体措施如表 10 - 8 所示。

表 10 - 8　　　　　　　　中国贷款价值比调控　　　　　　　　单位：%

时间		首套房		二套房
		小于 90 平方米	大于 90 平方米	
2007 年		80	70	60
2008 年		80		60
2009 年		80		60
2010 年	9 月 30 日之前	80	70	50
	9 月 30 日之后	70		50
2011 年		70		40

资料来源：王斌和孙涛（Bin Wang and Tao Sun, 2013）。

在控制房价为代表的资产价格过快上涨方面，王斌和孙涛（Bin Wang

and Tao Sun，2013）的实证分析表明，准备金比率调控是影响房价的最主要因素，准备金比率越高，房价增长率越低。同时，王斌和孙涛认为房价调控政策可以控制房价过快上涨，但房价调控政策在中国的中西部地区效果不是很明显。王斌和孙涛的实证结果还表明，资本充足率越高的银行，其信贷投放量越大，其所在地区的房价上涨就越快。同时，王斌和孙涛指出，对于LTV调控房价效果的研究，当前中国的样本时长还不够。

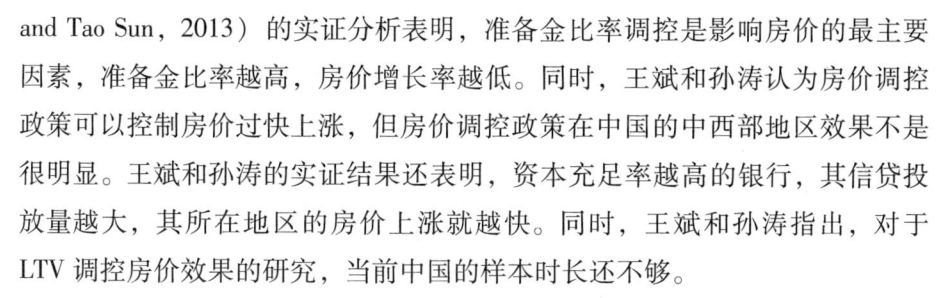

2. 工具选择。宏观审慎监管实施具有专注性，可以直接针对金融体系内某一个可能爆发的风险点实施，实现具体的监管目标，因此对整体经济体的影响有限。宏观审慎监管能够通过降低房地产泡沫出现的概率以及增强金融体系对房地产泡沫风险的抵御能力两个方面来帮助进行房地产行业的调控。

（1）逆周期资本缓冲。Basel Ⅲ提出的逆周期资本缓冲可以使银行在经济繁荣期计提更多的资本，从而抑制银行信贷的投放。在房地产价格快速上涨时期，应根据抵押品价格的上涨幅度（或者价格周期）对银行施加逆周期资本要求，或者调整风险权重。同时此工具还可以针对不同地区的房价上涨情况进行分类调控。但是，运用逆周期资本调控还存在一些挑战，比如如何设计逆周期风险权重才能保证避免道德风险问题、如何避免监管套利问题以及监管者是否有意愿在房价下跌时降低风险权重。

（2）动态准备金制度。动态准备金制度和逆周期资本调控类似，都是在繁荣期多计提准备金，以应对经济衰退期。与逆周期资本调控不同的是，银行准备金要求没有上限，因此，可以在银行资本充足率已经非常高的情况下使用。银行可以根据不同地区的房地产价格情况，分类进行准备金要求。此工具的主要用途在于一旦房地产价格下跌，银行有足够的拨备来覆盖损失，因此，对在房价上涨时期控制信贷供给的作用并不明显。同时，在实施动态准备金制度的同时，应考虑到参数校验、监管套利以及与国外的监管合作等问题。从西班牙实施动态准备金制度的经验来看，其没有有效控制房价上涨，但当西班牙房价下跌时，银行具有充足的缓冲来抵御危机。

（3）杠杆率工具。杠杆率工具主要包括LTV和DTI两类，其作用机制是限制借款人的贷款额度，从而降低借款人的金融脆弱性程度。杠杆率工具可以根据不同地区的房价涨幅程度限制借款人的信贷可行额度，有针对性地控制房地产（投机）需求，进而调控房价。然而对于借款人来讲，如果银行控制其信贷可得额度，则其可以从其他非银行金融机构获得信贷资金，因此存在监管套利问题。同时受杠杆率监管影响最大的个体往往也可能是最需要信贷资金的个体。

3. 实施主要关注的问题。虽然宏观审慎监管实施具有目标性强、可以差异化调控等优势，但不能否认的是，在使用宏观审慎监管工具调控房地产行业时还需要货币政策等其他宏观经济政策的配合。比如，当提高房地产贷款的风险权重时，银行资本充足率要求必然会提高，因此银行会增加贷款利率，进而房地产行业借款利率的上升也会传染至其他行业，从而抬高了整体经济的借贷成本。同时对信贷供给的控制也会导致信贷配给问题的出现。而如果货币政策过于宽松，则很容易造成经济体内杠杆率上涨，使得宏观审慎监管压力变大。而这些问题的解决都需要货币政策与宏观审慎监管的密切配合。另外，在使用宏观审慎监管工具调控房地产行业时也要考虑是相机抉择还是按照规定行事。如果使用相机抉择，其优势是可以具体情况具体分析来实施政策，发挥差异性调控功能；而如果基于具体规则的话，则不会出现纷争，实施目标和手段明确，易于操作。然而具体如何实施，都是需要未来值得深入研究的问题。

10.7 本章小结

商业银行信贷供给既受到商业银行资本充足率的影响，也会受到商业银行流动性风险的影响。本章使用微观的行业信贷数据，从"机构记忆"假说视角出发，将影响商业银行信贷供给的因素分为主观和客观两个维度。在控制主观因素变量基础上，本章使用 panel-VAR 模型对商业银行信贷供给影响因素进行研究。整体结论表明，中国商业银行经营者并没有忘记过去的"教训"，对信贷供给以控制导向为主。但是客观因素实证结果表明，流动性风险和资本充足率对不同行业信贷供给的影响各不相同。银行信贷顺周期性问题虽然是个宏观现象，但并不是每个行业都存在类似的问题。因此当实施宏观审慎监管对银行信贷供给进行逆周期调控时，首先应关注冲击是由流动性风险产生还是资本充足率产生,并要分析流动性风险是表内还是表外;之后要具体问题具体分析,结合不同行业受到的影响情况,进行分行业精细化的逆周期调控,发挥宏观审慎监管的精准化调控特点,避免逆周期调控的"一家有病、大家吃药"劣势。

第 11 章

逆周期调控的相关配合制度

2008年金融危机暴露出相关监管制度的缺陷：一方面，监管当局对金融体系系统性风险状况知之甚少；另一方面，相关金融制度也存在加剧金融危机爆发严重程度的机制。监管当局在制定逆周期资本缓冲计提规定时，要详细了解当前金融体系的稳定程度。金融监管改革也要关注加剧金融危机严重程度的机制，比如最典型的公允价值会计制度。金融资产计价的顺周期性问题能够直接加剧金融周期的波动性，从而间接导致了信贷供给的收缩，影响了实体经济的发展。从这个意义上讲，宏观审慎监管的逆周期调控需要各类制度的配合，从而形成完整的逆周期调控体系。

11.1 金融稳定信息披露制度

2008年金融危机爆发后，实施宏观审慎监管，保证金融体系稳定已经成为危机后金融改革的主旋律。国际上许多中央银行被赋予了实施宏观审慎监管、稳定金融体系的责任（刘志洋，2012）。然而在实践中如何定义金融稳定非常困难。德伊森贝赫（Duisenberg，2001）指出，"货币稳定（monetary stability）可以认为是没有通胀、没有通缩，价格稳定的状态，而金融稳定则没有一个能够普遍接受的定义。一般认为，金融稳定是组成金融体系关键部分能够正常运转的一种状态。"从宏观经济调控的实践来看，国际上许多国家都定期发布金融体系评估信息和审慎监管的评估信息。巴塞尔委员会认为这些信息对逆周期调控的实施非常有帮助。巴塞尔委员会认为，提前了解金融体系的风险状态有助于商业银行提前进行资本补充计划，以确保逆周期资本迅速到位。

然而许多国家的金融稳定信息披露并不到位，对逆周期调控的指导意义有限。因此，在实施逆周期调控过程中，监管当局也应注重与金融机构的交流。当监管当局建立起有效的与金融机构的沟通和交流系统后，监管当局对金融体系稳定信息的披露就要进行定期的更新，从而也能稳定金融市场对逆周期资本计提的预期，并能从侧面保证银行信贷供给不会受到影响。

11.1.1　金融稳定信息披露的相关问题

1. 宏观审慎监管需要信息披露的原因。宏观审慎监管当局应清晰地向公众说明金融体系稳定状况的评估结果，并合理地制定相关政策，同时应让公众了解宏观审慎政策能够实现什么目标。有效的与公众交流金融体系稳定状况评估结果以及相关政策的制定说明有助于稳定公众的预期。如果足够透明的话，交流还能起到一些数量规则（quantitative rules）能起到的控制作用（CGFS，2012）。为了有效地履行权力，宏观审慎监管实施机构需要制定相关政策调节金融活动。由于系统性风险监测的困难以及宏观审慎政策对实体经济影响的不确定，公众应对宏观审慎监管的实施效果尽量宽容，对宏观审慎监管实施中所犯下的错误保留一定的容忍度。在这种情况下，与公众的充分交流就显得非常重要，因为公众需要知道宏观审慎监管当局实施干预所带来的成本，是小于由于实施干预从而降低系统性风险所带来的收益的。具体来讲，宏观审慎监管需要信息披露的原因主要有以下四点。

（1）有助于保持金融体系的稳定性。首先，金融稳定报告向公众发布了金融体系的状态以及中央银行对金融体系稳定性的看法，更有利于公众决策。奥地利中央银行在2001年指出，"定期发布金融稳定报告可以使得所有金融市场参与者和公众了解一旦金融体系出现差错将意味着什么。定期对金融发展状况进行分析，对金融体系的风险进行评估有助于提早检测金融体系的潜在威胁，有助于事前采取措施。"其次，金融市场中充满了信息不对称以及合作失灵等问题，这些问题对金融稳定的威胁很大。艾克曼等（Aikman et al.，2015）指出，市场参与者的预期信息具有一致性无疑是解决上述问题的良方，但这需要向公众披露宏观审慎监管的目标以及政策工具的使用状况。

（2）加强与金融稳定相关的各监管主体之间的合作。与货币政策不同，金融监管需要许多部门合作，因此，部门之间的合作非常重要（Siklos，2011）。货币政策与公众的交流方式可以由中央银行来实施，但是宏观审慎监管与公众的交流方式则需要在各个监管部门意见一致性的基础上来执行。比利时中央银行在2002年指出，"金融稳定报告的发布不仅仅局限于讨论金融体系稳定性上，还应有助于宏观审慎监管机构、微观审慎监管机构、金融市场参与者之间的合作。金融稳定报告应有助于监管当局聆听来自其他金融机构对未来金融发展问题的看法。"

（3）增强金融稳定部门责任感和工作的透明度。拉斯特拉（Lastra，2001）指出，责任是对当事人采取行动的原因的解释，而透明度是与采取行动相关信息的可获得性程度。透明度在权责机制安排中具有重要作用。国际货币基金组织在2000年指出，"透明度意味着政策的目标、法律依据、机构设置、政策框架、决策流程和理论依据、数据以及其他政策相关信息均要及时的、以合适的语言向公众披露。"

（4）中央银行建立有效的信息披露机制对中央银行管理声誉风险（reputational risk）非常重要。无效的金融监管会引发大量媒体的关注，降低中央银行在公众心中的信任度。然而有效的监管措施却常被忽略。这说明中央银行面对的声誉风险是非对称的。虽然这是监管工作的天性使然，但是一旦中央银行失去了在公众心中的信任度，其监管政策的实施就要受到影响。因此为了最大限度地降低声誉风险为中央银行带来损失，中央银行应有效地向公众披露其实施宏观审慎监管的各方面内容。

2. 披露工具。目前国际上向公众披露金融体系稳定程度的主要方式是定期发布金融稳定报告。齐哈克（Cihak，2007）指出，随着金融分析工具的发展，越来越多的国家发布金融稳定报告，其包含的内容也越来越复杂。英格兰、瑞典和挪威在1996年就发布了金融稳定报告。巧合的是，这三家中央银行是当时被认为在货币政策实施方面最为透明的三家中央银行。奥斯特罗等（Oosterloo et al.，2004）认为，发布金融稳定报告的动机有三点：第一，增加政策透明度；第二，维持金融体系稳定；第三，加强监管部门之间的合作。他们的实证研究发现，系统性银行危机发生的概率与金融稳定报告发布的频率密切相关。威尔金森等（Wilkinson et al., 2010）研究发现，各个国家发布金融稳定报告虽然能够有效识别金融体系的风险，但却低估了问题的严重性。

监管机构高层的演讲和专访也是披露的方式之一。相对于发布金融稳定报告，监管机构高层的演讲和专访规律性不是很强。博恩等（Born et al., 2012）发现，银行高层更倾向于在市场处在动荡时期与公众进行交流。这种不定期的演讲或专访有助于给金融市场提供新的信息。博恩实证分析表明，金融稳定报告的发布有助于稳定股票市场、外汇市场，而监管机构高层的演讲和专访在降低金融市场波动性方面却不是很成功。金融市场对监管机构高层的演讲和专访的反应没有对金融稳定报告的反应强烈。

3. 披露对象。宏观审慎监管披露对象与货币政策基本相同，主要包括三个层面：政府部门；金融市场参与者；普通大众。范德克鲁伊森等（Van der Cruijsen et al., 2010）对荷兰大众对于金融监管部门的看法进行了调研，认为荷兰大众对于金融监管的认识存在很大欠缺。荷兰大众对监管当局的期待非常高，这使得在危机爆发时错觉滋生，在最需要对监管当局抱有信心的时候却失去了对监管当局的信心。调查还发现，对金融监管当局了解程度较高的人群对金融监管当局的期待比较理性，因此对公众进行金融教育，使公众了解宏观审慎监管的局限性非常重要。

4. 金融体系不同情景下的披露选择。对中央银行监管透明度的问题，在货币政策研究领域的讨论颇多。在过去几十年内货币政策实施的透明度越来越高，与公众的交流越来越频繁。然而中央银行向公众披露与货币政策实施的有关的信息和与金融稳定有关的信息均应保持一定的限度（Mishkin, 2004），尤其是在金融危机期间，因为此时中央银行的表态已经不仅仅是一个交流的问题了。

金融体系处在困境时期与金融体系正常运转时期对金融稳定信息披露的要求是不一样的。当金融体系正常运转时披露应专注于事前对危机的防范，而当金融危机爆发后，金融稳定信息的披露重点应在危机管理上。之所以区分不同时期金融稳定信息披露方式，是因为中央银行需要有选择的向外披露信息。库基尔曼（Cukierman, 2009）指出，中央银行不会发布有关金融体系的一些内部信息，因为这反而会对金融稳定产生负面影响。如果金融体系处在正常时期,中央银行或许可以有选择性地披露一些相关信息,以防止过度信息披露对金融体系的稳定产生负面影响(Aikman et al.,2015)。

金融稳定时期的信息披露专注点应使其与市场参与者的预期保持一致,有助于有效防止危机的爆发。博恩指出,"如果没有清晰的向公众披露宏观审慎监管的政策目标以及实现目标的政策工具,经济参与者的预期就不会一致,政策将是徒劳的;宏观审慎监管的实施必须要保证监管的透明度,必须要有效地向公众交流信息。"斯文松(Svensson,2003)认为,在金融体系稳定时期发布金融稳定报告可以使公众和市场参与者了解金融体系当前非常稳定(当确实是"稳定"的时候);同时发布金融稳定报告还有预警的作用,可以使市场参与者和金融监管当局提前采取行动把危机爆发的概率降至最低。博恩指出,如果中央银行发布公告称定期要对银行实施压力测试,并将结果公布于众,则银行就会有动机来保证其通过压力测试。这种向外界披露监管工具的措施有助于金融监管当局与市场参与者一同防止危机爆发。

然而当危机爆发后,同样的交流方式在不同的国家达到其效果是不一样的。2008年金融危机爆发后美国和欧洲均对银行体系进行了压力测试。2009年美国针对19家最大银行控股公司发起监管资本评估计划(US supervisory capital assessment program),评估各银行资本充足率水平,对稳定美国金融市场起到了非常重要的作用。然而欧盟在2010年启动的监管资本评估计划却饱受公众批评。原因是一些假设条件过于宽松(Blundell-Wignall and Slovik,2010)。因此,如何选择在不同时期向公众披露金融体系稳定信息对中央银行实施宏观审慎监管非常重要。

11.1.2 国际实践

危机后虽然对如何实施宏观审慎监管的讨论非常丰富,但对宏观审慎监管金融稳定信息披露问题的研究则相对较少。监管的信息披露无疑对于金融监管的有效实施具有举足轻重的作用。宏观审慎监管的信息披露应清晰、透明、可预测性强,从而有助于监管职责的履行以及获得较好的政策实施效果。中央银行应通过有效的与公众交流来实现宏观审慎监管的政策目标。金融稳定信息披露的方式有很多,目前国际主流的披露方式是定期发布金融稳定报告。奥地利、比利时、加拿大、丹麦、法国、匈牙利、挪威、西班牙、瑞典、英国这些国家均每年或者每半年发布金融稳定报告。新兴市场国家也通过发布金融稳定报告或者以中央银行高层决策者演讲发言的形式对公众发布金融稳定的信息。表11-1为新兴市场国家金融稳定信息披露的概况。

表11-1　　　　　　　　新兴市场国家金融稳定信息披露的概况

国家	金融稳定报告发布次数	中央银行高层决策者的演讲发言次数
阿根廷	12	8
巴西	14	0
智利	11	11
中国	5	16
匈牙利	16	14
菲律宾	0	9
波兰	10	2
南非	11	14
土耳其	8	15
加总	87	89

资料来源：博恩等（2012）。

从表11-1可以看出，整体上新兴市场国家金融稳定报告发布次数和中央银行高层决策者的演讲发言次数大体相当。从中国来看，中国的金融稳定报告发布次数非常少，仅仅高于菲律宾的0次，而中央银行高层决策者的演讲发言次数却比较多，高居榜首。这说明中国金融稳定信息的披露可预期性比较低。博恩等人的研究结果也表明，可预期较低的金融稳定信息披露对金融市场的影响不显著。因此，对中国来讲，在加强宏观审慎监管的同时，如何有效披露信息，使得监管政策对金融市场发生作用是非常重要的。

国际上定期发布金融稳定报告的国家从1996年的1家剧增至2005年的40家。英国和一些北欧国家是较早发布金融稳定报告的国家，而银行危机无疑承担了催化剂的角色。1991年的国际信贷商业银行（Bank of Credit and Commerce International）和1995年巴林银行的危机直接促使英格兰银行采取措施对银行体系实施更为严格的监管，并开始发布金融稳定报告。芬兰

(1991~1994年)、挪威(1987~1993年)以及瑞典(1990~1993年)的银行危机也促使这些国家的中央银行发布金融稳定报告。

1. 影响金融稳定报告发布的因素。发布金融稳定报告的国家往往具有一些共同的特征。第一，人均 GDP 较高，即发布金融稳定报告与经济发达程度密切相关。高收入的国家的金融体系往往非常发达，从而产生了对金融稳定信息的需求。第二，均发生过银行危机。第三，许多国家是欧盟成员国。这是因为欧盟成员国将货币政策的职责转移给欧洲中央银行（De Haan et al.，2000），从而使得欧洲各国中央银行专注于金融体系的稳定。第四，法律起源（legal origin）因素。法律起源因素对一国监管当局对金融体系干涉程度密切相关（World Bank，2004）。

2. 金融稳定报告的内容。希纳西（Schinasi，2006）指出，金融体系面临内生性风险和外生性风险。内生性风险来源包括：金融机构；金融市场；金融基础设施。金融机构之间广泛的直接或者间接的联系使得困境会从一家金融机构蔓延至其他金融机构。金融市场往往会出现资产泡沫、交易对手信用风险、传染效应等现象。金融机构出现问题会导致金融市场出现动荡，支付清算体系也可能会遭受打击，金融基础设施也可能会无法正常运行，进一步加剧金融体系的困境。外生性风险是指金融体系外的风险，比如自然灾害、主权风险等。

目前国际上统一认为金融稳定不仅仅专注于内生性风险，还应专注于金融体系以外可能对金融稳定产生影响的因素。为了增加各国金融稳定报告之间的可比性，国际货币基金组织开发了一套金融稳定指标，并要求各国按季度发布。这些指标主要包括两个部分：一是核心指标，包括吸收存款部门的稳健程度和盈利情况；二是激励性指标，吸收存款部门的其他指标，与家庭、企业、房地产市场以及非银行金融机构相关的信息。目前国际上对金融稳定监测指标包括不同金融部门资产负债整体状况、债务与利润比率、交易对手风险（CDS 价差）、流动性比率、资产质量、外汇头寸、对经济特定部门风险敞口、表征金融市场（股票、债券、金融衍生产品、货币市场等）状况指标等。

在实践中各国的金融稳定报告差异很大。大多数国家的金融稳定报告仅仅专注于存款吸收机构，而忽略其他金融公司以及非银行金融机构。图 11-1

为各国金融稳定报告发布各种指标的数目，其中国际货币基金组织提出的核心指标的发布次数占据了53%，激励性指标，比如家庭部门和房地产市场指标发布次数分别占据37%和40%，而其他指标发布次数仅仅处在14%~20%区间。国际货币基金组织发布核心指标仅仅平均披露33%。在披露指标比较多的国家中，以色列披露了87%的指标，波兰和新加坡披露了50%的指标（Oosterloo et al.，2004）。

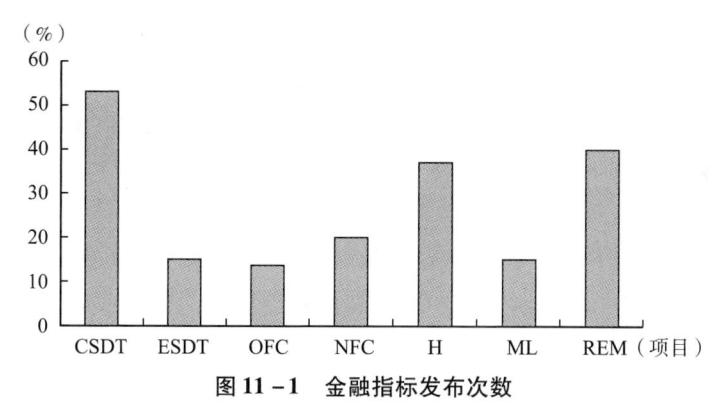

图 11-1 金融指标发布次数

注：CS DT 代表核心存款类金融机构指标；ES DT 代表激励性存款类金融机构指标；PFC 代表其他金融机构指标；NFC 代表非金融机构指标；H 表示家庭部门；ML 表示有关市场流动性指标；REM 表示房地产市场指标

资料来源：奥特路等人（Oosterloo et al.，2004）。

目前国际上对存款类金融机构风险状况的指标披露较为完全，具体包括资本充足率、资产质量、盈利能力、流动性比率以及市场风险状况。之所以风险类指标披露较为完全，是因为这些指标对于大多数国家来讲具有可比性，从而有助于中央银行将本国金融体系的稳定性与世界其他国家进行比较。调查显示，78%的国家向外界披露存款类金融机构资本充足率水平以及一级资本充足率水平，19%的国家披露上述一项资本充足率水平，3%的国家不披露资本充足率水平。43%的国家披露准备金要求与资本的比率、不良贷款率以及各行业贷款状况中的两项内容，16%的国家披露上述三项内容。针对流动性风险和市场风险，49%的国家不发布有关流动性风险状况的指标，86%的国家不发布外汇敞口与资本比率的相关信息（Oosterloo et al.，2004）。

3. 披露透明度与金融体系的稳定性。许多中央银行认为发布金融稳定报告有利于保证金融体系的稳定,增加金融稳定信息的透明度有助于提前检测金融体系面临的冲击(Haldane et al.,2005)。图 11 – 2 为穆迪加权银行体系稳定指数(Moody's weighted average bank financial strength index)与透明度之间的关系。尽管穆迪是针对银行体系的,但是达斯等人(Das et al.,2004)指出,通过分析银行体系来分析金融体系的稳定是合理的,这是因为银行体系在一国金融体系中往往居于主要地位。

图 11 – 2 显示金融体系稳定和金融稳定信息披露的透明度不存在明显关系。这主要是因为金融稳定报告在最近这些年时间才发布,其效果还需等待时日,且金融体系稳定是一个多维度视角的概念,我们也很难判断金融体系的何种稳定与金融稳定报告发布有关,因此我们不应过分强调金融稳定报告发布对金融体系稳定的作用(Oosterloo et al.,2004)。

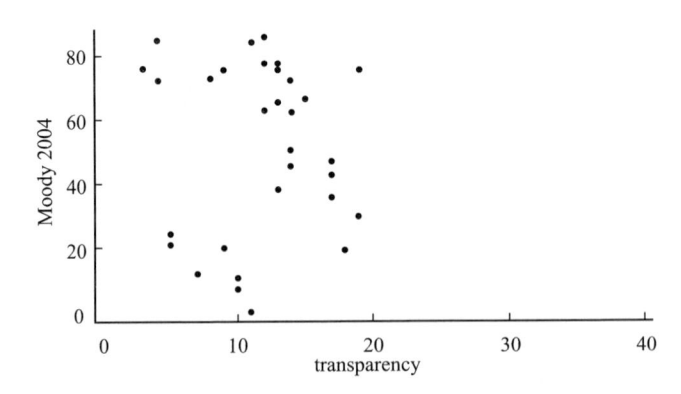

图 11 – 2　金融体系稳定与金融稳定报告披露

资料来源:奥特路等人(Oosteloo et al.,2007)。

11.1.3　中国实证分析

中国人民银行从 2005 年开始发布金融稳定报告,因此研究中国金融稳定报告的发布对金融体系的影响具有重要的实践意义。本章选取了沪深 300 指数、银行间市场加权平均利率和人民币对美元汇率三个变量,研究中国金融稳定报告的发布对中国金融市场的影响。

根据博恩等(2012)的研究,本章使用 AR(1) – Garch(1,1) – t 分布模型研究金融稳定报告的发布对中国金融市场的影响,具体如下:

$$y_t = \varphi_1 + \varphi_2 y_{t-1} + \gamma \times op_{i,t} + \varepsilon_t, \quad |\varphi_2| < 1$$

$$\varepsilon_t = \eta_t \sigma_t, \quad \eta_t \sim iid(0, 1)$$

$$\sigma_t^2 = \alpha_0 + \alpha_1 \varepsilon_{t-1}^2 + \beta_1 \sigma_{t-1}^2 + \lambda \times date_{i,t}$$

其中，y 分别表示沪深 300 指数日收益率（hs300，代表股票市场）、银行间市场加权平均利率（interest，代表利率市场）和人民币对美元汇率日变化率（exchange，代表外汇市场）三个变量，数据来源为国泰安数据库。op 表示金融稳定报告对金融体系看法，op 取值为 "1" 表示中国金融稳定报告摘要认为金融体系总体稳定，"0" 表示中国金融稳定报告摘要认为金融体系总体稳定的同时存在隐忧，具体情况如表 11-2 所示。同时本章假设 op 的取值在下一次报告发布前的日期内不改变。date 为哑变量，金融稳定报告发布日取 1，其他日期为 0。

表 11-2　　　　　　　中国金融稳定报告发布时间及内容摘要

中国金融稳定报告发布日期	中国金融稳定报告摘要对金融稳定的看法	OP 变量取值
2005 年 11 月 7 日	中国金融总体稳定，历史形成的风险已经得到有效处置，金融稳定机制正在形成与完善；但仍需要密切关注金融体系中存在的问题，认真评估，切实防范金融风险，大力推动金融改革	0
2006 年 10 月 30 日	金融改革取得突破性进展，金融风险得到妥善处置，中国金融总体稳定	1
2007 年 6 月 29 日	金融改革取得突破性进展，金融创新迈出重大步伐，金融调控和服务功能更加完善，金融监管和法制建设不断加强，金融业对外开放水平继续提高，金融体系的稳定性进一步增强	1
2008 年 6 月 13 日	金融改革、金融调控、金融监管和金融对外开放稳步推进，金融体系继续保持稳定。同时，经济金融运行中长期积累的一些突出矛盾和问题依然存在，国际国内经济金融领域又出现了一些新情况、新问题，不确定因素增加，进一步做好新形势下的金融稳定工作面临新的挑战	0
2009 年 6 月 19 日	金融改革和创新继续稳步推进，金融基础设施继续得到加强，金融体系总体稳定安全。同时，中国积极参与国际金融合作，共同维护金融稳定	1
2010 年 6 月 30 日	金融业改革取得积极进展，金融机构实力明显增强，金融市场运行平稳，金融基础设施建设不断加强，金融体系总体稳健	1

续表

中国金融稳定报告发布日期	中国金融稳定报告摘要对金融稳定的看法	OP 变量取值
2011 年 6 月 15 日	金融业改革成效显著,整体抗风险能力进一步增强,金融市场平稳健康发展,金融基础设施建设稳步推进,金融体系总体运行稳健	1
2012 年 7 月 2 日	金融业改革持续深化,整体抗风险能力进一步提升,金融市场运行平稳,政府、企业和住户部门财务状况良好,金融基础设施建设稳步推进,金融体系总体稳健	1
2013 年 5 月 24 日	金融业改革持续推进,金融机构实力不断增强,金融市场快速发展,金融基础设施建设成效显著,金融服务实体经济的质量和水平进一步提升,金融体系整体稳健,但面临的国内外环境十分复杂,经济金融平稳运行与隐忧风险并存	0

注:op 取值为"1"表示中国金融稳定报告摘要认为金融体系总体稳定,"0"表示中国金融稳定报告摘要认为金融体系总体稳定的同时存在隐忧。

资料来源:中国人民银行网站。

研究金融稳定报告发布对金融市场的影响应主要关注变量 op 和变量 date 的估计系数。从表 11-3 可以看出,对于股票市场来讲,无论是发布日期还是对金融稳定状况的观点,对沪深 300 指数收益率和波动性均没有显著的影响。从银行间市场加权平均利率和人民币对美元汇率来看,对金融稳定状况的观点对两者水平的影响不显著,但金融稳定报告的发布降低了两者的波动率,其中对银行间市场加权平均利率波动率的影响最为明显,对外汇市场的影响虽然显著,但数值非常小,几乎为零。

表 11 - 3 实证结果

	只包括发布日期	只包括信息内容	二者均包括
沪深 300 指数			
op		-0.0008 (0.1778)	-0.0008 (0.1920)
date	-0.00003 (0.4057)		-0.00002 (0.4681)

续表

	只包括发布日期	只包括信息内容	二者均包括
银行间市场加权平均利率			
op		0.013 (0.1202)	0.0001 (0.9906)
date	-0.4166 (0.0000)		-0.1154 (0.0000)
人民币对美元汇率			
op		-0.000003 (0.3156)	-0.00002 (0.3832)
date	-0.00000015 (0.0000)		-0.00000015 (0.0000)

注：括号内为 P 值。

总之，宏观审慎监管的逆周期调控需要获得金融体系的基本信息，了解金融体系的风险积累情况。本章从宏观审慎的视角对金融稳定信息的披露问题进行研究，结论表明中国金融稳定信息发布对股票市场影响不是很显著，但能够显著地降低外汇市场和银行间市场利率的波动率。而银行间市场利率能够反映银行体系的整体风险状况，因此，中国实施宏观审慎监管的同时，应关注金融稳定信息的披露问题，从而更好地进行宏观审慎调控。

11.2 公允价值会计制度

2008 年金融危机爆发后，对公允价值会计的指责声音不绝于耳。AIG 首席执行官沙利文（Martin Sullivan）以及 AXA 首席执行官卡斯特里（Henri de Castries）均表示公允价值会计制度是导致 2008 年金融危机爆发的重要原因。2008 年 1 月，欧盟委员（European Commissioner）麦克里维（Charlie McCreevy）指出，"当金融市场流动性匮乏或者表现出非理性行为时，盯市模型表现令人担忧。"然而我们不禁要问，当金融机构通过高杠杆经营手段获取高额利润的时候，为什么没有人对公允价值会计进行指责？如果金融机构不是无限度的增加杠杆率，那么即使抛售流动性差的证券化产品，也会引发金融危机吗？具有讽刺意味是，1993年以前，美国金融机构资产计价方式是根据市场价格和历史成本孰低原则进行计价。而当时市场价格是高于历史成本的，因此华尔街的精英们千方百计地希望修订会计准则，要求采用市场价格对资产计价，以便从升值的资产中赚取奖金。

公允价值会计准则能够加速金融危机的最直接机制是公允价值会计准则对银行资本充足率的影响。批评者认为，当市场流动性匮乏或者套利无法实现时，市场价格会偏离资产的基础价值（Shleifer and Vishny, 1997）。如果此时银行根据市场价格对资产计价，则其需要计提大量资产减值准备，银行资本会受到侵蚀。为了增加资本充足率水平，银行会抛售资产，进一步加大资产价格的下降压力，从而引发恶性循环。如果其他银行也持有大量被抛售的资产，那么根据公允价值会计，其他银行也会增加计提资产减值准备，资本充足率也会下降，并争相抛售资产。经理人争相以低于基本价值出售流动性较差的资产的后果是其他银行根据公允会计准则计算的资产价格显著低于其基本价值，资产负债表进一步恶化，传染危机在银行之间发生（Plantin et al., 2008）。

我们不否认公允会计价值对金融危机会有一定的"促进"作用，但问题是公允价值会计对2008年金融危机的"贡献度"真的那么大吗？公允价值会计没有存在的理由了吗？面对公允价值会计的缺陷，我们是摒弃它，还是进一步完善它？这些都是值得进一步深思的问题。

11.2.1 公允价值会计体系

目前国际上通行的会计准则是GAAP（generally accepted accounting principles）和美国FSAB（financial accounting standards board）发布的金融会计准则（financial accounting standards, FAS）。由于各方利益相关者（投资者、借款人、监管者等）都需要公司财务报告作为决策基础，因此，保证财务数据的准确性非常重要。但不同的利益相关者对财务数据的需求各不相同。

1. 公允价值体系。"公允价值（fair value）"概念是FSAB于2006年在FAS 157中提出的。FAS157提出资产（或者负债）公允价值的计价体系。如果某一类型的资产有活跃的交易市场，则其公允价值应是市场交易价格（成交价格或者做市商报价）。值得一提的是，此时市场交易应处在有序交易状态（orderly transaction），即市场交易价格不能是抛售或者被迫出售资产所形成的价格。如果某类资产不存在活跃的交易市场，我们需要模型确定公允价值，即通常所说的"盯模（marking to model）"。但 FAS157 规定模型的输入参数应是可观测的（比如相似资产交易价格、利率曲线等）。如果当模型的输入参数也无法被观测时，公允价值只有根据模型给出。

对于银行来讲，每种类型的资产适用何种会计准则取决于银行资产的类型以及持有该资产的目的。贷款类资产是商业银行资产份额中最大的一项。在美国，贷款分为持有出售类（held for sale）和持有投资类（held for investment）两种。一般来说，持有出售类贷款以公允价值和历史成本中较低的价格来计价，且占比较低。对于投资类贷款，使用的是历史成本记账法，即以本金记账并逐年进行摊销。FAS114 规定，如果借款人无法在规定的日期内返还本金和利息，则贷款需要进行减值，使之等于贷款未来现金流的现值。FAS107 规定，银行需要在财务报告的注释中公开其贷款的公允价值。

除贷款类资产外，交易性资产（held for trading）在银行资产中占据较大权重。根据 FAS115 的定义，交易性资产是为了近期交易而持有的资产。这些资产以其市场价格计价，价格变动计入利润表。可供出售证券（available for sale）以公允价值计价，但其损益被认为是暂时性的，不计入利润表，作为股权类科目中的一项"其他累积综合收入（accumulated other comprehensive income）"记录。如果银行持有债券至其到期日，则该类型资产为持有到期资产（held for maturity）。持有到期资产以历史成本记账，并逐年进行摊销。如果持有到期资产发生减值，则银行需要对其计提减值准备，且需要在财务报告中披露其现值。对于一些非交易性证券或者一些特定金融工具，FAS159 规定，银行可以酌情选择是否以公允价值计价。如果银行选择以公允价值计价，则对其处理方式与交易性资产相同。但是，数据表明，在美国金融危机爆发前后，这种类型的资产非常之少。

2008 年金融危机爆发前，美国大型银行控股公司有 36% 的资产是以公允会计计价，而 50% 的资产（贷款和持有到期）仅仅是在财务报告注释中披露其公允价值。在以公允价值会计计价的这部分资产中，主要是通过市场可观测的参数,运用模型计算得出资产的公允价值。金融危机爆发后,很多资产都缺乏活跃的市场交易,因此直接以市场交易价格计价的资产大幅减少,而运用模型来确定公允价值的资产越来越多。

在实践中,许多金融机构往往将资产分为交易性金融资产和可供出售金融资产两类①。一旦某项资产归为这两类,其需要以市场价格计价(如果该资产存在流动性很高的市场)。如果此类资产不存在交易活跃的市场,公允价值会计规定了其他方法对其估价。其实是否存在交易活跃的市场是一个主观的判断,会计人员甚至可以认为即使是在市场动荡时期得到的价格也应作为该资产的公允价值。银行管理人员抱怨会计使用金融市场动荡的资产交易价格是不合理的,而会计人员反驳认为他们仅仅是遵循了 FASB 的相关规定。美国证券交易委员会(SEC)2008 年 12 月发布的报告站在了会计人员这边,驳回了要求修改公允价值会计的申请。

2. 对公允价值的批评②。在 2008 年金融危机中,复杂的结构化产品处在风口浪尖,媒体对金融机构损失的公布使得金融机构备受煎熬,尤其是那些大量依靠短期债务的金融机构。自从 2007 年次贷危机爆发后,复杂金融产品市场的供需不均衡,由于市场流动性紧缺,复杂金融产品的市场价格与资产的基础价值相差很大,不能反映未来现金流的折现值。当市场得知银行持有的抵押支持证券根本达不到 AAA 评级时,资产证券化市场流动性瞬时挥发了。没有人会购买资产支持证券,不是因为其像媒体所说其是有毒资产,而是因为买入该资产后无法出售,流动性风险极高(Wallison, 2008)。正如花旗银行首席执行官潘伟迪(Vikram Pandit)在 2009 年美国国会听证会上指出的,"盯市产生的损失反应在我们的资产负债表和利润表中,但是如果资产的盯市价格显著低于未来现金流的折现价格,则我们根本无法出售这些资产。"这意味着公允价值会计会使得花旗银行资产价格低于其基础价值(未来现金流折现值),这使得花旗银行看着比实际脆弱得多。

对于没有活跃交易的金融产品,公允价值会计规定可以使用与之相似的金融产品的价格进行计价。但是类似的金融产品的价格在金融危机期间也大

---

① 在实践中,受各种因素影响,银行很难将某项资产定位于持有到期投资。
② 对公允价值顺周期性问题的讨论可以参见 ECB(2004)、IMF(2008)等。

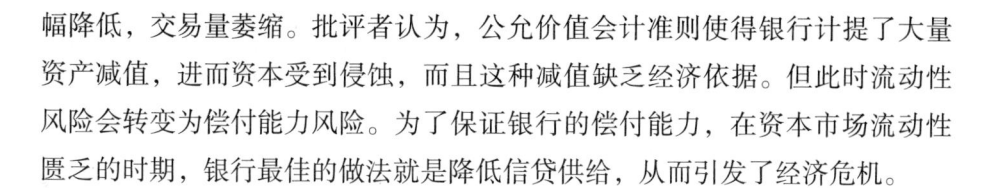

幅降低，交易量萎缩。批评者认为，公允价值会计准则使得银行计提了大量资产减值，进而资本受到侵蚀，而且这种减值缺乏经济依据。但此时流动性风险会转变为偿付能力风险。为了保证银行的偿付能力，在资本市场流动性匮乏的时期，银行最佳的做法就是降低信贷供给，从而引发了经济危机。

11.2.2　公允价值会计是罪魁吗？

1. 对于投资银行。2007年美国房价开始下跌，次贷产品违约率上升，结构化产品价格大幅下降，市场无法正常运转，造成大量投资银行倒闭或者转型。高杠杆率以及过度依赖短期融资是导致危机爆发的主要原因，与公允价值会计导致的大量资产减值则关系不大（Christian Laux and Christian Leuz, 2010）。资产证券化产品价格下降是投资者对资产质量存在信息不对称，无法有效估值，担忧银行对资产证券化产品存在大量风险敞口所造成（Cox, 2008）。2007年年中，次贷危机爆发后，许多基金公司都禁止基金赎回，表面原因是没有市场价格可以为基金估价；其实根本原因是这些金融机构大量依靠短期融资，一旦资产价格下跌，就会陷入困境，无法满足投资者流动性要求（Christian Laux and Christian Leuz, 2010）。因此，即使不采取公允价值会计制度，其他会计制度也无法帮助华尔街的投行。

另外，即使这些金融机构的资产以历史成本计价，投资者也仍然会关注于其资产的市场价值，因为允许这些金融机构按历史成本计价会导致经理人对于资产价格的操纵。巴克莱银行曾经对贝尔斯登发起诉讼，认为贝尔斯登对其资产价格的估计是具有误导性的。对冲基金经理大卫·艾因霍恩（David Einhorn）在做空雷曼兄弟时还在抱怨："雷曼兄弟对其资产价值存在操纵嫌疑，因为市场价格已经下跌了10%，而雷曼兄弟仅仅计提3%的资产减值。"

同时，公允价值会计也不是在金融危机爆发前导致杠杆率的主要原因。阿德里安和申研究发现，投资银行资产总量与杠杆率显著正相关，短期抵押借贷（回购协议等）是这种正相关的主要驱动因素，杠杆率的高低取决于抵押品的市场价格以及抵押折扣的高低，跟计价方法没有关系（Morris and Shin, 2008）。阿德里安和申认为商业银行之所以没有这种正相关，是由于短期抵押借贷（回购协议等）在商业银行业务模式中不居于主要地位。因此，说公允价值会计是导致投资银行倒闭的主要原因显然是值得商榷的。

2. 对于商业银行。美国银行家协会（American Bankers Association）2009年指出，"如果银行持有该资产的目的是为了交易，或者业务模式只能依据公允价值进行实施和管理，则运用公允价值会计无疑是合适的。"这表明，如果银行专注于传统的存贷业务，则公允价值会计对银行资产负债的影响应该不会很大。对于持有到期证券，银行也不需要对其使用公允价值会计计价。在美国 2007~2009 年美联储接管的 31 家银行控股公司中，贷款占据了资产负债表的 3/4，而交易性资产所占比例很低。

对于银行长期持有的资产或者持有到期的资产，公允价值会计能够起到降低信息不对称的作用，因此是有利于降低市场波动性的。首先，投资者需要得到银行长期资产的风险敞口暴露情况，以及银行资产质量状况，因此，银行财务报告中的公允价值信息披露能够为投资者提供银行资产风险信息。理论上，信息披露的越充分，市场的波动性应该越小。如果投资者是理性的，则即使银行不披露其资产的公允价值，投资者也会通过其他渠道来分析银行资产的市场价值，但是其误差或者不确定性要高于银行公布的公允价值，因为银行占有其资产的信息优势。换句话说，银行公布其资产公允价值能够降低市场中投资者预期的不确定性。其次，当前市场价值对于银行短期融资行为以及筹集资本非常重要。银行不可能在跟借款人借款时说："我们的资产质量只是暂时的低，价格下跌也是暂时的。"借款人关注的是银行资产的当期价值。最后，银行监管者也非常关注银行贷款的公允价值，从而可以计算贷款的预期损失和非预期损失，这对资本监管非常重要。同时，及时的公布银行资产的公允价值可以防止银行掩盖问题，提前预警，以便提早采取有效措施，这有利于危机的防范。20 世纪 90 年代，日本财政大臣允许银行在金融市场出现困境时不对资产进行减值准备，这项规定使得市场投资者对于银行资产负债表丧失信心，被认为是加速了日本金融危机的重要因素。

11.2.3 公允价值会计导致银行资产过度减值了吗？——"盯模"的意外收获

即使对于交易性金融资产，公允价值会计规定在某些情况下也无须严格进行"盯市"。

首先，FAS157 规定，在市场流动性紧缺情况下被迫抛售资产所得到的价格不能用来决定资产的公允价值。虽然实践中很难定义什么是"流动性紧缺",但是公允价值会计赋予金融机构面对价格极端变动时一定的自由度。

其次,银行可以自主选择对交易性资产分类。这说明银行可以选择如何归类资产以影响自身的利润表和资本充足率。另外,在极少数情况下,银行还可以对资产进行重新分类。比如,2008年第四季度,花旗银行将600亿美元的资产重新分类为持有到期类资产,避免公允价值下降对花旗银行带来的负面影响。其实,SEC对批准重新分类资产是非常审慎的。直到金融危机爆发之前,金融机构才允许大量地将交易类资产重新分类为持有到期资产。但是一旦银行将这些资产归为持有到期资产,则银行将不允许交易这些资产。

最后,公允价值会计规定,如果金融市场交易不活跃,或者无法获取交易价格,则银行不必使用被扭曲的价格来计价。在这种情况下,FAS157规定,银行可以使用模型计算资产公允价值。2007年第一季度,所有以公允价值会计计价的资产中,有34%使用的是市场交易价格;而到2009年第一季度,该比例下降至19%。大量的资产都转向采用模型计算公允价值,但是转向的时间基本都在金融危机的早期阶段。2008年第一季度,相对于2007年第一季度,投资银行和商业银行以模型计算公允价值的资产分别增长40%和80%。花旗银行从2007年第三季度到2008年第一季度,有530亿美元的资产转向模型计价。处在此次次贷危机中心的次贷产品也被许多金融机构在危机阶段早期就以模型计算公允价值。比如,花旗集团运用内在现金流法在2007年第四季度对抵押贷款类产品估值。JP摩根在2008年第四季度季报中,也披露大多数高收益类债券、CMO和CDO产品均为模型计算公允价值。因此,我们至少可以说,基于市场交易价格对资产计价应该不是导致金融危机加重的主要原因。

但是银行使用"盯模"确定资产公允价值的问题在于,银行具有信息优势,经理人可以操纵模型从而使得银行会尽可能地避免其资产大幅减值[①]。

---

① 从公司治理角度来讲,经理人操纵财务报告数据的做法有待商榷。由于本章关注点在于公允价值会计对于金融危机的促进作用,因此本章不考虑银行使用"盯模"计算资产公允价值是否得当,因为公允价值会计准则允许银行在没有交易价格的时候,使用"盯模"的办法确定资产公允价值。本章并不支持银行操纵财务报告数据,但是银行这么做的"副作用"是有助于降低银行资产减值金额数量,缓解银行经营压力。为了对公允价值会计这一缺陷进行改进,我们可以要求金融机构在使用"盯模"的办法的同时,严格遵守高标准的披露制度,从而降低经理人的操纵空间。

戈赫等（Goh et al.，2009）、科列夫（Kolev，2008）以及宋等（Song et al.，2011）研究表明，银行资产的市场价值是低于其财务报告中的资产价值的。投资者对使用模型定价的资产的折现因子比基于交易价格计价的资产的折现因子高20%~30%。当金融机构使用外部咨询机构（比如四大会计师事务所、金融专家以及审计机构）提供的模型计算资产的公允价值时，则其折现因子会小很多。这一方面是因为投资者担心模型风险，认为经理人对资产公允价值进行了操纵；另一方面因为折现因子反映了资产的流动性风险，即投资者预期银行会抛售资产，会使资产价格大幅下降。虽然我们无法知道具体原因，但是有一点可以说明，即银行财务报告的资产价值高于市场认为抛售该资产时形成的价格（Christian Laux and Christian Leuz，2010）。

其实，银行从主观上是不愿意计提资产减值的，因此会想方设法减少资产减值准备的计提。赫伊津哈和拉文（Huizinga and Laeven，2009）研究表明，在2008年，市场投资者对银行贷款折现因子在15%左右，而对抵押贷款支持证券的折现因子为13%左右；但是对这两类资产风险敞口暴露较大的银行提取的损失准备金都很低（Disclosure Insight，2009）。研究表明，在金融危机爆发前，有50家美国银行进行了并购，但是在金融危机爆发后，虽然许多银行市场价格大幅下降，但是有35家银行没有下调其声誉资产价值。比如美国银行（Bank of America）在2004~2007年并购FleetBoston、Financial、MBNA以及LaSalle Bank后，在2008年资产负债表记录了800亿美元的声誉资产。但是直到2009年第二季度，美国银行并没有对声誉资产价值进行下调。拉曼纳和瓦茨（Ramanna and Watts，2009）认为，银行不下调其声誉资产显然是不恰当的做法。

银行对于贷款价值的报告也同样显示了银行不愿计提资产减值。FAS107规定，即使银行使用历史成本法记录贷款并逐年摊销，但也要披露其公允价值。富国银行（Board of Governors，2009）分析了银行披露的贷款预期损失与市场对银行贷款预期损失的估计。结论表明，银行对贷款预期损失的估计要小于市场的估计。富国银行计算的贷款预期损失比市场估值小45%，而美国银行小76%。同时，将银行公布的贷款预期损失与IMF在2009年4月发布的金融稳定报告的数据相比，也会得出类似的结论。

总之，证据表明，在金融危机期间，金融机构报告的公允资产并没有过度的进行减值，相反金融机构会最大限度地使用其裁量权，使得其资产负债表中记录的资产价值高于市场定价。因此，从这个意义上讲，公允价值会计某种意义上还起到了抑制危机传导的作用。

11.2.4 公允价值会计的救赎：取其精华，去其糟粕

金融会计准则有两个主要的关注点——盈利视角和稳健经营视角。如果市场关注于金融机构的盈利能力，则公允价值会计无疑是正确的选择；如果市场关注金融机构是否稳健经营，则基于历史成本计价并逐年摊销则是最优的选择（Wallison，2008）。随着全球金融市场的发展，上市公司的盈利能力成为投资者关注的主要目标。可以说，公允价值会计是符合该潮流的。在某一点市场对公司资产的估值是衡量该公司能否给投资者带来利润的良好指标。就像FASB在FAS115中指出的，"公允价值是市场对于证券未来现金流预期的折现值，折现因子反映了当前利率以及公司运营的风险状况。"

对于某些金融公司来讲，盈利能力或许不是最重要的。比如，对于商业银行和保险公司来讲，保持经营的稳健性也非常重要。商业银行和保险公司在某些情况下会向资本市场发出经营稳健的信号，而不是盈利能力高的信号。但是我们不禁要问，为什么不让金融机构根据自身实际状况确定其采用哪种会计准则呢？有至少三个原因决定大多数金融机构都倾向于选择公允价值会计计价。第一，降低经理人操纵公司资产价格的机会。经理人有动机高估公司的价值，从而增加自身的薪酬。采取公允价值会计可以有效防止经理人对财务报告的操纵。对金融资产归类调整的严格限制也是为了降低经理人对财务报告的操纵机会。第二，会计准则的一个原则是对待相同类型的资产应采取相同的方法。商业银行、证券公司、对冲基金以及保险公司等持有金融资产的种类有很大的重合，因此会计准则一般倾向于对同类的资产采取同种计价方法，而不考虑是哪种公司持有。第三，会计准则应能够促进各金融公司盈利能力的可比性，使得投资者可以决定其资金的投放方向。如果两家金融机构持有资产状况大体一样，却采用的不同的计价方法，缺乏可比性使得投资者无法将资金投到最能产生收益的公司。会计准则的信息提供作用也大打折扣。

我们不可否认公允价值会计存在一些弊端，但是，就此认为应全面否定公允价值会计，认为公允价值会计是本次金融危机的罪魁祸首则言过其实，

结论也有待商榷。第一，公允价值会计数据具有相关性高、可比性好、可靠性强以及易于理解等特点，这些特点也得到了广大业界的认可。历史成本信息的可比性较差，投资者关注度不高。而如果资产价格均为政府指导价，则我们又回到了计划经济的路线去了，其包含信息的可靠性也非常低。对于某类金融产品来讲，如果存在流动性较好、比较有深度的市场，若不采用公允价值会计计价，则有悖于审慎监管的精神。第二，虽然流动性风险溢价较高的金融产品对公允价值会计是一个挑战，但也应尽可能地使用市场交易价格。当某些产品无法盯市时，公允价值会计规定可以进行"盯模"。虽然"盯模"需要披露很多信息，但是也无法保证经理人对于模型输入参数不存在操纵。就像巴菲特在2003年所说，"在某些情况下，盯模就是盯迷（mark to myth）"。对于投资者来讲，即使市场交易价格与基本价值偏离很大，其也要比模型计算得到的价值可靠。第三，在金融动荡时期，即使对会计数据进行平滑也无济于事。《金融时报》2008年4月3日报道，三位欧盟财务报表咨询小组技术专家（Technical Expert Group of the European Financial Reporting Advisory Group）以及一些大型金融机构的员工提出，在金融危机期间应对资产价格进行6个月平滑，据此来计提减值资产。但是，这项提议会使财务信息对于市场信息的敏感度下降，减弱财务数据提供信息的功能。作为抵押支持证券的基准指数——ABS指数，即使进行6个月平滑，对许多银行来讲，其资产负债表质量也没有改观。在2008年4月，虽然资本市场有所回升，但是ABX指数仍旧没有走出低谷，继续下跌，低于公认的基本价值。

过度担心在金融危机期间采取公允价值会计准则会导致银行损失过大也是没有必要的。在2008年年初几个月，市场经受住了金融机构不断发出亏损信息的考验。在2008年第一季度，UBS资产减值达到190亿美元。但是在2008年4月1日，其股票价格上扬15%，且在第二天也持续上涨。2008年3月13日和14日贝尔斯登的倒闭与会计准则也没有关系，而与市场对其基础价值以及偿付能力的担心有关（Wallison, 2008）。会计数据毕竟只是人们对市场的描述，真正出问题的应是市场运行本身，而不是描述市场的方法。

11.2.5 危机后巴塞尔委员会对金融工具估值的监管要求

其实在金融危机爆发之前，监管当局就已经关注对复杂金融工具的估值问题，因为金融工具的估值直接会影响到银行的资本充足率以及监管当局的监督检查。在2008年6月，巴塞尔委员会对金融工具的估值模型进行了评估，认为公允价值估值的实践体系存在需要改进的地方。巴塞尔委员会在其2009年发布的 *Supervisory Guidance for Assessing Banks' Financial Instrument Fair Value Practices* 对银行业金融工具估值的实践提出了指导原则。

在金融工具估值实践的治理结构和内部控制实践方面，巴塞尔委员会提出了三个指导原则。第一，当出于风险管理和财务报告的目的而对金融工具进行市场价值评估时，银行董事会要保证估值工作有恰当的治理结构和内控流程，且要与银行内部的风险管理工作具有一致性。第二，银行要保证在困境时期，有足够的能力验证对金融工具的估值。第三，无论是会计、满足监管还是日常管理工作，银行高管要保证金融工具的分类具有一致性，且相关政策的制定与银行估值能力兼容。

在金融工具估值风险管理和报告实践方面，巴塞尔委员会提出了五个指导原则：第一，银行在对金融工具进行估值时，估值方法和验证方法稳健有效。第二，银行要输入相关和可靠的参数，同时要运用尽可能多的信息对金融工具进行估值，增加结果的可靠性。第三，处于风险管理目的、监管报告或者财务报告而需要对估值结果修正时，银行要有一套非常严格的流程制度安排。第四，商业银行要考虑金融工具估值的不确定性，并对不确定性进行评估，将评估结果向高管层汇报。第五，商业银行向外部的报告要提供透明、及时、可靠度高、适用性广的估值信息。

在监管当局监督检查方面，巴塞尔委员会提出了两个指导原则：第一，在评估金融机构估值活动时，监管当局有权要求其他相关信息来进行辅助评估。第二，监管当局要评估银行对金融工具的估值能力，并将结果与对其资本充足率要求挂钩。

11.3 本章小结

宏观审慎监管需要其他相关制度的配合。本章讨论了与宏观审慎监管相关的两个非常重要的制度——金融稳定信息披露制度和公允价值会计制度。

为了更好地配合宏观审慎监管实施,在金融稳定信息披露方面,笔者认为:第一,区分不同情境下的披露方式和披露内容。虽然应该倡导中央银行增加监管实施的透明性,但是,在金融体系处于动荡时期,中央银行在披露内容和披露时点上应非常谨慎,以免对市场造成不必要的动荡。而当金融体系处在稳定时期,披露内容应专注于使市场参与者对未来的预期保持一致性,从而有效进行危机防范。第二,信息披露是中央银行管理声誉风险的有效办法。中央银行应通过信息披露机制降低中央银行面临声誉风险的不对称性,使公众了解中央银行一直在"有所为",从而有助于中央银行监管职责的履行。第三,有效区分与货币政策有关的信息披露和与宏观审慎监管有关的信息披露。货币政策的目标是保证价格稳定,其披露群体非常广泛;而宏观审慎监管往往仅向特定的金融部门披露相关信息。因此,中央银行应设立不同部门负责两者的信息披露,从而不至于相互影响政策的可信度。

2008年金融危机爆发后,公允价值会计准则被认为是加重危机的罪魁祸首,因此,许多专家学者要求对公允价值会计准则进行彻底的改革。在欧美,欧盟委员会以及美国议会迫于此类呼声,已经介入会计准则的修订。但是本章的分析表明,公允价值会计准则对金融机构资产负债表的恶化作用有限,且虽然危机期间金融机构大量资产采用大量"盯模"的办法计算公允价值,但金融机构在危机期间并没有大量计提资产减值准备。因此,改革公允价值会计缺乏依据(SEC,2008)。虽然结论如此,但我国在实施公允价值会计准则时应注意以下三点:第一,公允价值会计制度并非完美无缺。这类似于丘吉尔对民主的评价,"虽然民主是非常不好的系统,但是别的制度比他还差"。会计信息所提供的信息只是金融机构信息中的一部分。透明度对于公允价值会计准则的实施非常重要。首先,在金融压力时期,公允价值会计赋予银行采用"盯模"来确定资产公允价值的权力,因此为经理人操纵财务报告留下了空间。为了保证信息的质量,我们需要制定严格的信息披露制度,这有助于投资者真正了解银行资产的实际价值,尤其是在金融困境时期。2008年3月,美国SEC在给上市公司股东的信中规定了披露信息的相关要求。2008年4月,金融稳定论坛向G7财长会议的报告中也提出了此项做法。其次,重视会计准则与金融稳定之间的关系。欧盟银行监管委员会(Banking Supervision Committee of the Eurosystem)在2008年金融危机爆发前就强调IF-

RS 实施的质量以及各国之间的一致性是保证金融体系稳定的重要因素。金融稳定论坛在 2008 年 4 月指出，对于金融风险的披露应在当前基础上进一步提升，尤其是在当前金融危机时期以及外部评级体系可信度降低时期，这对稳定金融体系非常重要。第二，应尽可能地采用市场价格计价。当无法用交易价格而只能用模型计算公允价值时，公允价值会计的一些优势将大打折扣。赋予经理人裁量权运用模型决定资产的公允价值虽然可以避免危机时期使用被扭曲的价值记录公允价值，但是却给经理人操纵财务报告打开了方便之门，从而在关键时期降低了信息的可靠性，且投资者往往认为银行此时会高估其资产，这个问题比公允价值会计造成的传染风险还要难以解决。第三，虽然公允价值会计的顺周期问题在危机期间会导致恶性循环发生，但是我们应更加关注公允价值会计在及时确认损失方面的优势。银行在损失发生时立刻计提损失有利于银行迅速采取行动降低风险。美国储贷危机的一个教训就是监管当局没有要求金融机构立即计提资产损失，导致损失越来越大，最终酿成金融危机。在金融危机爆发时期放松会计准则的施行会使金融机构形成预期，从而不利于促进金融机构风险管理。即使是为了解决顺周期性的问题，监管机构也应通过资本充足率调控进行逆周期调控，实施宏观审慎监管，而不是修改会计准则，因为修改会计准则会伤害市场的透明度和纪律性。

第4篇　截面维度下的宏观审慎监管

　　截面维度下的宏观审慎监管主要关注银行体系的稳定，监管重点在"系统重要性银行"。我国工农中建四大行纷纷入选"全球系统重要性银行"。本篇第12章主要分析资本市场是如何看待此项监管措施的。与国际研究结论类似，中国股票市场对"全球系统重要性金融机构"概念的反应整体不显著，中国股票市场并不"看好"中国上市商业银行入选全球系统重要性金融机构。第12章认为这是由于"全球系统重要性"的声誉增加值的利好信息与监管负担增加的利空信息综合作用的结果。在股票市场能够反映所有市场参与者观点的假设条件下，第12章的实证结果表明，对系统重要性金融机构监管不会给金融机构带来额外的负面影响。

　　第13章通过对中国上市商业银行的实证分析表明，与欧美银行业不同的是，中国上市商业银行的规模与银行经营整体风险（用年股票收益率波动率表示）、系统风险、非系统风险以及系统性风险贡献度均为显著的负相关。这说明，对于中国上市商业银行来讲，规模并不是银行风险增加的充分条件，银行规模增加并不意味着银行风险的增加。

流动性风险从某种意义上讲，表示了银行体系的关联度风险。第14章从两个维度研究银行流动性风险与银行体系风险之间的关系。一方面，第14章针对中国上市商业银行的实证分析表明，商业银行信贷承诺持有量越高，其系统性风险贡献度越低，作用机制是商业银行通过持有更多的流动性资产来降低系统性风险贡献度；信贷承诺与活期存款的协同效应是中国商业银行降低其系统性风险贡献度的另一个机制，但这种协同效应显著性不是很高，仍有待进一步开发。另一方面，第14章实证分析表明，中国上市商业银行同业之间流动性风险存在相互正向影响，这表明中国上市商业银行之间业务同质性较高，存在相互模仿的竞争战略；但国有大型商业银行之间相互负向影响，存在流动性风险的自动稳定机制；融资流动性风险的同业间影响对银行倒闭概率的影响不是非常明显。

第15章研究了金融高管风险偏好、薪酬机制与银行体系稳定的关系。金融机构是"人"在运作的金融机构，因此，金融机构的风险归根结底由运作金融机构的"人"的风险偏好来决定。第15章研究中国上市商业银行董事长、行长和首席风险官的个人风险偏好对商业银行风险的影响，结论表明，董事长风险偏好特征对银行整体风险和非系统风险影响较为显著；行长的薪酬对银行经营的风险影响较大；首席风险官的风险偏好对银行非系统风险的影响较大。在此基础上，第15章对银行业高管金融薪酬机制对银行业风险的影响进行了全面分析。

第16章在对国际系统重要性银行的监管实践进行梳理的基础上，为我国商业银行风险的提前预测提出了新的方法。银行业体系风险的预测应具有及时性，使用金融市场数据能够满足及时性的要求。50ETF指数期权隐含波动率代表着金融市场对未来风险的预期，因此能够作为风险预警变量。第16章实证分析了50ETF指数期权隐含波动率对银行业体系风险的预测能力，结论表明50ETF指数期权隐含波动率能够预警银行业体系的整体风险，且对系统重要性金融机构倒闭风险的预警能力较强。此结果对我国系统重要性金融机构的监管具有非常重要的指导意义。

第 12 章

中国股票市场看好入选"全球系统重要性"吗

2008 年金融危机爆发后,"系统重要性金融机构"逐渐被全球金融监管当局所重视。2011 年开始,全球系统重要性金融机构名单陆续发布。在之后几年中,我国国有四大行相继入选全球系统重要性金融机构。一方面,这表明我国金融机构逐渐走向世界,竞争力越来越强;但另一方面,我国国有四大行将会面临更为严格的监管。同时,巴塞尔委员会要求各个成员国建立本国的系统重要性金融机构监管框架,发布国内系统重要性金融机构名单。因此,了解金融市场对入选全球系统重要性金融机构的反应,有助于建立本国的系统重要性金融机构监管框架,降低金融市场的波动程度。

12.1 2008 年金融危机后"系统重要性"的提出

2008 年金融危机的爆发表明规模大、经营复杂且相互关联性高的大型金融机构会对金融体系的稳定产生负面影响。危机爆发后,"系统重要性金融机构"的概念被提出。国际上对"系统重要性"的认识从"大而不倒(too big to fail)"转化至"对金融体系太重要而不能倒(too systemic to fail)"。随着金融机构经营不断复杂,其规模和相互之间的关联度也会上升,因此市场参与者往往会认为这些金融机构是不能倒闭的,而反过来这些金融机构的融资成本也非常低,这又会促使这些金融机构扩大经营规模,从事更高风险的经营活动，使得金融困境更容易爆发。一旦金融市场形成此类预期，则政府就会在这些金融机构出现困境时出手救援，从而进一步捍卫了其"系统重要性"的地位。

在金融危机爆发后，如何监管系统重要性金融机构成为国际金融监管的主要议题之一。鉴于2008年西方国家对危机机构的救助动用了大量纳税人的钱，给国家财政带来了巨大压力，因此，西方主流观点认为应该使得金融机构有自救能力，监管当局也应该开发监管工具来降低系统重要性金融机构所带来的系统性风险。系统重要性金融机构最早在2009年G20匹斯堡峰会上提出。在总结危机教训的基础上，金融稳定委员会（Financial Stability Board，FSB）和巴塞尔委员会从两个方面加强对系统重要性金融机构的监管：一是增加额外资本要求；二是施加额外监管要求。

对于监管系统重要性金融机构的争论主要集中在如何识别、监管工具以及监管效果方面（刘志洋，2014）。国际货币基金组织、国际清算银行以及全球各高校学者均对如何测算金融机构的系统性风险贡献度提出了解决方案。周（Zhou，2012）指出，监管系统重要性金融机构的方向主要有：第一，对其规模、经营活动进行限制；第二，除Basel协议外，还要有其他措施降低其倒闭的可能性；第三，建立危机救助机制。沙尔（Shull，2012）指出，对系统重要性金融机构的监管应鼓励其从事低资本占用的经营活动，但资本监管的效果也是有局限性的。伊万尼克斯德罗佐夫斯卡和沙布（Iwanicz-Drozdowska and Schab，2013）指出，对系统重要性金融机构的监管不要适用同一法则，因为这些金融机构的经营是存在差异性的。伊万尼克斯德罗佐夫斯卡和沙布分析了2006~2012年全球系统重要性金融机构的合并报表数据，认为对全球系统重要性金融机构的监管应在指标体系设计、会计准则协同、定性和定量分析结合等方面继续改进。

当一家金融机构被评为"系统重要性"时，对这家机构是否存在隐性补贴，是学术界争论的主要问题之一。植田和韦德迪毛罗（Ueda and Weder di Mauro，2013）认为，"系统重要性"意味着此机构没有偿付能力风险，因此，投资者要求的收益率也非常低，因为政府救助预期反映在其融资成本中。植田和韦德迪毛罗的测算表明，这种补贴在2007年之前大概是60个基点，在2009年上涨至80个基点。

第12章 中国股票市场看好入选"全球系统重要性"吗

同时，当一家金融机构被评为"系统重要性"时，其面临的监管要求也将发生变化，因此，研究股票市场对监管要求变化如何反应也成为学术界主要考虑的问题之一。对于此类问题的研究，学术界主要的研究方法是事件研究法（Schwert，1981；Lamdin，2001）。1984年，美国货币监理署对"大而不倒"的银行实施存款保险政策，奥哈拉和肖（O'Hara and Shaw，1990）发现，当存款保险制度实施时，这些"大而不倒"的银行股价上涨，而其他银行股票价格下跌。阿布鲁和古拉姆胡森（Abreu and Gulamhussen，2013）研究了2011年11月4日股票市场如何对全球系统重要性银行信息发布进行反应，结论表明，股票市场没有产生超额收益率。舍弗等（Schäfer et al.，2013）研究了2009~2011年欧洲和美国大型银行的股票和CDS价格对监管改革如何反应，结论表明这些监管改革降低了市场的救助预期。

FSB在2011年7月发布系统重要性金融机构监管指引，并在2011年11月4日公布第一批全球系统重要性金融机构，中国银行作为我国第一家银行入选。接下来，2013年11月11日，中国工商银行入选全球系统重要性金融机构；2014年11月6日，中国农业银行入选全球系统重要性金融机构；2015年11月3日，中国建设银行入选全球系统重要性金融机构。至此，我国四大国有大型商业银行全部进入全球系统重要性金融机构名单。四大行所面临的金融监管将与中国其他商业银行存在区别。

本章在国外学者研究的基础上，以中国上市商业银行为研究样本，在各个不同的时间点运用事件研究法，研究当四大行相继被评为"全球系统重要性银行"后，中国股票市场是如何对此消息进行反应，市场如何认为此监管框架变化对商业银行经营的影响。如果市场认为是负面的，则中国商业银行在走向国际化的同时，应该注意此监管框架的变化所带来的额外负担；如果市场对此消息没有反应或者反应为正面，则说明建立系统重要性金融机构监管框架对金融机构的未来盈利和发展没有额外负担，因此，我国金融机构可以在国际金融市场中争取到"全球系统重要性"的头衔，进而彰显中国金融实力，这也为我国实施系统重要性金融机构监管和建立国内系统重要性金融机构监管框架提供了支持。从某种意义上讲，本章的研究是国外研究在中国的扩展，对中国如何监管"国内系统重要性金融机构"具有重要的参考价值。

12.2 研究方法

当一家金融机构被列入系统重要性名单时,股票市场对此信息如何反应是需要研究的问题。一方面,从资产定价理论出发,一家银行的股票价格是未来现金流的折现值。如果某一家银行入选了系统重要性,则如果市场认为其倒闭风险降低,则折现率应该降低,因此股票价格就会上涨,相继其存款利率以及其他借款成本也会下降。如果银行不存在倒闭风险,则其融资成本与风险将不再挂钩。正如植田和韦德迪毛罗指出,一旦银行融资成本与风险脱钩,则银行会增加经营风险,进而获取高额盈利,从而其股票价格上升。同时,他们认为系统重要性金融机构监管也会利好非系统重要性金融机构,因为传染风险降低了。另一方面,一家金融机构被评为"全球系统重要性",则其要面临比其竞争者更为高昂的监管成本,比如高的资本充足率要求、监管当局的监督检查、更为完善的风险管理系统等,因此,可能会抵消入选带来的好处。换句话说,被评为"全球系统重要性"是有代价的,其股价也可能会下跌。

本章使用事件研究法,研究股票市场对入选全球系统重要性金融机构如何反应。事件研究法需要定义"事件窗口",从而决定股票收益率是否出现超额为正或者为负的情况。事件窗口的时长主要根据投资者对新信息的反应时间决定。由于本章在每个时间点比较所有上市商业银行股票的超额收益率,因此需要考虑截面相关性问题(Kolari and Pynnönen,2010)。宾德(Binder,1998)指出,事件研究方法有两类研究方法。第一个方法是两步事件研究法(two-step approach),即:首先以事件发生前的一段日期为估计区间,对模型进行回归分析;其次运用所估计的参数,计算"事件窗口"期内的超额收益率。第二个方法是事件参数法(event-parameter method),即估计样本区间既包括事件发生之前的时间段,又包括事件窗口时间段,通过哑变量控制事件发生对股票收益率的影响。本章主要使用第一类方法进行分析。

本章将所研究的每家上市商业银行股票收益率数据分为两组:估计窗口和事件窗口。假设在日期 t,银行 i 的股票收益率为 $R_{i,t}$,市场指数收益率为

$R_{M,t}$，则时刻 t 的超额收益率为：

$$AR_{i,t} = R_{i,t} - \hat{\beta}_0 - \hat{\beta}_1 R_{M,t} \quad (12-1)$$

其中，$\hat{\beta}_0$ 和 $\hat{\beta}_1$ 是 $R_{i,t}$ 对 $R_{M,t}$ 回归的估计系数值，回归期间为估计窗口，但 $AR_{i,t}$ 的计算期间包括估计窗口和事件窗口。对于每家银行，本章都进行此回归分析。根据邦吉尼（Bongini，2014）等的研究，可以将超额收益率标准化：

$$SAR_{i,t} = \frac{AR_{i,t}}{S\sqrt{1+c_{it}}} \quad (12-2)$$

其中，S 为回归残差的方差的无偏估计量，对于估计窗口 c_{it} 为 $-x'_{i,t}(X'_0 X_0)^{-1} x'_{i,t}$，对于事件窗口 c_{it} 为 $x'_{i,t}(X'_0 X_0)^{-1} x'_{i,t}$。其中 $x'_{it} = [1, R_{M,t}]$，X_0 为估计窗口自变量的 $n_0 \times 2$ 矩阵，n_0 为估计窗口样本量。邦吉尼等指出，当估计窗口样本量大于 100 时，c_{it} 接近于 0，可以忽略不计。在此方法分析中，参考塞巴斯蒂安·C. 莫宁霍夫（Sebastian C. Moenninghoff，2015）和邦吉尼等的研究，本章估计样本期的选择为事件发生的前 151 天至前 3 天，即 [-151,-3]，这与学术界的常规性做法是一致的。在事件窗口时长的选择方面，本章分两类进行分析：第一个选择是事件前后各两个交易日加上事件当天，即 5 个交易日数据；第二个选择是事件当天加上延后的两个交易日。这样既考虑了信息提前泄露的可能性，又考虑了投资者反应滞后的可能性。在此方法下，本章使用克拉里和皮诺宁（Kolari and Pynnönen，2010）提出的调整 BMP 方法和佩拉加蒂（Pelagatti，2013）提出的秩检验法处理超额收益率的截面相关性。本章根据邦吉尼等所使用的方法，对调整 BMP 的相关性系数进行估计的表达式如下：

$$\hat{\rho}_{ij} = \frac{1}{n_0} \sum_{t \in \Omega_0} SAR_{i,t} SAR_{j,t} \quad (12-3)$$

其中，Ω_0 为估计窗口，n_0 为估计窗口样本量。由于邦吉尼（2015）所使用的估计方法假设自变量数据完整，而本章研究所用数据存在由于个别股票停盘而产生的数据缺失问题，因此本章采用克拉里和皮诺宁对相关系数的估计方法 $\hat{\rho}_{ij} = \rho_{ij}$ 对结果进行检验，ρ_{ij} 为 SAR_i 与 SAR_j 在估计窗口期 n_0 的相关系数。假设有 m(m≥3) 家银行入选系统重要性，定义截面 SAR 的平均值为：

$$\overline{A}_t = \frac{1}{m}\sum_{i=1}^{m} SAR_{i,t} \qquad (12-4)$$

则 BMP 指标为：

$$BMP = \sqrt{\frac{m}{n_1}} \sum_{t \in \Omega_1} \frac{\overline{A}_t \sqrt{1-\overline{\rho}}}{s_t \sqrt{1+(m-1)\overline{\rho}}} \qquad (12-5)$$

其中，Ω_1 代表事件窗口，n_1 为事件窗口样本量，$s_t^2 = \frac{1}{m-1}\sum_{i=1}^{m}(SAR_{i,t} - \overline{A}_t)^2$，$\overline{\rho} = \frac{1}{m(m-1)}\sum_{i=1}^{m}\sum_{j \neq i}\hat{\rho}_{ij}$。BMP 指标服从 t 分布，自由度为 $n_0 - 2$，原假设为相关性是 0。

当 m 家银行入选系统重要性，且 m = 2 时，调整 BMP 统计方法失效。根据克拉里和皮诺宁对帕特尔 (Patell, 1976) 提出的 PATELL 统计检验进行的截面相关性修正，m = 2 时本书采用调整 PATELL 方法进行检验：

$$PATELL = \sqrt{\frac{m}{n_1}}\sum_{t \in \Omega_1} \frac{\overline{A}_t}{\sqrt{(n_0-p-1)/(n_0-p-3)}\sqrt{1+(m-1)\overline{\rho}}}$$
$$(12-6)$$

其中，n_0 为估计窗口样本量，p 为回归自变量数，此处 p = 1。PATELL 指标服从 t 分布，自由度为 $n_0 - 2$。

当 m = 1 时，由于 $SAR_{i,t}$ 服从自由度为 $n_0 - 2$ 的 t 分布，对事件窗口 Ω_1 的 $SAR_{i,t}$ 进行 t 检验：

$$T_{m=1,n1} = \frac{1}{\sqrt{n_1}}\sum_{t \in \Omega_1} SAR_{i,t} \qquad (12-7)$$

其中，$T_{m=1,n1}$ 统计量服从自由度为 $n_0 - 2$ 的 t 分布。

本章采取的另一个非参数检验方法为佩拉加蒂提出的秩检验方法。其检验方法为，在估计窗口和事件窗口求解每个时间点的截面 SAR 均值 A_t，令 R_t 为 A_t 的秩，其检验统计量为：

$$Z = \frac{1}{\sqrt{n_1}}\sum_{t \in \Omega_1} \Phi^{-1}\left(\frac{R_t}{n_0+n_1+1}\right) \qquad (12-8)$$

Z 统计量服从标准正态分布，Φ^{-1} 为标准正态分布函数的逆函数，原假设为均值 0；如果截面相关性为正，则 Z 统计量为正，反之为负。由于 2009 年 9 月 25 日、2010 年 6 月 28 日和 2010 年 11 月 12 日这几个事件时间存在估计窗口与事件窗口互相重叠的问题，为避免降低秩检验方法的有效性，若前一次事件检验结果显著，则本次事件检验在进行 A_t 的秩数排序前，将对包含于本次估计窗口的前次事件窗口数据进行剔除。

最后为便于比较，将调整 BMP 统计值、秩检验的 Z 统计值以及调整 PATELL 统计值、T 检验统计值，进行了单尾 t 检验的 P 值转换。因此，在实证结果的表格中，P 值小于 0.05 代表事件窗口期的超额收益率显著为正；P 值大于 0.95 代表事件窗口期的超额收益率显著为负；P 值介于 0.05 和 0.95 之间代表事件窗口期的超额收益率不显著异于零。

12.3 样本数据及实证结果

12.3.1 样本数据

本章以中国上市商业银行日度股票收益率为研究样本，数据来源为 Wind 数据库。本章将上市商业银行进行分组。2011 年 11 月 4 日前，即四大国有商业银行依次入选全球系统重要性银行以前，本章将 14 家上市商业银行分为非国有四大行和国有四大行进行对比研究；在 2011 年 11 月 4 日及以后的分析中，将 16 家上市商业银行（2010 年末上市新增中国农业银行、光大银行）分为非国有四大行、国有四大行中已入选的系统重要性银行、国有四大行未入选系统重要性银行，以及新入选系统重要性银行等四组进行对比研究。

对于监管变化的事件来讲，窗口的时长本身存在争议（Bongini et al., 2014）。本章选取了 4 个时间点：即 2011 年 11 月 4 日、2013 年 11 月 11 日、2014 年 11 月 6 日和 2015 年 11 月 3 日，也就是四大行相继入选的时间。同时本章还选取了 2008 年 11 月 17 日、2009 年 4 月 2 日、2009 年 9 月 25 日、2010 年 6 月 28 日和 2010 年 11 月 12 日 5 个时间点，分别与第一届 G20 峰会至第五届 G20 峰会时间对应。之所以另外选择这 5 个时间点，是因为 2011 年 11 月 4 日官方正式公布首批次全球系统重要性银行之前，历次 G20 峰会均重点讨论了全球系统重要性金融机构的监管问题这一主题，并随着峰会公报的发布，逐步建立了针对全球系统重要性金融机构的监管框架，给全球市场带来了相应冲击。具体事件时间点的选择如表 12-1 所示。

表 12-1　　　　　　　　　　事件描述列表

时间	事件名称	事件描述
2008 年 11 月 17 日	华盛顿 G20 峰会	提出对"大而不倒"金融机构进行监管
2009 年 4 月 2 日	伦敦 G20 峰会	成立金融稳定委员会（FSB）
2009 年 9 月 25 日	匹兹堡 G20 峰会	要求 FSB 设计 G-SIFIs 监管指引
2010 年 6 月 28 日	多伦多 G20 峰会	强化 G-SIFIs 损失吸收能力
2010 年 11 月 12 日	首尔 G20 峰会	各国承诺对 G-SIFIs 进行更为严格的监管
2011 年 11 月 4 日	首批 G-SIFIs 发布	中国银行入选 G-SIFIs
2013 年 11 月 11 日	G-SIFIs 发布	中国工商银行入选 G-SIFIs
2014 年 11 月 6 日	G-SIFIs 发布	中国农业银行入选 G-SIFIs
2015 年 11 月 3 日	G-SIFIs 发布	中国建设银行入选 G-SIFIs

注：G-SIFIs 为全球系统重要性金融机构。

12.3.2　实证结果

表 12-2 为实证结果。由于在 2010 年 11 月 12 日事件期间出现股票停盘造成的数据缺失，2010 年 11 月 12 日（-2，+2）的调整 BMP 计算改为对 2010 年 11 月 12 日（-1，+2）四天的统计量进行计算和检验。2010 年 6 月 28 日国有四大行调整 BMP 的 p 值为 1.000，与非参数检验的结果差别较大，排查原因发现，2010 年 6 月 28 日当日的调整 BMP 值达到 9.9，可能为异常情况影响，例如特殊原因造成的 2010 年 6 月 28 日当日三只上市国有四大银行股票的相关性大大高于历史相关性。因此，利用调整 PATELL 对 2010 年 6 月 28 日国有四大行的数据进行了重新计算，调整 PATELL 的计算结果与 Z 统计量的计算结果十分接近，故采用调整 PATELL 值进行替代。

整体实证结果表明，中国股票市场整体上对商业银行是否为全球系统重要性金融机构没有反应。在 2008 年 11 月 17 日华盛顿 G20 峰会召开时，也就是 2008 年金融危机正式爆发一个月之后，当全球监管当局宣布要正式解决"大而不倒"的金融机构问题时，整体上中国上市商业银行的股票超额收益率并没有明显的上升或者下跌，这与其他国际金融界默认的"大而不倒"

的金融机构的表现不一致[①]。在［-2，+2］区间段，BMP 值显示国有四大行股票超额收益率显著为负，但［0，2］却不是很显著，且非参数 Z 值统计也不显著为负。这说明资本市场预期国有四大行是"大而不倒"的金融机构，金融市场出现了一定的预判，而且对于国有四大行是一个相对利空消息。而是否是全球系统重要性，或者是否是"大而不倒"的金融机构并不影响非国有四大行的股票表现。这可能与中国银行体系的对外开放程度有限有关。在 2008 年金融危机爆发后，伦敦金融时报列举了全球"大而不倒"金融机构的备选名单，国有四大行均在榜。这说明国际金融界对于国有四大行相对比较关注，也从侧面反映了国有四大行具有一定的国际化经营。而当时中国股份制商业银行和城市商业银行国际化程度有限，因此国际金融监管规则的制定并没有显著影响这些金融机构的股票市场表现。

在接下来的四次 G20 峰会中，全球金融监管均讨论了有关系统重要性金融机构监管框架的建立问题，且逐步确立了要对全球系统重要性金融机构进行更为严格的监管的基本思想。塞巴斯蒂安·C. 莫宁霍夫等（Sebastian C. Moenninghoff et al.，2015）研究表明，在接下来的伦敦、匹兹堡、多伦多和首尔峰会中，国际金融界默认"大而不倒"金融机构的股票的市场超额收益率，除了多伦多峰会的时间显著为负值外，都是不显著为正值或者负值。而多伦多峰会期间，之所以整体上"大而不倒"金融机构的股票收益率为负值，主要原因是国际金融监管当局要进一步增加这些金融机构的损失吸收能力。对于已经经历过危机的国际大型金融机构，这无疑进一步增加了金融机构的负担。

对于中国上市商业银行来讲，在 2009 年 9 月 25 日和 2010 年 6 月 28 日的时间点上，在［-2，+2］时间区间内，中国上市商业银行和非国有四大行股票的超额收益率显著为正，而在［0，+2］区间则不显著，说明中国股票市场对此信息存在一定的提前反应，并且对非国有四大行是相对利好消息。之所以非国有四大行显著，其主要原因是要求 FSB 设计 G-SIFIs 监管指引，增加系统重要性银行的损失吸收能力，因此增加了其监管负担，同时监管的严格可以带来一定的正向溢出效应，其成本则由系统重要性银行支付了。但

[①] 塞巴斯蒂安·C. 莫宁霍夫等（2015）测度表明，这些金融机构当时股票超额收益率显著为负值。

需要指明的是，国有四大行股票收益率也不显著为负，说明这些更为严格的监管信息，对国有四大行也不存在负面的影响。在之后的首尔峰会，各国承诺对 G-SIFIs 进行更为严格的监管。但中国股票市场对此反应不显著，因为中国对银行业的监管已经很严格了。

2011 年，国际金融监管在戛纳 G20 峰会后首次公布全球系统重要性金融机构。但塞巴斯蒂安·C. 莫宁霍夫等测算表明，入选的这些系统重要性金融机构股票收益率的超额收益率无法拒绝为零的原假设，即从全球股票市场来看，股票市场并没有对"系统重要性"这一概念出现太高的关注。邦吉尼等的实证结果也同样支持了此结论。从表 12-2 的中国实证分析结果来看，在中国银行入选的时间窗口中，无论是中国银行股票超额收益率，还是中国其他上市商业银行，股票超额收益率都无法拒绝为零的原假设。值得注意的是，在 2013 年 11 月 11 日中国工商银行入选的时间窗口中，虽然中国工商银行股票的超额收益率不显著，但是在 [-2，+2] 时间区间内，中国上市商业银行和非国有四大行股票的超额收益率显著为正，而在 [0，+2] 区间则不显著，与 2009 年 9 月 25 日和 2010 年 6 月 28 日的情况相似。造成这一现象的原因，可能是因为随着中国工商银行的入选，投资者意识到了国有四大行全部入选全球系统重要性金融机构成为一件确定事项；也可能是因为投资者判断，中国工商银行在中国金融系统的重要性高于中国银行，其入选后溢出效应的影响更为显著。2014 年和 2015 年的时间点上，国有四大行的最后两名成员相继入选，股票超额收益率的表现基本相似，即入选全球系统重要性金融机构不一定是好事，而不入选也不见得是坏事。

表 12-2　　　　　　　　实证检验结果

2008 年 11 月 17 日		调整 BMP（p 值）		Pelagatti 非参数 Z 统计量检验（p 值）	
银行样本	上市银行数 m	[-2，+2]	[0，+2]	[-2，+2]	[0，+2]
全样本	14	0.838	0.457	0.759	0.407
非国有四大行	11	0.764	0.412	0.751	0.445
国有四大行（无农行）	3	0.991	0.702	0.794	0.417

续表

2009年4月2日		调整BMP（p值）		Pelagatti非参数Z统计量检验（p值）	
银行样本	上市银行数m	[-2,+2]	[0,+2]	[-2,+2]	[0,+2]
全样本	14	0.759	0.355	0.609	0.276
非国有四大行	11	0.842	0.521	0.619	0.281
国有四大行（无农行）	3	0.597	0.265	0.443	0.309

2009年9月25日		调整BMP（p值）		Pelagatti非参数Z统计量检验（p值）	
银行样本	上市银行数m	[-2,+2]	[0,+2]	[-2,+2]	[0,+2]
全样本	14	0.046	0.235	0.030	0.207
非国有四大行	11	0.000	0.001	0.010	0.121
国有四大行（无农行）	3	0.186	0.506	0.411	0.702

2010年6月28日		调整BMP（p值）		Pelagatti非参数Z统计量检验（p值）	
银行样本	上市银行数m	[-2,+2]	[0,+2]	[-2,+2]	[0,+2]
全样本	14	0.115	0.285	0.068	0.173
非国有四大行	11	0.051	0.107	0.052	0.114
国有四大行（无农行）	3	0.395	0.622	0.343	0.618

2010年11月12日		调整BMP（p值）		Pelagatti非参数Z统计量检验（p值）	
银行样本	上市银行数m	[-2,+2]	[0,+2]	[-2,+2]	[0,+2]
全样本	14	0.441	0.392	0.377	0.167
非国有四大行	11	0.398	0.310	0.357	0.119
国有四大行（无农行）	3	0.105	0.491	0.563	0.627

续表

2011年11月14日		m≥3，调整BMP（p值） m≤2，T检验（p值)		Pelagatti非参数Z统计量 检验（p值）	
银行样本	上市银行数m	[-2, +2]	[0, +2]	[-2, +2]	[0, +2]
全样本	16	0.707	0.524	0.733	0.473
非国有四大行	12	0.642	0.490	0.712	0.477
国有四大行已入选	1	0.605	0.553	0.519	0.483
国有四大行未入选	3	0.802	0.567	0.679	0.459
新入选系统重要性	1	0.605	0.553	0.519	0.483

2013年11月11日		m≥3，调整BMP（p值） m≤2，T检验（p值)		Pelagatti非参数Z统计量 检验（p值）	
银行样本	上市银行数m	[-2, +2]	[0, +2]	[-2, +2]	[0, +2]
全样本	16	0.023	0.678	0.178	0.625
非国有四大行	12	0.040	0.683	0.176	0.619
国有四大行已入选	2	0.227	0.538	0.122	0.448
国有四大行未入选	2	0.267	0.629	0.231	0.659
新入选系统重要性	1	0.286	0.564	0.202	0.525

2014年11月16日		m≥3，调整BMP（p值） m≤2，T检验（p值)		Pelagatti非参数Z统计量 检验（p值）	
银行样本	上市银行数m	[-2, +2]	[0, +2]	[-2, +2]	[0, +2]
全样本	16	0.603	0.249	0.599	0.098
非国有四大行	12	0.658	0.208	0.549	0.066
国有四大行已入选	3	0.649	0.160	0.618	0.194
国有四大行未入选	1	0.496	0.445	0.451	0.367
新入选系统重要性	1	0.770	0.358	0.749	0.363

续表

2015年11月3日		m≥3，调整BMP（p值） m≤2，T检验（p值）		Pelagatti 非参数 Z 统计量检验（p值）	
银行样本	上市银行数 m	[-2，+2]	[0，+2]	[-2，+2]	[0，+2]
全样本	16	0.336	0.370	0.205	0.280
非国有四大行	12	0.261	0.286	0.154	0.199
国有四大行已入选	4	0.620	0.660	0.367	0.474
国有四大行未入选	0	—	—	—	—
新入选系统重要性	1	0.535	0.570	0.360	0.512

总体来讲，中国股票市场对"系统重要性"金融机构的反应与国际基本一致，即整体上股票市场对银行是否入选全球系统重要性的反应并不明显。笔者认为，这种现象是以下两个因素综合作用的结果。一方面，入选"全球系统重要性"是一个声誉上的象征。全球系统重要性金融机构意味着这家金融机构在全球的金融市场中都具有举足轻重的地位。一旦一家金融机构入选，说明该机构对于全球金融体系的稳定非常重要，一旦倒闭，会对全球金融体系造成重创，因而就是"大而不能倒"的金融机构。这对于金融机构来讲，一定是一个利好消息。另一方面，一旦一家金融机构成为"全球系统重要性"，则其会面临着比其他金融机构更为严格的监管规则。系统重要性金融机构监管的主要措施是增强损失吸收能力，即提高资本充足率要求。而提高资本充足率要求会直接影响金融机构的盈利能力和盈利水平，市场会担心其竞争力会低于其竞争对手，因此，入选系统重要性金融机构对一家金融机构来讲又是一个利空的消息。这两个因素综合作用的结果就是，股票市场并没有对金融机构是否入选全球系统重要性有显著的反应。

12.4 本章小结

2008年金融危机爆发后，中国经济在世界经济增长中的地位越来越重要，中国银行业逐渐走向全球。在中国银行入选首批系统重要性金融机构之后，中国工商银行、中国农业银行和中国建设银行相继入选。这表明中国商业银行正在逐渐走向全球。随着2009年中国成为Basel委员会成员国，在国际银行业的监管规则制定方面，中国也有了话语权。这些事件均证明了中国银行业在国际金融市场中的影响越来越大。本章研究了中国股票市场对中国商业银行逐渐走向全球化，成为全球系统重要性金融机构的反应。与国际研究结论类似，中国股票市场对"全球系统重要性"的概念反应整体不显著。无论是在正式名单发布之前，还是发布之后，中国股票市场仅在国际金融监管当局刚刚在危机后提出要求加强监管时有些微弱的负向反应，在剩下的每一个关键时间点，股票市场的反应均不明显。本章认为这是由"全球系统重要性"的声誉增加值的利好信息与监管负担增加的利空信息综合作用的结果。对于中国银行业来讲，一方面，还要继续走向世界，即使面临着监管负担增加的压力，也要争取成为"全球系统重要性"，因为这体现了中国的金融实力，体现了中国银行业的经营能力；另一方面，由于股票市场对系统重要性金融机构监管框架的设立反应并不显著，因此，本章实证支持了加强系统重要性金融机构监管不会带来额外的负面影响的结论，即作为监管当局，中国银监会要制定合适的监管标准来约束这些系统重要性金融机构，在保证银行经营稳定的同时，也要最大限度地降低监管成本，使得"全球系统重要性"的正面作用尽快显现。

第 13 章

规模大的银行风险高吗

中国的银行(尤其是大型银行)当前仍处在经济体的核心,其履行了对企业和家庭部门的融资责任,处在中国金融体系的中心。经济管理当局对金融市场的调控、对信贷过快增长的调控都会通过银行体系来实现。大型银行在宏观经济政策中的作用更是无可替代。研究银行规模与风险的关系,对于明晰银行风险来源,对我国银行的监管政策的制定,对于我国金融体系风险的把控无疑具有重要的参考价值。

13.1 金融危机的启示

2008 年金融危机将大型银行推到了风口浪尖。维纳尔斯等(Vinals et al., 2013)指出,2008 年金融危机直接推动了全球对银行的最优规模、组织架构和业务活动的研究。其实对这个问题的争论始自 20 年前金融创新和金融自由化浪潮。随着金融创新和金融自由化,银行的规模、业务复杂程度、金融市场参与度和银行之间的关联度都大为增加。2008 年金融危机爆发后出台的 Basel Ⅲ,对系统重要性银行的监管提上日程。一般来说,系统重要性银行往往都是规模较大的银行。一些监管当局认为,应对大银行参与金融市场的程度进行限制[1],另一些监管当局认为,应该着重解决"大而不倒"的问

---

[1] 例如当年美国的 Volcker 规则以及欧洲的 Vickers 和 Liikanen 报告。

题（Stein，2014），并建立完善的危机处置机制①（Claessens et al.，2011）。

大型银行会得到"大而不倒"的好处。银行债务人经常会认为一旦大型银行陷入困境，政府会出手相救，因此，大型银行往往会以极低的成本得到融资，从而使得大型银行更倾向于通过提高杠杆率的办法从事一些具有高风险的资本市场业务。2008年金融危机爆发也正是这些大型金融机构从事高风险资本市场业务的结果。反思危机，各国监管当局痛定思痛，纷纷采取措施对大型银行实施更为严格的监管，如表13-1所示。

表13-1 2008年金融危机爆发后世界监管当局对大型银行施加的监管措施

监管目标	监管措施	当前实施状况
巴塞尔委员会监管指引：		
增加全球系统重要性银行损失吸收能力	对全球系统重要性银行最高计提2.5%的资本充足率要求	2016~2019年实施完毕
巴塞尔委员会对银行交易账户进行检查	对银行交易账户增加资本计提，避免监管套利发生	讨论中
各个国家实施概况：		
美国：Volcker规则	在银行控股公司内对银行交易活动进行限制	成为多德弗兰克法案一部分，计划2015年至2018年逐步实施
英国：Vickers报告	将银行零售银行业务与资本市场业务、非欧盟国家业务进行拆分，从而形成风险隔离	写入2013年12月18日英国议会通过的金融服务法案中，计划2019年实施完毕
欧盟：Liikanen报告	对交易性金融工具和大宗商品交易进行限制，对做市商等高风险业务进行高强度监管	欧盟委员会已经通过，2017年1月1日起对银行交易性业务进行限制

资料来源：卢克拉文、力诺斯基和童辉（Luc Laeven, Lev Ratnovski and Hui Tong, 2014）。

从表13-1可以看出，对于欧美的大型银行，其之所以风险过高，是由于这些大型银行随着规模的扩张，其资本市场业务占比越来越高，传统银行业务占比则越来越低。银行经营的混业加剧的结果是市场风险、流动性风险

① 例如自救资本、或有资本等。

和信用风险相互交织,银行经营所面临的风险也会愈来愈复杂。因此,2008年金融危机爆发后对欧美大型银行的监管侧重在对交易性业务的控制上。对于中国来讲银行业务仍以传统业务为主,规模扩张也体现在贷款规模的扩张,交易性或者资本市场业务并不占主要地位。而中国特殊的国情使得贷款的信用有政府背书,因此虽然中国银行业进行市场化改革,但国有企业的背景对中国上市商业银行的信用进行了担保,进而会降低银行的风险。

13.2 为什么需要关注银行规模

大型银行往往实施高杠杆经营,组织结构复杂,产品复杂。以美国为例,美国分析师对大型银行每股收益的预测标准差比较大(见表13-2),而标准差越大意味着银行经营越复杂,越不透明。从表13-2可以看出,分析师对大型银行每股收益的预测显著高于小型银行,金融危机爆发后表现更为明显。这进一步说明金融危机爆发后银行由于持有问题资产,使得市场对大型银行估值更为困难。

表13-2　　　　　分析师对美国银行每股收益率预测标准差

	2006年		2011年	
	大型银行	小型银行	大型银行	小型银行
预测误差	5.8	4.1	7.6	6.0

资料来源:转引自卢克拉文、力诺斯基和童辉(2014)。

13.2.1 大型银行的规模经济与范围经济

第一,大型银行经营存在规模经济。以往的学术研究表明,规模效益仅仅体现在小银行,在100亿~500亿美元之上的规模的银行,规模效益体现得不是很明显(Peristiani, 1997)。但随着信息技术不断武装大型银行,以及大规模金融市场交易的实现,银行最优规模显著上升。研究银行规模经济的成果往往集中在成本经济的范畴下,即规模经济往往会使得银行经营成本的降低。科夫纳、维奇里和周(Kovner, Vickery and Zhou, 2013)研究美国

500亿美元规模以上的银行，发行其实现的成本节约在160亿~450亿美元之间，相当于美国GDP的0.1%~0.25%。惠洛克和威尔逊（Wheelock and Wilson, 2012）以及休斯和梅斯特（Hughes and Mester, 2013）认为，不论对于大型银行还是中小银行，规模增加1%，成本仅仅增加0.95%。然而整体来讲，学者们认为大型银行实现的规模收益要比基于成本节约测算大得多。

第二，大型银行经营存在的范围经济（economies of Scope）问题。银行规模经济往往伴随着经营范围的扩展，比如从传统银行的借贷业务扩展到高风险的大额批发融资以及资本市场业务。一些学者认为，当传统银行涉足投资银行业务时，其收益常常是负的，这种负的收益率并不是来自开展投资银行业务的技术成本的付出（Drucker and Puri, 2005），是来自于由于开展投资银行业务所带来的委托代理成本的增加（Boot and Ratnovski, 2012）。这种负收益率体现在银行在资本市场的低估值（Schmid and Walter, 2009），高风险评估（Brunnermeier, Dong and Palia, 2012; DeYoung and Torna, 2013）以及低经风险调整的收益（Baele, De Jonghe and Vander Vennet, 2007）。这显然会损害银行股东和利益相关者的利益。但一些学者认为，银行混业经营有助于向银行消费者提供消费者剩余，因此从社会福利角度讲银行跨范围经营有助于提升社会福利。

13.2.2　大型银行公司治理的挑战

银行规模越大，建立完善的公司治理机制的挑战性往往越大。公司治理机制的目的是使得公司经营与股东利益相一致。施莱弗和维什尼（Shleifer and Vishny, 1997）指出，当企业所有权集中，存在活跃的并购市场时，公司治理往往是非常有效的。刘志洋和宋玉颖（2013）指出，银行扭曲的薪酬机制使得高管做出伤害银行长远利益的决定。当CEO的薪酬与银行规模挂钩时，CEO会从大规模的银行中得到私人好处（Gabaix and Landier, 2006）。银行规模越大，意味着CEO的"帝国"越强盛。因此银行高管会通过增加杠杆率或者并购重组增加银行规模。20世纪70年代美国去监管化之后，美国银行业兴起大规模并购浪潮，大型银行的规模、业务复杂度以及经营地理范围都极度扩张，但拉文和莱文（Laeven and Levine, 2007）表明，当传统银行业务与投资银行业务融合后，公司的价值出现下降。戈茨、拉文和莱文

(2013）认为，银行经营地理范围越广，越不利于增加公司价值。

银行与其他金融机构相比，其特殊性在于高杠杆经营。因此，股东有动机从事高风险业务，从而对存款者、债务人以及政府[①]的利益形成伤害。拉文和莱文（2009）指出，股东控制力越强的银行，越倾向于承担更多的风险。然而虽然有学者提出应该让债务人和政府代表行使银行部分控制权（Macey and O'Hara, 2003），但萨皮恩扎（Sapienza, 2004）指出，这会导致关系贷款的增加，从而降低贷款质量。

对于大型银行来讲，股东对经理人的控制具有很大难度。第一，政府往往会对银行所有者权益份额进行限制。比如美国规定美国银行业具有选举权的非银行类型所有者权益不能超过10%（Laeven, 2013）。对所有者权益的限制往往也会影响银行并购市场，缺乏并购的威胁使得银行股东更加难以控制经理人。第二，大型银行常常会涉足金融市场交易业务，因此，股东更加难以控制经理人开展业务活动（Mehran, Morrison and Shapiro, 2011；Glode, Green and Lowery, 2012；Ellul and Yerramilli, 2013）。银行所面临的尾部风险在正常时期是难以度量的（Acharya et al., 2010），经理人难以向股东汇报银行风险的大小。

13.3 研究方法

13.3.1 银行风险变量选择

本章使用三种方式度量银行波动率。第一种方式为求解银行2006～2013年每年的股票收益率标准差（用TV表示），作为商业银行年度总体风险的度量变量。第二种方式和第三种方式来自下面的回归方程：

$$r_i - r_B = \alpha_i + \beta_{mkti}(r_m - r_B) + e_i$$

本章根据上式对16家上市商业银行2006～2013年每个年度进行回归，从而得到每家上市商业银行每个年度的度量系统风险的变量 β_{mkti}（用SV表

[①] 政府仅仅希望银行能够持续的向经济体进行信贷投放，不希望银行陷入困境。

示）和残差项的标准差 σ_i。σ_i 可以作为商业银行在该年度非系统风险的度量（用 IDV 表示）。其中，r_i 为上市商业银行日股票收益率，r_m 为沪深 300 指数日收益率，表示市场收益率，r_B 为国债即期收益率曲线，e_i 为残差项。

本章对商业银行系统性风险贡献度的测度是基于阿德里安和布伦纳迈尔（Adrian and Brunnermeier, 2011）提出的 CoVaR 方法，运用分位数回归测度商业银行时变的系统性风险贡献度序列，具体见本书第 14 章。

13.3.2　回归方程

本章运用面板数据进行回归分析，其中因变量 V 表示银行风险变量，包括股票年度波动率[①]（表示银行经营年度整体风险，TV）、股票系统风险（SV）、非系统风险（IDV）和系统性风险贡献度（ΔCoVaR）。自变量包括取对数规模（用 size 表示）、存款资产比率（用 dep 表示）、贷款资产比率（用 loan 表示）、资本充足率（用 cap 表示）、杠杆率（用 lev 表示）、非利息收入占比（用 nonin 表示）、融资脆弱性（用 fund 表示）和不良贷款率（用 npl 表示）。融资脆弱性为同业和其他金融机构存放款项、交易性金融负债和拆入资金之和与存款总量的比值。$\varepsilon_{i,t}$ 为随机项，独立正态分布，均值为 0，方差为 σ_e^2。本章分别运用变系数模型进行回归分析，用 Hausman 检验确定变系数模型的回归形式[②]。

13.4　样本分析与实证结果

13.4.1　样本数据

本章使用 16 家中国上市商业银行 2006～2013 年的年度财务数据和股票收益率日度数据，数据来源包括上市商业银行年度财务报告、Wind 数据库。表 13-3 为样本数据统计性质。从表 13-3 可以看出，从银行风险来看，各

[①]　对于使用股票收益率数据测度风险的理由，在陈忠阳和刘志洋（2013）的研究中有详细说明。
[②]　既是固定效应模型，还是随机效应模型。

上市商业银行年度波动率平均值为 0.021，中值为 0.018，最大值为 0.045；系统性风险贡献度平均为 3%，中值为 0.027，贡献度最大为中国工商银行 2008 年为 8.7%；系统风险平均值为 0.88，中值为 0.918，最大为 1.441；非系统风险平均值为 0.015，最大值为 0.041。图 13-1 为银行规模与各变量之间的散点图。从图 13-1 可以看出，大型银行非利息收入占比、资本充足率、贷款资产比率和杠杆率均高于小型银行，但融资稳定程度与不良贷款率并没有体现出显著的正向关系。

表 13-3　　　　　　　　　　样本数据统计性质

	VOL	ΔCoVaR	SV	IDV	dep	fund	size	cap	lev	nonin	loan	npl
均值	0.021	-0.030	0.888	0.015	0.668	0.232	28.497	12.165	0.058	17.364	0.508	0.972
中值	0.018	-0.027	0.918	0.014	0.692	0.210	28.509	12.040	0.059	16.176	0.506	0.885
最大值	0.045	-0.011	1.441	0.041	0.844	0.626	30.571	19.660	0.086	31.580	0.624	2.650
最小值	0.007	-0.087	0.381	0.008	0.443	0.010	25.361	8.580	0.032	7.022	0.365	0.380
Std. Dev.	0.009	0.013	0.201	0.006	0.116	0.130	1.252	1.776	0.011	6.140	0.060	0.422

注：cap、nonin、npl 单位为%，资产（size）为取对数后的数值。

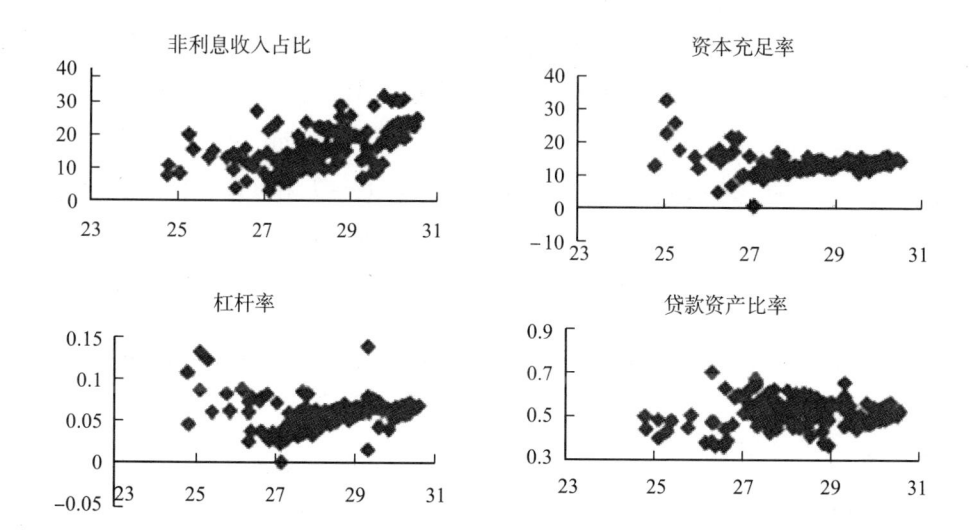

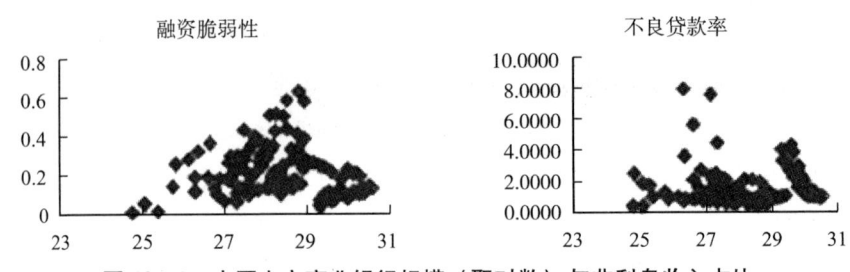

图 13-1 中国上市商业银行规模（取对数）与非利息收入占比、资本充足率、杠杆率、贷款资产比率、融资脆弱性与不良贷款率散点

13.4.2 实证结果

经 Hausman 检验，所有面板回归模型均应设置为固定效应模型。表 13-4 为中国上市商业银行股票年度波动率（TV）与商业银行规模回归结果。从表 13-4 中可以看出，size 变量的回归系数显著为负值，说明规模越大的银行股票年度波动率越低。而资本充足率越高，银行则会有本钱从事高风险的业务，进而增加银行的风险。表 13-5 为中国上市商业银行股票系统风险（SV）与商业银行规模回归结果。从表 13-5 中可以看出，规模与银行系统风险是显著负相关的，即市场风险因子对于大型银行的影响相对较小。表 13-6 为中国上市商业银行股票非系统风险（IDV）与商业银行规模回归结果。从表 13-6 中可以看出，规模与银行非系统风险是显著负相关的，即大型银行非系统风险较小。表 13-7 为中国上市商业银行股票系统性风险贡献度（ΔCoVaR）与商业银行规模回归结果。值得注意的是，回归因变量 ΔCoVaR 为负值，因此回归系数为正，说明是降低系统性风险贡献度。从表 13-7 中可以看出，size 回归系数显著为正，说明大型银行系统性风险贡献度较小。这与陈忠阳和刘志洋（2013）的研究结果基本一致，即大型商业银行系统性风险贡献度未必高。

表 13-4 中国上市商业银行股票年度波动率（TV）与商业银行规模回归结果

因变量 TV	模型				
	(1)	(2)	(3)	(4)	(5)
constant	0.935***	0.844***	1.005***	0.517*	0.797**
size	-0.031***	-0.028***	-0.035***	-0.016*	-0.031***
cap	0.002***	0.003***		0.032**	0.052***

续表

因变量 TV	模型				
	（1）	（2）	（3）	（4）	（5）
dep	-0.022*	-0.019		-0.013	1.378***
loan	-0.084**	-0.075**	-0.064*	-0.061	0.011
nonin	0.000	0.000	0.001	0.001	0.001
npl	-0.002			-0.001	0.001
lev			0.638***		
fund			0.033		
size*cap				-0.109**	-0.183***
size*non				0.001	
size*dep					-0.052***
fix effects	显著	显著	显著	显著	显著
observations	108	108	105	106	106
adjusted-R²	0.562	0.562	0.567	0.573	0.574

注：*、**、***分别表示10%、5%、1%水平显著。

表13-5　中国上市商业银行股票系统风险（SV）与商业银行规模回归结果

因变量 SV	模型				
	（1）	（2）	（3）	（4）	（5）
constant	5.749***	4.315***	4.613**	-1.004*	-5.139*
size	-0.158**	-0.114**	-0.102*	-0.108*	-0.232*
cap	-0.004	-0.001		0.377*	0.570**
dep	0.147	0.175		0.278	3.480
loan	-1.028**	-0.829*	-1.495***	-1.682***	-0.809
nonin	0.008*	0.007*	0.008***	0.007	0.006
npl	-0.033			-0.026	-0.017
lev			-0.582		
fund			-0.632**		
size*cap				-1.457*	-2.120**

续表

因变量 SV	模型				
	(1)	(2)	(3)	(4)	(5)
size * non				-0.021 *	-0.114
size * dep					
fix effects	显著	显著	显著	显著	显著
observations	95	95	93	94	94
adjusted – R²	0.527	0.525	0.548	0.571	0.554

注：*、**、*** 分别表示 10%、5%、1% 水平显著。

表 13-6 中国上市商业银行股票非系统风险（IDV）与商业银行规模回归结果

因变量 IDV	模型				
	(1)	(2)	(3)	(4)	(5)
constant	0.354 ***	0.390 ***	0.327 ***	0.334 ***	0.276 *
size	-0.011 ***	-0.012 ***	-0.011 ***	-0.011 **	-0.008 *
cap	-0.001 ***	-0.001 ***		0.001	0.001
dep	-0.004	-0.004		-0.004	0.073
loan	-0.028 *	-0.033 **	-0.005	-0.011	-0.020
nonin	0.001	0.001	0.001	0.001	0.001
npl	0.001		0.001	0.001	0.001
lev			-0.096		
fund			0.015		
size * cap				-0.008	-0.005
size * non				0.000	-0.003
size * dep					
fix effects	显著	显著	显著	显著	显著
observations	95	95	93	94	94
adjusted – R²	0.611	0.613	0.613	0.610	0.603

注：*、**、*** 分别表示 10%、5%、1% 水平显著。

表 13-7　中国上市商业银行股票系统性风险贡献度（ΔCoVaR）与
商业银行规模回归结果

因变量 ΔCoVaR	模型				
	（1）	（2）	（3）	（4）	（5）
constant	-0.464***	-1.196***	-0.446***	-0.438**	-0.644**
size	0.015***	0.037***	0.014***	0.014**	0.022**
cap	0.000	0.001		-0.001	0.003
dep	0.005	0.009		0.000	0.220
loan	0.039	0.178***	0.045	0.052	0.056*
nonin	0.001*	0.001	0.001	0.001	0.000
npl	-0.022***		-0.023***	-0.023***	-0.023***
lev			0.010		
fund			0.007		
size * cap				0.004	-0.009
size * non				0.001	
size * dep					-0.008
fix effects	显著	显著	显著	显著	显著
observations	88	88	86	87	87
adjusted-R^2	0.814	0.680	0.811	0.811	0.812

注：*、**、*** 分别表示 10%、5%、1%水平显著。

13.5　本章小结

本章通过对中国上市商业银行的实证分析表明，与欧美银行业不同的是，中国上市商业银行的规模与银行经营整体风险（用年股票收益率波动率表示）、系统风险、非系统风险以及系统性风险贡献度均表现出显著的负相关。这说明银行规模并不是银行风险增加的充分条件。银行规模增加并不意味着银行风险的增加。本章的研究具有如下政策指导意义：第一，规模大的金融机构并不一定是"系统重要性"高的金融机构。"系统重要性"更多的是强调银行的风险。而本章的实证分析表明，规模大并不意味着风险高，因此在设计系统重要性指标方面，不能完全以规模因素定"胜负"。第二，中国商业银行的风险低不排除有政府背书的成分。因此当中国金融业市场化改革进一步深化，银行市场化经营进一步加深时，中国商业银行还能否在规模扩张的同时有效控制风险，是一个非常具有挑战性的问题。第三，规模不是风险增加的充分条件，因此，中国商业银行风险增加的其他因素是什么，是需要进一步思考的问题。

第 14 章

商业银行流动性风险与银行体系稳定

近年来,中国商业银行信贷承诺总量快速发展。从对中国商业银行实证分析来看,持有信贷承诺较高的银行在金融风险加大时期会增加流动性资产储备,以应对风险。直觉上,流动性比率越高,银行体系应越稳定。然而瓦格纳(Wagner,2007)的研究表明,在金融体系正常运转时期,商业银行流动性比率对金融体系的稳定没有影响。因此,探讨流动性风险与系统性风险之间的关系,研究中国商业银行信贷的流动性风险对中国商业银行系统性风险贡献度的影响,对于中国商业银行流动性风险管理、维护银行体系稳定和加强系统性风险管理具有重要的现实意义。

14.1 商业银行流动性风险与系统性风险

银行业借短贷长的经营模式决定了其必然暴露在流动性风险敞口之下。银行以信贷的形式向借款人提供流动性,以随时满足存款人提款需求的形式向存款人提供流动性(Cornett et al.,2011)。银行所履行的职责使得银行在向借款人提供流动性的同时,降低了自身资产的流动性,而同时却又面临着在借款人还款不确定情况下时的存款人取款要求(Diamond and Rajan,2001)。尤其当银行以信贷承诺的方式向借款人提供流动性时,银行会同时面临着借款人和存款人两方面的流动性需求,银行暴露在巨大的风险敞口之下。

2008年金融危机爆发后，加强宏观审慎监管成为国际监管变革的主要方向。Basel Ⅲ的问世进一步强化了资本监管和流动性监管。国际监管界发布了一系列决定金融机构系统性风险贡献度的指标，并提出了流动性覆盖比率和净稳定资金比率两个流动性监管指标。学者们从金融机构短期债务融资的角度研究了商业银行流动性风险与金融机构系统性风险贡献度之间的关系（Lopez-Espinosa et al., 2012; Brunnermeier, 2009）。戈顿（Gorton, 2009）指出，2008年金融危机是短期负债引发的流动性风险的危机。布伦纳迈尔认为，短期债务引发的流动性风险使得冲击在市场参与者之间大面积传染。阿德里安和布伦纳迈尔发现，银行短期负债比率越高，银行系统性风险贡献度越大。然而商业银行是同时吸收存款和发放贷款的金融机构，短期负债仅仅为商业银行流动性风险来源的一个方面。由于中国金融市场尚不发达，银行主要资金来源仍为存款，而非上述文献在研究2008年金融危机中主要关注的短期负债。资金来源的稳定性高和国家声誉资本的注入（张杰，2003）使得中国商业银行所面临的短期负债融资所带来的流动性风险应不会特别严重。同时资本是银行最为珍贵的资源，商业银行为了节约资本，必须大力发展表外业务。表外业务可以增加银行的盈利能力，既可能起到降低业务集中度分散风险的作用，但可能也会增加银行的风险敞口暴露。信贷承诺无疑是商业银行表外业务盈利来源的重要组成部分，但同时也是主要的流动性风险敞口。

自从戴尔蒙德和荻伯威格著名的"DD模型"问世以来，银行业挤兑风险的文章大幅增长，其关注点集中于引发银行挤兑的原因上，主要分为两类观点：一是随机取款（random withdrawl）理论，强调银行挤兑是一种自我强化现象（Chang and Velasco, 2000; Postlewaite and Vives, 1987）；二是基于信息理论，强调银行挤兑是储户在信息不对称条件下的必然的合理选择（Chari and Jagannathan, 1988; Gorton, 1985）。近十年来，以"DD模型"为基础，从组合管理的视角研究银行资产流动性风险的学术文献也快速增长。埃尼斯和基斯特（Ennis and Keister, 2006）研究银行倒闭概率与银行流动性资产头寸之间的关系；佩克和谢尔（Peck and Shell, 2003）研究对非流动性资产持有量的约束如何影响银行流动性资产的持有；弗兰克和克劳斯（Franck and Krausz, 2007）分析当银行面对存款人不确定的流动性需求时，股票市场以及中央银行最后贷款人角色如何影响银行资产配置。

第 14 章　商业银行流动性风险与银行体系稳定

2008 年金融危机的爆发引发了学术界和业界对于系统性风险的广为关注，大量系统性风险测度方法被提出。塞戈维亚诺和古德哈特（Segoviano and Goodhart，2009）运用信用违约互换数据构建银行业稳定指数估计银行之间的尾部相关性；黄等（Huang et al.，2009）基于前瞻性违约指标和前瞻性的资产收益率相关性，将银行为了避免违约所需要缴付的保费作为系统性风险测度指标；范奥尔特和周（Van Oordt and Zhou，2010）以及罗根皮亚和伦加罗恩基特库尔（Roengpitya and Rungcharoenkitkul，2011）均运用阿德里安和布伦纳迈尔提出的 CoVaR 方法测度金融机构的系统性风险贡献度；阿查里亚等提出了系统性期望尾部损失（systemic expected shortfall）的概念，即当金融体系资本不足时，某家金融机构资本不足的程度，即该指标测度了银行对金融体系的风险敞口；布朗利斯和恩格尔（Brownlees and Engle，2012）测度了金融机构的短期和长期的边际期望尾部损失（marginal expected shortfall，MES），并且基于金融机构的杠杆率和 MES 值构建了 SRISK 指数；德尼科洛和卢凯塔（De Nicolo and Lucchetta，2011）运用动态因子模型，运用季度宏观经济指标数据和季度金融数据对实体经济风险和金融体系系统性风险进行了预测；格雷和乔布斯特（Jobst，2010）运用极值理论研究金融市场与金融机构之间的传染性；克里茨曼（Kritzman，2010）等运用主成分分析方法构建吸收比率（Absorption ratio）指标评估系统性风险；康特等（Cont et al.，2009）和马丁内兹·贾拉米洛等（Martinez–Jaramillo et al.，2010）运用网络分析方法分析了巴西和墨西哥银行间市场的风险状况；曹（Cao，2013）在 CoVaR 分析框架下，运用 Shapley 值方法测度各个金融机构的系统性风险贡献度；其实每一种系统性风险的测度方法均有其优势与劣势，因此讨论哪一种方法是最优的方法并非非常重要（Lopez–Espinosa et al.，2012）。

针对银行体系稳定的研究表明，银行资产流动性对银行系统性风险具有显著影响，金融机构资产的流动性风险对于金融体系的稳定具有重要意义（Fecht，2004）。阿吉翁等（Aghion et al.，2000）认为，银行间的资产交易会通过信息溢出效应来引发传染；弗雷克萨斯等（Freixas et al.，2000）认为，银行间资产交易会增加相互信用风险敞口暴露；瓦格纳指出，银行间资产分散化会降低单个银行的风险，从而鼓励银行大量持有流动性差的资产，从而增加系统性风险；银行资产的可出售性也会影响银行体系的系统性风险

(Wagner and Marsh, 2006),进而改变金融体系的脆弱性;瓦格纳研究了银行资产流动性与银行体系的稳定的关系,结论表明,在危机时期流动性资产的增加会增加银行的风险,降低金融体系的稳定,而在金融体系处在正常时期流动性资产比率的增加虽然会增加银行的风险,但对金融体系的稳定没有影响。

从上述研究可以看出,流动性风险与系统性风险关系密切。学者们大都从表内资产和负债的视角研究了商业银行流动性风险和系统性风险之间的关系。然而随着金融创新的不断发展,表外业务对商业银行的发展越来越重要。表外资产在成为商业银行盈利来源的同时,也会成为商业银行流动性风险的来源,进而会威胁银行体系的稳定。本章在上述学者研究的基础上,运用中国上市商业银行数据同时研究表内和表外资产的流动性风险与中国上市商业银行系统性风险贡献度的关系,以期为中国系统性风险管理提供参考。

14.2 商业银行流动性风险与系统性风险贡献度

14.2.1 测度系统性风险贡献度

本章对商业银行系统性风险贡献度的测度是基于阿德里安和布伦纳迈尔提出的 CoVaR 方法,运用分位数回归测度商业银行时变的系统性风险贡献度序列。

1. 估计方法。在风险管理实践中,VaR 方法是度量组合收益下行风险最为常用的方法。对于给定置信区间,x% 水平下的 VaR 表示在一段时期内,组合的损失有 x% 的可能高于 VaR 值,即 VaR 值是组合损失分布 x 分位点的数值。CoVaR 方法是在 VaR 方法基础上发展起来。正如布伦纳迈尔指出,测度一家金融机构系统重要性的核心应是测度该金融机构陷入困境对金融体系的影响,即溢出效应(spillover effect)。CoVaR 是指当一家金融机构出现危机时,整个系统的 VaR 值,即它是一个基于"条件"的概念。CoVaR 中的"Co"是代表基于条件的(conditional),能够互相传染的(cotagion)和协同运动(comovement)。布伦纳迈尔指出,"在所有金融机构都正常的条件下的 Co-

VaR 与当某家金融机构陷入困境时整个系统的 CoVaR 的差,即 ΔCoVaR,衡量的是这家机构对系统性风险的边际贡献度"。

定义 VaR_q^i 为:

$$Pr(X^i \leqslant VaR_q^i) = q \qquad (14-1)$$

其中,X^i 为表示金融机构 i 的随机变量,q 为分位点,VaR(value at risk)表示在险价值。根据上述定义,我们对 CoVaR 的定义为:$CoVaR_q^{j|i}$ 表示当金融机构 i 发生某件事情 $C(X^i)$ 时,金融机构 j(或者金融体系)的 VaR 值。用数学表达式表示为:

$$Pr(X^j \leqslant CoVaR_q^{j|C(X^i)} | C(X^i)) = q \qquad (14-2)$$

定义金融机构 i 对金融机构 j 的风险贡献度为:

$$\Delta CoVaR_q^{j|i} = CoVaR_q^{j|X^i=VaR_q^i} - CoVaR_q^{j|X^i=Median^i} \qquad (14-3)$$

在本章中,$C(X^i)$ 主要是指 $X^i = VaR_q^i$ 这种情况,j 代表银行业整体。根据 CoVaR 的定义,我们可以看出,该方法可以通过研究每家金融机构对于金融体系的风险贡献度来研究金融机构陷入困境所带来的溢出效应。溢出效应可能是直接的(direct),通过金融机构之间的相互关联来传递,即金融机构是"关联度太广而不能倒(too interconnected to fail)";也可以是间接的(indirect),通过金融机构的共同风险敞口暴露来传递(adrian and brunnermeier,2011)。本章主要测度 1% 显著性水平下中国各上市商业银行的 ΔCoVaR。

2. VaR 值与 ΔCoVaR 值的估计。估计 CoVaR 需要估计各上市商业银行的 VaR 值。根据恩格尔和曼加内利(Engle and Manganelli,2004)的研究,本章使用分位数回归方法估计各上市商业银行的 VaR 值,分位点选择为 1% 和 50%。回归模型如下:

$$Y_{i,t} = \beta_{i,1} + \sum_{j=2}^{n} Z_{t-1}\beta_{i,j} + u_{i,t} \qquad (14-4)$$

其中,Y 表示上市商业银行日度股票收益率,i 表示商业银行,t 表示时间,u 表示残差项,β 表示待估参数,n 表示解释变量个数,Z 表示解释变量。在估计 VaR 基础上,本章需要估计当一家商业银行陷入困境后对银行体系的影响,即每家商业银行的 CoVaR 值。根据阿德里安和布伦纳迈尔的研究,本章使用分位数估计方法计算 CoVaR 值,分位点选取为 0.01。具体模型如下:

$$S_t = \beta_{i,1} + \sum_{j=2}^{n} Z_{t-1}\beta_{i,j} + \gamma_{0.01,i}X_{i,t} + u_{i,t} \qquad (14-5)$$

其中，S 为银行指数日度收益率（本章使用大智慧银行业指数作为银行业整体状况的代表），X 为各上市商业银行日度收益率，其余字母含义与（14-4）式相同。在（14-5）式基础上，各上市商业银行的 ΔCoVaR 值为

$$\Delta CoVaR_{i,t}^{0.01} = \gamma_{0.01,i}(VaR_{i,t}^{0.01} - VaR_{i,t}^{0.5}) \quad (14-6)$$

从（14-6）式可以看出，金融机构陷入困境所带来的溢出效应由待估系数 $\gamma_{0.01,i}$ 捕捉。如果 $\gamma_{0.01,i}$ 显著不为零，则说明银行体系下端尾部风险由各个上市商业银行下端尾部风险决定①。

3. 样本数据及估计结果。对于（14-4）式，本章选取的解释变量包括：表示市场整体状况的沪深 300 指数（Hs300）；6 个月 Shibor 与 6 个月国债收益率之差表示银行间市场风险状况，即通常所说的 TED 指标（TED），6 个月 AAA 银行间企业债收益率与 6 个月国债收益率之差表示市场的信用风险溢价（CS），10 年国债收益率与 6 个月国债收益率之差刻画市场期限结构（TS）。同时为刻画金融危机对银行风险的影响，本章引入哑变量 crisis，当时间在 2008 年时其取值为 1，其余时间取值为 0。样本日期为 2008 年 7 月 1 日②～2013 年 12 月 31 日。数据来源为 Wind 数据库。解释变量统计性质如表 14-1 所示。

表 14-1　　　　　　　　　解释变量统计性质

	TED	TS	CS	hs300
均值	1.086181	1.124299	1.646391	-0.000124
中值	0.995600	0.967650	1.563400	0.000390
最大值	2.982200	2.499200	3.454300	0.089309
最小值	-0.328800	-0.967900	0.899700	-0.077074
标准差	0.759197	0.594898	0.378978	0.017691
偏度	0.500951	0.253197	1.168111	-0.128529
峰度	2.214188	2.226087	4.410758	5.456551

---

① 由于（14-4）式和（14-5）式需要对每家银行进行回归，因此表格较多，在此并没有全部列出。

② 由于笔者可以得到的 6 个月 AAA 银行间企业债收益率数据的起始日期为 2008 年 7 月 1 日，因此，本章样本日期从 2008 年 7 月 1 日开始，数据来源为 Wind 数据库。

表 14 - 2 为各上市商业银行 ΔCoVaR 均值。从表 14 - 2 可以看出，在 2008 年金融危机爆发的年份，各商业银行系统性风险贡献度显著高于 2009 ~ 2013 年均值。从总体均值来看，系统性风险贡献度最大的是中国工商银行和交通银行，但是中国建设银行和中国银行排名相对靠后。北京银行和宁波银行排第四位和第六位，兴业银行和民生银行排名第三位和第五位。从这个意义上讲，国有大型商业银行系统性风险贡献度不一定高于股份制商业银行和城市商业银行。因此本章基于分位数回归与陈忠阳和刘志洋（2013）基于多元 Garch 模型得出的结论基本类似。在 2008 年金融危机爆发的年份，国有大型商业银行系统性风险贡献度显著上升，中国工商银行、交通银行、中国建设银行和中国银行均在前五位。2009 ~ 2013 年，各上市商业银行系统性风险贡献度比 2008 年小很多，且此时期国有大型商业银行系统性风险贡献度也并非最高。

表 14 - 2　　　　　　　　银行 ΔCoVaR 序列均值比较

银行名称	总体均值	银行名称	2008 年均值	银行名称	2009 ~ 2013 年均值
交通银行	-0.0355	中国工商银行	-0.0871	交通银行	-0.0314
中国工商银行	-0.0314	交通银行	-0.0734	兴业银行	-0.0288
兴业银行	-0.0308	中国建设银行	-0.0679	北京银行	-0.0281
北京银行	-0.0308	北京银行	-0.0559	宁波银行	-0.0275
中国民生银行	-0.0294	中国银行	-0.0546	中国民生银行	-0.0273
宁波银行	-0.0290	招商银行	-0.0532	华夏银行	-0.0259
招商银行	-0.0285	兴业银行	-0.0497	招商银行	-0.0258
中国建设银行	-0.0282	中国民生银行	-0.0485	南京银行	-0.0256
华夏银行	-0.0279	南京银行	-0.0484	中国工商银行	-0.0255
南京银行	-0.0278	华夏银行	-0.0471	平安银行	-0.0249
中国银行	-0.0268	浦发银行	-0.0469	中国建设银行	-0.0239
平安银行	-0.0266	宁波银行	-0.0436	浦发银行	-0.0239
浦发银行	-0.0262	中信银行	-0.0427	中国银行	-0.0237
中信银行	-0.0236	平安银行	-0.0423	中信银行	-0.0216
中国农业银行	-0.0205	中国光大银行		中国农业银行	-0.0205
中国光大银行	-0.0127	中国农业银行		中国光大银行	-0.0127

注：中国农业银行和光大银行在 2008 年没有上市，因此，不存在 2008 年均值，且其在 2009 ~ 2013 年均值中的数值为从其上市日开始计算的。

14.2.2 商业银行流动性风险与系统性风险贡献度的关系实证检验

本部分主要研究商业银行流动性风险与系统性风险贡献度之间的关系。由于商业银行财务信息发布频率要比股票市场频率低，且基于 ADF 检验表明本章求解的各商业银行 $\Delta CoVaR$ 值和 VaR 值序列平稳，因此，本章以半年期为单位，对第三部分测度的商业银行 $\Delta CoVaR$ 时变序列每半年取平均值和中值，作为商业银行在该半年对银行体系系统性风险的贡献度。根据洛佩兹-埃斯皮诺萨等（Lopez - Espinosa et al., 2012）的研究，本章应用（14-7）式固定效应模型进行回归分析，样本为 2008～2012 年各商业银行半年度数据。

$$\begin{aligned}\Delta CoVaR_{i,t} = &\beta_0 + \beta_1 VaR_{i,t} + \beta_2 credit_{i,t} + \beta_3 credit_{i,t} \times TED \\ &+ \beta_4 credit_{i,t} * liquid_{i,t} + \beta_5 lev_{i,t} + \beta_6 loan_{i,t} + \beta_7 size_{i,t} \\ &+ \beta_8 offer_{i,t} + \sum_{j=1}^{m} time_j + \varepsilon_{i,t}\end{aligned}$$

$$(14-7)$$

其中，$\Delta CoVaR$[①] 为各上市商业银行半年度中值和均值。VaR 为各上市商业银行半年度中值和均值。credit 表示银行资产流动性的指标。本章选取四个表示商业银行流动性风险的指标：（1）存贷比指标（LTOD）；（2）流动性资产比率（liquid）；（3）信贷承诺与贷款总额和信贷承诺之和的比率（LC）；（4）信贷承诺与资产总额和信贷承诺之和的比率（comit）。为了刻画金融体系风险增加时期资产流动性风险对银行系统性风险贡献度的影响，本章在回归中引入 TED 与 credit 变量的交叉项。宋玉颖和刘志洋（2013）指出，持有信贷承诺越高的银行越倾向于持有更高的流动性资产储备，因此，本章针对信贷承诺变量引入信贷承诺与流动性资产比率（liquid）的交叉项，探讨信贷承诺影响商业银行系统性风险贡献度的机制。lev 为杠杆率为资产总额与银行所有者权益之比。loan 表示银行贷款总额与资产总额之比。size 为银行取对数的资产规模。offer 为哑变量，若商业银行在半年期间内增发股票，则取 1，否则为

[①] 值得提出的是，本章求解的 CoVaR 值均为负值，因此，回归系数为正说明是降低系统性风险贡献度。

0。样本期间商业银行股票增发状况如表 14-3 所示。time 为控制时间效应变量。指标数据来源为 Wind 数据库和银行年度和半年度报告。

表 14-3　　　　　　　　　样本期间商业银行股票增发状况

银行名称	机构类型	增发类型	发行日期	增发价格	增发数量（万股）	实际募资总额（亿元）
华夏银行	商业银行	定向	2008 年 10 月 20 日	14.62	79052.83	115.58
浦发银行	商业银行	定向	2009 年 9 月 28 日	16.59	90415.91	150.00
平安银行	商业银行	定向	2010 年 6 月 29 日	18.26	37958.00	69.31
浦发银行	商业银行	定向	2010 年 10 月 14 日	13.75	286976.48	394.59
宁波银行	商业银行	定向	2010 年 10 月 19 日	11.45	38382.05	43.95
华夏银行	商业银行	定向	2011 年 4 月 26 日	10.87	185919.75	202.09
平安银行	商业银行	定向	2011 年 7 月 20 日	17.75	163833.67	290.80
北京银行	商业银行	定向	2012 年 3 月 26 日	10.67	110590.44	118.00
交通银行	商业银行	定向	2012 年 8 月 23 日	4.55	654181.07	297.65
兴业银行	商业银行	定向	2013 年 1 月 7 日	12.36	191514.67	236.71

表 14-4 和表 14-5 为 (14-7) 式的回归结果。由于 ΔCoVaR 均为负值，因此，回归系数为正表明解释变量越大，系统性风险贡献度越高。表 14-4 和表 14-5 表明各银行 VaR 值越高，其系统性风险贡献度就越高。从表内流动性风险指标来看，存贷比指标与流动性资产比率对银行系统性风险贡献度的影响均不显著，与 TED 交叉项回归系数也不显著。由于中国尚未发生过银行危机，因此，虽然 TED 指标增加意味着金融体系风险的增加，但作者认为金融体系仍处在正常运行时期，非瓦格纳提到的危机时期。从直接意义上讲，本章的实证分析表明流动性资产比率在金融体系处在正常时期对金融体系稳定的影响不显著，进而支持瓦格纳的结论。

从表外信贷资产来看，与直觉相反的是，comit 和 LC 回归系数显著正，说明银行信贷承诺越高，银行系统性风险贡献度越低。由于信贷承诺持有量高的银行会倾向于持有更高比率的流动性资产以应对未来的流动性需求（宋玉颖和刘志洋，2013），因此，本章引入信贷承诺与 liquid 交叉项来分析信贷

表14-4 因变量为 ΔCoVaR 均值的 (14-7) 式回归结果

	基于 (14-5) 式和 (14-6) 式 ΔCoVaR 测算							
	ΔCoVaR 均值							
VaR 均值	0.432***	0.438***	0.452***	0.456***	0.423***	0.4231***	0.437***	0.426***	0.424***	0.431***
comit					0.013***	0.011***	0.0036		0.017***	0.013
LC								0.0094***		
LTOD	0.000006	0.000004	0.00004	0.000007						
liquid					−0.071		0.008			
comit * TED				0.0013						
LC * TED									−0.2227	−0.25*
LTOD * TED	0.0059									
liquid * TED										
LC * liquid							0.022*			0.012*
comit * liquid										
loan	0.0132***	0.0138***	0.014***	0.014***	0.0085***	0.0087**	0.0065	0.012***	0.01**	0.009**
lev	0.00038***	0.0004***	0.0004***	0.0004***	0.0003***	0.0003***	0.0003***	0.0003***	0.0003***	0.0003***
size	−0.0027***	−0.0026***	−0.0024***	−0.0024***	−0.002***	−0.002***	−0.002***	−0.002***	−0.0018***	−0.0017***
offer	0.0023***	0.0024***	0.0023***	0.0024***	0.0021***	0.0021***	0.0021***	0.002***	0.0021***	0.0023***
years	1%水平显著	1%水平显著	1%水平显著	1%水平显著	1%水平显著	1%水平显著	1%水平显著	1%水平显著	1%水平显著	1%水平显著

续表

	基于 (14-5) 式和 (14-6) 式 ΔCoVaR 测算							
	ΔCoVaR 均值							
constant	0.0516***	0.0496***	0.046***	0.046***	0.0364***	0.037***	0.033***	0.035***	0.031***	0.028***
有效样本个数	72	72	71	71	72	72	72	72	72	72
ajusited-R^2	0.971	0.968	0.969	0.968	0.973	0.973	0.974	0.976	0.975	0.976
prob(F-statistic)	0.000	0.000	0.000	0.000	0.000	0.000	0.000	0.000	0.000	0.000

注：*，**，*** 分别表示10%，5%和1%水平显著。

表 14-5　因变量为 ΔCoVaR 中值的 (14-7) 式回归结果

	基于 (14-5) 式和 (14-6) 式 ΔCoVaR 测算								
	ΔCoVaR 中值								
VaR 中值	0.446***	0.456***	0.474***	0.470***	0.431***	0.43***	0.448***	0.428***	0.426***	0.436***
comit					0.012*	0.01***	0.013		0.016**	0.012*
LC								0.0087***		
LTOD	0.000008	0.000004		0.000004						
liquid			0.000001							
comit * TED					-0.056		-0.026			
LC * TED	0.0064								-0.216	-0.25*
LTOD * TED			0.00124							
liquid * TED										
LC * liquid							0.025**			0.013**
comit * liquid										
loan	0.015***	0.0156***	0.015***	0.016***	0.011***	0.012**	0.0085***	0.0129***	0.012***	0.011***
lev	0.00038***	0.0003***	0.0004***	0.0004***	0.0003***	0.0003***	0.0003***	0.0003***	0.0003***	0.0003***
size	-0.0028***	-0.0026***	-0.0025***	-0.0025***	-0.0021***	-0.002***	-0.002***	-0.0021***	-0.0019***	-0.0020***
offer	0.0023***	0.0025***	0.0024***	0.0023***	0.0021***	0.0021***	0.002***	0.0021***	0.0022***	0.0023***
years	1%水平显著	1%水平显著	1%水平显著	1%水平显著	1%水平显著	1%水平显著	1%水平显著	1%水平显著	1%水平显著	1%水平显著

续表

| | 基于 (14-5) 式和 (14-6) 式 ΔCoVaR 测算 ||||||||
	ΔCoVaR 中值							
constant	0.0542***	0.0528***	0.053***	0.048***	0.039***	0.04***	0.036***	0.037***	0.0337***	0.031***
有效样本个数	72	72	71	71	72	72	69	72	72	72
ajusited-R²	0.971	0.969	0.969	0.969	0.973	0.972	0.973	0.973	0.974	0.975
prob(F-statistic)	0.000	0.000	0.000	0.000	0.000	0.000	0.000	0.000	0.000	0.000

注：*，**，*** 分别表示10%，5%和1%水平显著。

承诺影响系统性风险贡献度的机制。实证结果表明，交叉项回归系数显著为正，而信贷承诺回归系数不显著。这说明持有更高信贷承诺的银行是通过持有更高比率的流动性资产来降低其系统性风险贡献度。comit 和 LC 与 TED 交叉项回归系数虽显著性水平较差，但为负值，说明在金融风险增加时期，银行信贷承诺比率越高，银行的系统性风险贡献度越大。之所以不显著，可能是由于中国目前尚未出现真正意义上的银行危机，银行信贷承诺也从未出现违约状况，信贷承诺更多地表现为银行的收入来源。虽然回归结果不显著，但是我们不应忽视意在金融风险增加时期信贷承诺占比对系统性风险的影响。

如果商业银行信贷承诺与活期存款之间存在协同效应，即如果储户取款与企业对信贷承诺的使用相关性不是非常高，则银行可以运用这种协同效应来降低自身的流动性风险（Kashyap，Rajan and Stein，2002）。如果这种协同效应存在，则其应能够显著地降低商业银行系统风险贡献度。表 14-6 为信贷承诺与活期存款之间存款协同效应对商业银行系统性风险贡献度的影响。其中 TC 为活期存款比重。TC 的回归系数为显著性很差，但为负值说明活期存款比率越高，银行系统性风险贡献度越大。LC、comit 与 TC 的交叉项回归系数为正值，但显著性水平不是很高。comit 与 TC 交叉项回归系数在 10% 水平显著，LC 与 TC 交叉项不显著。数值为正说明信贷承诺与活期存款之间存在一定的协同效应，从而降低了银行系统性风险贡献度，而显著性问题说明中国上市商业银行信贷承诺与活期存款之间虽存在一定的协同效应，但可能不是很明显，或者程度不高[①]。

总体上，针对中国上市商业银行的实证分析表明，商业银行信贷承诺持有量越高，其系统性风险贡献度越低，其作用机制是商业银行通过持有更多的流动性资产来对冲信贷承诺的增加所带来的流动性风险，进而降低其系统性风险贡献度；同时实证分析表明，信贷承诺与活期存款的协同效应也是中国商业银行降低其系统性风险贡献度的机制，但这种协同效应显著性不是很高，仍有待进一步开发。总体上，本章的实证研究认为，流动性比率虽然与商业银行系统性风险贡献度无直接关系，但存在间接关系，流动性比率越高，商业银行系统性风险贡献度越低，银行体系越稳定，这与瓦格纳的研究结论不是很一致。

---

① 宋玉颖和刘志洋（2014）的研究表明，中国上市商业银行信贷承诺与活期存款之间不存在很显著的协同效应。

表 14-6　银行信贷承诺与活期存款协同效应对系统性风险贡献度的影响

	ΔCoVaR 中值		基于 (14-5) 式和 (14-6) 式 ΔCoVaR 测算		ΔCoVaR 均值		
VaR 中值	0.437***	0.430***	0.428***	0.441***	0.431***	0.421***	0.423***	0.436***
comit	-0.024	0.01***	0.009***	0.003	-0.021	0.01***		
LC		-0.0001				-0.0015	0.010***	0.004
TD	-0.018*		-0.0022	-0.005	-0.017*		-0.0025	-0.005
comit * TD	0.071*				0.0687*			
LC * TD				0.017				0.018
loan	0.013***	0.010**	0.012***	0.013***	0.011**	0.008*	0.011***	0.011***
lev	0.00029***	0.0003***	0.0003***	0.0003***	0.0003***	0.0003***	0.0003***	0.0003***
size	-0.0022***	-0.0021***	-0.0019***	-0.002***	-0.0021***	-0.0019***	-0.0019***	-0.0018***
offer	0.0022***	0.002***	0.0020***	0.0022***	0.0022***	0.0020***	0.0020***	0.0022***
years	1%水平显著	1%水平显著	1%水平显著	1%水平显著	1%水平显著	1%水平显著	1%水平显著	1%水平显著
constant	0.052***	0.039***	0.036***	0.037***	0.048***	0.037***	0.034***	0.0342***
样本个数	70	70	72	72	70	72	72	71
ajusited-R^2	0.972	0.972	0.974	0.974	0.974	0.973	0.975	0.975
prob(F-statistic)	0.000	0.000	0.000	0.000	0.000	0.000	0.000	0.000

注：*、**、*** 分别表示 10%、5% 和 1% 水平显著。

14.3 流动性风险同业间影响与银行体系稳定

金融体系的流动性风险是 2008 年金融危机爆发的主要原因。通过吸收资金发放贷款的商业模式使得商业银行不仅仅面临挤兑危机，还面临融资流动性风险。当金融体系存在冲击时，商业银行的融资流动性风险还会由于共同风险敞口暴露导致的关联度增加而变大。由于金融体系的复杂属性，商业银行的流动性风险本身就具有系统性的特征，一家银行的流动性资产可以是另外一家银行的流动性负债。为了管理流动性风险所导致的银行危机的爆发，Basel Ⅲ在 2010 年出台，提出流动性覆盖比率（LCR）和净稳定资金比率（NSFR）两大流动性监管指标。但国际货币基金组织 2011 年指出，这两类监管指标关注商业银行的个体，没有考虑由于银行体系的关联度所导致的同时出现流动性困境的情况。从这个意义上讲，在同一个金融市场竞争的商业银行在金融决策方面往往相互影响。

将短期债务融资与持有长期资产集中至金融中介，通过金融中介的期限转换和流动性转化功能，能够实现社会资源的优化配置，且金融中介的功能对面临未来不确定性的流动性需求的投资者也是有益的。然而，作为经济体流动性中转的金融中介天生就面临着脆弱性，因为一旦金融市场遭受冲击，银行会面临存款挤兑危机，而贷款又无法变现，因此商业银行会因为存在偿付能力但失去流动性而倒闭。随着商业银行中间业务的发展，商业银行表外业务占比越来越高。表外业务所带来的流动性风险也获得了越来越高的重视。实证研究表明，在 2007 年次贷危机爆发后，实体经济企业开始关注由于流动性紧缩对金融机构产生的负面影响进而造成信贷获得难度加剧的问题，而这些负面影响主要来自商业银行在银行间市场资金的可获得性的难度的上升（Filippo Ippolito et al., 2016）。因此，商业银行在银行间市场的融资额度与表外业务发展密切相关。

随着中国银行业逐渐推进 Basel Ⅲ 的实施，中国银监会更加重视对商业银行流动性风险的管理，将同业业务纳入流动性风险管理框架，要求商业银行对同业业务的流动性风险进行计量、识别和管理。2013 年 6 月爆发的"钱

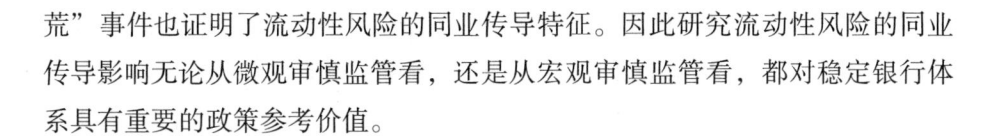

荒"事件也证明了流动性风险的同业传导特征。因此研究流动性风险的同业传导影响无论从微观审慎监管看,还是从宏观审慎监管看,都对稳定银行体系具有重要的政策参考价值。

14.3.1 商业银行流动性风险的同业间影响

商业银行的核心功能在于向存款者和企业提供流动性。由于商业银行的资产业务与负债业务之间存在协同效应,因此,商业银行能够通过吸收流动性存款来为非流动性的企业贷款需求融资。卡希亚普、拉詹和斯坦(Kashyap, Rajan and Stein, 2002)认为,商业银行存款与信贷承诺之间存在协同效应,即只要提取存款与信贷承诺兑现之间的相关系数不为1,商业银行就可以运用这种协同效应来进行流动性风险管理。汉森、施莱弗、斯坦和维什尼(Hanson, Shleifer, Stein and Vishny, 2015)认为,如果金融机构的融资结构以非保险的批发融资(uninsured wholesale finance)为主,则其应该持有流动性风险更低的信贷承诺作为其资产。但也有观点认为,融资结构脆弱的银行应该增加自身的风险承担,才能够降低流动性风险(Freixas and Rochet, 2008)。

在银行业,银行流动性风险很容易受到同业流动性风险的影响。第一,由于Basel Ⅲ NSFR监管要求要在2018年生效,因此对于商业银行流动性监管仍处在相对空白的状态。由于对于商业银行的流动性相对缺乏监管,没有限制商业银行流动性风险的具体边界,因此一旦爆发流动性风险,风险极易通过社会放大效应(social multiplier effects)蔓延至整个金融体系。第二,各个国家普遍存在最后贷款人(lender of last resort, LOLR)的危机救助机制,因此商业银行普遍存在集体风险承担行为。一旦某几家银行出现流动性危机,最后贷款人没有选择,只能进行干预,避免传染风险的发生。在这种"太多而不能倒闭(too many to fail)"的预期下,当许多商业银行存在竞争时,每家商业银行可能存在过度承担流动性风险的问题。莫里森和瓦尔特(Morrison and Walther, 2016)指出,在银行业,只有关联度高的投资决策才能够解决商业银行前后表现不一致的问题(time inconsistency problem):单家银行在事前会承诺不拯救陷入危机的同业者,但同业者一旦陷入危机,往往会出现谈判重组并进行拯救的现象。在这种情况下,最优的承诺会在每家银行资产关联度高度相关的情况下出现(Morrison and Walther, 2016)。

在"同业"的标准确定上,利里和罗伯茨(Leary and Roberts,2014)、伯杰和鲍曼以及 Bankscope 数据库公司等认为规模类似、市场范围类似以及经营特点类似的机构可以作为同类金融机构进行比较。别克扬达尼等(Bikhchandani et al.,1998)指出,同一个国界范围内的金融机构在声誉考虑以及相互学习方面,同业间影响非常大,因为银行经理更容易获得同一国家金融机构的相关信息。拉特诺夫斯基(Ratnovski,2009)及蒂罗尔和法尔希(Farhi and Tirole,2010)指出,同一个国家的银行一定属于同一个大类别,因为一旦出现危机,都指望同一家中央银行作为最后贷款人。但即使是同一个国家,银行规模的不同,也会导致银行之间的可比性存在差异,尤其是在金融危机期间,系统重要性的大银行获得救助的概率一定高于中小银行。因此即使在同一个国家,也应该根据规模进行细分。

总之,学术研究表明,流动性风险具有很强的传染特征,且政府最后贷款人的预期使得商业银行出现相互模仿的竞争战略,进而出现集体过度承担风险的现象。为了研究流动性风险之间的同业影响,学术研究也表明,对"同业"的细分也是需要重点考虑的问题。本章拟在学者研究基础上,运用中国上市商业银行的数据,研究商业银行流动性风险之间的同业影响,以及同业流动性风险对商业银行倒闭概率的影响,以期为中国银行业监管提供参考。

14.3.2 研究方法

1. 流动性风险的同业间影响。为了研究银行同业之间的流动性风险相互影响,本章构建基本混同回归模型为:

$$Liq_{i,t} = \alpha + \beta \overline{Liq_{-i,t-1}} + \lambda X_{i,t-1} + \theta C_t + \varepsilon_{i,t} \quad (14-8)$$

其中,i 表示商业银行,t 表示时间。$Liq_{i,t}$ 表示商业银行流动性风险指标,$\overline{Liq_{-i,t-1}}$ 表示除商业银行 i 之外的与商业银行 i 经营类似的其余商业银行 $Liq_{i,t}$ 的平均值。X 表示商业银行特征的控制变量。(14-8)式两边如果取同期值,则会出现同业之间相互影响的内生性问题,即其他商业银行影响银行 i,反过来又会受到商业银行 i 影响的情况,进而出现了内生性问题。而实践中,如果商业银行 i 的经营决策受到其他商业银行的影响,也是需要时间来进行调整的。因此考虑到商业银行在根据同业竞争对手的战略来调整自身的资产负债表时需要时间,且为了避免模型内生性问题,本章银行特征控制变量均选取滞后一期的取值。

对于商业银行流动性风险指标的选取上,本章综合考虑商业银行的金融功能,即商业银行是通过发行流动性负债来筹集资金,进而为长期贷款融资的金融中介,因此,商业银行的流动性风险管理是资产与负债的综合管理。本章选取的流动性风险变量则为基于伯杰和鲍曼提出的流动性创造指标(LC)。为了测度商业银行的融资风险,本章还根据 Basel Ⅲ 计算样本银行的净稳定资金比率指标(NSFR)。具体计算过程见本书第5章。

在同类型银行标准确定方面,由于本章的样本为中国的 16 家上市商业银行,因此根据国界确定商业银行类别无实际意义。本章对商业银行分类的方法主要根据规模的大小和经营范围的不同来进行分类。本章将中国银行、中国工商银行、中国建设银行、交通银行和中国农业银行等 5 家国有大型商业银行作为一类;将中国光大银行、浦发银行、平安银行、华夏银行、中国民生银行、兴业银行、中信银行和招商银行等 8 家全国性股份制商业银行作为一类;将北京银行、南京银行和宁波银行等 3 家地区型城市商业银行作为一类。针对每一个类别,$\overline{Liq_{-i,t-1}}$ 都是该类别内商业银行的平均值。

在商业银行特征控制变量 X 选取方面,本章选取表征商业银行对银行间市场融资依赖程度的变量 interbank,为商业银行同业负债(同业存款和拆入资金之和)与其总资产的比值。interbank 占比越高,说明商业银行越依赖于银行间市场的同业融资,因此银行市场出现流动性危机对其影响也越大。同时本章还选取表示商业银行特征的规模(取对数,size)、净资产收益率(ROE)、资产收益率(ROA)、一级资本充足率(lev1)、资本充足率(lev2)等变量。变量 C 为宏观经济控制变量,包括 GDP 增长率和沪深 300 指数收益率(HS300)。

2. 同业影响与银行体系稳定。由于商业银行最终会存在共同的风险敞口,因此,一旦金融体系出现冲击,商业银行违约相关性会由于流动性风险的放大而变高。同时商业银行的期限和流动性错配会进一步放大商业银行融资流动性风险,从而增加倒闭的可能性,继而导致实体经济危机的爆发。阿查里亚和约鲁马泽指出,对于银行体系的脆弱性和系统性风险,要关注其事前的驱动因子,即商业银行经营行为之间的相似性会增加同时爆发危机的可能性。因此商业银行同业的风险特征会影响银行体系的稳定。本章从微观的视角，使用 KMV 模型测算银行体系风险。具体计算方法见本书第 5 章。

14.3.3 样本数据与实证结果

1. 样本数据。本章的样本为中国 16 家上市商业银行 2008～2014 年的半年度数据，数据来源为 Wind 数据库以及各个上市商业银行年报及半年报。从表 14-7 的统计特征可以看出，整体上中国上市商业银行平均流动性创造占资产比值为 42%。中国上市商业银行资本充足率较高，一级资本充足率平均在 9% 以上，整体资本充足率平均在 12% 以上。在商业银行流动性风险变量统计方面，中国上市银行平均同业负债占资产比值为 13%，净稳定资金比率平均值为 1.65，表明整体上中国上市商业银行流动性状况良好，流动性风险相对较低。

表 14-7　　　　　　　　商业银行特征变量统计

	均值	中值	最大值	最小值	标准差	偏度	峰度
LC	0.4216	0.4283	0.5345	0.2361	0.0574	-0.5044	3.0831
lev1（%）	9.5144	9.3500	22.5600	4.5100	2.2463	1.6937	10.9167
lev2（%）	12.2609	12.0300	25.5900	8.1100	2.1421	2.2780	14.2263
inter	0.1388	0.1337	0.3097	0.0070	0.0609	0.4957	2.8458
NSFR	1.6570	1.5764	5.1780	1.0070	0.4807	3.5434	26.7121
PRO（%）	0.7506	0.7007	1.3169	0.3340	0.2260	0.6025	2.5171
ROE（%）	15.5558	14.5500	36.7100	4.3200	5.4082	0.4760	2.8198
ROA（%）	0.8984	0.8253	1.7154	0.1485	0.3142	0.1788	2.0122
size	28.4990	28.5210	30.6418	25.2040	1.3049	-0.3754	2.6019

注：NSFR 数据的统计频率为年度，其他的都是半年度。因此，在后面有关 NSFR 的回归分析中，数据的频率为年。

2. 实证结果。

(1) 流动性风险的同业影响。表 14-8 为流动性风险变量为 LC 的回归结果。从全样本回归结果来看，$LC_{-i,t-1}$ 回归系数显著为正，说明整体上中国上市商业银行之间的流动性创造相互之间存在正的影响。如果把流动性创造看做是表征商业银行流动性风险状况的综合变量的话，则回归系数显著为正值说明上一期商业银行体系中的其他商业银行平均流动性风险高，会导致该家银行在本期流动性风险的升高。由于商业银行流动性风险的根本来源是存贷业务的扩张，因此回归结果从侧面说中国上市商业银行之间存在模仿的竞争策略，以最大的努力争取市场份额。当某一家商业银行看到其他竞争对手进行市场扩张时，其也会在下一期调整战略，在相应的市场中发起竞争。

从分类别回归结果（见表 14-8）来看，国有大型商业银行和股份制商业银行 $LC_{-i,t-1}$ 回归系数符号各不相同。国有大型商业银行 $LC_{-i,t-1}$ 回归系数显著为负值，说明国有大型商业银行之间不存在相互模仿的竞争策略。这与我国国有大型商业银行在国家银行体系中的定位也有关。从回归结果可以看出，当其他国有大型商业银行流动性风险变高时，某家国有大型商业银行会在下一期主动降低流动性创造总量（可以理解为业务规模），从而缓解商业银行总体流动性风险。同时在国有大型商业银行的回归中，inter 变量回归系数显著为负值，说明当同业之间负债上升时，国有大型商业银行会主动降低流动性创造水平，进而降低了总体流动性风险。因此总体来讲，对于我国国有大型商业银行，回归结果证明其存在流动性风险稳定机制，银行之间不存在相互模仿的竞争战略。对于股份制商业银行，回归结果显示股份制商业银行之间存在相互模仿的竞争战略，因此会出现当其他股份制商业银行流动性创造在上一期变大时，某一银行的流动性创造会在下一期增加，进而增加了总体流动性风险。但股份制商业银行也存在同业负债的流动性风险约束机制，即当同业负债比率增加时，商业银行会降低流动性创造水平。对于城市商业银行，回归结果不是很好，但作者认为其主要原因是样本数量不足导致的随机问题的增加，因此本章对于城市商业银行的回归结果不予讨论。

表 14-8　流动性风险变量为 LC 的混同回归结果

	全样本回归	全样本回归	国有大型商业银行	国有大型商业银行	股份制商业银行	股份制商业银行	城市商业银行	城市商业银行
C	-0.0333	-0.0302	2.4920***	2.5053***	-0.5904***	-0.5754**	-0.0497	0.1837
$LC_{-i,t-1}$	0.5338***	0.5303***	-0.5611**	-0.5230**	0.6822***	0.6482***	0.0697	0.1047
inter(-1)	-0.0395	-0.0440	-0.4506***	-0.4375***	-0.2435***	-0.2613***	-0.0911	-0.1099
size(-1)	0.0076**	0.0076**	-0.0684**	-0.0707**	0.0292***	0.0310***	0.0084	0.0017
lev1(-1)	-0.00009		0.0047	0.0096	-0.0052		0.0057	
lev2(-1)		-0.0008	0.0055			-0.0092**		0.0023
ROA(-1)		-0.0022				0.0131		0.0023
ROE(-1)	-0.00003			0.00007	0.0001		0.00006	
GDP	0.0034	0.0034	0.0294***	0.0300***	-0.0026	-0.0022	0.0124	0.0090
HS300	0.0405***	0.0413**	-0.0036	-0.0036	0.0536***	0.0584***	0.0134	0.0137
adjusted R-squared	0.3461	0.3699	0.5078	0.5216	0.3282	0.3235	0.1375	0.1836
prob(F-statistic)	0.0000	0.0000	0.0000	0.0000	0.0000	0.0000	0.8167	0.9173

注：*、**、*** 分别表示 10%、5%、1% 水平显著。

表 14-9 为流动性风险变量为 NSFR 的回归结果。从表 14-9 中可以看出，在全样本回归中，商业银行净稳定资金比率的同业之间不存在显著的相互影响。由于净稳定资金比率代表的是商业银行融资流动性风险，因此回归结果可以得出，中国上市商业银行在进行融资决策时基本不存在相互竞争的情形，中国上市商业银行整体资金来源充足，这也与样本期内整体的现实状况相符。从分类别回归来看，只有国有大型商业银行回归中 NSFR$_{-i,t-1}$ 回归系数显著为负值，说明在融资来源方面，国有大型商业银行之间存在一些竞争现象，即其他银行上一期融资来源会对某一银行本期的融资来源产生负面影响。

由于 LC 刻画的是商业银行整体的、综合的流动性风险，而 NSFR 刻画的是商业银行的融资流动性风险，因此，结合表 14-8 和表 14-9 中的回归结果，我们可以发现，中国上市商业银行流动性风险间的同业影响更多地应该体现在资产流动性风险方面，这反映了中国上市商业银行经营战略同质化较为严重，竞争策略之间存在着相互模仿的现象。

(2) 流动性风险的同业影响与金融体系稳定。表 14-10 为流动性风险的同业影响对商业银行倒闭概率的回归结果。整体样本回归结果表明，上一期同业的流动性风险对本期某家商业银行倒闭概率并没有显著的影响，但同业负债比率的上升会增加商业银行的倒闭概率。从分类回归结果我们可以看出，国有大型商业银行和股份制商业 LC$_{-i,t-1}$ 回归系数显著为负值，说明如果上一期同业流动性风险过高时，本期商业银行会通过调整经营策略降低自身的倒闭概率。从融资流动性风险的回归结果来看（见表 14-11），整体上同业的融资流动性风险平均状况对商业银行倒闭概率并没有显著影响。但在分类回归中，国有大型商业银行 NSFR$_{-i,t-1}$ 回归系数显著为负值，说明同类型银行中其他商业银行融资流动性风险的上一期降低会导致某一家银行在本期融资流动性风险上升（见表 14-9 中的回归结果），进而导致商业银行倒闭概率的上升。回归结果表明，城市商业银行流动性风险的同业影响对其倒闭概率影响均不显著，主要原因可能是城市商业银行经营的地区性较强，相互之间不存在直接的竞争关系，因此虽然属于同类型商业银行，但同业之间影响有限。表 14-11 中的回归结果还表明，股份制商业银行 NSFR$_{-i,t-1}$ 回归系数不显著。此结果与中国商业银行融资来源有关。国有大型商业银行融资来源非常稳定，股份制商业银行尚难以在融资来源方面与国有大型商业银行竞争。

表 14-9　流动性风险变量为 NSFR 的混同回归结果

	全样本回归	全样本回归	国有大型商业银行	国有大型商业银行	股份制商业银行	股份制商业银行	城市商业银行	城市商业银行
C	-2.8528*	-3.7944	0.0386	-0.1951	5.5303*	3.9385	-17.1554	22.0394
NSFR$_{-i,t-1}$	-0.0050	-0.0388	-1.4542**	-1.1622**	0.0075	0.0013	0.7907*	0.1476
inter(-1)	-2.2368*	-1.8889	-0.2539	-0.2343	-0.2624	0.1667	-6.8588	-5.2516
size(-1)	0.1204**	0.1663**	0.1585	0.1481	-0.1931*	-0.1169	0.1054	-0.5038
lev1(-1)	0.0550**			0.1045**	-0.0663**		0.3186*	
lev2(-1)		0.0909	0.0664			-0.0005		0.5326***
ROA(-1)	0.0175	-0.4394*	-0.0466	-0.0201	0.0171**	0.1781	0.4656**	-11.2478***
ROE(-1)	0.0633	0.0541	-0.0781	-0.0648	0.0641	0.0762*	0.3974	-0.0709
GDP	-0.2160	0.2332*	-0.0488	-0.1367	-0.1837	0.1900	-3.1626**	-0.0676
HS300	0.2129	0.2385	0.4239	0.5002	0.2974	0.1623	0.5049	0.6694
adjusted R-squared	0.0003	0.0001	0.0054	0.0019	0.0032	0.0484	0.0828	0.0243
prob(F-statistic)								

注：*、**、*** 分别表示 10%、5%、1% 水平显著。

第14章 商业银行流动性风险与银行体系稳定

表14-10　同业 LC 对 PD 的影响的混同回归结果

	全样本回归	全样本回归	国有大型商业银行	国有大型商业银行	股份制商业银行	股份制商业银行	城市商业银行	城市商业银行
C	-2.5964***	-2.6767***	7.6089	6.8773	0.4433	0.1816	-1.1067	-0.8859
$LC_{-i,t-1}$	0.1641	0.1502	-7.4630**	-6.1205*	-2.0926**	-2.1467**	0.7965	0.8470
inter(-1)	1.1799**	1.1807**	0.4832	0.8274	0.9706**	0.9418*	0.4651	0.4637
size(-1)	0.1076***	0.1108***	-0.1988	-0.2279	0.0439	0.0547		0.0306
lev1(-1)	0.0040	0.0118	0.0744	0.2026*	-0.0011	0.0015	0.0393	-0.0027
lev2(-1)	0.1219		0.3945*		0.0693		-0.0021	
ROA(-1)		0.0036		0.0142		0.0016		0.0029
ROE(-1)	-0.0640*	-0.0658**	0.1051	0.1065	-0.0855***	-0.0867***	0.0336	-0.0299
GDP	-0.0052*	-0.0052*	-0.0101*	-0.0094**	-0.0072**	-0.0074**	-0.0284	-0.0013
HS300	0.2673	0.2616	0.1526	0.1764	0.4018	0.3990	0.1937	0.2108
adjusted R-squared	0.0000	0.0000	0.0247	0.0138	0.0000	0.0000	0.1020	0.0860
prob(F-statistic)								

注：*、**、*** 分别表示10%、5%、1%水平显著。

表 14–11　同业 NSFR 对 PD 的影响的混合回归结果

	全样本回归	全样本回归	国有大型商业银行	国有大型商业银行	股份制商业银行	股份制商业银行	城市商业银行	城市商业银行
C	-3.0450**	-3.3143**	33.6871**	37.9716**	4.1232	3.2659	-0.2985	-0.8942
NSFR$_{-i,t-1}$	0.0050	0.0024	-2.5741*	-2.7142*	-0.1293	-0.1773	-0.0413	-0.0293
inter(-1)	0.8966	0.8873	-3.0660	-5.0886	0.7732	0.5048	-0.0348	-0.0182
size(-1)	0.1140	0.1132***	-0.9838**	-1.0763**	-0.1451	-0.0852	0.0316	0.0363
lev1(-1)	0.0295		0.3518***			0.0351	-0.0051	
lev2(-1)		0.0396*		0.1645	0.0864**			-0.0068
ROA(-1)		-0.0249		1.0606	-0.0033			0.1651
ROE(-1)	-0.0054		0.0364			-0.0007	-0.0110	
GDP	-0.0280	-0.0264	-0.3126**	-0.3300**	-0.0806	-0.0841	-0.0205	-0.0102
HS300	-0.2088*	-0.2223*	-0.5174**	-0.5247**	-0.2826*	-0.2760	0.0561	-0.0048
adjusted R-squared	0.1686	0.1740	0.2651	0.2343	0.2088	0.1441	0.3891	0.6644
prob(F-statistic)	0.0028	0.0023	0.0533	0.0739	0.0247	0.0732	0.7640	0.8794

注：*、**、*** 分别表示 10%、5%、1% 水平显著。

面对中国居民日益多样化的金融需求,股份制商业银行的经营策略也往往是面向特定群体进行营销,即存在一定程度的市场细分。同时,面对中国居民货币财富的快速增长,市场整体规模变大,股份制商业银行在相互竞争过程中,不会出现相互蚕食对方的现象,因此,融资风险不会相互影响。反之国有大型商业银行网点遍及广泛,面对的市场具有趋同性质,经营活动相关性较高,相互之间可能存在融资来源的竞争关系,因此会影响相互之间的倒闭概率。总体上,股份制银行回归结果不显著,反映出股份制商业银行经营活动的相关性较低。

总体上,实证分析结论表明,对于单家商业银行整体流动性风险,中国上市商业银行同业之间存在相互正向影响,这表明中国上市商业银行之间业务同质性较高,存在相互模仿的竞争战略;但国有大型商业银行却存在流动性风险的自动稳定机制。整体来看,中国上市商业银行流动性风险间的同业影响更多地体现在资产流动性风险方面,这反映了中国上市商业银行经营战略同质化较为严重,竞争策略之间存在着相互模仿的现象。另外,国有大型商业银行和股份制商业银行能够根据流动性风险状况自动调整经营策略来降低倒闭风险;融资流动性风险对银行倒闭概率的影响不是非常明显。

14.4 本章小结

流动性风险与银行体系稳定密切相关。对系统重要性金融机构的监管除加强资本监管外,还要重视流动性监管。商业银行需要降低自身的系统性风险贡献度,提升流动性风险管理效率,因此,商业银行应做到:第一,开发信贷承诺与活期存款之间的协同效应,从而有效推动流动性风险管理效率的提升。信贷承诺与活期存款都是银行流动性风险的主要来源,但是将两者进行组合管理,则形成的协同效应成为商业银行管理流动性风险的有效工具,从而能够降低银行系统风险贡献度,有助于保持金融体系的稳定。第二,加强金融机构风险管理。本章实证分析表明,商业银行的系统性风险贡献度与自身的风险显著相关。变量 VaR 的回归系数明显地体现了这一点。本章的实证分析还表明,流动性比率对于商业银行风险管理具有重要影响,因此加强金融机构流动性风险管理建设是管理系统性风险不可或缺的一环,是保障金融体系稳定的重要基石。第三,不应仅仅依据规模确定金融机构系统重要性。由于中国目前没有爆发真正意义上的金融危机,当前的系统性风险管理仍是在金融体系正常运行期间的风险管理,因此应着重关注金融体系正常运行期间各金融机构的系统性风险贡献度。本章分析表明,在正常时期,国有大型商业银行的系统性风险贡献度未必高于股份制商业银行和城市商业银行,因此,系统性风险管理不应忽视规模相对较小的商业银行的系统性风险贡献度。

同时,本章的研究表明,中国上市商业银行存在流动性风险相互传染机制,且业务同质性较高。为了降低商业银行由于流动性风险的爆发而引发的系统性风险,中国商业银行应该做到:第一,丰富商业银行的业务种类。本章实证结果表明,中国上市商业银行之间存在相互模仿的竞争策略,因此增加了银行业务的同质性,导致过度竞争,其结果是银行体系系统性风险增加。从分散化有助于降低整体风险的观点出发,中国商业银行应该进行多元化经营,避免由于业务同质化导致的恶性竞争,进而稳定银行体系。第二,增加稳定的资金来源。中国商业银行的最大优势在于资金来源整体稳定,反映在回归结果中就是融资流动性风险相对较低,银行之间对融资来源的竞争不是很激烈,因此,融资流动性风险对银行倒闭概率的影响有限。但随着金融创新不断进行,银行的资金来源也面临巨大挑战,中国商业银行应未雨绸缪,增加资金可获得的渠道,稳定融资流动性风险。第三,增强银行资产的流动性。本章实证结果表明,商业银行资产流动性风险较高,因此,监管当局需要加强商业银行流动性资产持有比率,积极实施 Basel Ⅲ 中有关流动性资产持有比率的规则,用以应对金融困境时期的流动性需求。

第 15 章

商业银行高管风险偏好、薪酬机制与商业银行风险

金融机构归根结底是由"人"来运作。金融机构的风险也是"人"在某一特定情形和制度下所做出金融决策的结果。这里的"人"主要应指金融机构的高管。商业银行的高管决策对商业的风险具有重要的影响,进而影响整体银行业的稳定。因此,对系统重要性金融机构的监管不应忽略银行高管。

15.1 商业银行高管风险偏好与商业银行风险

2008 年金融危机凸显了金融风险管理的重要性。一方面,不承担风险,金融机构就不会创造价值(Carey and Stulz, 2005);另一方面,金融机构在承担风险的同时,也可能会给客户带来伤害(Merton, 1993)。在极端情况下,金融机构过度承担风险导致的困境会使得交易对手和客户遭受到巨大的损失。北岩银行国有化和雷曼兄弟倒闭生动地说明金融机构高管的风险承担行为对金融机构特许权价值(franchise)以及股东、债权人、交易对手和客户的负面影响。威尔逊等人的调查显示,金融机构高管的风险承担行为对金融机构的风险和金融体系的稳定具有显著影响。

对金融机构风险与金融机构高管决策行为之间关系的研究,常常在委托代理冲突的框架下研究经理人股权激励是如何影响金融机构风险的。对于非金融机构来讲,朔克和孙(Chok and Sun, 2007)的研究认为,经理人期权

激励与公司风险是正相关的。对于金融机构来讲，刘志洋和宋玉颖（2013）从 8 个方面讨论了金融业高管的薪酬机制对金融机构风险承担的影响。桑德斯等（Saunders et al.，1990）发现，金融机构经理人持股越大，金融机构的风险越大。然而，陈等（Chen et al.，1998）运用与桑德斯等人类似的方法研究不同的样本，却得出了相反的结论。之后，陈等（2006）的研究表明，基于期权性质的激励机制与金融机构的风险是正相关的。在公司治理结构方面，帕坦（Pathan，2009）研究董事会结构与公司风险之间的关系，结论表明，能够表达股东利益诉求的董事会可以降低公司的风险，但如果 CEO 对董事会控制力较高，则会增加公司的风险。阿克希贝和马丁（Akhigbe and Martin，2008）研究了美国金融机构的情况，得出与帕坦类似的结论。赖特等（Wright et al.，2007）的研究表明，当高管激励机制可变性较低时，公司承担风险也会较低。他们认为，基于高管的股票期权会增加公司的风险承担行为，给予高管的股权对公司风险承担行为的影响是非线性的。但是从高管风险偏好（risk appetite）的视角研究高管对金融机构风险的影响，则较为少见。

风险偏好在现代金融理论中具有显著位置。风险厌恶（risk aversion）是在探讨风险偏好中最常提到的概念。马科维茨（Markowitz）的均值方差模型、夏普（Sharpe）的资本资产定价模型的基础均是冯·诺依曼（Von Neumann）和摩根斯顿（Morgenstern）提出的期望效用函数，而期望效用函数是以风险厌恶为假设前提。但是风险厌恶不是风险偏好的全部。弗里德曼和萨维奇（Friedman and Savage，1948）以及卡尼曼和特韦尔斯基（Kahneman and Tversky，1979）指出，风险偏好应报告风险爱好（risk seeking）、风险厌恶和风险中性（risk Neutrality）。哈达和拉塞尔（Hadar and Russel，1969）提出的随机占优理论、克拉克和乔公（Clark and Jokung，1999）提出的条件随机占优理论以及沙利特和义崎（Shalit and Yitshaki，1994）的边际条件随机占优理论研究了风险爱好者和风险厌恶者的决策规律。除此之外，风险中性为现代金融资产定价理论中的基本假设。

2014 年 8 月 29 日，中共中央政治局审议通过了《中央管理企业负责人薪酬制度改革方案》，时任中国银监会主席尚福林在 2014 年 9 月 9 日出席中国银行业协会会员大会时说："银行薪酬激励要防止过度冒险行为。"从中共中央的文件我们可以看出，改革薪酬机制本质上是改革银行高管的激励机制，使其激励机制与最大化股东价值相统一。薪酬是影响银行高管风险偏好的主要变量之一,从更为宽泛的风险偏好的视角来研究商业银行高管风险偏好对商业银行风险的影响,无疑对指导金融机构改革和金融机构风险管理具有重要的政策参考价值。

15.1.1 高管对企业风险大小的影响

内生性风险是指公司内部因素引发的不确定性,引发因素包括高管对风险的态度、内控机制、公司无法有效地对风险进行评估、高管在经营中忽略了法律风险等。在这些内生性因素中,高管对风险的态度是非常重要的因素。从行为经济学视角研究高管在面对不确定时的决策行为已经得到学术界的广为关注。

传统经济学假设经济人是风险厌恶的,满足理性经济人假设,最大化自身的期望效用函数。虽然一些实证经验表明经理人是风险厌恶的(Holt and Laury, 2002),但是许多实验表明经理人的行为不满足传统经济学中的理性经济人和风险厌恶假设。卡尼曼和特弗斯基(Kahneman and Tversky, 1979)提出的前景理论(prospect theory)对这种违反理性人假设的行为进行了解释。前景理论认为,人们在面对风险进行决策时凭借"框架(frame)"来处理信息,同时确定性效应(certainty effect)和损失厌恶(loss aversion)也是导致人们行为与理性经济人行为出现偏离的原因。这种损失厌恶的心态会使得经理人在面对未来风险进行投资选择时会显得相当保守。怀斯曼和格梅茨梅加(Wiseman and Gomez-Mejia, 1998)借鉴前景理论,研究内部公司治理结构对高管风险承担行为的影响,结论表明,高管风险承担行为与监督机制有关,在不同的监督机制下,高管可能是风险爱好,也可能是风险厌恶的。马哧和沙皮拉(March and Shapira, 1987)研究了人们对风险的理论观念与对风险的实际态度之间的关系。他们认为虽然经理人喜欢承担风险,但经理人的决策流程似乎与经典理论差异较大。他们的研究表明,经理人对未来结果的概率分布不敏感,但其决策行为受既定盈利目标的影响非常大。同时,马哧和沙皮拉认为经理人往往能够区分什么是风险承担行为,什么是赌博行为。总之,他们认为很难从经典的风险理论理解经理人的决策行为。

卡尼曼和洛瓦洛(Kahneman and Lovallo, 1993)认为,决策者常常会将问题孤立考虑，忽略过去的经验教训，也看不到未来的发展机遇。他们认为经理人对风险或者过于保守，或者过于激进。对于未来预期过于乐观会使得经理人忘掉过去的经验教训，低估未来的风险，其行为方式也更为主观，从而使得公司承担过多的风险。卡尼曼和洛瓦洛指出，如果经理人对风险承担行为过于保守的话，企业又会失掉很多发展机遇。最理想状态是经理人对待风险既不保守，也不激进，当然这在现实中很难满足。经理人对风险的态度具有很强的主观性，对同一种风险，每个经理人的态度也不尽相同，而且经理人对风险的评估也不一定准确。梅茨亚斯和斯塔巴克（Mezias and Starbuck，2003）指出，研究经理人对风险态度的文献表明经理人对风险的评估是非常不准确的。

一国的文化会影响该国公司高管人员对风险的态度。韦伯和希西（Weber and Hsee，1998）认为，不同国家的高管对风险的态度各不相同。他们认为，不同国家的文化会影响人们对风险的态度，但是各个国家人们对风险基本是厌恶的。韦伯和希西提出了影响人们对风险态度的因素，包括决策后出现严重问题引发的后果、上一次风险决策产生的反馈效应、人们对决策者的崇拜程度、社会信任度、人们对未来的预期以及发生与期望结果不一致的事件所造成的损失大小等。马希亚和斯图尔特（Makhija and Stewart，2002）认为，不同国家的信息共享通畅程度以及国家制度环境建设状况会影响公司高管对风险的态度。他们的实证分析也表明，制度环境对于公司高管风险承担行为的影响非常显著。而希迪（Sheedy，2004）发现，高管对风险的态度与国别无关，与性别、收入和年龄有关。

总之，虽然当前传统经济学的风险厌恶和最大化预期效应分析模式仍居于主导地位，但是其他因素，比如组织结构因素、行为经济学方面的解释、国别差异等许多因素均会影响公司高管对风险的态度。高管对风险的态度会影响高管的风险承担行为，进而会直接影响公司的整体风险。经理人的风险偏好无疑是影响经理人对风险态度的重要因素，测度经理人的风险偏好往往需要对效用函数进行定义。然而，我们无法说哪个效用函数是正确的。为了刻画经理人的风险偏好，结合上述研究，本章选取了经过近期实证文献检验的表征经理人风险偏好的变量（高管薪酬、年龄、教育经历以及工作经历）来刻画经理人的风险偏好。

15.1.2 研究方法

1. 银行风险的度量。本章使用三种方式度量银行风险。第一种方式为求解银行2006~2013年每年的股票收益率标准差(用TV表示),作为商业银行年度总体风险的度量变量。第二种方式和第三种方式来自下面的回归方程式:

$$r_i - r_B = \alpha_i + \beta_{mkti}(r_m - r_B) + e_i$$

本章根据上式对16家上市商业银行2006~2013年每个年度进行回归,从而得到每家上市商业银行每个年度的度量系统风险的变量β_{mkti}(用SV表示)和残差项的标准差σ_i。σ_i可以作为商业银行在该年度非系统风险的度量(用IDV表示)。其中,r_i为上市商业银行日股票收益率,r_m为沪深300指数日收益率,表示市场收益率,r_B为0年国债即期收益率曲线,e_i为残差项。

2. 风险偏好度量。本章运用经过实证文献检验的相关变量度量经理人的风险偏好。霍尔(Hall,1998)认为,风险偏好可以用相关人文因素以及任职经历来刻画。格里姆和史密斯(Grimm and Smith,1991)以及戈特斯曼和莫里(Gottesman and Morey,2004)的研究表明,CEO的个人特质与公司经营风险密切相关。除此之外,哈茂等(Hamao et al.,2003)从经理人投资决策角度、约翰逊和玛丽埃塔-韦斯特贝里(Johnson and Marietta - Westberg,2005)从信息披露角度、坎贝尔等(Campbell et al.,2001)从经营战略角度均证明经理人特质与公司风险之间存在密切关系。在年龄变量方面,沃姆和帕尔(Vroom and Pahl,1971)的研究表明,高管的年龄与公司的风险为负相关,公司高管年龄越高,公司承担的风险就越小。然而戈尔登和扎扎西(Golden and Zajaz,2001)的研究表明,年龄越高的高管能够引发公司战略调整的可能性越大,进而会增加公司的风险。朔克和孙(2007)研究认为公司高管的年龄越高,公司异质性风险越高,因为年龄高的高管敢于承担高风险。朔克和孙研究表明在生物技术行业,高管的年龄因素是决定公司风险的重要因素之一。在教育变量方面,罗森等(Rosen et al.,2003)认为高管受教育程度越高,其风险厌恶程度越低,因为受教育程度高的高管了解决策可能面临的风险,有良好的风险管理和认知能力。教育程度低的高管无法了解项目可能会遇到的风险,从而会过度承担风险。在类似工作经历方面,类似的工作经历会使得高管更了解承担风险所带来的益处,因此更有资历的高管的风险偏好更强。相反的观点认为，更有资历的高管了解承担风险的负面作用，因此风险偏好相对较低。芬克尔斯坦和汉布里克（Finkelstein and Hambrick，1990）研究表明，CEO 资历与风险偏好负相关，汉布里克（1993）认为 CEO 资历越高越倾向于维持现状。根据以上研究，本章选取的表征银行高管风险偏好的变量包括薪酬（income）、年龄（age）、教育经历（edu）、任职时间（work）和类似任职经历年数（role）。

3. 回归方程。本章运用面板数据进行回归分析，其中因变量 V 表示银行风险变量，包括股票年度波动率（TV）、股票系统风险（SV）和非系统风险（IDV）。自变量是涉及表示高管风险偏好特征的变量，具体包括年龄（用 age 表示）、教育（用 edu 表示，当年具有博士学历的高管为 1，不具有博士学历为 0）、薪酬（用 income 表示）、类似从业经历年数（用 role 表示）和在任年数（用 work 表示）；表示银行特征的控制变量（包括银行资本充足率 cap，不良贷款率 npl，资产收益率 roa，资产规模 size 等变量）。$\varepsilon_{i,t}$ 为随机项，独立正态分布，均值为 0，方差为 σ_ε^2。本章分别运用混同回归和变系数模型进行回归分析，用 Hausman 检验确定变系数模型的回归形式[①]。

15.1.3 样本数据及回归分析

1. 样本数据。本章以 16 家上市商业银行为研究样本，主要运用股票日收益率[②]、银行财务数据以及高管个人特质数据进行实证分析，研究 2006～2013 年商业银行高管的风险偏好对商业银行经营风险的影响。数据来源为国泰安数据库、Wind 数据库和上市商业银行各年度报告。高管主要选择了董事长、行长和首席风险官作为研究对象。

从表 15-1 中可以看出，从学历上讲，有 24.6% 的董事长任职当年具有博士学历，从行长和首席风险官来看，博士学历占比分别达到 44.3% 和 35.3%。从在任时间来看，无论从董事长、行长还是首席风险官，在任时间基本均为 4 年，最长时间基本为 8 年或者 9 年，最短时间为刚刚任职。从类似从业经历的年数来看，董事长、行长和首席风险官均为 19 年左右，最长时

---

① 既是固定效应模型，也是随机效应模型。
② 陈忠阳和刘志洋（2013）对运用股票收益率测度风险的合理性进行了详细说明。

间均为35年左右,最短也有10年以上的从业经历。从年龄来看,高管年龄平均在54岁左右,相对来讲首席风险官的年龄比较小。对于董事长和行长来讲,年龄最高达到64岁,最小仅41岁,首席风险官年龄最大59岁,最小47岁。从薪酬来看,行长和首席风险官的薪酬平均高于董事长,但董事长年度薪酬最大达到1700余万元,最小仅有43.92万元;行长最高达到1004万元,最小为33.93万元;首席风险官最高达到1181万元,最小不到25万元。

表15-1 变量统计性质

		TV	SV	IDV	edu	work	income	role	age	size	cap	npl	roa
董事长	均值	0.02	0.82	0.01	29 (24.6%)	4.06	264.47	18.35	54.14	28.62	12.76	1.17	0.01
	中值	0.02	0.85	0.01		4.00	150.70	17.00	54.00	28.83	12.46	0.97	0.01
	最大值	0.04	1.44	0.03		8.00	1748.62	34.00	63.00	30.57	24.12	3.12	0.02
	最小值	0.01	0.38	0.01		1.00	43.92	11.00	44.00	25.26	8.12	0.53	0.01
行长	均值	0.02	0.82	0.01	54 (44.3%)	4.04	301.86	19.89	55.70	28.71	12.13	1.17	0.01
	中值	0.02	0.85	0.01		4.00	179.81	18.00	56.00	28.72	12.06	0.97	0.01
	最大值	0.04	1.44	0.03		9.00	1004.61	30.00	64.00	30.57	16.20	3.12	0.02
	最小值	0.01	0.38	0.01		1.00	33.93	12.00	41.00	25.36	8.12	0.53	0.01
首席风险官	均值	0.02	0.82	0.01	18 (35.3%)	3.93	272.68	19.33	53.41	28.62	12.76	1.17	0.01
	中值	0.02	0.85	0.01		4.00	93.10	19.00	53.00	28.83	12.46	0.97	0.01
	最大值	0.04	1.44	0.03		8.00	1181.10	36.00	59.00	30.57	24.12	3.12	0.02
	最小值	0.01	0.38	0.01		1.00	24.97	13.00	47.00	25.26	8.12	0.53	0.01

注:在教育变量(edu)统计的是在可得样本中,当年具有博士学历的高管数量及占可得样本的百分比。

2. 回归结果。表15-2为董事长风险偏好对银行风险影响的回归结果。从总体风险来看,混同回归模型与变系数回归模型的结果基本相同。董事长的教育经历、相关从业经验和薪酬对银行整体风险影响不显著。董事长任职时间对银行整体风险的影响显著为负,说明董事长任期越长,越有助于降低银行整体风险。年龄变量也显著,说明董事长年龄越高,银行经营相对越稳健。从系统风险回归结果来看，无论是混同回归，还是变系数模型，表征董事长风险偏好变量对银行系统风险的影响均不显著。从非系统风险来看，不论是混同回归还是变系数模型，教育变量和薪酬变量均产生了显著的正向影响。这说明董事长学历水平越高，其可能创新思维较强，会开展一些创新性强或者相对于其他银行竞争力强的、与其他银行不同的业务，这会增加银行的非系统风险。董事长薪酬水平越高，会激励其从事增加银行风险的业务活动，因此会增加银行非系统风险。值得注意的是，考虑到薪酬变量数值较大，而被解释变量数量值很小，因此虽然回归系数较小，本章也认为回归结果具有经济意义的显著性。整体上讲，董事长风险偏好特征对银行整体风险和非系统风险影响较为显著，但对银行系统风险的影响不显著。

表 15-2　　　　　　　　董事长风险偏好对银行风险的影响

	TV		SV		IDV	
	混同回归	变系数模型[a]	混同回归	变系数模型[b]	混同回归	变系数模型[c]
常数项	0.128340**	0.580011**	4.015451***	0.109076	0.079505***	0.079505***
edu	0.001354	-0.012317	-0.022940	0.240254	0.003138**	0.003138**
work	-0.003041**	-0.000349**	-0.021401	0.003712	-0.000100	-0.000100
income	0.000011	0.000001	0.000022	-0.000044	0.000006***	0.000006***
role	-0.000444	-0.000253	-0.004178	0.015107	0.000145	0.000145
age	-0.001349**	-0.004900**	0.007761	0.008024	-0.000177	-0.000177
size	-0.001751	-0.011304	-0.116756***	-0.006518	-0.002023***	-0.002023***
cap	0.002304**	0.002407**	-0.029374*	-0.015360	-0.000352	-0.000352
npl	-0.001639	-0.006356	0.029091	0.166609**	0.004630***	0.004630***
roa	0.559673	1.432584	21.647640	10.757580	-0.353903	-0.353903
fix effects		显著		显著		
adjusted R-squared	0.465798	0.564111	0.469709	0.561204	0.685559	0.685559
prob (F-statistic)	0.000005	0.00001	0.000029	0.000096	0.000000	0.000000

注：a. Hausman 检验为固定效应模型；b. Hausman 检验为固定效应模型；c. Hausman 检验为随机效应模型。*、**、*** 分别表示 10%、5%、1% 水平显著。

表15-3为行长风险偏好对银行风险影响的回归结果。从总体风险来看，混同回归模型与变系数回归模型的结果基本相同。行长的教育经历、任职年限、相关从业经验和年龄对银行整体风险影响不显著。行长薪酬变量对银行整体风险显著为正，说明薪酬越高，越能够激励行长从事风险高的业务。从系统风险回归结果来看，无论是混同回归，还是变系数模型，行长的教育经历、任职年限、相关从业经验和年龄对银行系统风险影响均不显著。行长薪酬变量对银行系统风险的影响为正，说明行长薪酬水平越高，越能够激励从事增加银行风险的业务。从非系统风险来看，不论是混同回归还是变系数模型，与董事长不同，教育变量产生了显著的负向影响。这说明高学历的行长有助于降低银行非系统风险。然而行长薪酬水平越高，仍会激励其从事增加银行非系统风险的业务活动。整体来讲，行长的薪酬对银行经营的风险影响较大。

表15-3　　　　　　　　行长风险偏好对银行风险的影响

	TV		SV		IDV	
	混同回归	变系数模型[a]	混同回归	变系数模型[b]	混同回归	变系数模型[c]
常数项	0.133168**	0.739525***	4.009606***	3.794796***	0.073680***	0.067461
edu	-0.000501	0.004186	-0.038860	-0.008924	-0.003468***	-0.003188**
work	-0.000373	0.000883	0.000122	-0.000956	0.000126	-0.000212
income	0.000015*	0.000009*	0.000204**	0.000219**	0.000005*	0.000006*
role	-0.000439	-0.000019	-0.000056	-0.001030	-0.000074	-0.000202
age	0.000027	-0.000846	-0.005307	-0.007191	0.000145	0.000212
size	-0.005473**	-0.025850***	-0.093289***	-0.085434**	-0.001955	-0.001827**
cap	0.004353***	0.005728***	-0.040702***	-0.035714**	-0.001177	-0.000919**
npl	0.004469	-0.001715	0.029702	0.048698	0.004764	0.004255***
roa	-0.653592	-0.408451	22.993550	24.400500	-0.072170	-0.092785
fix effects		显著				
adjusted R-squared	0.419712	0.582762	0.478536	0.285480	0.410823	0.402741
prob (F-statistic)	0.000000	0.000000	0.000000	0.000365	0.000002	0.000003

注：a. Hausman检验为固定效应模型；b. Hausman检验为随机效应模型；c. Hausman检验为随机效应模型。*、**、***分别表示10%、5%、1%水平显著。

表 15-4 为首席风险官风险偏好对银行风险影响的回归结果。从总体风险来看，混同回归模型表明，表征首席风险官风险偏好的变量对银行整体风险没有影响，这可能反映了银行终极决策权不属于首席风险官。从系统风险的混同回归结果来看，首席风险官的教育经历、任职年限、薪酬、相关从业经验和年龄对银行系统风险影响均不显著。而从非系统风险的混同回归结果来看，教育变量产生了显著的负向影响。这说明高学历的首席风险官有助于降低银行非系统风险。首席风险官任职期限越长，银行非系统风险越低，这说明在某一银行任职期限越长的首席风险官，对银行业务风险的了解程度越高，越能够降低银行非系统的、可分散的风险。整体来讲，首席风险官风险偏好对银行非系统风险的影响较大，而对银行整体风险和系统风险的影响不显著。

表 15-4　　　　　　首席风险官风险偏好对银行风险的影响

	TV	SV	IDV
	混同回归	混同回归	混同回归
常数项	0.479817 ***	0.058808 *	6.203972 *
edu	0.000877	-0.003290	-0.031345 ***
work	0.000363	-0.000666	-0.019920 *
income	-0.000007	-0.000002	0.000119
role	0.000271	-0.000136	-0.012858
age	-0.000936	0.000130	0.032197
size	-0.015062 ***	-0.001520 ***	-0.206191
cap	-0.001356	-0.001277 ***	-0.099520 ***
npl	0.010676	0.004856 ***	0.079699 ***
roa	3.044081	0.682965	34.089020
adjusted R - squared	0.620255	0.862137	0.607392
prob（F - statistic）	0.000322	0.000000	0.001329

注：受限于样本量限制，对首席风险官的回归仅为混同回归。*、**、*** 分别表示 10%、5%、1% 水平显著。

总之，实证结论表明，董事长风险偏好特征对银行整体风险和非系统风险影响较为显著,但对银行系统风险的影响不显著;行长的薪酬对银行经营的风险影响较大;首席风险官风险偏好对银行非系统风险的影响较大,而对银行整体风险和系统风险的影响不显著。整体上商业银行高管的风险偏好对银行风险具有显著影响。

15.2 金融业高管薪酬机制存在的问题及对策

由股东和经理人经济利益的冲突所导致的委托代理问题需要一个有效的安排机制,使得股东和经理人的利益具有一致性。传统理论认为经理人是风险规避的,因此,需要激励机制去激发经理人接受有风险但是会给公司带来丰厚回报的项目。经理人的薪酬结构中包括固定部分(基本工资部分)和可变部分(奖金部分)。为了使股东收益最大化,奖金部分往往与公司的利润有关,比如股票期权、现金形式的奖金以及长期股票计划等(Murphy,1999)。豪根和森贝特(Haugen and Senbet,1981)也指出,为了使经理降低风险规避程度,激发经理人承担风险,经理人的薪酬结构除了基本工资外,往往会有奖金、公司股票以及公司股票期权等金融工具。企业运用这类金融工具留住有能力的经理人,这类金融工具就像"金手铐"一样,使得有能力的经理人员离开企业的成本非常巨大(Cappelli,2000)。然而,这些激励机制会诱使经理人过度承担风险,会诱使经理人为了获得短期高收益而牺牲公司长远利益,甚至诱使经理人做出伤害股东利益的决策。

金融机构采用的这种基于绩效的薪酬机制会加重金融体系的顺周期性。毕竟金融交易是"人"来进行,金融体系的顺周期性归根结底也是"人"的行为引起的。"人"的行为由动机驱动。2008年爆发的金融危机表明,基于短期绩效的薪酬体系使得经理人在经济繁荣期低估风险,大量投放信贷,银行短期利润会上升,从而经理人的奖金也会增加。但是,在经济繁荣期银行过度承担的风险会使得小股东、银行的交易对手以及整个社会的利益受到损害(Becker,2008)。在经济处在衰退期,由于大量项目净现值为负值,银行经理人往往会担心绩效不佳而过度保守,从而使得银行信贷供给能力下降,进一步造成了实体经济的衰退。可以说,基于短期绩效的激励机制对经理人的行为动机进行了约束,从而使得经理人对金融体系的顺周期性起了推波助澜的作用。同时,由于薪酬机制的缺陷,使得经理人会以牺牲公司长远发展为代价来实现自身效用的最大化。从微观上,这不利于企业的成长;从宏观上,不利于经济的长期发展。因此,对薪酬体系进行改革,降低经理人决策的顺周期性,正确激励经理人的行为,对于经济的长期发展具有重要作用。

15.2.1 金融业高管薪酬趋势

20世纪90年代,监管部门大规模放松对金融体系的管制,银行逐渐脱离传统业务而向收取手续费的中间业务发展。美国银行的高管薪酬增加速度大于名义GDP的增长速度(Brewer Ⅲ et al. 2003, 2004; Philippon and Reshef, 2009)。约翰和千(John and Qian, 2003)以及楔和瓜达卢普(Cuñat and Guadalupe, 2009)指出,在此期间,银行高管的基本工资并没有变化,工资增长的部分均来自薪酬结构中的绩效奖金部分。

银行CEO薪酬的激增引起了广泛的争议。一种观点认为,基于银行CEO大量的股票期权以及非现金的补偿是财政政策以及相关会计准则在企图降低高管人员薪酬时的副产物。在1984年,美国政府公布了赤字降低法案(Deficit Reduction Act),规定如果公司高管人员的薪酬超过平均水平的3倍,则要对该公司进行额外征税。然而,延森和墨菲(Jensen and Murph, 2004)指出,实施该法案的结果是很多公司的高管薪酬进一步攀升。1993年,美国国会通过了综合预算协调法案(Omnibus Budget Reconciliation Act)。该法案指出,经理人的非绩效工资(non-performance related compensation)超过100万美元是不合理的,因此,不能进行税前扣减。延森和墨菲研究结果表明,虽然这些法案是为了降低高管薪酬,但结果却是增加了高管的薪酬。当该法案颁布后,很多公司将高管人员的薪酬中的现金部分提升至100万,然后将薪酬结构中的其余部分变为股票期权等金融工具,从而钻了法律的漏洞,最大限度地运用了抵税政策。

会计准则同样对于高管薪酬的增加具有推波助澜的作用。2006年之前,美国公司给予高管的股票期权是不在利润表进行费用扣减的,因为对给予高管的股票期权的估价是基于当时的期权的内在价值的。由于行权价往往为股票当时的价格,因此期权的内在价值为零,所以在利润表上没有扣减。FASB

在1995年就向美国国会建议,要求对股票期权按照公允价值计价,反映在公司的利润表中,但是被美国国会拒绝。之后,FASB要求公司在其财务报告的附注中公布股票期权按照BS公式或者二叉树方法估值的结果。2002年安然事件爆发后,这个问题得到了广泛的重视。2004年12月,FASB修订第123条规定(statement No. 123)中有关基于股票支付(share-based payment)的部分,规定从2006年开始,无论是上市公司还是非上市公司,都要在利润表中计算给予经理人股票期权的价值,并进行相应扣减。

在过去的20年间,相对于其他行业,金融行业高管的薪酬增加幅度更大,这主要是由于放松管制所带来的竞争的加剧。菲利蓬和雷谢夫(Philippon and Reshef, 2009)的研究结果表明,放松管制可以解释83%的金融部门高管的薪酬变化。库尼亚特和瓜达卢普(Cuñat and Guadalupe, 2009)认为,20世纪90年代放松管制由此导致金融业竞争的加剧使得金融业高管薪酬结构中与绩效挂钩的部分大幅上升。

金融业薪酬过高已经成为当下一个热点问题。菲利蓬和雷谢夫测度了金融业(相对于非农业私人部分)过度薪酬指数(excess compensation),结果表明目前金融业的过度薪酬指数已经超越了大萧条之前金融业的过度薪酬指数(见图15-1)。图15-1表明,在金融业,绩效与高管薪酬相关性很弱。

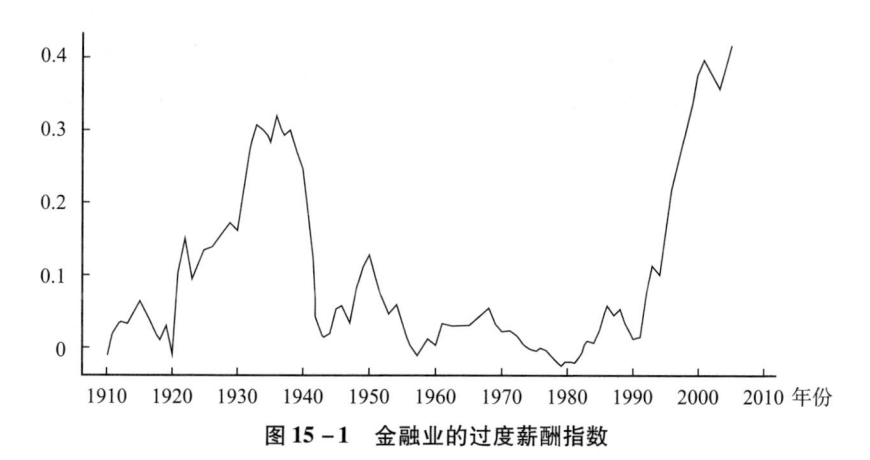

图15-1 金融业的过度薪酬指数

资料来源:菲利蓬和雷谢夫(2009)。

2008年爆发的金融危机表明绩效与高管薪酬相关性非常弱。2007年，在金融机构利润大幅下降的时候，华尔街奖金仅仅降低了2%，为332亿美元。纽约州审计官在2008年新闻发布会指出，这个情况的出现是因为一些公司害怕失去绩效高的雇员，因此这些政策在未来会得到修正。之后，一些美国和欧洲银行（高盛、巴克莱银行、德意志银行以及UBS）高管声明放弃2008年的奖金。2008年，金融机构利润下降了44%，但是华尔街的奖金仍为180亿美元之上。纽约州审计官在2009年新闻发布会指出，华尔街奖金的下降仅仅是因为问题资产救助计划（troubled asset relief program）对高管的薪酬进行了限制。

15.2.2 薪酬机制的扭曲

激励机制的扭曲会使得高管过度承担风险。具体来讲，薪酬机制的缺陷会从以下八个方面促使高管进行高风险的活动，从而对金融机构长远发展以及经济的发展具有重大的负面影响。

（1）薪酬机制的短视性。高管的薪酬往往参照其短期表现，且参照的指标往往是会计利润。然而，会计利润是一个后瞻性指标，且很容易被经理人操纵。这种激励机制会激励经理人关注短期收益，过度承担风险，忽视效率以及长期公司的发展。虽然经理人可以通过平滑收入降低金融企业的顺周期性，但是在过去的10年中，这种现象并非主导（Healy，1985；Fudenberg and Tirole，1995）。当经济向好时，银行经理人往往会放松贷款条件，从而人为增加信贷投放，增加短期利润，但是这种行为极有可能会榨干银行的未来利润，使得在经济处在衰退期时银行信贷投放能力大量降低。当市场波动性很强时，对冲基金以及共同基金的经理往往会关注季度收益，虽然年收益率往往为负值。企业利润高，经理人得到的奖金也高；而企业利润低，经理人的奖金却不返还，在这种激励机制下，经理人的理性选择就是增加投资组合风险。

薪酬机制短视性的直接后果就是造成金融体系的顺周期性。一方面，薪酬机制促使信贷产生顺周期的自我加强机制。由于薪酬体系的短视性而引发的金融体系信贷顺周期性的主要表现就是银行经理关注于短期信贷投放，从而增加经理的奖金。由于数据可得性的原因，高管薪酬与银行体系的顺周期

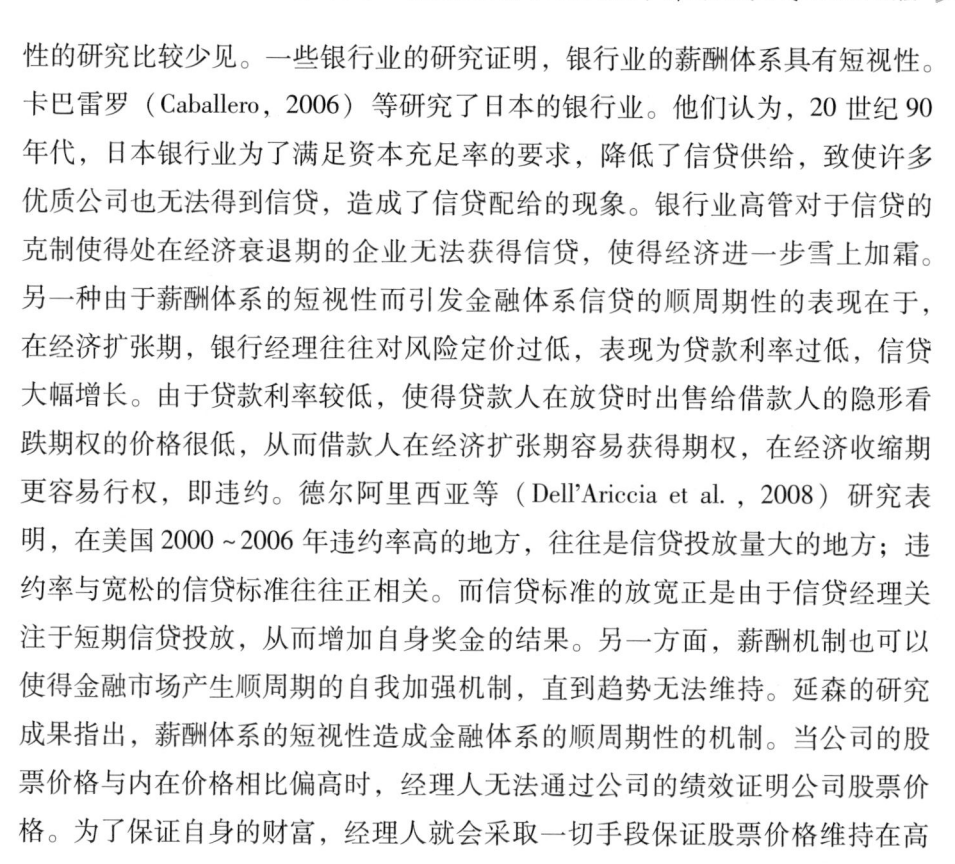

第15章　商业银行高管风险偏好、薪酬机制与商业银行风险

性的研究比较少见。一些银行业的研究证明，银行业的薪酬体系具有短视性。卡巴雷罗（Caballero，2006）等研究了日本的银行业。他们认为，20世纪90年代，日本银行业为了满足资本充足率的要求，降低了信贷供给，致使许多优质公司也无法得到信贷，造成了信贷配给的现象。银行业高管对于信贷的克制使得处在经济衰退期的企业无法获得信贷，使得经济进一步雪上加霜。另一种由于薪酬体系的短视性而引发金融体系信贷的顺周期性的表现在于，在经济扩张期，银行经理往往对风险定价过低，表现为贷款利率过低，信贷大幅增长。由于贷款利率较低，使得贷款人在放贷时出售给借款人的隐形看跌期权的价格很低，从而借款人在经济扩张期容易获得期权，在经济收缩期更容易行权，即违约。德尔阿里西亚等（Dell'Ariccia et al.，2008）研究表明，在美国2000～2006年违约率高的地方，往往是信贷投放量大的地方；违约率与宽松的信贷标准往往正相关。而信贷标准的放宽正是由于信贷经理关注于短期信贷投放，从而增加自身奖金的结果。另一方面，薪酬机制也可以使得金融市场产生顺周期的自我加强机制，直到趋势无法维持。延森的研究成果指出，薪酬体系的短视性造成金融体系的顺周期性的机制。当公司的股票价格与内在价格相比偏高时，经理人无法通过公司的绩效证明公司股票价格。为了保证自身的财富，经理人就会采取一切手段保证股票价格维持在高水平。这种薪酬机制就会使得股票市场产生一种自我加强机制，价格高的股票会进一步上升，直到无法维系，市场进行自我纠正。

（2）激励的不连续性与不对称性。实践中公司往往设置一个利润的最低限值。当公司的利润达到该值时，经理人就会收入奖金。同理，当公司利润高，股票价格高时，经理人的股票期权的内在价值就大于零，经理人就会行权。然而，当公司绩效不好，股票价格下降时，经理人没有任何伤害。这种非对称性的激励机制就会使得经理人为了达到利润的最低限制而增加组合的风险，甚至接受净现值为负的项目或贷款。

（3）虚假的阿尔法值。阿尔法值代表了经理人创造额外收益的能力（Rajan，2005）。正如金融危机所揭露的，经理人的奖金是基于承担高风险所带来的回报。然而，这些风险因子往往被忽视，从而造成这些收入是经理人能力的体现的假象。在UBS2008年的股东报告中写道，UBS在CDO中高手续费的收入源于次级层面，即高风险的层次。虽然金融机构都有风险经理，然而风险因子却难以识别。这主要有两个原因：第一，计算真实的阿尔法值非常困难，只有当风险真实发生时，评估结果才能令人信服；第二，高管层面本身也要依靠短期利润获得奖金，因此，风险经理行使职权的动机大打折扣。经济学家杂志在 2008 年 8 月 7 日写道，"交易员往往将风险经理看成阻止其获取利润的障碍，每当风险经理询问高额利润的情况时，他们只回答'No'。"纽约《时代周刊》2009 年 1 月 4 日写道，"由于风险经理不被认为是利润创造者，因此他们在交易台没有说话的权力。这种现象在泡沫破裂前特别显著，因为每个人都在尽可能地获取每一美元。"由无法测度风险所带来的超额利润，是高管增加风险胃口的重要原因。

(4) 激励机制会使得经理人与公司进行讨价还价。雅尔玛 (Yermack, 1997) 实证分析表明，激励机制会产生一些副作用从而伤害股东的利益，经理人可以在利好信息公布前要挟薪酬委员会增加其股票期权的持有量。阿布迪和卡斯尼克 (Aboody and Kasznik, 2011) 认为经理人可以延迟公布利好消息，尽快公布负面消息从而最大化其期权价值。贝蒂斯等 (Bettis et al., 2001) 指出，经理人在预测未来市场波动性高时，往往会采取一些对冲手段降低其自身财富的风险，而忽略公司整体价值。伯恩斯和凯迪亚 (Burns and Kedia, 2004) 以及埃芬迪等 (Efendi et al., 2007) 的研究结果表明，当经理人财富与公司相关性很强时，经理人往往会对财务报表进行操纵。当公司治理结构较差时，经理人往往会得到高的薪酬，然而公司的业绩却非常差 (Core et al., 1999)。

(5) 高额的薪酬机制往往会造成欺诈。近期的研究支持贝克尔 (Becker, 1974) 的结论，即经理人薪酬越高，越容易产生欺诈。如果经理人持有的公司股份是非受限的，欺诈的可能性会非常高；如果经理人的股份是受限制的，期权分为既得 (vesting) 与非既得 (unvesting)，则欺诈行为的可能性就会非常低 (Johnson et al., 2009)。在 SEC 对公司的调查案件中，经理人往往持有的都是非受限股份。

(6) 股票期权的劣势。首先，BS 公式表明，标的资产价格波动性越高，期权价值越大。作为股票期权的持有者，CEO 会有增加承担高风险项目的动机，增加公司利润波动性，从而增加其期权价值 (Sanders and Hambrick, 2007)。迈赫兰和罗森堡 (Mehran and Rosenberg, 2007) 的研究表明，经理人期权价值的升高是通过增加银行资产风险来实现的。其次，CEO 有动机回购股票，从而加速股票上涨，而不管这对公司长期影响是否有害。在 2000～2007 年，美国 8 个大型商业银行和投资银行一共回购了 1745 亿美元的股票，其中在 2007 年就回购了 277 亿美元。最后，股票期权会促使经理人增加风险胃口。科恩等（Cohen et al.，2000）的研究表明，股票期权计划会增加银行的风险。陈等（2006）的研究结果表明，风险的大小与经理人通过公司得到的财富密切相关。

（7）"金降落伞"协议。一旦公司被收购，经理人就会被解雇。"金降落伞"协议就是为了解决经理人这个后顾之忧的，从而使经理人以最大化公司价值为目标。然而，在公司不景气时，如果经理人持有公司股票，经理人可以使得公司股票价格进一步下降，使得公司更被容易收购，经理人就会得到更多的收益，同时得到了"金降落伞"协议的保护。

（8）与基金经理有关的激励机制问题。首先，基金经理的收入取决于其业绩表现。对冲基金经理往往将超过基准收入的 20% 作为回报。这种激励机制往往会激励经理人增加投资风险，从而获得高额利润。其次，经理人的收入往往与资产规模有关。谢瓦利埃和埃利森（Chevalier and Ellison，1997）的研究结果表明，年轻基金资产增长速度非常快，投资者会非常快速地将资产移到近期成功的基金，然而从表现不佳的基金撤资却非常缓慢。结果是，投资经理仅仅关注市场上升的情况，而忽略了下行风险。最后，基金绩效往往采用相对于行业基准的形式汇报，这就产生了两个方面的激励问题；第一，绩效不佳的基金经理为了增加收益，往往会暗中增加投资组合的风险；第二，经理人之间会互相攀比，从而证明他们不比其同行差。在资产价格上升的时期，这两方面力量相互促进，加大了金融体系的顺周期性，使得资产价格大幅偏离其基本价值，也为之后的大幅下跌埋下了伏笔。

15.2.3 薪酬机制改革

经理人薪酬机制是金融危机爆发的重要原因之一，机制的问题在于薪酬政策往往是以激发经理人增加未来预期收益为导向，这在金融部门尤为明显。然而，高收益必然意味着高风险，这种对未来收益强烈的渴望促使经理人偏离了正常的风险收益组合。因此，在薪酬体系改革中应该注意以下两个方面：第一，决定薪酬标准的关键参数应该对风险进行调整，薪酬的多少应该取决于公司长期的盈利能力。关键参数包括经过风险调整的收益率、计算奖金的时间长度以及奖金发放的时间。第二，薪酬结构中的可变部分（即奖金部分）应该与公司未来营运结果相关，比如奖金推迟发放、长期现金激励、对给予经理人的公司股票进行限制、奖金追回条款（claw-back clauses）以及将保留既得退休金的权力长期化。

随着政府对金融机构的施压、舆论的谴责以及公众的关注，一些大型金融机构已经对薪酬机制进行了改革。摩根士丹利宣布，员工的奖金推迟三年发放，而且只有在这三年内公司的绩效为正时，员工的奖金才能够发放。法国银行监管当局（French Banking Federation）根据国际金融公司（Institute of International Finance）在2008年的指引，规定法国银行高管人员、交易员以及基金经理薪酬中的可变部分要根据经过风险调整的净收益进行计算，而且要根据若干年之后公司的表现进行发放。

然而，改变薪酬体系是非常艰巨复杂的。第一，计算经过风险调整的收益率非常困难，很难区分收益率中哪部分是因为承担风险，哪部分可以归功于经理人的能力。第二，增加决定经理人奖金数额的期限可以解决短视性的问题，但是可能会降低经理人的努力动机。第三，奖金发放的频率以及风险爆发的时间存在错配，经理人可以操纵投资组合，使得在奖金计算期内风险爆发的可能性大幅降低。第四，此次金融危机倒闭的公司，本身都是遵循了良好的公司治理结构，比如董事会独立、董事长和总经理分离、有设计良好的薪酬结构等，这就使得改革的空间变得狭小。第五，实践经验表明，对经理人薪酬结构的严格规定最终都会失效。然而，虽然存在上述困难，整体改革的方向在于将经理人的薪酬与公司长期绩效挂钩。

从企业的角度来讲，企业内部应该加强以下三个方面的建设。第一，加强组织结构建设。一个良好的组织结构应该强调团队的力量，避免过度依赖一个人。这种组织结构有助于提高工作效率，降低经理人讨价还价的权力，从而使得经理人的薪酬不至于过高。第二，加强公司治理结构建设。银行大股东往往会对造成危机的行为进行容忍。有效的治理结构应该评估经理人薪酬体系，明确风险经理的角色，评估内部决策流程是否合适等，从而避免利益冲突。布伦纳迈尔（Brunnermeier，2009）提出，每个公司应该建立一个薪酬委员会，对经理人工资的多少以及结构进行决策，从而保证股东利益最大化。美国在2009年公布的复苏法案（Recovery and Reinvestment Act）针对接受TARP计划的金融机构也提出了同样的要求。第三，加强内部风险管理建设，准确评估尾部风险。降低风险承担最有效的办法就是加强风险管理建设，有效、独立的风险管理部在银行的权力等级中是非常重要的。交易员是不允许凌驾于风险经理之上的，风险经理直接向高管层或者董事会报告。风险管理中，既要应用会计估值、市场价格和波动率等数据客观判断，也应根据风险经理的经验以及考虑人的因素进行判断，尤其是在复杂产品方面，人的经验判断更加重要。

从监管者来看，首先，监管者应在决定一些系统重要性银行CEO的薪酬体系中扮演重要角色，尤其是当CEO具有接受高风险项目的动机的时候。监管当局应该规定金融机构发布有关薪酬的信息。意大利中央银行规定受监管银行应披露其薪酬政策，银行应披露持有股份的经理人的真实薪酬，包括固定部分和可变部分，与绩效相关的奖金以及期权是如何设计，经理人离职会得到什么好处等。其次，监管当局应分析金融机构的薪酬体系对于金融机构风险承担的影响，应该定期检查金融机构薪酬体系是否与金融机构的风险管理系统以及风险胃口相一致。同时，监管当局应将薪酬体系所带来的风险与资本联系起来，即激励高管层过度承担风险的薪酬机制应视为风险，对其应计提资本。最后，应将薪酬制度以及透明度纳入法律体系。美国国会对高管的薪金进行了严格的规定，总额不能超过总薪酬的1/3，而且仅当自救资金（bailout fund）到位时，才可以以股票的形式支付。这有可能使得金融机构得到政府帮助的数额降低，并且使得已经得到政府救助的金融机构快速地支付薪酬。而且，银行可以通过提高基本工资，从而变相地给高管高薪酬。然而，对于这个规定，舆论也做出了让步，认为这项改革已经是很大的进步。但是，改革还需要更加彻底，更加具体，应使得经理人的激励与公司长期发展相联系。

15.3 本章小结

本章实证结论表明，董事长风险偏好特征对银行整体风险和非系统风险影响较为显著，但对银行系统风险的影响不显著；行长的薪酬对银行经营的风险影响较大；首席风险官风险偏好对银行非系统风险的影响较大，而对银行整体风险和系统风险的影响不显著。整体上商业银行高管的风险偏好对银行风险具有显著影响。基于以上研究，笔者认为：第一，尽量保证高管人员稳定性。实证分析表明，首席风险官任职时间越长，非系统风险越低；董事长任职时间越长，银行整体风险越低。因此高管人员越稳定，越有助于高管人员对银行了解的加深，从而有助于降低银行经营风险。第二，关注高管薪酬对银行风险的影响。对行长风险偏好的实证分析表明，行长的薪酬对银行风险的影响显著为正。因此，如何改革高管薪酬机制，既能够激励高管做出最大化股东价值的决策，又能够防止高管接受过高风险的项目，是银行业高管薪酬改革的核心问题之一。第三，加强首席风险官的决策作用。实证分析表明，首席风险官风险偏好对银行整体风险和系统风险的影响均不显著。而首席风险官对银行风险管理来讲无疑起到重要的核心作用。因此，中国商业银行应加强首席风险官在银行日常经营管理中的决策权，将使风险管理真正地上升到银行战略层面。

在高管薪酬机制建设方面，通过薪酬改革降低经理人的风险承担，一方面需要市场的监督以及公司的自律，另一方面监管当局应加强监督检查。金融机构具有强烈的动机留住高层管理人员，给予优秀员工丰厚的报酬，这就需要高标准的绩效考核，而高标准的绩效考核往往会诱发员工寻找内部风险管理系统的漏洞。因此，激励机制的改革是一个长期的课题，是需要金融机构和监管当局共同努力的课题，也是建立一个长久稳定的金融体系的非常重要的课题。

第 16 章

系统重要性银行监管研究

2008年金融危机爆发后,巴塞尔委员会对于全球活跃的大型商业银行设计了一系列从资本监管到流动性监管的监管规则,其宗旨是防止这些大型的、经营活动非常复杂的国际活跃银行的行为所带来的负外部性影响实体经济的运行。对于系统重要性银行的监管,核心监管工具是增强系统重要性银行的损失吸收能力,且需要由普通股来满足。同时,对系统重要性银行的监管还要加强流动性风险管理、高管薪酬管理、危机救助机制等一系列配套制度。总之,为了保证银行体系的稳定,系统重要性银行需要承受更多的监管压力。

16.1 系统重要性金融机构识别

使用金融市场数据测度银行体系系统性风险成为2008年金融危机爆发后国际学术界的主要研究方向。表16-1为使用资本市场数据测度银行体系系统性风险的代表性模型。

使用金融市场数据评估银行体系系统性风险的最大优势是具有前瞻性,而这对于系统性风险管理极其重要,因为金融监管当局需要在金融风险尚未体现在金融机构资产负债表中之前,提前预测金融体系风险状况,并采取相应措施。由于未来是未知的,因此,使用金融市场数据对系统性风险的预测和建模往往依靠概率方法。

表 16-1　使用资本市场数据测度银行体系系统性风险的代表性模型

模型指标名称	CoVaR	CoRisk	SRisk	SES（系统性期望损失）	DIP（困境保险溢价）	JPOD（联合违约概率）	CCA（系统性或有方法分析结果）
基本思想来源	VaR	VaR	期望尾部损失（ES）	期望尾部损失（ES）	期望尾部损失（ES）	条件概率	期望尾部损失（ES）
维度	多维	二维	二维	二维	二维	多维	多维
维度的相关性测度方式	参数模型线性相关	参数模型线性相关	参数模型	参数模型	参数模型	非线性非参模型	非线性非参模型
方法	面板分位数回归	二元分位数回归	条件相关性模型及蒙特卡罗模拟	抽样技术	条件相关性模型及蒙特卡罗模拟	Copula模型	Copula模型
数据来源	股票数据和金融机构资产负债数据	CDS价差	股票数据和金融机构资产负债数据	股票数据和金融机构资产负债数据	股票数据和CDS价差	CDS价差	股票数据和金融机构资产负债数据
结果输出	股票收益率	隐含违约概率	股票收益率	股票收益率	股票收益率和隐含违约概率	隐含违约概率	期望损失

资料来源：宙斯特（Andreas A. Jobst，2013）。

以莫顿提出的期权定价理论为核心的系统性风险测度方法是具有前瞻性特征模型的主要类别之一。卡普阿诺（Capuano，2008）使用最大化熵的办法构建了期权隐含违约概率（option implied probability of default，iPoD）。塞戈维亚诺和古德哈特（Segoviano and Goodhart，2009）将银行体系看做一个资产组合，使用最大熵办法构建了四个系统性风险测度指标：联合违约概率（joint probability of default，JPoD）、银行稳定指数（banking stability index，BSI）、困境相关矩阵（distress dependence matrix，DDM）和出现瀑布效应概率（probability of cascade effects，PCE）。而这四个指标都需要建立在对违约率估计的基础之上，而所依赖的基础数据为金融机构股票收益率数据和 CDS 价差。格雷和乔布斯特（Jobst，2012）使用期权定价理论，并运用股票市场数据测度了金融机构的隐含违约概率，同时他们将估计的违约概率与 CDS 价差进行比较，进而估计出系统性风险爆发的预期损失。另外使用资本市场数据估计银行体系系统性风险的代表性文献还包括：黄、周和朱（Huang, Zhou and Zhu，2009），韦茨曼、李佩奇和里格邦（Kritzman, Li, Page and Rigobon，2010）等。这些文献也都运用了资本市场数据预测风险的前瞻性的优势来构建系统性风险预测指标。

另外一类具有代表性的使用金融市场数据测度系统性风险的方法是关注金融机构之间的关联度。代表性文献是阿德里安和布伦纳迈尔提出的 CoVaR 方法和国际货币基金组织（International Monetary Fund IMF，2009）提出的 CoRisk 方法。CoVaR 测度是一家金融机构处在其 VaR 值时，另一家金融机构的 VaR 值，即一家银行 CoVaR 值较高意味着其对其他银行的影响非常大，但这种关系不一定是对称的。IMF（2009）的 CoRisk 指标思想与之类似，但使用的数据是 CDS 价差。针对 CoVaR 的影响因素，艾德里安和布伦纳迈尔（Adrian and Brunnermeier，2011）分位数回归结果表明，金融机构的 CoVaR 与利率、信用价差、股票价格与期权隐含波动率有关。IMF（2009）的回归结果与 CoVaR 类似，但没有信用价差因素。从学者们的分析不难看出，金融市场数据能够对系统性风险进行预测。学者们使用的数据大多是股票交易数据和 CDS 价差，以构建系统性风险测度模型。

然而巴塞尔委员会认为，评估一家银行的系统重要性程度应采取基于指标的方法（indicator-based measurement approach），指标的选择应反映银行经营行为所带来的负外部性，能够反映银行对金融体系稳定程度的影响。巴塞尔委员会认为，指标法的优势在于能够涵盖"决定系统重要性"的各个方面，而基于数理模型所测度的银行系统性风险贡献度结果有待商榷，且稳健性不如指标法。系统重要性银行监管的关注点在于传染风险，尤其是风险的跨境传播，因此巴塞尔委员会在评估系统重要性银行的系统性影响时，客体指标为全球实体经济增长，且使用的是大型活跃银行的并表数据。

巴塞尔委员会选择了五大类指标来评估一家银行的系统重要性程度。这五大类指标分别是：银行规模、关联度、金融服务的可替代性、全球经营活动和经营复杂程度。其中规模、关联度和可替代性与2009年10月G20峰会上，IMF/BIS/FSB提交的意见基本一致。同时，巴塞尔委员会认为，由于需要衡量的是全球系统重要性程度，因此评估指标应该包括银行的国际经营活动。同时，委员会也指出，一家银行经营程度越复杂，倒闭对金融体系的负面影响就越大，因此评估系统重要性也应该考虑经营活动的复杂性。

巴塞尔委员会对每大类指标赋予了20%的权重。在每一个大类别下面，除规模外，又分为2~3个小指标。如果是两个指标，则每个指标分别赋予10%的权重；三个指标，则每个指标分别赋予6.67%的权重。在此基础上，巴塞尔委员会计算每家银行的每个指标类别占所有银行的该类别的数量之和的比重，将此比重乘以10000，就能够计算某一家商业银行在该指标下的得分。比如，某家银行的规模占所有样本银行规模之和的3%，其在规模这一项的得分就是300分。银行最终系统重要性程度的得分就是五大类得分的平均值。具体指标体系如表16-2所示。

表16-2　　　　　　　　　系统重要性银行评估指标体系

指标类型	单个指标	指标权重
跨境经营活动（20%）	跨境资产要求权	10%
	跨境负债	10%
规模（20%）	根据Basel Ⅲ规定的杠杆率计算的风险敞口值	20%
关联度（20%）	金融机构间资产	6.67%
	金融机构间负债	6.67%
	发行证券及其他融资工具	6.67%
金融服务的可替代性（20%）	托管资产	6.67%
	支付业务量	6.67%
	债券市场和股票市场的证券承销量	6.67%
经营复杂程度（20%）	OTC市场金融衍生产品交易量	6.67%
	交易类和可供出售证券总额	6.67%
	第三等级资产	6.67%

资料来源：巴塞尔委员会（2013）。

监管当局根据指标法得出每家银行的得分后，如果银行的得分超过基准值，则巴塞尔委员会就认定此银行是全球系统重要性。同时，对于低于基准得分的银行，监管当局也有裁量权，决定该家银行是否应该是系统重要性。对于监管当局裁量权的使用，巴塞尔委员会规定：第一，一般而言，只允许监管当局在极端情况下使用裁量权；第二，使用裁量权时应该关注金融机构倒闭的影响，而不仅仅是倒闭的概率；第三，不应考虑事后的危机救助机制；第四，监管判断应该依据定量和定性信息来综合决断。同时，巴塞尔委员会还指出，如果一家银行进行了重组，则监管当局可以根据定性信息来判断其系统重要性程度。

每年，监管当局都要对系统重要性进行重新评估，并根据得分将入围的银行进行分组，不同的组别对应的资本监管的要求不同。需要说明的是，每年全球系统重要性银行的个数并不一定相同。各个商业银行也会根据监管规则的变化来改变经营方向和策略。如果一旦某一家银行的得分创造了新高，则需要增加新的等级。全球系统重要性金融银行的名单是变化的。比如，随着新兴市场国家占世界经济比重越来越大，会有更多的新兴市场国家的银行入选全球系统重要性名单。监管当局要定期评估每家银行的系统重要性状态，并在年末确定下一年各个系统重要性等级的区分分数。比如，监管当局要根据2012年年末的数据确定2013年各个系统重要性等级的分数区间。为了使得系统重要性评估与时俱进，巴塞尔委员会规定每三年都要对指标和等级分数区间进行重新评估。

16.2 可转换债券视角下增强系统重要性银行损失吸收能力的机制

2008年金融危机中，许多大型金融机构面临倒闭的风险。虽然实践中，大型金融机构的资本充足率水平均高于监管要求，但市场（尤其是债权人）仍然怀疑金融机构资本无法覆盖其资产的非预期损失。一旦市场形成此类预期，存款人和其他债权人就会要求金融机构迅速偿还债务，金融机构也往往是在有偿付能力的情况下陷入了流动性危机。但政府部门深知，如果让这些大型金融机构由于陷入流动性危机而倒闭的话，社会成本极高。因此，政府只有动用纳税人的钱来挽救这些"大而不倒"的金融机构。除了政府救助消耗了纳税人的金钱外，公共救助也会产生巨大的道德风险，会降低市场纪律对金融机构经营行为和风险承担的约束作用，扭曲市场竞争结构，从而使得金融机构陷入困境的概率更高。为了解决此道德风险，2008年金融危机爆发后，巴塞尔委员会加强了对商业银行的资本监管，增强了商业银行的损失吸收能力。

然而金融机构往往低估经营风险。当金融机构的债权人预期金融机构倒闭风险增加，则其会要求更高的回报率。2008年金融危机中我们不难发现，政府似乎不希望大型金融机构倒闭，因此债权人会形成预期，即其收益率能够得到保障，大型金融机构没有倒闭风险。由于存在这种隐形担保，大型金融机构股东往往向债权人支付较低的利率。因此为了从内生性角度有效约束大型金融机构的风险承担行为，有必要使得金融机构更加关注自身经营失败的概率。从理论上讲，基于风险的资本充足率要求能够完美地解决此问题，但是，由于实践中，资本的账面价值难以根据市场中的风险进行调整，且资本的账面价值也存在被操控的空间，因此完全依赖资本监管，促使大型金融机构关注自身经营倒闭的风险并不一定最有效。

对系统重要性银行监管的核心工具是增加资本充足率要求。监管当局将入选的系统重要性银行分为不同的等级，并针对每个等级要求不同的资本充足率水平，增加的资本充足率要求均由普通股来满足。在实践中，金融机构发行普通股以补充资本的动机也不足。毕竟杠杆经营能够给金融机构股东带来额外的巨额收益，且发行新股票会稀释现有的股东收益。同时，当金融机构处在倒闭之前，对资产估值的不确定性也会使得监管当局无法做出要求其发行普通股的决定，因为不同市场参与者对金融机构资产的估值并不相同，监管当局也没有能力正确地对金融机构的资产进行估值，因此，这种估值的不确定性会阻碍监管当局的行动（Brainard，1967），进而使得金融机构陷入更大的困境当中。总之，当大型金融机构陷入危机时，发行普通股或者是公共资金救助成本都非常高。商业银行需要创新资本结构和资本渠道，既保证最大化股东收益，降低资本成本，又能够有效地约束商业银行的经营风险。

一旦金融机构资产价值小于负债价值，金融机构就会倒闭。政府为了避免系统重要性金融机构的倒闭，对系统重要性金融机构往往要求更高的资本充足率。但资本越多，金融机构的税盾效应越小，资本成本也会越高，进而会影响实体经济的借款利率。可转换次级债可以实现二者的相互权衡。一方面，当金融机构陷入困境时，次级债会转化为普通股，避免了困境时增发普通股成本过高的问题；另一方面，当发行可转换次级债时，其可以作为债务融资工具，具有税盾效应。转化条件事先约定，具有透明性，且是自动转化完成。

根据弗兰妮（Flannery，2009）的研究，假设在 t=0 时刻，代表性商业银行的资产为100元贷款，存款额度为90元，可转换次级债为5元，所有者权益为5元。监管当局资本充足率要求为4%，即4元。同时假设代表性商业银行一共有10股流通股，因此每股价格为0.5元。在 t=1 时刻，商业银行贷款价值下降3元，此损失完全被所有者权益吸收，则所有者权益降低至2元，资本充足率 = 2/97 = 2.06%，为了使得资本充足率重新回到原有的5%，则需要可转换次级债降低2.85元（97×5%－2）。当所有者权益降低至2元时，此时股票价格为0.2元，因此，可转换债券投资者获得了14.25股（2.85/0.2）股票，在所有权结构中占据了58.8%的比例。

银行使用此工具进行筹资的优势在于，当银行遭受损失，资本充足率下降时，可转换次级债可以在没有新的资金注入的情况下，迅速转化为资本，同时也降低了债务负担，降低了倒闭概率。但股东也会为此付出一定的代价，所有负面后果均由股东来承担，因此，此机制也有助于约束股东的风险决策。另外，当债券还没有转化为股票时，利息具有抵税效应，因此对商业银行资本成本也没有较大的影响，且当银行陷入困境时，可转换次级债还向银行提供了资本，进而缓解了监管资本的顺周期性问题。总之，可转换次级债能在成本可接受的前提下，增强商业银行自身的损失吸收能力。

根据弗兰妮（2009）的研究，可转换次级债应包括以下特点：第一，监管当局决定转化触发点以及可以转化的额度；第二，要基于股票的市场价格计算资本充足率；第三，一旦触发激活，转化要迅速；第四，只要是满足触发条件，可转换次级债一定要转化成普通股，而不管是否发生金融危机或者其他银行是否出现类似问题；第五，转化要自动进行，不存在选择的余地，如果转化后银行仍没有偿付能力，则债权人需要将所有股东清算后，再决定如何将其他债务转化为普通股；第六，要在规定的时间内将筹集的新的资金弥补已经转化的债务；第七，可转换次级债不能被本银行自己持有。

在实施可转换次级债过程中会面临一些实施的细节问题。

第一，触发机制的设置。对于触发点的设置，有的学者认为应根据资本账面状况来判断，但弗兰纳里（Flannery，2009）认为应根据股票的市场价格来设置，因为市场价格反映了市场对未来的预期。本书认为，由于会计准则给经理人较高的操控空间，尤其是当金融机构处在困境时期更容易发生此类状况，且此时如果根据会计准则进行确认并转化往往会经历相当漫长的时间，银行无法承受。因此本书倾向于根据股票的市场价格来设定触发点，使得转化迅速完成。

在触发条件的状态设置上，监管当局应根据是否发生系统性金融危机以及银行资本充足率两个条件来决定（Squam Lake Working Group，2009）。汉考克和帕斯莫尔（Hancock and Passmore，2009）也指出，监管当局应该根据金融体系的状态，而不是根据银行个体情况来决定。然而，本书认为，这里面存在逻辑的颠倒。之所以需要管理系统重要性金融机构，就是为了防止系统性风险的爆发，而不是使用可转换次级债来降低危机的影响程度。因此本书认为一定要在危机爆发之前，运用可转换次级债防止银行倒闭而引发的金融危机。

在转换价格的设计上，汉考克和帕斯莫尔等都支持根据提前规定的价格进行转化。但提前规定的价格会增加股票价格风险以及次级债持有人风险。如果转化价格设置高于市场价格，则次级债持有者的成本过高；如果低于市场价格，则老股东的利益会受到侵蚀。虽然这是银行内部问题，对金融体系的稳定影响不是很大，但也会影响银行的稳定经营。因此，笔者认为，可以根据当时的股票市场价格来确定转化价格。虽然市场价格也存在误差，不一定能够反映股票的真实价值，但此定价误差具有随机性，比根据账面价值确定价格的误差的可接受性要好很多。

第二，可转换次级债持有者的风险。如果银行每日对转化出发条件进行评估，则可转换次级债风险非常低，因为每日的价格波动很难造成银行资产的大幅下挫。即使转化成股票，银行也会在规定的时间内发行新的可转换次级债，因此，银行倒闭概率较低。然而在极端情况下，银行资产价值的快速下跌，即使可转换次级债已经转化，也无法满足债务的要求，此时银行所有股票价值均为零，可转换次级债持有者会全部损失。即使银行存在偿付能力，当转化之后，可转换次级债持有者也会出现由于股票价格波动而带来的损失。

第三，避免市场操纵和股票投机行为。转化价格的确定影响着新老股东的利益，影响着转化是否及时，进而影响金融机构的稳定。当次级债转化为股票时，首先要避免出现价格下跌的恶性循环。一般来讲，当银行卖出更多的股票时，股票价格呈现下跌趋势，这极有可能进一步触发转化，进而进一步引发股票价格下跌，从而形成恶性循环。投机者可以买入可转换次级债，并卖空银行股票进行投机交易，从而给银行体系带来巨大的波动。希利翁和维尔马伦（Hillion and Vermaelen, 2004）的研究表明，当按照股票市场价格债转股后，在整体股票市场上涨的情况下，债转股公司的股票在下一年下跌34%。但是希利翁和维尔马伦的样本都是中小企业。对于国际大型商业银行，其股价很难受到投机者操纵，且如果股票价格低于基本价值，市场中会有大量投资者买入股票，从而能够避免股票价格的恶性下跌。但为了避免恶性投机行为，监管当局也应该规定，触发的股票价格可以根据过去一段时期内的平均值确定；在满足转化要求的范围内，哪些可转换次级债可以转化是随机决定；禁止可转换次级债持有者卖空股票等。

16.3　系统重要性银行数据报告模板开发

2008 年金融危机的爆发暴露了金融机构数据信息披露的不足的问题。在 2009 年 FSB/IMF 在向 G20 峰会的报告中指出，"FSB 需要研究搜集和分享金融机构相互关联程度的数据信息的办法，办法可以包括监管规定或者信息交换等，但也要考虑到信息交换和共享过程中的数据保密和相关法律问题"; "FSB 正联合 IMF、各国中央银行、监管当局以及其他国际性金融机构，争取在 2010 年年末建立系统重要性银行数据报告模板，以便更好地了解每家银行对其他金融部门或者金融市场的风险敞口"。缺乏完整、及时、精度高的信息披露，对系统性风险的监管也就成为无源之水。

16.3.1 建立数据报告制度的目的

建立数据报告制度，其目的是管理金融体系的系统性风险。2008年金融危机的爆发，对监管当局的数据库建设提出了以下挑战：第一，在系统性风险累积期间，金融机构关联度数据和风险敞口数据严重缺失；第二，与金融体系看似关系不大的其他数据，对系统性风险的预测作用有待挖掘；第三，监管如何更好地使用搜集的高精度数据来保证金融体系稳定；第四，在加强数据报告制度建设过程中如何最小化成本。

2008年金融危机暴露出监管当局在集中度风险、市场风险、融资流动性风险、传染风险以及主权风险等领域数据搜集力度的不足。加强这些风险领域的数据搜集，有利于监管的顺利进行。在微观审慎监管领域，加强这些数据的搜集，有助于了解银行之间的资金往来关系，分析银行之间的风险敞口和融资依赖程度，从而评估银行自身风险和风险传染的可能性。在宏观审慎监管领域，高精度的数据信息有助于提前判断金融体系的资产负债错配程度和风险集中状况，从而有利于监管当局及时判断系统性风险点，进而采取措施，防止危机的爆发。同时更高精度的数据信息有助于危机管理机制的建立以及监管半径的选择。总之，在权衡成本与收益基础上，监管当局应增加数据搜集精度，为监管更好地服务。

16.3.2 FSB数据搜集要求

虽然在全球存在比如国际清算银行国际银行业数据库等专注于搜集金融机构关联程度的数据，但精细程度不够，并不能满足危机后宏观审慎监管的数据精度要求。金融稳定论坛（FSB）所开发的数据报告模板旨在得到全球系统重要性银行风险敞口和融资来源的、一致性较高的数据。同时为了降低成本，此模板应尽量与当前数据报告格式相一致。具体来讲，FSB希望得到的数据类型如表16-3所示，对数据报告的详细分析如表16-4所示。

第16章　系统重要性银行监管研究

表16-3　数据搜集类型

机构对机构敞口数据（institution to institution，ITI）	机构对整体金融体系的敞口数据（institution to aggregate，ITA）	金融体系结构数据和系统重要性数据（structural and systemic importance，SS）	根据监管需要或者临时性的数据（passive and ad-hoc data，PA）
双边信用风险敞口；融资相互之间的依赖程度	对某一实体的信用风险敞口；对某一国家、部门、市场的融资依赖程度和风险集中度	能够有效评估系统重要性和支持危机管理的数据信息	为了评估系统性风险，监管要求提供的数据

资料来源：FSB（2011）。

表16-4　数据报告的分解

	institution to institution，ITI		institution to aggregate，ITA	
	信用风险敞口	融资依赖程度	信用风险敞口	融资依赖程度
	对其他金融机构	对其他金融机构	对其他国家、部门和金融市场	对其他部门和金融工具
交易对手	前50大交易对手	前50个资金来源的金融机构		
维度数目	1维	2维	5维（3维）	5维
维度	金融工具	金融工具×期限结构	国家×部门×工具×货币×期限（或者国家×部门×工具、工具×货币×期限)	工具×货币×期限×国家×部门
统计数据	本金额度	本金额度	本金额度	本金额度
	总的盯市风险敞口		总的盯市风险敞口	
	抵押品		抵押品	
	净盯市风险敞口		净盯市风险敞口	
	预期未来的潜在风险敞口			
报告频率	周（月）	周（月）	季度	季度
	structural and systemic importance，SS			
	passive and ad-hoc data，PA			

注：其中净盯市风险敞口＝总盯市风险敞口－信用对冲－抵押品价值＋额外抵押品。

资料来源：FSB（2011）。

1. 机构对机构的数据。监管当局应该搜集全球系统重要性银行对其主要交易对手的风险敞口，无论在资产方还是在负债方。此项数据可以清晰地了解主要金融机构之间的关联度状况，进而更好地了解金融体系的传染风险。在风险敞口方面，FSB 要求全球系统重要性银行根据金融工具的类型①，以具有一致性的方式报告其对最大的 50 个交易对手的信用风险敞口。所报告的风险敞口可以是去除经过信用对冲和风险转移的净风险敞口，但要是基于盯市价格确认的，且是并表层面的风险敞口数据。

在融资数据方面，FSB 要求全球系统重要性银行提供其债务方最大的 50 个融资来源，并根据金融工具类型②和期限结构③进行分组报告。FSB 的关注点在于，了解主要银行的短期流动性风险敞口，防止银行同时出现融资压力，从而降低传染风险。

2. 机构对金融体系的敞口数据。第二类型是数据强调系统重要性银行并表对某一个金融市场的风险敞口，比如对某一个国家国债的总风险敞口，对某个金融市场的融资流动性风险敞口等。很明显，了解这些数据，就非常容易评估金融体系的风险累积状况，了解金融机构的共同风险敞口，进而发挥宏观审慎监管的定向调控优势。此类型的数据需要系统重要性银行根据国家、部门、金融工具、货币和期限结构等类型进行分类报告。在国家和地区的敞口分类上，主要的分类是根据 IMF 认为具有全球系统重要性银行的国家和地区（Level 1 类型国家和地区），包括澳大利亚、奥地利、比利时、巴西、加拿大、中国、法国、德国、中国香港、意大利、印度、爱尔兰、日本、卢森堡、墨西哥、荷兰、俄罗斯、新加坡、韩国、西班牙、瑞典、瑞士、土耳其、英国、美国、阿根廷、印度尼西亚、沙特阿拉伯、南非、开曼群岛。

在融资流动性风险方面，理想状态是得到与风险敞口具有一致性的数据，但现实中，许多银行不清楚自身对某个部门或者国家的流动性风险敞口。因此对流动性风险的数据搜集，监管当局仅仅要求根据金融工具的种类，银行

---

① 金融工具类型包括：信贷产品（包括表外信贷承诺，但不包括货币市场工具）、融券交易、回购交易、货币市场工具（包括银行间市场工具）、债券和股票、信用对冲、衍生品、缺乏担保的结算清算业务。
② 金融工具类型包括：批发存款、融券、回购、资产支持商业票据、商业票据、其他短期融资
③ 期限结构可以分为三类：小于 1 个月、1 个月至 1 年、1 年以上。或者分为五类：立刻到期、隔夜至 1 个月、1 个月至 3 个月、3 个月至 1 年、1 年以上。

提供货币和期限结构敞口数据，仅仅对存款要求商业银行报告对经济部门和国家的敞口数据。

在第二类型的数据中，FSB将搜集过程分为三个阶段，每个阶段的任务与特点见表16-5。

表16-5　　　　机构对金融体系风险敞口数据搜集阶段

	风险敞口数据		
	第一阶段	第二阶段	第三阶段
	非汇总的国际银行业统计并表数据	在BIS和国际银行业统计数据基础上的分解数据	在第二阶段基础上精度进一步加强，根据金融工具、期限结构和部门区别敞口
分解维度	国家 部门	国家 部门 金融工具 货币	国家 部门 金融工具 货币 期限
频率	季度	季度	季度
分解细节	部门：银行、非银行金融机构、公共部门、其他部门 国家：level 1类型	部门：银行、非银行金融机构、企业和家庭、政府 金融工具：贷款、存款、证券、其他 货币：美元、欧元、日元、英镑、瑞士法郎、其他 国家：level 1类型、Level 2类型[a]	部门：银行、货币市场基金、保险公司、养老金、其他非银行金融机构、企业和家庭、政府、中央银行；或者银行、货币市场基金、中央交易对手、保险公司、养老金、对冲基金、SPV、共同基金、企业和家庭、政府、中央银行 金融工具：房地产贷款、其他贷款、担保证券、非担保证券、股票、衍生品、信贷承诺、担保；或者房地产贷款、其他贷款、融券、回购、短期证券交易、抵押长期证券、ABS或者受保护债券、无抵押长期证券、股票、衍生品、信贷承诺、担保 期限：小于1个月、1个月至1年、1年以上；或者分为五类：立刻到期、隔夜至1个月、1个月至3个月、3个月至1年、1年以上 货币：货币：美元、欧元、日元、英镑、瑞士法郎、其他 国家：国家：level 1类型、Level 2类型

续表

风险敞口数据

	第一阶段	第二阶段	第三阶段
报告数据	本金、总体盯市风险敞口、抵押品价值、净盯市风险敞口	本金、总体盯市风险敞口、抵押品价值、净盯市风险敞口	本金、总体盯市风险敞口、抵押品价值、净盯市风险敞口

融资流动性风险数据

	第一阶段	第二阶段	第三阶段
报告数据	无须报告融资数据	在BIS和国际银行业统计数据基础上的分解数据	根据金融工具、部门、期限结构、货币结构进行报告
维度		金融工具 货币 部门 国家	金融工具 货币 部门 国家 期限结构
频率		季度	季度
维度分解		金融工具：贷款、存款、证券、其他 货币：美元、欧元、日元、英镑、瑞士法郎、其他 部门：银行、非银行金融机构	金融工具：存款、融券、回购、短期融资工具、长期融资工具、股票、外汇衍生产品头寸；或者存款、融券、回购、债券、无担保短期融资工具、担保短期融资工具、无担保长期融资工具、担保长期融资工具、ABS或者受保护债券、股票、衍生产品、外汇衍生产品头寸 期限：小于1个月、1个月至1年、1年以上；或者分为五类：立刻到期、隔夜、隔夜至1个月、1个月至3个月、3个月至1年、1年至3年、3年至10年、10年以上 部门：银行、货币市场基金、保险公司、养老金、其他非银行金融机构、企业和家庭、政府、中央银行；或者银行、货币市场基金、中央交易对手、保险公司、养老金、对冲基金、SPV、共同基金、企业和家庭、政府、中央银行
报告数据		本金额度	本金额度

注：a. Level 2 类型国家，即向 BIS 报告统计数据的 38 个国家。

资料来源：FSB（2011）。

3. 金融体系结构数据和系统重要性数据。在此类型的数据下面，FSB 主要要求商业银行提供三类数据：第一，核心业务数据和系统重要性指标数据。核心业务数据主要强调商业银行作为某一类型服务（支付清算、托管、关系银行（correspondent bank））的提供者，在银行体系中的地位，进而确定其系统重要性程度。第二，风险指标数据。FSB 要求商业银行提供收入、利润分配、不良贷款、拨备、风险加权资产、资本充足率等指标数据。第三，银行之间的交易结构数据。FSB 需要得到主要大型商业银行之间的相互交易关系，以了解银行之间的关联性，进而评估系统性风险。具体报告数据如表 16－6 所示。

表 16－6　　　　金融体系结构数据和系统重要性数据报告类型

	评估系统重要性指标数据		
	维度分解	报告变量	频率
大额支付清算 证券支付清算 外汇结算交易系统 关系型托管和清算系统 承销业务 做市商业务	根据交易系统	业务总量	年度
交易型证券和可出售证券持有量		总体价值 盯市敞口 抵押品价值	年度或者季度
三级资产		总体价值	年度或者季度
总收入或者净利润（区分国内和国际）		总体价值	年度或者季度
OTC 衍生品头寸		总体价值 盯市价值	年度或者季度
股票价值		总体价值	年度或者季度

续表

评估系统重要性指标数据				
相关核心指标			
营业收入 利润分配 不良贷款 风险加权资产 资本充足率		指标值	年度或者季度
银行业结构数据			
主营业务之间的关联度	业务类型 经营实体 国别	相互之间的风险敞口 抵押担保贷款 其他相关性指标	年度
通过融资关系、做市商和清算系统连接的状况； 集团内部通过资产证券化等结构性金融联系的状况	经营实体 国别	总资产 总收入	年度
银行与保险公司、资产管理和托管公司的关联度 IT 系统稳定程度 非银行涉及资产证券化等结构性金融的深度 与主要系统服务商的联系	经营实体 国别	总资产 总收入	年度

4. 根据监管需要或者临时性的数据。在上述三类数据基础上，监管需要银行在问题出现时，按照监管当局的要求提供其他方面的数据。2008 年金融危机的案例表明，随着金融创新的不断进行，监管当局的数据搜集也要有足够的灵活度，进而应对不断出现的新的风险类型。如果监管当局认为系统性风险累积程度较高，监管当局应有权力要求银行不要按照常规频率提供数据。但此非常规数据需要提前与金融机构商榷好，使得金融机构清晰明白其所要提供的数据类型。监管对数据的临时性要求也应尽量降低银行提供数据的成本，尽量使得银行允许自身的 IT 系统即可满足。

16.3.3 数据的保密性要求

从 FSB 的要求来看，其搜集数据主要的目的是为宏观审慎监管服务，因此，有必要建立起数据使用和共享的制度，保护私有信息不被泄露。为了更有效地获取数据，监管当局需要做到以下三点：第一，有效地搜集正确的数据，进而提高风险评估能力和政策反应速度；第二，保证在监管正常的权限范围内得到正确的数据；第三，保证金融机构机密性高的数据得到最高程度的保护，并有法律对数据的获取、使用进行规定。

为了满足数据保密性要求，FSB 规定：第一，监管数据、银行商业性机密数据和市场敏感性数据要得到最高程度的保密级别；第二，能够接触到商业敏感性数据的人员要遵守最严格的保密条例，有严格的法律规定其行为，并按照严格的规定使用数据；第三，获取数据需要得到相应机构的授权；第四，在严格保密制度的安排下，监管可以获得相关信息来履行职责；第五，要建立严格的获取使用数据的规定；第六，系统重要性银行应披露标准化的、非机密性的数据；第七，银行 IT 系统应具有监测分支机构的保密性情况的能力，并对泄密分支机构进行严厉处罚；第八，各国监管当局应做好相关制度协调。

16.4 系统重要性银行危机救助机制

系统重要性银行的危机救助范围应该包括银行控股公司、在银行控股公司旗下非银行类的重要性较高的金融公司和银行国外主要分支机构。对系统重要性银行的危机救助机制应以在没有给纳税人带来损失的情况下，不影响其金融服务功能的履行和经济功能的发挥为前提，并要使股东、没有担保的债权人依次成为损失吸收者。FSB（2011）指出，有效的系统重要性银行救助机制应具有以下特征：（1）保证系统重要性银行的关键服务功能的提供不受影响；（2）保证存款保险保护的存款人、受保险保护的债权人、破产隔离的客户资产的收益得到及时给付；（3）按照相应次序确定损失吸收者；（4）无须求助于公共支持，不能形成政府救助预期；（5）尽量避免降低银行价值，尽量降低在母国和东道国的危机救助成本；（6）通过法律规定和相关制度安排，有序推进救助工作，使得救助工作快速、透明、可预测性强；（7）在国内各个监管机构以及各国监管机构之间建立信息共享和合作机制；（8）使破产机构顺利退出市场；（9）激励市场导向的危机救助机制。FSB（2011）指出，系统重要性银行的危机救助机制包括十二项内容：（1）危机救助机制的覆盖范围；（2）危机救助实施机构；（3）危机救助机制启用；（4）危机救助权限；（5）对抵押品和破产隔离问题的有效处理；（6）救助资金来源；（7）危机救助速率、灵活度和相关保障；（8）跨国合作的法律制度框架；（9）跨国合作的特定条款的签署；（10）组成跨国合作危机金融机构的合作小组；（11）建立救助方案；（12）促进信息共享。

在危机救助机制实施对象的范围内，各国应该设立指定的行政机构来解决系统重要性银行倒闭破产带来的负面影响，且各国要对此机构的权力、角色、责任等进行清晰的定义。如果指定的危机救助机构具有合作的性质，则应确定领导机构，以明确相应的责任。FSB（2011）指出，此机构的目标应是保证金融体系稳定，保护受到相应政策保护的债权人的合理权益，评估危机救助行为对金融体系的影响，并与他国建立协商机制。在危机救助机构的权利规定方面，FSB（2011）指出，危机救助机构的独立性应与其法定的权力相一致。

16.5 系统重要性银行薪酬机制改革

对系统重要性银行高管的薪酬机制进行改革非常必要（FSB，2009），这能够降低系统重要性银行的风险承担。金融机构激励机制的短视性使得高管短期内会获得巨额奖金，但忽视了高管经营行为给金融机构带来的长期风险。在对金融危机的调查中，80%的市场参与者认为薪酬机制是造成风险不断累积的主要原因（FSB，2009）。在金融机构经营中，风险管理系统和薪酬绩效系统兼容性不高。虽然许多金融机构都已经意识到此问题，但迫于竞争的压力以及首先行动者的劣势（first mover disadvantage），金融机构改变此现象的动机不足。由于金融机构需要在劳动力市场中高薪聘请人才，因此，除非全行业都做出改变，否则改革薪酬激励机制的商业银行必然在劳动力市场中处于劣势。

同时，由于金融机构经营规模庞大，需要大规模的信息系统来解决人力资源的不足。在金融机构存在许多大型管理信息系统，比如会计系统、预算系统、限额体系、资本配置系统、风险管理和控制系统、薪酬系统等。这些系统保证员工的经营行为符合高管设定的经营目标和经营规则。然而在许多金融机构中，薪酬系统和风险管理系统往往关联度较低。薪酬系统的目的是激励员工努力工作，赚取高额奖金；风险管理系统是向高管报告风险头寸和风险控制措施。理论上讲，如果商业银行风险管理系统非常有效，则风险管理系统能够将薪酬机制导致的过度风险承担控制在商业银行可接受的范围内。然而在实践中，薪酬机制的能量往往超出了风险管理系统的能力，因此商业银行仅依靠风险管理系统是无法缓解薪酬机制导致的过度风险承担的。

将商业银行经营风险与员工薪酬进行紧密关联，是当前我国商业银行薪酬管理改革的大势。在金融危机爆发后，中国银监会在2010年2月21日发布了《商业银行稳健薪酬监管指引》，提出了薪酬支付应与金融机构风险保持一致，且要考虑风险爆发的滞后性问题。2014年发布的《中央管理企业负责人薪酬制度改革方案》，也对商业银行高管的薪酬产生了重要影响。浦发银行、中信银行、平安银行等金融机构也将银行高管奖金部分的支付实施了递延。然而当商业银行风险仅仅在传统资产负债表内时，风险管理系统尚可控制薪酬机制导致的过度风险承担。然而随着商业银行经营介入资本市场越来越深入，金融风险会呈现出多维度的特征，风险承担手段越来越丰富，因此风险管理系统往往很难控制前台业务人员的风险承担行为，金融机构经营往往与高层设定的风险胃口差别甚大。如何将商业银行风险管理系统与薪酬体系建设有效结合，是当前商业银行转型升级、完善银行业经营管理体系的重要一环。

16.5.1 薪酬体系与风险管理系统协同的基本原则

商业银行薪酬体系与风险管理系统的协同可以从两个角度实施。第一，将薪酬机制与尚未爆发的风险结合。比如，两个产生同样利润的交易员的奖金应根据其所承担的风险进行调整。第二，薪酬绩效与最终交易的结果挂钩。

这个方案主要是考虑无法精确地测度每一笔业务的风险，因此要根据最终的交易结果确定奖金。总之，商业银行的薪酬体系建设要突出符合商业银行的长期利益，鼓励业务发展，但是在风险爆发时又要有追溯条款和惩金（malus）措施，且尽量避免对员工未来奖金的承诺，降低员工过度承担风险的意愿。

1. 奖金绩效部分要对商业银行所有经营风险进行调整。这些风险并不仅仅包括信用风险、市场风险、操作风险，还要包括难以量化的流动性风险、声誉风险、资本成本以及未来的潜在风险。对于容易量化的风险，商业银行可以使用经济资本配置机制、流动性风险测试等机制，将风险纳入薪酬体系设计。对于声誉风险等难以量化的风险，商业银行可以使用递延支付等措施进行薪酬支付。同时，在薪酬机制经过风险调整的同时，还要将资本充足率和资本计划考虑到薪酬体系设计当中。对于短期盈利的风险调整力度要大于长期盈利，同时商业银行要开发能够反映长期财务表现的薪酬挂钩指标。在财务挂钩指标的选取方面，商业银行要考虑长期收入是否具有可持续性和不确定性。如果未来收入存在风险，则对风险的调整力度要加强。整体上，商业银行绩效经风险调整，既要考虑定量因素，又要进行主观的判断和分析。

2. 商业银行奖金发放要与预期风险爆发的时间协同。商业银行不同业务的风险爆发时间不尽相同，因此不同业务的奖金发放的递延时间也各不相同。对奖金进行递延可以在风险已经被清晰的分析基础上确定薪酬水平。如果某项业务的风险爆发预期时间较长，则不能在短期内将奖金发放完毕。对于影响商业银行风险敞口较大的业务部门经理及骨干成员，巴塞尔委员会建议可以将奖金的40%~60%进行递延，且级别越高，递延时间越长，递延的比率也要越高（巴塞尔委员会，2010）。巴塞尔委员会（2010）也指出，递延时间不小于三年，且节奏不能快于按比例发放。如果风险爆发大于预期，则可以按照比例将已经发放的奖金进行追回。如果员工了解其奖金会由于风险事件的爆发而被追回，则其承担风险的动机也会降低。为了保证递延和追回的有效实施，商业银行首先应保证薪酬追回对风险是敏感的，追回有效期与风险的持续期间基本相同。同时商业银行也可以进行情景模拟，分析未来出现极端风险时，需要被追回的奖金金额。

3. 与股票价值关联的其他薪酬形式要与金融机构风险管理战略一致。对于以股票期权形式发放的奖金,尤其是股票期权占奖金总额50%以上的,要使银行员工的风险承担行为与商业银行长期发展利益一致(巴塞尔委员会,2010)。以股票期权为例,如果在给予高管股票期权的时间点期权的价值为零,则此薪酬机制非常容易鼓励高管过度承担风险(Chen et al.,2006)。而如果在给予高管股票期权的时间点上,期权价值不为零,则会降低商业银行风险承担的意愿。

16.5.2　薪酬体系与风险管理系统协同体系

对于协同体系的建设,巴塞尔委员会(2011)指出,首先要确定薪酬发放的挂钩变量,之后要对相关挂钩变量进行风险调整,进而确定奖金发放。

在商业银行日常经营过程中,商业银行往往选择经营指标变量作为薪酬发放的挂钩变量,比如营业额或者利润率。然而这些营运指标往往过分关注短期盈利,忽略了经营风险,与金融机构的长期利益并不一致。建立基于商业银行经济资本的绩效考核体系,使用经风险调整的绩效衡量指标,无疑是将薪酬设计与风险管理有效衔接的核心指标。基于经济资本的绩效考核体系计算的经济利润值、风险调整的融资成本等,都考虑了金融机构的经营风险。然而,虽然绩效挂钩变量需要考虑金融机构经营风险的因素,但模型的误差也会给决策带来困难,因此商业银行需要制定相关流程和政策,对这些模型引发的误差进行相机决断,对经风险调整的挂钩变量进行主观调整。

为了使薪酬机制和风险管理体系得到最大程度的协同,测度商业银行经营风险的指标应尽可能与薪酬体系中测度绩效的财务指标接近。比如,对于高级管理人员,其绩效的参照指标也为部门或者商业银行整体的风险和收益状况;信贷经理的绩效参照指标为其管理的贷款不良率。然而将薪酬绩效指标对经营风险进行调整面临很多实践中的问题。比如,对于不同部门合作完成的业务,如何对各自的绩效指标调整风险;对于新开发的业务,如何判断业务的风险;如果要精确测量每一个员工对整体银行风险的贡献,则在IT系统的投资花费将非常巨大。

在实践中,商业银行很难度量每一个员工的财务绩效和风险贡献度,因此商业银行在薪酬发放时往往使用"自上而下"的方式。这种方式主要参照商业银行整体的经营表现,确定奖金总额,之后根据总行下一级的业务部门的绩效进行分配,直到分配至每个业务条线。由于总体奖金额度是总行确定的,其必然考虑经营风险,因此这种方式间接的将风险嵌入了薪酬体系中。且这种分配方式给难以度量价值贡献,却对于商业银行来讲非常重要的中后台部门的薪酬发放提供了有利条件。

金融机构的经营归根结底是"人"的风险承担行为,而"人"的行为受薪酬机制影响。当商业银行的薪酬机制过度强调绩效时,"人"就会增大其风险承担总量,而此时商业银行的风险管理系统将难以控制多维度、复杂的金融风险,金融机构经营风险就会增加。因此商业银行的薪酬机制要对员工经营行为给银行带来的风险进行调整,不论是在短期,还是长期。这可以激励员工降低金融风险的承担量,从而使得金融机构稳定经营。

16.6　中国系统重要性银行监管

16.6.1　中国系统重要性金融机构监管概述

中国银监会在 2014 年 1 月 6 日发布《商业银行全球系统重要性评估指标披露指引》,要求"上一年度被巴塞尔委员会认定为全球系统重要性银行的商业银行"以及"上一年年末调整后的表内外资产余额为 1.6 万亿元人民币以上的商业银行"按照此规定披露信息。披露信息包括:披露调整后的表内外资产余额、金融机构间资产、金融机构间负债、发行证券和其他融资工具、通过支付系统或代理行结算的支付额、托管资产、有价证券承销额、场外衍生产品名义本金、交易类和可供出售证券、第三层次资产、跨境债权和跨境负债等 12 个指标。披露模板见表 16-7。

表 16-7　　商业银行全球系统重要性评估指标披露模板　　单位:亿元

序号	指标	指标值
1	调整后的表内外资产余额	
2	金融机构间资产	

续表

序号	指标	指标值
3	金融机构间负债	
4	发行证券和其他融资工具	
5	通过支付系统或代理行结算的支付额	
6	托管资产	
7	有价证券承销额	
8	场外衍生产品名义本金	
9	交易类和可供出售证券	
10	第三层次资产	
11	跨境债权	
12	跨境负债	

16.6.2 基于50ETF期权隐含波动率的系统重要性金融银行倒闭风险的预测

2008年金融危机彰显了建立银行业系统性风险预警能力及防范机制的重要性和紧迫性。银行业的系统性风险来自某一家金融机构的倒闭而引发的连锁反应。一家金融机构的倒闭会通过金融市场的放大作用将金融体系带入困境，进而危害实体经济的增长。因此，如何预测金融机构的倒闭风险进而防止金融系统性风险爆发危害实体经济增长，是危机后各国监管当局主要考虑的问题。

管理系统性风险的主要方式是建立宏观审慎监管框架。宏观审慎监管的实施在关注金融机构经营稳定的同时，要积极关注金融市场的风险信号。传统的审慎监管的落脚点往往在金融机构的经营行为上，但这里需要指出的是，金融机构的经营状况能够反映在金融市场的交易活动中。如果监管当局仅仅靠资本充足率状况来判断金融机构的经营风险，则会出现风险判断的滞后性，因为资本充足状况的指标信息可得性的频率远低于资本市场风险信息的可得性频率。因此在理想情况下，对金融体系系统性风险的判断应该具有超前性。

中国在2015年2月9日推出了50ETF期权，标的资产为华夏上证50ETF。此项产品的推出丰富了金融体系的系统性风险工具。50ETF期权的标的指数为上证 50 指数，成分股都是大型企业，在国民经济中占有重要地位，份额突出，因此根据默顿（Merton，1973），其可以作为系统风险因子代入资产定价模型。学术研究表明，基于期权交易价格可以计算期权标的产品的隐含波动率（implied volatility）。此波动率反映了金融市场投资者对于未来金融市场风险状况的判断。在上证 50 指数的成分股中，属于银行业的公司包括招商银行、中国民生银行、交通银行、浦发银行、兴业银行、中国工商银行、中国建设银行、北京银行、中国农业银行、华夏银行、中国光大银行等，外加属于中国平安集团的平安银行，银行业的企业占据了 1/5。因此通过 50ETF 期权的隐含波动率，预测市场对银行业风险的判断，进而及早预警系统性风险并采取相关措施，对实施宏观审慎监管具有重要的实践意义。

1. 研究方法。由于中国商业也尚未爆发真正意义上的银行业危机，因此如何测度中国银行体系系统性风险存在很大的挑战。本章首先关注 50ETF 期权隐含波动率对商业银行整体风险的影响，使用 Garch（1，1）模型求解出银行业指数的每日波动率，之后本章使用向量自回归（VAR）模型研究两类波动率之间的相互作用方式：

$$y = c + A_1 y_{t-1} + \cdots + A_p y_{t-p} + \mu_t$$
$$y = (VIX, VYH)^T$$

其中，y 表示自回归向量；VIX 表示 50ETF 期权隐含波动率；VYH 表示银行业指数波动率。

对于银行体系来讲，任何一家银行的倒闭无疑都会增加银行体系的系统性风险。因此，在研究 50ETF 期权隐含波动率对银行整体风险预测能力之后，本章从微观的视角，将所测度的微观金融机构的倒闭概率作为银行体系系统性风险的表示变量。具体来讲，本章使用 KMV 模型测度每一天、每家银行的违约概率，因而得到每家银行一个违约概率的时间序列，测算方法见本书第 5 章。

需要指出的是，违约触发值 DB 的频率不是日度的，根据公开可得信息，频率最高的是季度频率，因此本章在 DB 的对应上采取如下策略：在每一个季度的股票收益率序列中，前一半对应上一个季度的 DB 数据，后一半数据对应着本季度的 DB 数据。由于在使用 KMV 模型过程中需要商业银行股票日度波动率数据，因此本章使用 Garch（1，1）模型估计每家上市商业银行日

第16章 系统重要性银行监管研究

度波动率。

在测度银行倒闭概率基础上，本章继续使用向量自回归模型研究50ETF隐含波动率对每家商业银行倒闭概率的预测能力。具体模型为：

$$Z = C + B_1 Z_{t-1} + \cdots + B_p Z_{t-p} + \varepsilon_t$$
$$Z = (PD, VIX, MKT, PE)^T$$

其中，PD 表示金融机构 i 在时间 t 的违约概率；VIX 表示期权隐含波动率；MKT 表示市场超额收益率（沪深300指数与无风险利率之差）；PE 表示市盈率，即市场对金融机构整体的估值水平。

2. 样本数据。本章的样本数据为中国上市商业银行从2015年2月9日至2016年10月31日的日度收益率数据，数据来源为 Wind 数据库和大智慧软件。VIX 来源于上海证券交易所网站①。如前所述，本章使用 Garch（1，1）模型估计银行业指数的日度波动率（VYH）。表16-8为样本收益率数据统计特征。对商业银行股票收益率的 ADF 检验表明，银行业指数日度收益率和商业银行股票收益率都是平稳的。对 VIX 进行 ADF 检验也表明，VIX 指数在包含常数项和趋势项之后检验是平稳的（见表16-7）。图16-1为 VIX 于 VYH 的走势关系。从图16-1可以看出，整体上二者的步调一致，但 VIX 能够领先与 VYH，因此直观上讲，VIX 对于商业银行体系风险具有预警能力。图16-2为根据 KMV 模型求出的上市商业银行的违约概率走势图。表16-10为根据 KMV 模型计算的各个上市商业银行违约概率的统计结果。平均来看，中国上市商业银行违约概率并不是非常高，平均在5%左右，但从图16-2可以看出，整体上，各上市商业银行违约概率走势与 VIX 指数基本一致，这说明中国上市商业银行的整体风险应该受到一个系统的因素的影响。

---

① 数据说明：根据中金网新闻报道，中国波指（000188）在2016年11月28日由上海证券交易所和中证指数有限公司正式发布。而本书研究的波动率指数的时间（2015年2月9日～2016年10月31日）则是在中国波指正式发布之前的时间段。在中国波指正式发布之后，上海证券交易所将中国波指下载功能去掉，因此已经无法在网站上下载。且在上海证券交易所网站上显示的中国波指的起始时间也是2015年6月2日，不是之前的50ETF期权上市交易的日期，且计算结果与之前的公布的数据略微存在差异。据作者与实务界人员交流，这可能是因为正式发布之前的为测试数据，有一些不完善之处，正式发布的中国波指的计算方法可能与之前相比，存在略微调整，因而存在差异。为了促进学术交流，作者在本章中使用研究过程中保留下来的中国波指正式发布之前的数据作为本章附录列出，以供其他研究人员参考。

表 16-8　　　　　　　上市商业银行股票收益率样本数据统计特征

	北京银行	中国光大银行	中国工商银行	华夏银行	中国建设银行	交通银行	中国民生银行	宁波银行	南京银行
均值	0.0011	0.0004	0.0004	0.0006	0.0003	0.0003	0.0003	0.0007	-0.0001
中值	0.0000	0.0000	0.0000	0.0010	0.0000	0.0000	0.0000	0.0013	0.0015
最大值	0.0958	0.0926	0.0953	0.0951	0.0954	0.0956	0.0958	0.0956	0.0955
最小值	-0.1023	-0.1023	-0.1019	-0.0962	-0.1058	-0.1060	-0.0972	-0.2724	-0.6074
标准差	0.0230	0.0246	0.0180	0.0221	0.0208	0.0238	0.0206	0.0307	0.0401
偏度	0.5884	0.3308	0.1424	-0.1047	-0.0957	-0.1584	0.1688	-1.6301	-8.3927
峰度	8.4057	6.8413	10.7717	6.0729	8.8163	9.3778	7.2915	18.8538	127.4718
样本数量	418	418	418	418	418	418	418	418	418

	中国农业银行	平安银行	浦发银行	兴业银行	中国银行	招商银行	中信银行	VYH	VIX
均值	0.0004	0.0002	0.0009	0.0007	0.0000	0.0009	0.0002	0.0004	0.3152
中值	0.0000	0.0009	0.0000	0.0003	0.0000	0.0003	0.0000	0.0005	0.3109
最大值	0.0951	0.0953	0.0816	0.0951	0.0953	0.0955	0.0961	0.0840	0.6379
最小值	-0.0980	-0.1054	-0.0997	-0.1021	-0.0881	-0.0991	-0.1055	-0.0964	0.1488
标准差	0.0179	0.0223	0.0207	0.0218	0.0205	0.0208	0.0261	0.0181	0.1092
偏度	-0.1976	-0.2405	-0.1425	0.3088	0.2896	0.4584	0.2233	-0.1258	0.5811
峰度	10.5774	8.0805	7.0382	8.1393	8.3065	8.0465	6.4565	8.1131	2.8443
样本数量	418	418	418	418	418	418	418	418	418

表 16-9　　　　　　　　　　　VIX 平稳性检验

		t - Statistic	P Value
augmented dickey - fuller test statistic		-3.270129	0.0727
test critical values	1% level	-3.980218	
	5% level	-3.420636	
	10% level	-3.13302	

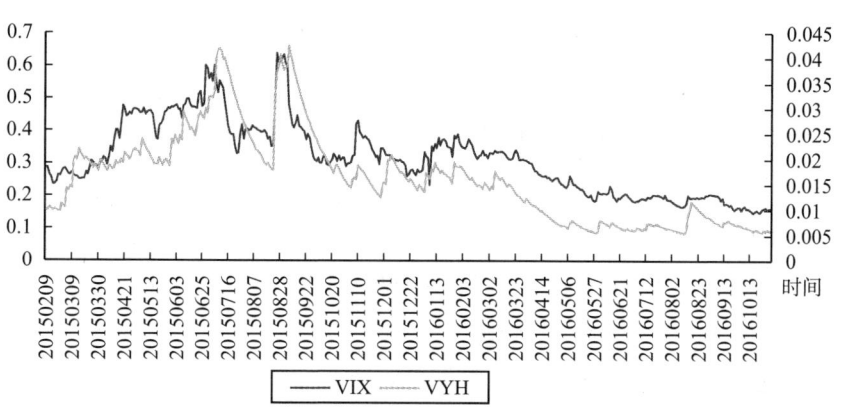

第16章 系统重要性银行监管研究

图 16-1 VIX 和 VYH 的走势关系

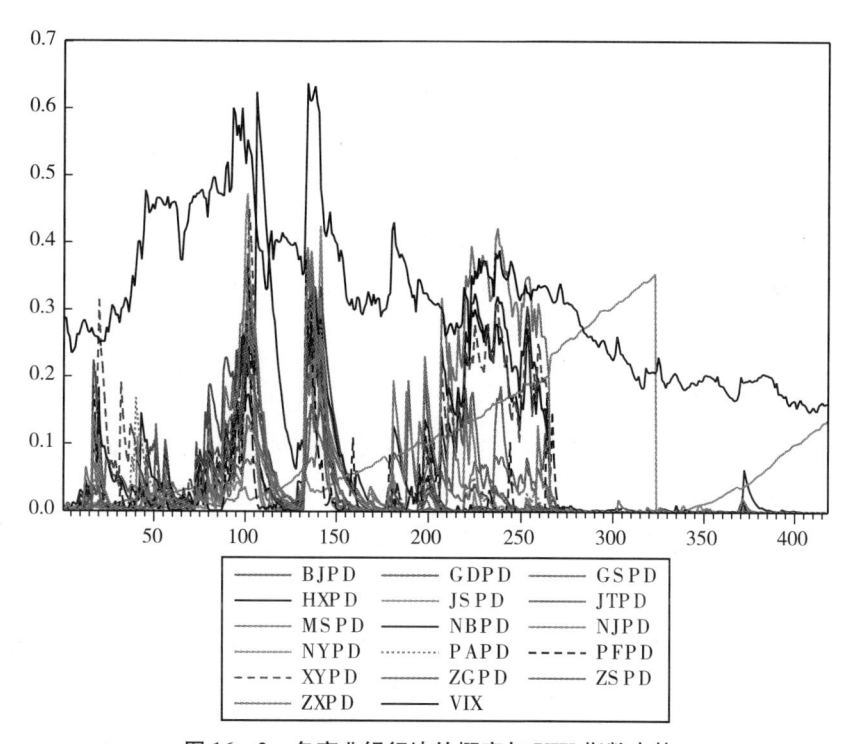

图 16-2 各商业银行违约概率与 VIX 指数走势

表 16 – 10　　　　　　KMV 计算的违约概率统计特征

	均值	中值	最大值	最小值	标准差	偏度	峰度	样本数量
北京银行	0.0382	0.0040	0.3881	0.0000	0.0677	2.4736	9.4878	418
中国光大银行	0.0370	0.0207	0.2564	0.0000	0.0511	2.0878	7.4231	418
华夏银行	0.0504	0.0088	0.3016	0.0000	0.0770	1.6244	4.5510	418
中国工商银行	0.0103	0.0001	0.1827	0.0000	0.0264	3.6021	17.2781	418
中国建设银行	0.0246	0.0001	0.4731	0.0000	0.0713	3.9685	19.2447	418
交通银行	0.0334	0.0031	0.3352	0.0000	0.0694	2.4542	7.9847	418
中国民生银行	0.0221	0.0007	0.3179	0.0000	0.0503	3.0313	12.7880	418
宁波银行	0.0817	0.0241	0.6247	0.0000	0.1115	1.6977	5.9722	418
南京银行	0.0949	0.0565	0.3547	0.0000	0.0952	1.2428	3.4670	418
中国农业银行	0.0127	0.0009	0.1746	0.0000	0.0311	3.0591	11.7738	418
平安银行	0.0265	0.0019	0.3388	0.0000	0.0592	3.2701	13.8062	418
浦发银行	0.0203	0.0011	0.3751	0.0000	0.0507	4.0335	21.9272	418
兴业银行	0.0646	0.0102	0.4497	0.0000	0.0933	1.4578	4.2719	418
中国银行	0.0180	0.0016	0.2517	0.0000	0.0407	3.1296	13.1421	418
招商银行	0.0143	0.0009	0.1521	0.0000	0.0294	2.6618	9.7981	418
中信银行	0.0794	0.0095	0.4228	0.0000	0.1196	1.3690	3.4085	418

3. 实证结果。

（1）VIX 指数与银行体系风险。本章使用向量自回归模型研究 VIX 与 VYH 的动态关系。AIC 和 SC 检验表明，滞后阶数在 2 阶滞后和 8 阶滞后均达到了最小值，但是，笔者认为对于风险预测来讲，最有参考价值的结果应该来自上一期的变量取值，而滞后 8 期对风险的预警期则参考意义不大。且之所以显示了在滞后 8 期，也可能是数据驱动作用的结果。同时笔者在对 VAR 进行滞后 8 期的模型估计中，发现滞后 8 期项的系数估计结果不显著。因此，本章 VAR 模型的滞后期数为 2。AR 图也显示，所有单位根据落在单位圆内，模型是稳定的。图 16 – 3 为 VAR 模型的脉冲反应图。从图 16 – 3 可以看出，当银行业风险变高时，由于 50ETF 期权的标的指数包括了一些大型银行,因此当银行业受到冲击时,金融市场参与者的风险预期(Ⅳ)一定是变大的,但随后,市场参与者对于金融体系整体的风险预期保留在一个平稳的水平上。然而如果 VIX 受到冲击,即当市场参与者未来预期金融体系整体风险变高,脉冲反应图表明,银行业的整体风险呈现出发散的走势,风险会变得越来越高。表 16-11 的格兰杰因果检验表明,变量的滞后期都能够很好解释另一个变量的走势。因此整体来看,本章认为 VIX 指数对银行业的整体风险有显著的预测能力,当 VIX 变高时,银行业未来的风险会增加。

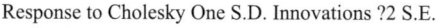

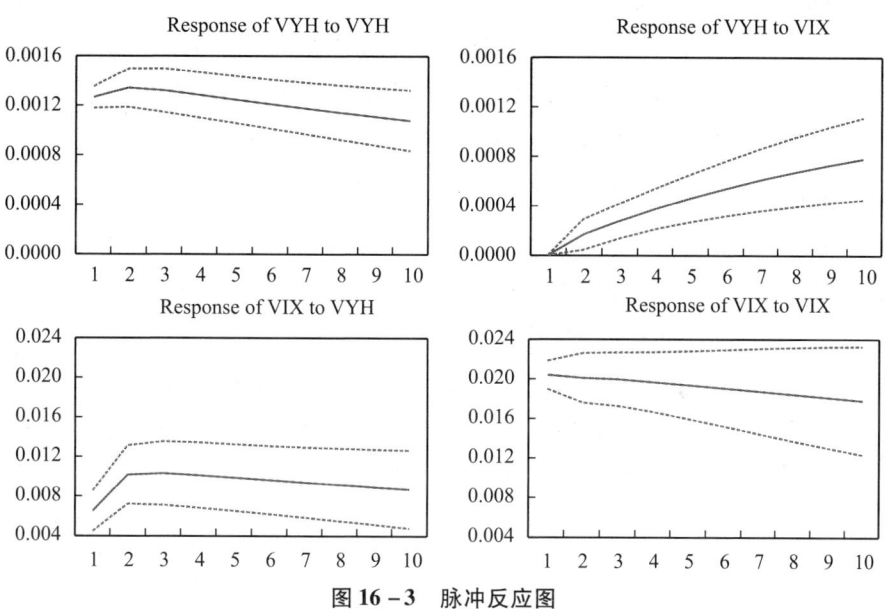

图 16-3 脉冲反应图

表 16-11　　　　　　　　　格兰杰因果检验

dependent variable：VYH			
excluded	Chi-sq	df	Prob.
VIX	23.81744	2	0.0000
All	23.81744	2	0.0000

续表

dependent variable：VIX			
excluded	Chi-sq	df	Prob.
VYH	11.83515	2	0.0027
All	11.83515	2	0.0027

（2）VIX 指数与个体银行风险。本章继续使用向量自回归模型研究每家上市商业银行违约概率和 VIX 指数之间的动态关系。AIC 和 SC 检验表明，最优滞后阶数为 1 阶或者 2 阶。虽然也有滞后 8 阶的情况出现，但本章认为这是数据驱动的结果，对实践的指导意义不是很大，因此本章统一将模型的滞后阶数选择为二阶。图 16-4 为各上市商业银行违约概率对 VIX 指数的脉冲反应图。表 16-12 为 VIX 对各上市商业银行违约概率的格兰杰因果检验。结合两者，我们可以发现，VIX 指数对国有大型商业银行的倒闭风险预警能力非常强。当 VIX 指数上升时，五大国有大型商业银行的违约风险均显著的上升，格兰杰因果检验也显著。从股份制商业银行和城市商业银行来看，只有中国光大银行、中国民生银行、招商银行和北京银行脉冲反应比较明显，格兰杰因果检验也显著。这里需要指出的是，招商银行是国有大型商业银行之外唯一一家入选国内系统重要性金融机构的股份制商业银行。因此，结合图 16-4 和表 16-12，我们可以发现，VIX 指数对系统重要性金融机构的风险预警能力非常强，而对非系统重要性金融机构的风险预警能力不是很强。且由于这些系统重要性金融机构在国内银行体系中权重比较大，因此 VIX 指数对银行体系的风险预警能力应该是较高的，这也与表 16-11 和图 16-3 中的结果是一致的。

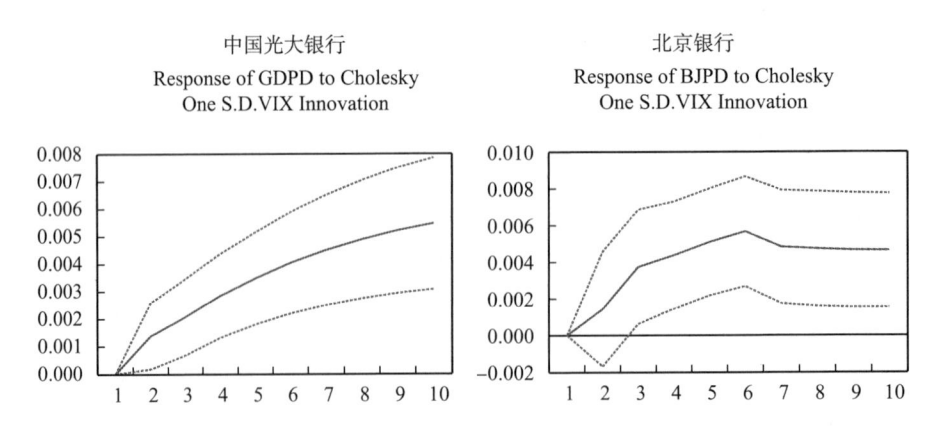

中国光大银行
Response of GDPD to Cholesky
One S.D.VIX Innovation

北京银行
Response of BJPD to Cholesky
One S.D.VIX Innovation

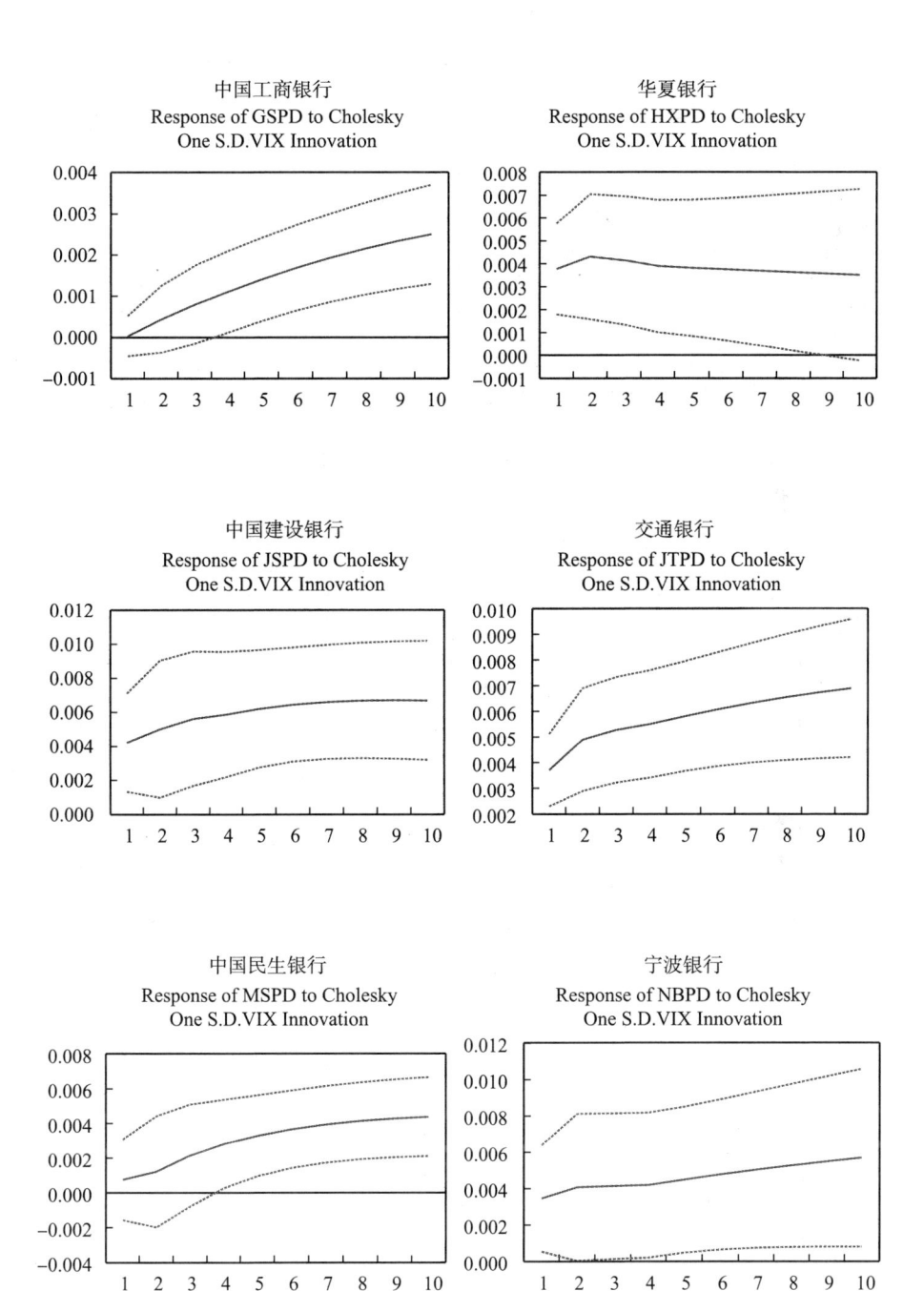

中国工商银行
Response of GSPD to Cholesky
One S.D.VIX Innovation

华夏银行
Response of HXPD to Cholesky
One S.D.VIX Innovation

中国建设银行
Response of JSPD to Cholesky
One S.D.VIX Innovation

交通银行
Response of JTPD to Cholesky
One S.D.VIX Innovation

中国民生银行
Response of MSPD to Cholesky
One S.D.VIX Innovation

宁波银行
Response of NBPD to Cholesky
One S.D.VIX Innovation

南京银行
Response of NJPD to Cholesky
One S.D.VIX Innovation

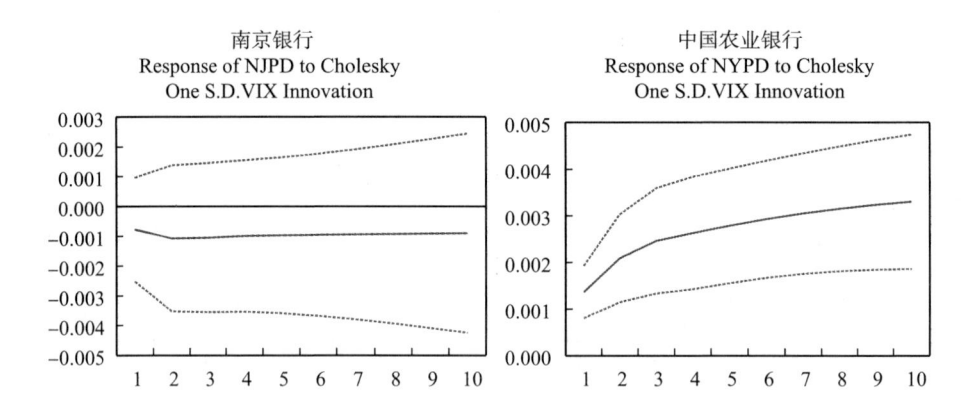

中国农业银行
Response of NYPD to Cholesky
One S.D.VIX Innovation

平安银行
Response of PAPD to Cholesky
One S.D.VIX Innovation

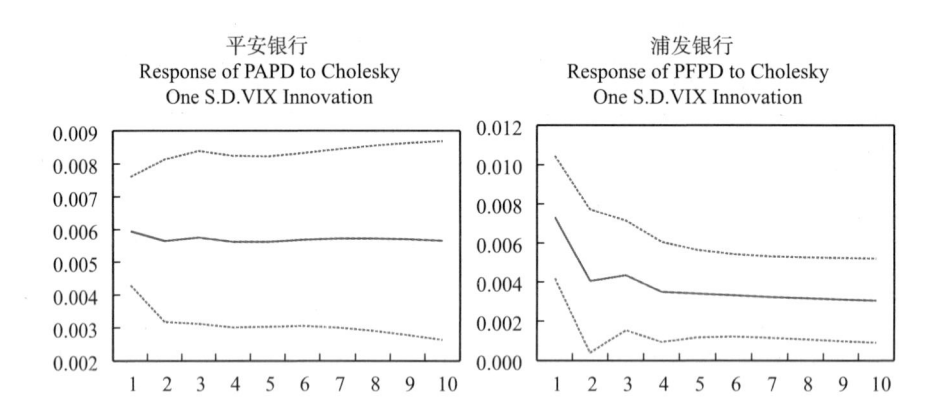

浦发银行
Response of PFPD to Cholesky
One S.D.VIX Innovation

兴业银行
Response of XYPD to Cholesky
One S.D.VIX Innovation

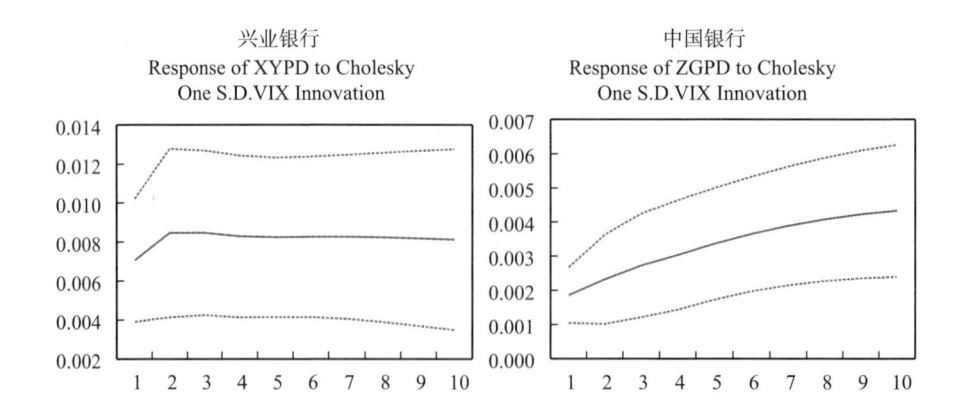

中国银行
Response of ZGPD to Cholesky
One S.D.VIX Innovation

招商银行
Response of ZSPD to Cholesky
One S.D.VIX Innovation

中信银行
Response of ZXPD to Cholesky
One S.D.VIX Innovation

图 16-4　各上市商业银行违约概率对 VIX 指数的脉冲反应

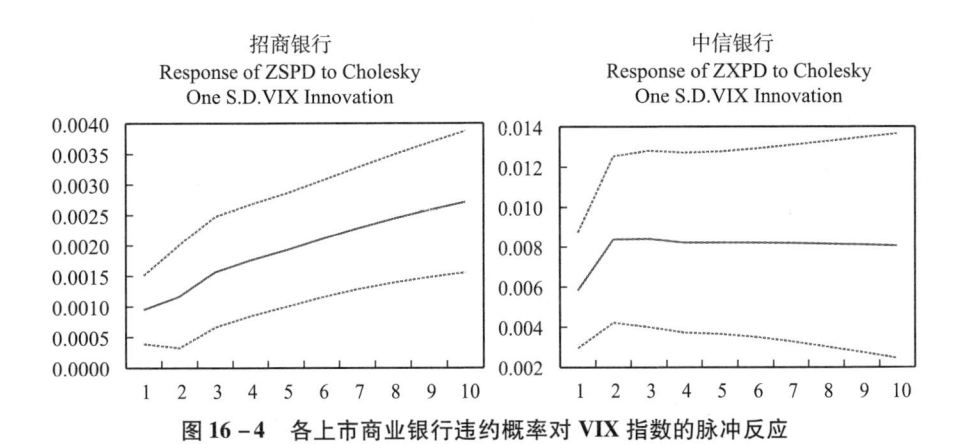

表 16-12　VIX 对各上市商业银行违约概率的格兰杰因果检验

中国光大银行				浦发银行			
dependent variable：GDPD				dependent variable：PFPD			
Excluded	Chi-sq	df	Prob.	Excluded	Chi-sq	df	Prob.
VIX	16.27302	2	0.0003	VIX	3.54446	2	0.1700
GDPE	57.09048	2	0.0000	PFPE	3.100986	2	0.2121
MKT	70.54293	2	0.0000	MKT	21.11384	2	0.0000
All	103.2711	6	0.0000	All	34.63703	6	0.0000

北京银行				兴业银行			
dependent variable：BJPD				dependent variable：XYPD			
Excluded	Chi-sq	df	Prob.	Excluded	Chi-sq	df	Prob.
VIX	11.91868	3	0.0077	VIX	4.46695	2	0.1072
MKT	36.96378	3	0.0000	XYPE	14.77772	2	0.0006
BJPE	34.84657	3	0.0000	MKT	26.51846	2	0.0000
All	69.28704	9	0.0000	All	34.27315	6	0.0000

中国工商银行				中国银行			
dependent variable：GSPD				dependent variable：ZGPD			
Excluded	Chi-sq	df	Prob.	Excluded	Chi-sq	df	Prob.
VIX	10.99046	2	0.0041	VIX	10.34671	2	0.0057
GSPE	28.22606	2	0.0000	ZGPE	16.24585	2	0.0003
MKT	22.80229	2	0.0000	MKT	26.04245	2	0.0000
All	53.1731	6	0.0000	All	43.76076	6	0.0000

续表

\\ 华夏银行 \\ dependent variable：HXPD				\\ 招商银行 \\ dependent variable：ZSPD			
Excluded	Chi-sq	df	Prob.	Excluded	Chi-sq	df	Prob.
VIX	0.346119	2	0.8411	VIX	10.86376	2	0.0044
HXPE	4.647389	2	0.0979	ZSPE	33.5456	2	0.0000
MKT	30.28447	2	0.0000	MKT	32.28653	2	0.0000
All	36.75748	6	0.0000	All	59.63195	6	0.0000
\\ 中国建设银行 \\ dependent variable：JSPD				\\ 中信银行 \\ dependent variable：ZXPD			
Excluded	Chi-sq	df	Prob.	Excluded	Chi-sq	df	Prob.
VIX	6.981479	2	0.0305	VIX	3.732166	2	0.1547
JSPE	10.29143	2	0.0058	ZXPE	12.3517	2	0.0021
MKT	30.68779	2	0.0000	MKT	31.2101	2	0.0000
All	43.70674	6	0.0000	All	36.94608	6	0.0000
\\ 交通银行 \\ dependent variable：JTPD				\\ 中国农业银行 \\ dependent variable：NYPD			
Excluded	Chi-sq	df	Prob.	Excluded	Chi-sq	df	Prob.
VIX	11.01891	2	0.0040	VIX	6.65279	2	0.0359
JTPE	2.729738	2	0.2554	NYPE	4.612597	2	0.0996
MKT	21.25459	2	0.0000	MKT	18.60942	2	0.0001
All	39.9088	6	0.0000	All	31.34474	6	0.0000
\\ 宁波银行 \\ dependent variable：NBPD				\\ 平安银行 \\ dependent variable：PAPD			
Excluded	Chi-sq	df	Prob.	Excluded	Chi-sq	df	Prob.
VIX	2.159396	2	0.3397	VIX	4.000566	2	0.1353
NBPE	1.624538	2	0.4438	PAPE	7.198558	2	0.0273
MKT	6.979833	2	0.0305	MKT	36.7147	2	0.0000
All	23.3195	6	0.0007	All	50.31565	6	0.0000

续表

中国民生银行				南京银行			
dependent variable：MSPD				dependent variable：NJPD			
Excluded	Chi-sq	df	Prob.	Excluded	Chi-sq	df	Prob.
VIX	9.167184	2	0.0102	VIX	0.132899	2	0.9357
MSPE	22.2622	2	0.0000	NJPE	0.591228	2	0.7441
MKT	41.82754	2	0.0000	MKT	0.187477	2	0.9105
All	57.9428	6	0.0000	All	1.223026	6	0.9757

之所以会出现这样的结果，主要是因为VIX指数的标的资产是上证50指数，而上证50成分股均为国有大型企业，在国民经济中的地位非常重要，也是"系统重要性"企业，而我国这些系统重要性金融机构一定与这些大型企业存在千丝万缕的信贷关系，因此一旦金融市场认为这些大型企业经营状况恶化，则受到影响最大的一定是这些大型商业银行，因此VIX指数对这些系统重要性银行的倒闭风险存在很高的预警能力。

2008年金融危机爆发后，对金融体系系统性风险的关注日益上升。对系统性风险的测度应具有及时性。传统的审慎监管由于主要关注资本充足率而略显得预警不及时，而使用金融市场数据对系统性风险进行预警能够满足风险预警及时性的要求。中国由于尚未爆发真正意义上的系统性风险，使得研究中国系统性风险非常困难。但50ETF指数期权的推出为预警系统性风险提供了有效工具，因为基于期权价格所计算的隐含波动率表示了金融市场对未来风险的预期。本章通过实证风险证明，50ETF指数期权隐含波动率能够提前预警银行体系风险的增加，且对系统重要性金融机构风险预警能力非常高。这对于我国建立系统重要性金融机构风险管理体系，提前预警系统重要性金融机构的风险增加和采取提前防范措施，降低银行体系系统性风险都非常重要。

主要参考文献

[1] Aboody, D., Kasznik, R. CEO Stock Option Awards and the Timing of Corporate Voluntary Disclosures [J]. *Journal of Accounting & Economics*, 2011, 78 (3): 73 - 100.

[2] Abreu, J. F., Gulamhussen, M. A. The Stock Market Reaction to the Public Announcement of a Supranational List of Too - Big - To - Fail Banks during the Financial Crisis [J]. *Journal of International Financial Markets Institutions & Money*, 2013, 25 (1): 49 - 72.

[3] Acharya, V. V., Mora, N. A Crisis of Banks as Liquidity Providers [J]. *Journal of Finance*, 2015, 70 (1): 1 - 43.

[4] Acharya, V. V., Pedersen, L. H., Philippon, T. et al.. Measuring Systemic Risk [J]. *Working Paper*, 2010, 29 (1002): 85 - 119.

[5] Acharya, V. V., Viswanathan, S. Leverage, Moral Hazard, and Liquidity [J]. *Journal of Finance*, 2011, 66 (1): 99 - 138.

[6] Acharya, V. V., Yorulmazer, T. Information Contagion and Bank Herding [J]. *Journal of Money*, Credit and Banking, 2008, 40 (1): 215 - 231.

[7] Acharya, V. V., Yorulmazer, T. Information Contagion and Inter - Bank Correlation in a Theory of, Systemic Risk [J]. *Social Science Electronic Publishing*, 2003 (3743).

[8] Acharya, V. V. Manufacturing Tail Risk: A Perspective on the Financial Crisis of 2007 - 2009 [J]. *Foundations & Trends in Finance*, 2010, 4 (4): 247 - 325.

[9] Acharya, V., Engle, R., Richardson, M. Capital Shortfall: A New

Approach to Ranking and Regulating Systemic Risks [J]. *American Economic Review*, 2012, 102 (3): 59 - 64.

[10] Acharya, V., Naqvi, H. The Seeds of a Crisis: A Theory of Bank Liquidity and Risk - Taking over the Business Cycle [R]. *CEPR. Discussion Papers*, 2012: 349 - 366.

[11] Acharya, V., Hasan, I., Saunders, A. Should Banks Be Diversified? Evidence from Individual Bank Loan Portfolios [J]. *Journal of Business*, 2006, 79 (3): 1355 - 1412.

[12] Adonis Antoniades. Liquidity Risk and the Credit Crunch of 2007 - 2008: Evidence from Micro - Level Data on Mortgage Loan Applications [R]. *BIS Working Papers*, 2014, No. 473.

[13] Adrian, T. and Shin, H. S. Liquidity and Leverage [J]. *Journal of Financial Intermediation*, 2010, 19 (3): 418 - 437.

[14] Adrian, T., Brunnermeier, M. K. CoVaR [R]. *Staff Reports*, 2011.

[15] Adrian, T. and Shin, H. S. Liquidity and Leverage [J]. *Journal of Financial Intermediation*, 2010, 19 (3): 418 - 437.

[16] Admati, R., DeMarzo, P., Hellwig, M. and Pfleiderer, P. Fallacies, Irrelevant Facts, and Myths in the Discussion of Capital Regulation: Why Bank Equity is not Expensive [R]. *Stanford University Working Paper*, 2013.

[17] Aghion, P., Bolton, P., Dewatripont, M. Contagious Bank Failures in a Free Banking System [J]. *European Economic Review*, 2000, 44 (4 - 6): 713 - 718.

[18] Aikman, D., Haldane, A. G., Nelson, B. D. Curbing the Credit Cycle [J]. *Economic Journal*, 2015, 125 (585): 1072 - 1109.

[19] Aiyar, S. S., Calomiris, C. W., Wieladek, T. Does Macropru Leak? Evidence from a UK Policy Experiment [J]. *Ssrn Electronic Journal*, 2012.

[20] Aiyar Shekhar, Calomiris, C. W., Wieladek, T. How Does Credit Supply Respond to Monetary Policy and Bank Minimum Capital Requirements? [J]. *European Economic Review*, 2015, 82 (8): 142 - 165.

[21] Akhigbe, A., Martin, A. D. Influence of Disclosure and Governance

on Risk of US Financial Services Firms Following Sarbanes – Oxley [J]. *Journal of Banking & Finance*, 2008, 32 (10): 2124 – 2135.

[22] Albertazzi, U., Gambacorta, L. Bank Profitability and the Business Cycle [J]. *Journal of Financial Stability*, 2009, 5 (4): 393 – 409.

[23] Alessandri, P., Nelson, B. D. Simple Banking: Profitability and the Yield Curve [J]. *Journal of Money*, Credit and Banking, 2015, 47 (1): 143 – 175.

[24] Allen, F., Gale, D. Financial Intermediaries and Markets [J]. *Econometrica*, 2004, 72 (4): 1023 – 1061.

[25] Altman, E. I., Saunders, A. An Analysis and Critique of the BIS Proposal on Capital Adequacy and Ratings [J]. *Journal of Banking & Finance*, 2001, 25 (1): 25 – 46.

[26] Altunbas, Y., Manganelli, S. and Marquez-Ibanez, D. Realized Bank Risk during the Great Recession [C]. *In International Finance Discussion Papers, Board of Governors of the Federal Reserve System. Working Papers*, No. 1140, August, 2015.

[27] Andrew Berg, Jonathan, D. Ostry, Jeromin Zettelmeyer. What Makes Growth Sustained? [J]. *Journal of Development Economics*, 2012, 98 (2): 149 – 166.

[28] Andreas Jobst. Multivariate Dependence of Implied Volatilities from Equity Options as Measure of Systemic Risk [J]. *International Review of Financial Analysis*, 2013, 28 (28): 112 – 129.

[29] Andreou, P., Philip, P. and Robejsek, P. Bank Liquidity Creation and Risk-taking: Does Managerial Ability Matter [J]. *Journal of Business Finance and Accounting*, 2016, (43): 226 – 259.

[30] Annaert, J., M. De Ceuster, P. Van Roy and C. Vespro. What Determines Euro Area Bank CDS Spreads? [J]. *Journal of International Money and Finance*, 2013, 32: 444 – 61.

[31] Angelini, P., Neri, S., Panetta, F. Monetary and Macro-prudential Policies [R]. *Bankca D'ITALIA Working Paper*, 2011.

[32] Anand Sinba. Macroprudential Policies: India Experiences [R]. *RBI Monthly Bulletin*, July, 2011.

[33] Ashcraft, Adam. New Evidence on the Lending Channel [J]. *Journal of Money*, Credit and Banking, 2006, 38 (3): 751 – 775.

[34] Aubuchon, C. P., Wheelock, D. C. The Geographic Distribution and Characteristics of U. S. Bank Failures, 2007 – 2010: Fo Bank Failures still Reflect Local Economic Conditions? [J]. *Review*, 2010, 92 (5): 395 – 415.

[35] Asea, P. K. and B. Blomberg. Lending Cycles [J]. *Journal of Econometrics*, 1998, 83: 89 – 128.

[36] Avery R B, Gordy M. Loan Growth, Economic Activity and Bank Performance [R]. *Federal Reserve Board Working Paper*, 1995.

[37] Aymanns, C., C. Caceres, C. Daniel and L. Schumacher. Bank Solvency and Funding Cost [R] *IMF Working Paper*, No. 146, 2015.

[38] Ayuso, J., D. Pérez and J. Saurina. Are Capital Buffers Pro-cyclical? Evidence from Spanish Data [R]. *Bank of Spain Working Paper*, No. 0224, 2002.

[39] Baele, L., Jonghe, O. D., Vennet, R. V. Does the Stock Market Value Bank Diversification? [J]. *Journal of Banking & Finance*, 2007, 31 (7): 1999 – 2023.

[40] Babihuga, R. and M. Spaltro. Bank Funding Costs for International Banks [R]. *IMF Working Paper*, No. 71, 2014.

[41] Bagehot Walter. Lombard Street: A Description of the Money Market. Charles Scribner's Sons, New York, 1873.

[42] Baker, A. The Group of Seven: Finance Ministries, Central Banks and Global Financial Governance (London: Routl edge), 2006.

[43] Baker, M. and Wurgler, J. Do Strict Capital Requirements Raise the Cost of Capital? Bank Regulation and the Low Risk Anomaly [J]. *American Economic Review*, (105): 315 – 320, 2015.

[44] Baker, Andrew. *Restraining Regulatory Capture? Anglo – America, Crisis Politics and Trajectories of Change in Global Financial Governance* [M]. Blackwell Publishing Ltd, 2010.

[45] Baker, A. The New Political Economy of the Macro-prudential Ideational Shift [J]. *New Political Economy*, 2013, Vol. 18 (1): 112 – 139.

[46] Barrell, R., Davis, E. P., Karim, D. et al. The Effects of Banking Crises on Potential Output in OECD Countries' [J]. *Niesr Discussion Papers*, 2010.

[47] Basel Committee on Banking Supervision. An Internal Model-based Approach to Market Risk Capital Requirements [R]. Basel, Switzerland: BIS, 1995.

[48] Basel Committee on Banking Supervision. International Convergence of Capital Measurement and Capital Standards, a Revised Framework Comprehensive Version [R]. Basel, Switzerland, BIS, 2006.

[49] Basel Committee on Banking Supervision. Range of Methodologies for Risk and Performance Alignment of Remuneration [R]. 2011.

[50] Basel Committee on Banking Supervision. Making Supervisory Stress Tests more Macroprudential: Considering Liquidity and Solvency Interactions and Systemic Risk [R]. *BIS working papers*, No. 29, 2015.

[51] Basel Committee on Banking Supervision. Compensation Principles and Standards Assessment Methodology [R]. 2010.

[52] Baur, D. G., Schulze, N. Financial Market Stability—A test [J]. *Journal of International Financial Markets Institutions & Money*, 2009, 19 (3): 506 – 519.

[53] BCBS (2010). An Assessment of the Long – Term Impact of Stronger Capital and Liquidity Requirements, Basel: Bank for International Settlements (BIS).

[54] Bean, C. R. Targeting Nominal Income: An Appraisal [J]. *Economic Journal*, 1983, 93 (372): 806 – 819.

[55] Beck, T., De Jonghe, O. Lending Concentration, Bank Performance and Systemic Risk: Exploring Cross – Country Variation [J]. *Social Science Electronic Publishing*, 2014.

[56] Becker, G. S. Crime and Punishment: an Economic Approach [R]. *NBER Chapters*, 1974, 76 (7102): 169.

[57] Benk, S. , M. Gillman and M. Kejek. US Volatility of Output and Inflation, 1919 – 2004: A Money and Banking Approach to a Puzzle [R]. *CEPR Discussion Paper*, No. 7150, 2009.

[58] Becker, G. Risk-taking by Top Executives, The Caijing Magazine, 2008.

[59] Beltratti, A. , Stulz, R. M. Why Did Some Banks Perform Better during the Credit Crisis? A Cross – Country Study of the Impact of Governance and Regulation [J]. *Social Science Electronic Publishing*, 2009, 105.

[60] Benjamin Born, Michael Ehrmann, Marcel Fratzscher. Macroprudential Policy and Central Bank Communication [J]. *Cepr Discussion Papers*, 2010, 60.

[61] Berger, A. N. , Bouwman, C. H. S. Bank Liquidity Creation [J]. *Review of Financial Studies*, 2009, 22 (9): 3779 – 3837.

[62] Berger, A. N. , Udell, G. F. The Institutional Memory Hypothesis and the Procyclicality of Bank Lending Behavior [J]. *Journal of Financial Intermediation*, 2004, 13 (4): 458 – 495.

[63] Berger, A. and Bouwman, C. *Bank Liquidity Creation and Financial Crises* [M]. *Academic Press*, 2015.

[64] Berger, A. N. , Bouwman, C. H. S. Bank Liquidity Creation [J]. *Review of Financial Studies*, 22, 3779 – 3837, 2009.

[65] Berger, A. N. , N. H. Miller, M. A. Petersen, R. G. Rajan, J. C. Stein. Does Function Follow Organizational Form? Evidence from the Lending Practices of Largeand Small Banks [J]. *Journal of Financial Economics*, 2005, (76): 237 – 269.

[66] Berger, A. The Relationship between Capital and Earning in Banking [J]. *Journal of Money*, Credit and Banking, 1995, 27: 432 – 56.

[67] Bernanke, B. , Gertler, M. , Gilchrist, S. *The Financial Accelerator in a Quantitative Business Cycle Framework* [M]. *Elsevier*, 1999.

[68] Berne. Implementing the Countercyclical Capital Buffer in Switzerland: Concretizing the Swiss National Bank's Role [R]. *Swiss National Bank*, June, 2012.

[69] Bettis, J. C. , Bizjak, J. M. , Lemmon, M. L. Managerial Ownership,

Incentive Contracting, and the Use of Zero – Cost Collars and Equity Swaps by Corporate Insiders [J]. *Journal of Financial and Quantitative Analysis*, 2001, 36 (3): 345 – 370.

[70] Bikhchandani, S., Hirshleifer, D., Welch, I. Learning from the Behavior of Others: Conformity, Fads, and Informational Cascades [J]. *Journal of Economic Perspectives*, 1998, 12 (3): 151 – 170.

[71] Bikker, J. A. and P. A. J. Metzenmakers. Is Bank Capital Procyclical? A Cross-country Analysis [R]. *De Nederlandsche Bank*, mimeo, 2007.

[72] Binder, J. The Event Study Methodology Since 1969 [J]. *Review of Quantitative Finance and Accounting*, 1998, 11 (2): 111 – 137.

[73] Blanchard, O. and J. Simon. The Long and Large Decline in U. S. Output Volatility [R]. *Brookings Papers on Economic Activity*, No. 1, 2001.

[74] Blum, J., Hellwig, M. The Macroeconomic Implications of Capital Adequacy Requirements for Banks [J]. *European Economic Review*, 1995, 39 (3 – 4): 739 – 749.

[75] Blundell – Wignall, A., Slovik, P. The EU Stress Test and Sovereign Debt Exposures [J]. *Oecd Working Papers on Finance Insurance & Private Pensions*, 2010 (4).

[76] Blas, B. de. Can Financial Frictions Help Explain the Performance of the U. S. Fed? [J] *The B. E. Journal of Macroeconomics*, 2009, 9 (1): 27 – 27.

[77] Board of Governors of the Federal Reserve System. The Supervisory Capital Assessment Program (SCAP): Overview of the Results [R]. May, 2009.

[78] Bollerslev, T. Generalised Autoregressive Conditional Heteroscedasticity [J]. *Journal of Econometrics*, 1986, 31: 307 – 327.

[79] Bordeleau, É., Graham, C. The Impact of Liquidity on Bank Profitability [R]. *Working Paper*, Bank of Canada, 2010.

[80] Bourke, P. Concentration and Other Determinants of Bank Profitability in Europe, North America and Australia [J]. *Journal of Banking and Finance*, 1989, (13): 65 – 79.

[81] Bolt, W., Haan, L. D., Hoeberichts, M. et al. Bank Profitability during Recessions [J]. *Journal of Banking & Finance*, 2012, 36 (251): 2552 – 2564.

[82] Bongini, P., Nieri, L., Pelagatti, M. The Importance of Being Systemically Important Financial Institutions [J]. *Journal of Banking & Finance*, 2014, 50 (50): 562 – 574.

[83] Boot, A. W. A., Ratnovski, L. Banking and Trading [J]. *CEPR Discussion Papers*, 2012. 12 (238). Borio, C. E. V., Gambacorta, L., Hofmann, B. The Influence of Monetary Policy on Bank Profitability [J]. *Social Science Electronic Publishing*, 2015, 175 (8): 3915 – 3929.

[84] Borio, C. E. V., Lowe, P. W. Securing Sustainable Price Stability: Should Credit Come Back from the Wilderness? [J]. *SSRN Electronic Journal*, 2004, 68 (157): 1 – 18.

[85] Borio, C. E. V. Monetary Policy and Financial Stability: What Role in Prevention and Recovery? [J]. *Social Science Electronic Publishing*, 2014.

[86] Borio, C. P. D. Unconventional Monetary Policies: An Appraisal [J]. *The Manchester School*, 2010, 78 (Supplement): 53 – 89.

[87] Borio, C. On Time, Stocks and Flows: Understanding the Global Macroeconomic Challenges [J]. *National Institute Economic Review*, 2013, 225 (1): R3 – R13.

[88] Borio, C. Rediscovering the Macroeconomic Roots of Financial Stability Policy: Journey, Challenges, and a Way Forward [J]. *Social Science Electronic Publishing*, 2011, 3 (3): 87 – 117.

[89] Borio, C. and G. Toniolo: "One Hundred and Thirty Years of Central Bank Cooperation: A BIS Perspective" in C Borio, G Toniolo and P Clement (eds) The Past and Future of Central Bank Cooperation, Studies in Macroeconomic History Series, Cambridge, UK: Cambridge University Press, 2008.

[90] Born, B., Ehrmann, M., Fratzscher, M. Communicating About Macro – Prudential Supervision – A New Challenge for Central Banks [J]. *International Finance*, 2012, 15 (2): 179 – 203.

[91] Boeve, Rolf, Klaus Duellmann, and Andreas Pfingsten. Do Specialization Benefits Outweigh Concentration Risks in Credit Portfolios of German Banks? [R]. *Bundesbank Discussion Paper* No. 10, 2010.

[92] Born, B., Ehrmann, M., Fratzscher, M. Communicating About Macro – Prudential Supervision – A New Challenge for Central Banks [J]. *International Finance*, 2012, 15 (2): 179 –203.

[93] Bridges, Jonathan, David Gregory, Mette Nielsen, Silvia Pezzini, Amar Radia and Marco Spaltro. The Impact of Capital Requirements on Bank Lending [R]. *Bank of England Working Paper*. No. 486, 2012.

[94] Brainard, William, C. Uncertainty and the Effectiveness of Policy [J]. *American Economic Review*, 1967, 57 (2): 411 –425.

[95] Brewer, E., Hunter, W. C., Jackson, W. E. Deregulation and the Relationship Between Bank CEO Compensation and Risk Taking [J]. *SSRN Electronic Journal*, 2003 (WP –03 –32).

[96] Brewer, E., Hunter, W. C., Jackson, W. E. Investment Opportunity Set, Product Mix, and the Relationship between Bank CEO Compensation and Risk – Taking [J]. *Social Science Electronic Publishing*, 2004.

[97] Brownlees, C. T., Engle, R., Aielli, G. et al. Volatility, Correlation and Tails for Systemic Risk Measurement [J]. *Social Science Electronic Publishing*, 2012: 16 –18.

[98] Brunnermeier, M. The Fundamental Principles of Financial Regulation [J]. *Geneva Reports on the World Economy*, 2009, 93 (23): 153 –158.

[99] Brunnermeier, M. Deciphering the Liquidity and Credit Crunch 2007 –2008 [J]. *Journal of Economic Perspectives*, 2009, 23 (1): 77 –100.

[100] Brunnermeier, M., G. Dong, and D. Palia. Banks' Non – Interest Income and Systemic Risk [R]. *Princeton University Mimeo*, 2012.

[101] Bryant, J. A Model of Reserves, Bank Runs, and Deposit Insurance [J]. *Journal of Banking & Finance*, 1980, 4 (4): 335 –344.

[102] Blyth, M. This Time Really is Different: Europe, the Financial Crisis and "Staying on Top" in the 21st Century' [R]. *Prepared for Breznitz and Zysman*

(eds) *Can the Rich Countries Stay Rich?*, 2011.

[103] Buch, C. M., Eickmeier, S., Prieto, E. Macroeconomic Factors and Microlevel Bank Behavior [J]. *Journal of Money*, Credit and Banking, 2014, 46 (4): 715 – 751.

[104] Burns, N., Kedia, S. Executive Option Exercises and Financial Misreporting [J]. *Journal of Banking & Finance*, 2008, 32 (5): 845 – 857.

[105] Burns, N., Kedia, S. The Impact of Performance – Based Compensation on Misreporting [J]. *Social Science Electronic Publishing*, 2004, 79 (1): 35 – 67.

[106] Bustamante, C. Política Monetaria Contracíclica Y Encaje Bancario [J]. *Borradores De Economia*, 2011.

[107] Caballero, R. J., Hoshi, T., Kashyap, A. K. Zombie Lending and Depressed Restructuring in Japan [J]. *Social Science Electronic Publishing*, 2006, 98 (5): 1943 – 1977.

[108] Cai J., Thakor A. V. Liquidity Risk, Credit Risk, and Interbank Competition [J]. *Ssrn Electronic Journal*, 2008.

[109] Campbell, J. Y., Lettau, M., Malkiel, B. G. et al. Have Individual Stocks Become More Volatile? An Empirical Exploration of Idiosyncratic Risk [J]. *Journal of Finance*, 2001, 56 (1): 1 – 43.

[110] Campello, M., Giambona, E., Graham, J. R. et al. Liquidity Management and Corporate Investment During a Financial Crisis [J]. *Journal of Physiology*, 2015, 300 (1): 539 – 555.

[111] Cao, Z. Multi CoVaR and Shapley Value: A Systemic Risk Measure [R]. *Manchester University*, 2013.

[112] Caporin, M., Mcaleer, M. The Ten Commandments for Managing Investments [J]. *Journal of Economic Surveys*, 2010, 24 (1): 196 – 200.

[113] Cappelli, P. A Market – Driven Approach to Retaining Talent. [J]. *Harvard Business Review*, 2000, 78 (1): 103 – 111.

[114] Capuano, C. The Option – IPOD: The Probability of Default Implied by Option Prices Based on Entropy [J]. 2008, 08 (194): 1 – 29.

[115] Carey, M. S., Stulz, R. M. The Risks of Financial Institutions [J]. *National Bureau of Economic Research Books*, 2005.

[116] Carlstrom, C. T., Fuerst, T. S. Agency Costs, Net Worth, and Business Fluctuations: A Computable General Equilibrium Analysis [J]. *American Economic Review*, 1997, 87 (5): 893 - 910.

[117] Cecchetti, S. G., Kohler, M., Upper, C. Financial Crises and Economic Activity [J]. *Social Science Electronic Publishing*, 2009: 137 - 146.

[118] Cerutti, E., Claessens, S., Mcguire, P. Systemic Risks in Global Banking: What Available Data Can Tell Us and What More Data are Needed? [J]. *Social Science Electronic Publishing*, 2012: 235 - 260.

[119] Cetorelli, N., Linda, S. Goldberg. Banking Globalization and Monetary Transmission [J]. *Journal of Finance*, 2009, 67 (5): 1811 - 1843.

[120] Chang, R, Velasco, A. Banks, Debt Maturity and Financial Crises [J]. *Journal of International Economics*, 2000, 51 (1): 169 - 194.

[121] Chan - Lau, J., 2009, Co - Risk Measures to Assess Systemic Financial Linkages, IMF working paper, International Monetary Fund.

[122] Chari, V. V., Jagannathan, R. Banking Panics, Information, and Rational Expectations Equilibrium [J]. *Journal of Finance*, 1988, 43 (3): 761 - 763.

[123] Chen, C. R., Steiner, T. L., Whyte, A. M. Does Stock Option - Based Executive Compensation Induce Risk - Taking? An Analysis of the Banking Industry [J]. *Journal of Banking & Finance*, 2006, 30 (3): 915 - 945.

[124] Chen, C. R., Steiner, T. L., Whyte, A. M. Risk - Taking Behavior and Management Ownership in Depository Institutions [J]. *Journal of Financial Research*, 1998, 21 (1): 1 - 16.

[125] Chevalier, J., Ellison, G. Risk Taking by Mutual Funds as a Response to Incentives [J]. *Journal of Political Economy*, 1997, 105 (Volume 105, Number 6): 1167 - 1200.

[126] Chiriac, R., Pohlmeier, W. How Risky Is the Value at Risk? [J]. *General Information*, 2010.

[127] Chok, J. I. , Sun, Q. Determinants of Idiosyncratic Volatility for Biotech IPO Firms [J]. *Financial Management*, 2007, 36 (4): 107 – 122.

[128] Christiano, L. , Motto, R. , Rostagno, M. Shocks, Structures or Monetary Policies? The Euro Area and US after 2001 [J]. *Journal of Economic Dynamics & Control*, 2007, 32 (8): 2476 – 2506.

[129] Cihak, Martin . Central Banks and Financial Stability: A Survey [R]. Mimeo, 2007.

[130] Claessens, S. , Ghosh, S. R. , Mihet, R. . Macro – Prudential Policies to Mitigate Financial System Vulnerabilities [J]. *Journal of International Money & Finance*, 2014, 39 (155): 153 – 185.

[131] Claessens, S. , Nedelescu, O. , Seal, K. Crisis Management and Resolution: Lessons from the Financial Crisis [J]. *Chinas Foreign Trade*, 2011 (7): 42 – 45.

[132] Claessens, S. , Laeven, L. Cross – Country Experiences and Policy Implications from the Global Financial Crisis [J]. *Economic Policy*, 2010, 25 (62): 267 – 293.

[133] Clark, E. , Jokung, O. A Note on Asset Proportions, Stochastic Dominance, and the 50% Rule [J]. *Management Science*, 1999, 45 (12): 1724 – 1727.

[134] Cohen, R. B. , Hall, B. J. , Viceira, L. M. Do Executive Stock Options Encourage Risk – Taking [J]. *Unpublished Manuscript*, 2000.

[135] Cole, R. A. , Gunther, J. W. Separating the Likelihood and Timing of Bank Failure [J]. *Journal of Banking &Finance*, 1995, 19 (6): 1073 – 1089.

[136] Cont, R. , Moussa, A. , Minca, A. Too Interconnected to Fail: Contagion and Systemic Risk in Financial Networks. Working paper. Columbia University, 2009.

[137] Core, J. E. , Holthausen, R. W. , Larcker, D. F. Corporate Governance, Chief Executive Officer Compensation, and Firm Performance [J]. *Journal of Financial Economics*, 1999, 51 (3): 371 – 406.

[138] Cornett, M. M. , Mcnutt, J. J. , Strahan, P. E. et al. Liquidity Risk

Management and Credit Supply in the Financial Crisis [J]. *Journal of Financial Economics*, 2011, 101 (2): 297 - 312.

[139] Cox, C. Statement at Open Meeting on Rules for Credit Rating Agencies [C]. *Speech by SEC Chairman*. June 11, 2008.

[140] Crowe, C., Dell'Ariccia, G., Igan, D. et al. How to Deal with Real Estate Booms: Lessons from Country Experiences [J]. *Journal of Financial Stability*, 2011, 9 (3): 300 - 319.

[141] Cukierman, A., " The Limits of Transparency", in Economic Notes, 2009, 38 (1 - 2), pp. 1 - 37.

[142] Cuñat, V., Guadalupe, M. Executive Compensation and Competition in the Banking and Financial Sectors [J]. *Journal of Banking & Finance*, 2009, 33 (3): 495 - 504.

[143] Das, U., Quintyn, M., Chenard, K. Does Regulatory Governance Matter for Financial System Stability? An Empirical Analysis [R]. *IMF Working Paper*, 2004, No. 89.

[144] Dassatti Camors, Cecilia and Jose - Luis Peydro, 2014, "Macroprudential and Monetary Policy: Loan - Level Evidence from Reserve Requirements", Mimeo, Universitat Pompeu Fabra, Spain.

[145] Dawid, P. E., Takeda, T. Recolhimentos Compulsórios e o Crédito Bancário Brasileiro [J]. *Working Papers*, 2011.

[146] Dalsgaard, T., J. Elmeskov and C. Park. Ongoing Changes in the Business Cycle: Evidence and Causes [R]. *OECD Economics Department Working Papers*, No. 315, OECD, Paris, 2002.

[147] De Graeve, F. The External Finance Premium and the Macroeconomy: US post - WWII Evidence [C] *Money Macro and Finance Research Group*, 2007.

[148] De Nicolo, G., Lucchetta, M. Systemic Risks and the Macroeconomy [J]. *Social Science Electronic Publishing*, 2011, 10 (10): 1.

[149] Delis, M. D., Staikouras, P. K. Supervisory Effectiveness and Bank Risk [J]. *Review of Finance*, 2009, 15 (3): 511 - 543.

[150] Dell'Ariccia, G., Igan, D., Laeven, L. Credit Booms and Lending

Standards: Evidence from the Subprime Mortgage Market [J]. *Journal of Money, Credit and Banking*, 2012, 44 (2-3): 367-384.

[151] Demirgüç-Kunt, A., Detragiache, E., Gupta, P. Inside the Crisis: An Empirical Analysis of Banking Systems in Distress [J]. *Journal of International Money & Finance*, 2006, 25 (5): 702-718.

[152] Demirgüç-Kunt, A., Huizinga, H. Determinants of Commercial Bank Interest Margins and Profitability: Some International Evidence [J]. *Social Science Electronic Publishing*, 1999, 13 (2): 379-408.

[153] Demirguc-Kunt, A. Bank Capital: Lessons from the Financial Crisis [J]. *Journal of Money, Credit and Banking*, 2013, 10 (6): 1147-1164.

[154] Deyoung, R., Torna, G. Nontraditional Banking Activities and Bank Failures during the Financial Crisis [J]. *Journal of Financial Intermediation*, 2013, 22 (3): 397-421.

[155] De Walque, G., Pierrard, O. and Rouabah, A. Financial (in) Stability, Supervision and Liquidity Injections: a Dynamic General Equilibrium Approach [R]. Research series200810-23, National Bank of Belgium, 2008.

[156] Diamond, D. W., Dybvig, P. H. Bank Runs, Deposit Insurance, and Liquidity [J]. *Journal of Political Economy*, 1983, 91 (Volume 91, Number 3): 401-419.

[157] Diamond, D. W., Rajan, R. G. Liquidity Risk, Liquidity Creation and Financial Fragility: A Theory of Banking [J]. *Journal of Political Economy*, 2001, 109 (Volume 109, Number 2): 287-327.

[158] Diamond, D. W., Rajan, R. G. Liquidity Shortages and Banking Crises [J]. *Journal of Finance*, 2005, 60 (2): 615-647.

[159] Disclosure Insight. Bank Goodwill Impairment Study [R]. March, 2009.

[160] Distinguin, I., Roulet, C., Tarazi, A. Bank Regulatory Capital and Liquidity: Evidence from US and European Publicly Traded Banks [J]. *Journal of Banking & Finance*, 2013, 37 (9): 3295-3317.

[161] Drehmann, M., Borio, C. E. V., Tsatsaronis, K. Anchoring Coun-

tercyclical Capital Buffers: The Role of Credit Aggregates [J]. *Bis Working Papers*, 2011, 7 (4): 189 – 240.

[162] Drucker, S., Puri, M. On the Benefits of Concurrent Lending and Underwriting [J]. *Journal of Finance*, 2005, 60 (6): 2763 – 2799.

[163] Duca, J. V., Muellbauer, J., Murphy, A. House Prices and Credit Constraints: Making Sense of the US Experience [J]. *Economic Journal*, 2011, 121 (552): 533 – 551.

[164] Duisenberg, W. F. "The Contribution of the Euro to Financial Stability", In Globalisation of Financial Markets and Financial Stability — Challenges for Europe, Nomos Verlagsgesellschaft, Baden – Baden, 2001, pp. 37 – 51.

[165] Düllmann, K., Masschelein, N. A Tractable Model to Measure Sector Concentration Risk in Credit Portfolios [J]. *Journal of Financial Services Research*, 2007, 32 (1): 55 – 79.

[166] Duval, R., J. Elmeskov and L. Vogel. Structural Policies and Economic Resilience to Shocks [R]. *OECD Economic Department Working Papers*, No. 567, OECD, Paris, 2007.

[167] Dynan, K., D. Elmendorf and D. Sichel. Financial Innovation and the Great Moderation: What Do Household Data Say? [R]. Mimeo, 2006.

[168] ECLAC. Economic Survey of Latin America and the Caribbean, 2012:, Policies for an Adverse International Economy. Briefing Paper [J]. Eclac, 2012.

[169] Edwards, S., Végh, C. A. Banks and Macroeconomic Disturbances under Predetermined Exchange Rates [J]. *Journal of Monetary Economics*, 1997, 40 (2): 239 – 278.

[170] Efendi, J., Srivastava, A., Swanson, E. P. Why Do Corporate Managers Misstate Financial Statements? The Role of Option Compensation and Other Factors [J]. *Ssrn Electronic Journal*, 2007, 85 (3): 667 – 708.

[171] Elliott R. J., Kopp P E. 金融市场数学 [M]. 北京: 世界图书出版公司, 2010.

[172] Elliott, D., J. A Further Exploration of Bank Capital Requirement:

Effects of Competition from Other Financial Sectors and Effects of Size of Bank or Borrowers and Loan Type [R]. January 2010 European Commission, Quarterly Report on the Euro Area.

[173] Ellul, A. V. Y. Stronger Risk Controls, Lower Risk: Evidence from U. S. Bank Holding Companies [J]. *The Journal of Finance*, 2013, 68 (5): 1757 – 1803.

[174] Engle, R. F., Manganelli, S. CAViaR: Conditional Autoregressive Value at Risk by Regression Quantiles [J]. *Journal of Business & Economic Statistics*, 2004, 22 (4): 367 – 381.

[175] Engle, R. F. Autoregressive Conditional Heteroscedasticity with Estimates of the Variance of United Kingdom Inflation [J]. *Econometrica*, 1982, 50 (4): 987 – 1007.

[176] English, W. Interest Rate Risk and Bank Net Interest Margins [J]. *Bis Quarterly Review*, 2002.

[177] Ennis, H. M. & Keister, T. Bank Runs and Investment Distortions Revisited [J]. *Journal of Monetary Economics*, No. 41, 2006, pp. 27 – 38.

[178] European Central Bank (ECB). Financial Stability Review [R]. November, 2014.

[179] Elsinger, H., A. Lehar and M. Summer. Using Market Information for Banking System Risk Assessment [J]. *International Journal of Central Banking*, 2006, 2 (1): 137 – 66.

[180] Eyzaguirre, Nicolas, Martin Kaufman, Steven Phillips and Rodrigo Valdes. Managing Abundance to Avoid a Bust in Latin America [R]. *IMF Staff Discussion Note*, International Monetary Fund, 2011, No. 7.

[181] Fecht, F. On the Stablity of Different Financial Systems [J]. *Journal of the European Economic Association*, 2004, 2 (6): 969 – 1014.

[182] Finkelstein, S., Hambrick, D. C. Top – Management – Team Tenure and Organizational Outcomes: The Moderating Role of Managerial Discretion [J]. *Administrative Science Quarterly*, 1990, 35 (3): 484 – 503.

[183] Finlayson, A. Financialisation, Financial Literacy and Asset – Based

Welfare [J]. *British Journal of Politics & International Relations*, 2009, 11 (3): 400 - 421.

[184] Fisher, I. The Debt - Deflation Theory of Great Depressions [J]. *Econometrica*, 1933, 1 (4): 337 - 357.

[185] Flannery Mark, J. Stabilizing Large Financial Institutions with Contingent Capital Certiticates [R]. *Federal Reserve Bank of New York Research Papers*, 2009.

[186] Franck, R., Krausz, M. Liquidity Risk and Bank Portfolio Allocation [J]. *International Review of Economics & Finance*, 2007, 16 (1): 60 - 77.

[187] Frankel, J. A., Vegh, C. A., Vuletin, G. On Graduation from Fiscal Procyclicality [J]. *Journal of Development Economics*, 2013, 100 (1): 32 - 47.

[188] Frankel, J., Vegh, C. A., Vuletin, G. Fiscal Policy in Developing Countries: Escape from Procyclicality [J]. *Journal of Development Economics*, 2013.

[189] Franses, P. H. and Van Dijk, D. *Nonlinear Time Series Models in Empirical Finance* [M]. *Cambridge: Cambridge University Press*, 1999.

[190] Freixas, Xavier, Rochet, Jean Charles. Microeconomics of Banking [J]. *Jean Rochet*, 1997.

[191] Freixas, X. and Rochet, J. C. *Microeconomics of Banking* [M]. *MIT Press*, 2008.

[192] Friedman, B. M., Kuttner, K. N., Bernanke, B. S. et al. Economic Activity and the Short - Term Credit Markets: An Analysis of Prices and Quantities [J]. *Brookings Papers on Economic Activity*, 1993 (2): 193 - 283.

[193] Friedman, M., Savage, L. J. The Utility Analysis of Choices Involving Risk [J]. *Journal of Political Economy*, 1948, 56 (4): 279 - 304.

[194] Francis, W. and M. Osborne. On the Behaviour and Determinants of Risk-based Capital Ratios: Revisiting the Evidence from UK Banking Institutions [R]. *Financial Services Authority*, *Occasional Paper Series*, No. 31, 2009.

[195] Financial Stability Board. Understanding Financial Linkages: A Com-

mon Data Template for Global Systemically Important Banks, Consultation Paper, October 2011.

[196] Financial Stability Board. FSF Principles for Sound Compensation Practices [R]. 2009.

[197] Fudenberg, D., Tirole, J. A Theory of Income and Dividend Smoothing Based on Incumbency Rents [J]. *Journal of Political Economy*, 1995, 103 (Volume 103, Number 1): 75-93.

[198] Furth, D. L. Anticipating the Next Wave of Bad Loans - Function Like a Secondary Market Player [J]. *Pharmazie in Unserer Zeit*, 1986, 15 (4): 124-124.

[199] Gabaix, X., Landier, A. Why Has CEO Pay Increased so Much? [J]. *Quarterly Journal of Economics*, 2006, 123 (1): 49-100.

[200] Galindo, A. J., Rojassuarez, L. Provisioning Requirements in Latin America: Where Does the Region Stand? [J]. *Idb Publications*, 2011.

[201] Gambacorta, L., Marques-Ibanez, D. The Bank Lending Channel: Lessons from the Crisis [J]. *Economic Policy*, 2011, 26 (66): 135-182.

[202] Gary, A. Dymski, Manuel Pastor Jr. Bank Lending, Misleading Signals, and the Latin American Debt Crisis [J]. *International Trade Journal*, 1991, 6 (2): 151-191.

[203] Gatev, E., Schuermann, T., Strahan, P. E. Managing Bank Liquidity Risk: How Deposit-Loan Synergies Vary with Market Conditions [J]. *Review of Financial Studies*, 2009, 22 (3): 995-1020.

[204] Gauthier, C., Lehar, A., Souissi, M. Macroprudential Regulation and Systemic Capital Requirements [J]. *Journal of Financial Intermediation*, 2010, 21 (4).

[205] Genay, H. What Is the Impact of a Low Interest Rate Environment on Bank Profitability? [J]. *Chicago Fed Letter*, 2014.

[206] Giselle Datz, The Narrative of Complexity in the Crisis of Finance: Epistemological Challenge and Macroprudential Policy Response [J]. *New Political Economy*, 2013, Vol. 18 (4), 459-479.

[207] Gerali, A., Neri, S., Sessa, L. et al. Credit and Banking in a DSGE Model of the Euro Area [J]. *Journal of Money, Credit and Banking*, 2010, 42 (Supplement): 107–141.

[208] Gilchrist, S., Ortiz, A., Zakrajsek, E. Credit Risk and the Macroeconomy: Evidence from an Estimated DSGE Model [J]. *Social Science Electronic Publishing*, 2009.

[209] Giannone, D., M. Lenza, L. Reichlin. Money, Credit, Monetary Policy and the Business Cycle in the Euro Area [R]. Mimeo, 2010.

[210] Glocker, C., Towbin, P. Reserve Requirements for Price and Financial Stability – When are They Effective? [J]. *International Journal of Central Banking*, 2012, 8 (8): 65–114.

[211] Glode, V., Green, R. C., R L. Financial Expertise as an Arms Race [J]. *Journal of Finance*, 2012, 67 (5): 1723–1759.

[212] Glosten, L., Jagannathan, R. and Runkle, D. On the Relation between the Expected Value and Volatility of Nominal Excess Return on Stocks [J]. *Journal of Finance*, 1992, 46: 1779–1801.

[213] Goetz, M. R., Laeven, L., Levine, R. Identifying the Valuation Effects and Agency Costs of Corporate Diversification: Evidence from the Geographic Diversification of U. S. Banks [J]. *Review of Financial Studies*, 2013, 26 (7): 1787–1823.

[214] Goh, Beng Wee, Jeffrey Ng, and Kevin Ow Yong. Market Pricing of Banks' Fair Value Assets Reported Under SFAS 157 During the 2008 Economic Crisis [R]. *SSRN Working Paper Series*, No. 1335848, 2009.

[215] Golden, B. R., Zajac, E. J. When Will Boards Influence Strategy? Inclination × Power = Strategic Change [J]. *Strategic Management Journal*, 2001, 22 (12): 1087–1111.

[216] Goddard, J., Liu, H., Molyneux, P., Wilson, J. Do Bank Profits Converge? [J]. *European Financial Management*, 2010, (19): 345–365.

[217] Goodhart, C., Delargy, P. J. R. Financial Crises: Plusça Change, Plus c'est la Meme Chose [J]. *International Finance*, 1998, 1 (2): 261–287.

[218] Goodhart, C. *The Evolution of Central Banks* [M]. *The Evolution of Central Banks*, Vol 1. The MIT Press, 1988.

[219] Gorton, G., A. Winton. Liquidity Provision, Bank Capital and the Macro-economy [R]. *University of Minnesota*, Working Paper, 2000.

[220] Gorton, G., Metrick, A. Securitized Banking and the Run on Repo [J]. *Journal of Financial Economics*, 2012, 104 (3): 425-451.

[221] Gorton, G., Slapped in the Face by the Invisible Hand: Banking and the Panic of 2007 [C]. *Paper prepared for the Federal Reserve Bank of Atlanta's 2009 Financial Markets Conference: Financial Innovation and Crisis*, 2009, Jekyll Island, Georgia, May 11-13.

[222] Gottesman, A. A., Morey, M. R. Does a Better Education Make for Better Managers? An Empirical Examination of CEO Educational Quality and Firm Performance [J]. *Social Science Electronic Publishing*, 2004.

[223] Gopinath, T., Choudhary, A. K. Countercyclical Capital Buffer Guidance for India [R]. *RBI Working Paper Series*, 2012.

[224] Gray, D, F., Jobst, A. New Directions in Financial Sector and Sovereign Risk Management [J]. *Social Science Electronic Publishing*, 2010: 7.

[225] Gray, D. and A. Jobst. Systemic CCA-A Model Approach to Systemic Risk [R]. *Working Paper, International Monetary Fund, Paper presented at conference sponsored by the Deutsche Bundesbank and Technische Universitaet Dresden*, 28-29 October 2010.

[226] Grimm, C. M., Smith, K. G. Management and Organizational Change: A Note on the Railroad Industry [J]. *Strategic Management Journal*, 1991, 12 (7): 557-562.

[227] Haan, J. D., Eijffinger, S. C. W. The Democratic Accountability of the European Central Bank: A Comment on Two Fairy-Tales [J]. *JCMS: Journal of Common Market Studies*, 2000, 38 (3): 393-407.

[228] HaoCong Ren. Countercyclical Financial Regulation [R]. *Policy Research Working Paper*, 2011.

[229] Hadar, J., Russell, W. R. Rules for Ordering Uncertain Prospects

[J]. *American Economic Review*, 1969, 59 (1): 25 -34.

[230] Haldane, A. G., Hoggarth, G., Saporta, V., et al. *Financial Stability and Bank Solvency* [M]. Systemic Financial Crises: Resolving Large Bank Insolvencies, 2005: 83 -113.

[231] Haldane, A. The $100 Billion Question [J]. *Revista De Economia Institucional*, 2010, 12 (22): 83 -110.

[232] Hall, B. J. Pay to Performance Incentives of Executive Stock Options [J]. *SSRN Electronic Journal*, 1998.

[233] Hall, P. A. Policy Paradigms, Social Learning, and the State: The Case of Economic Policymaking in Britain [J]. *Comparative Politics*, 1993, 25 (3): 275 -296.

[234] Hamao, Y., Mei, J., Xu, Y. Idiosyncratic Risk and the Creative Destruction in Japan [J]. *Social Science Electronic Publishing*, 2003, 39 (4): 901 -923.

[235] Hambrick, D. C., Geletkanycz, M. A., Fredrickson, J. W. Top Executive Commitment to the Status Quo: Some Tests of Its Determinants [J]. *Strategic Management Journal*, 1993, 14 (6): 401 -418.

[236] Hanson, S. G., Shleifer, A., Stein, J. C., et al. Banks as Patient Fixed-Income Investors [J]. *Journal of Financial Economics*, 2015, 117 (3): 449 -469.

[237] Haugen, R. A., Senbet, L. W. Resolving the Agency Problems of External Capital through Options [J]. *Journal of Finance*, 1981, 36 (3): 629 -647.

[238] Hancock, Diana and Wayne Passmore. Mandatory Convertible Subordinated Debt and Systemic Risk [C]. *Slide presentation at Method of Implementing Systemic Risk Regulation Symposium*, New York Federal Reserve Bank, August, 27, 2009.

[239] Hayden, E., Porath, D., Westernhagen, N. V. Does Diversification Improve the Performance of German Banks? Evidence from Individual Bank Loan Portfolios [J]. *Journal of Financial Services Research*, 2007, 32 (3): 123 -140.

[240] Healy, P. M. The Effect of Bonus Schemes on Accounting Decisions [J]. *Journal of Accounting & Economics*, 1985, 7 (1-3): 85-107.

[241] Helleiner, Eric. The Limits of Incrementalism: The G20, the FSB, and the International Regulatory Agenda [J]. *Journal of Globalization & Development*, 2012, 2 (2).

[242] Henderson, David R. Fair Trade is Counterproductive-and Unfair [J]. *Economic Affairs*, 2008, 28: 62-64.

[243] Hillion, Pierre and Theo Vermaelen. Death Spiral Convertibles [J]. *Journal of Financial Economics*, 2004, 71 (2): 381-415.

[244] Holmström, B., Tirole, J. Liquidity and Risk Management. [J]. *Journal of Money Credit & Banking*, 2000, 32 (3): 295-319.

[245] Holt, C. A., Laury, S. K. Risk Aversion and Incentive Effects [J]. *American Economic Review*, 2002, 92 (5): 1644-1655.

[246] Hong, H., Huang, J. Z., Wu, D. The Information Content of Basel Ⅲ Liquidity Risk Measures [J]. *Journal of Financial Stability*, 2014, 15: 91-111.

[247] Horváth, R., Seidler, J., Weill, L. Bank Capital and Liquidity Creation: Granger Causality eEidence [J]. *Journal of Financial Services Research*, 2014, (45): 314-361.

[248] Huang, X., Zhou, H., Zhu, H. A Framework for Assessing the Systemic Risk of Major Financial Institutions [J]. *Journal of Banking & Finance*, 2009, 33 (11): 2036-2049.

[249] Hughes, J. P., Mester, L. J. Working Paper NO. 11-27 Who Said Large Banks Don't Experience Scale Economies? Evidence from a Risk-Return-Driven Cost Function [J]. *SSRN Electronic Journal*, 2013, 22 (4): 559-585.

[250] Iacoviello, M. House Prices, Borrowing Constraints and Monetary Policy in the Business Cycle [C]. *Boston College Department of Economics*, 2005: 739-764.

[251] Igan, Deniz and Heedon Kang. Do Loan-to-Value and Debt-to-Income Limits Work? Evidence from Korea [R]. *IMF Working paper* No. 297, 2011.

[252] Imbierowicz, B., Rauch, C. The Relationship between Liquidity Risk and Credit Risk in Banks [J]. *Journal of Banking & Finance*, 2014, 40 (1): 242 – 256.

[253] Ippolito, F., Peydró, J. L., Polo, A, et al. Double Bank Runs and Liquidity Risk Management [J]. *Journal of Financial Economics*, 2016, 122 (1): 135 – 154.

[254] Ivashina V, Scharfstein D. Bank Lending during the Financial Crisis of 2008 [J]. *Journal of Financial Economics*, 2010, 97 (97): 319 – 338.

[255] Iwanicz – Drozdowska M, Schab I. Regulation of G – SIFIs. Does One Size Fit All? [J]. *Social Science Electronic Publishing*, 2013.

[256] Iannotta, G., Nocera, G., Sironi, A. Ownership Structure, Risk and Performance in the European Banking Industry [J]. *Journal of Banking and Finance*, 2007, (31): 2127 – 2149.

[257] Iyer R, Puri M. Understanding Bank Runs: The Importance of Depositor – Bank Relationships and Networks [J]. *American Economic Review*, 2012, 102 (4): 1414 – 1445.

[258] Jensen M C, Murphy K J, Wruck E G. Remuneration: Where We've Been, How We Got to Here, What are the Problems, and How to Fix Them [J]. *Social Science Electronic Publishing*, 2004, 2 (5459): 122.

[259] Jensen M C. Agency Costs of Overvalued Equity [J]. *Financial Management*, 2005, 34 (1): 5 – 19.

[260] Jiménez G, Ongena S, Peydro J L, et al. Macro – prudential Policy, Countercyclical Bank Capital Buffers and Credit Supply: Evidence from the Spanish Dynamic Provisioning Experiments [J]. *SSRN Electronic Journal*, 2012, 2012 – 036 (1).

[261] Jokipii, T. and A. Milne. The Cyclical Behavior of European Bank Capital Buffers [R]. *Bank of Finland Research Discussion Papers*, No. 17, 2006.

[262] John K, Qian Y. Incentive Features in CEO Compensation in the Banking Industry [J]. *Social Science Electronic Publishing*, 2003, 9 (1): 109 – 121.

[263] Johnson S A, Ryan H E, Tian Y S. Managerial Incentives and Corpo-

rate Fraud: The Sources of Incentives Matter [J]. *Review of Finance*, 2009, 13 (1): 115 – 145.

[264] Johnson W C, Mariettawestberg J. The Effect of News on Volatility: A Study of IPOs [J]. *SSRN Electronic Journal*, 2005.

[265] Kahneman D, Dan L. Timid Choices and Bold Forecasts: A Cognitive Perspective on Risk Taking [J]. *Management Science*, 1993, 39 (1): 17 – 31.

[266] Kahneman D, Tversky A. Prospect Theory: An Analysis of Decision under Risk [J]. *Econometrica*, 1979, 47 (2): 263 – 291.

[267] Kannan P, Rabanal P, Scott A M. Monetary and Macroprudential Policy Rules in a Model with House Price Booms [J]. *Social Science Electronic Publishing*, 2009, 09 (9/251): 544 – 553.

[268] Kashyap A K, Rajan R, Stein J C. Banks as Liquidity Providers: An Explanation for the Coexistence of Lending and Deposit – taking [J]. *The Journal of Finance*, 2002, 57 (1): 33 – 73.

[269] Kashyap A K, Stein J C. What Do A Million Observations on Banks Say About the Transmission of Monetary Policy? [C]. *American Economic Review*. 2000: 407 – 428.

[270] Kato, R, S Kobayashi and Y Saita. Calibrating the Level of Capital: the Way We See It [R]. Mimeo, 2010.

[271] Kim, H – W. and H – Y. Lee. Procyclicality of Buffer Capital and its Implications for Basel II: a Cross – country Analysis [R]. In Kim, H – W. and H – S. Shin (eds.), Adopting the New Basel Accord: Impact and Policy Responses of Asia – Pacific Developing Countries, International conference of the Korea Development Institute, Chapter 6, 2006.

[272] King M R. The Basel III Net Stable Funding Ratio and Bank Net Interest Margins [J]. *Journal of Banking & Finance*, 2013, 37 (11): 4144 – 4156.

[273] Kiyotaki N, Moore J. Credit Cycles [J]. *Journal of Political Economy*, 1997, 105 (2): 211 – 248.

[274] Koenker, R., Bassett, G. Regression Quantiles [J]. *Econometrica*, 1978, 46 (1): 33 – 50.

[275] Kovner, A., J. Vickery, and L. Zhou. Do Big Banks Have Lower Operating Costs? [R]. *New York Federal Reserve Bank.* Mimeo, 2013.

[276] Kolari J W, Pynnönen S. Event Study Testing with Cross-sectional Correlation of Abnormal Returns [J]. *Review of Financial Studies*, 2010, 23 (11): 3996 – 4025.

[277] Kolari J, Glennon D, Shin H, et al. Predicting Large US Commercial Bank Failures [J]. *Journal of Economics & Business*, 2002, 54 (4): 361 – 387.

[278] Kolev K S. Do Investors Perceive Marking – to – Model as Marking – to – Myth? Early Evidence from FAS 157 Disclosure [J]. *SSRN Electronic Journal*, 2008.

[279] Kritzman M, Li Y, Page S, et al. Principal Components as a Measure of Systemic Risk [J]. *Social Science Electronic Publishing*, 2010, 37 (4): 112 – 126.

[280] Kuttner K N, Shim I. Can Non – Interest Rate Policies Stabilize Housing Markets? Evidence from a Panel of 57 Economies [J]. *Journal of Financial Stability*, 2016, 26: 31 – 44.

[281] Laeven L, Huizinga H. Accounting Discretion of Banks During a Financial Crisis [J]. *Social Science Electronic Publishing*, 2009, 09 (207): 1 – 41.

[282] Laeven L, Levine R. Bank Governance, Regulation and Risk Taking [J]. *Journal of Financial Economics*, 2009, 93 (2): 259 – 275.

[283] Laeven L, Levine R. Is There a Diversification Discount in Financial Conglomerates? [J]. *Journal of Financial Economics*, 2007, 85 (2): 331 – 367.

[284] Laeven L, Ratnovski L, Tong H. Bank Size and Systemic Risk [J]. *SSRN Electronic Journal*, 2014, 19 (3): 429 – 451.

[285] Laeven L. Corporate Governance: What's Special About Banks? [J]. *Annual Review of Financial Economics*, 2013, 5 (1): 63 – 92.

[286] Lamdin D J. Implementing and Interpreting Event Studies of Regulatory Changes [J]. *SSRN Electronic Journal*, 2001, 53 (2 – 3): 171 – 183.

[287] Lastra, R. M., How Much Accountability for Central Banks and Su-

pervisors? *Central Banking*, 2001, 12 (2): 69 -75.

[288] Laux C, Leuz C. Did Fair - Value Accounting Contribute to the Financial Crisis? [J]. *Journal of Economic Perspectives*, 2010, 24 (1): 93 -118.

[289] Leary M T, M R R. Do Peer Firms Affect Corporate Financial Policy? [J]. *The Journal of Finance*, 2014, 69 (1): 139 -178.

[290] Levon Barseghyan. Non - Performing Loans, Prospective Bailouts, and Japan's Slowdown [J]. *Journal of Monetary Economics*, 2010, 57 (7): 873 -890.

[291] Lee, C., Hsieh., M. The Impact of Bank Capital on Profitability and Risk in Asian Banking [J]. *Journal of International Money and Finance*, 2013, (32): 251 -281.

[292] Levy S, Schady N. Latin America's Social Policy Challenge: Education, Social Insurance, Redistribution [J]. *Journal of Economic Perspectives*, 2013, 27 (2): 193 -221.

[293] Lim C H, Costa A, Columba F, et al. Macroprudential Policy: What Instruments and How to Use Them? Lessons from Country Experiences [J]. *IMF Working Papers*, 2011.

[294] Lim, C., F. Columba, A. Costa, P. Kongsamut, A. Otani, M. Saiyid, T. Wezel, and X. Wu. Macro - prudential Policy: What Instruments and How to Use Them? Lessons from Country Experiences [R]. *IMF Working Paper* No. 238, 2011.

[295] Lindquist, K - G. Banks' Buffer Capital: How Important is the Risk? [R]. *Norges Bank Working Paper*, No. 11, 2003.

[296] López - Espinosa G, Moreno A, Rubia A, et al. Short - Term Wholesale Funding and Systemic Risk: A Global CoVaR Approach [J]. *Journal of Banking & Finance*, 2012, 36 (12): 3150 -3162.

[297] Loutskina E, Strahan P E. Securitization and the Declining Impact of Bank Finance on Loan Supply: Evidence from Mortgage Originations [J]. *Journal of Finance*, 2009, 64 (2): 861 -889.

[298] Lowe P W, Borio C E V. Asset Prices, Financial and Monetary Stability: Exploring the Nexus [J]. *SSRN Electronic Journal*, 2002.

[299] Lown C S, Morgan D P. The Credit Cycle and the Business Cycle: New Findings Using the Loan Officer Opinion Survey [J]. *Journal of Money Credit & Banking*, 2006, 38 (6): 1575 – 1597.

[300] Macey J R, O'Hara M. The Corporate Governance of Banks [J]. *Social Science Electronic Publishing*, 2003, 9 (1): 123 – 142.

[301] Macroeconomic Assessment Group (MAG). An Assessment of the Long-term Economic Impact of Stronger Capital and Liquidity Requirements [R]. 2010.

[302] Makhija M V, Stewart A C. The Effect of National Context on Perceptions of Risk: A Comparison of Planned versus Free – Market Managers [J]. *Journal of International Business Studies*, 2002, 33 (4): 737 – 756.

[303] March J G, Shapira Z. Managerial Perspectives on Risk and Risk Taking [J]. *Management Science*, 1987, 33 (11): 1404 – 1418.

[304] Martínez – Jaramillo S, Pérez O P, Embriz F A, et al. Systemic Risk, Financial Contagion and Financial Fragility [J]. *Journal of Economic Dynamics & Control*, 2010, 34 (11): 2358 – 2374.

[305] Mattli W, Woods N. The Politics of Global Regulation [J]. *Computational & Mathematical Methods in Medicine*, 2009, 2012 (1): 259 – 283.

[306] McAleer M, Chan F and Marinova D. An Econometric Analysis of Asymmetric Volatility: Theory and Application to Patents [J]. *Journal of Econometrics*, 2007, 139: 259 – 284.

[307] Mcaleer M, Jimenez – Martin J A, Pérez – Amaral T. A Decision Rule to Minimize Daily Capital Charges in Forecasting Value – at – Risk [J]. *Journal of Forecasting*, 2010, 29 (7): 617 – 634.

[308] Meh C., Moran K. (2010) "The role of bank capital in the propagation of shocks", Journal of Economic Dynamics and Control.

[309] Mehran H, Morrison A D, Shapiro J D. Corporate Governance and Banks: What Have We Learned from the Financial Crisis? [J]. *SSRN Electronic Journal*, 2011, Volume 13 (2): 219 – 253 (35).

[310] Mehran H, Rosenberg J V. The Effect of Employee Stock Options on

Bank Investment Choice, Borrowing, and Capital [J]. *SSRN Electronic Journal*, 2007.

[311] Merton R C. Operation and Regulation in Financial Intermediation: a Functional Perspective [C]. *Operation and Regulation of Financial Markets*. Stockholm: The Economic Council. 1993.

[312] Merton R C. Theory of Rational Option Pricing [J]. *Bell Journal of Economics & Management Science*, 1971, 4 (1): 229 – 288.

[313] Meyer P A, Pifer H W. Prediction of Bank Failures [J]. *The Journal of Finance*, 1970, 25 (4): 853 – 868.

[314] Mezias J M. Studying the Accuracy of Managers' Perceptions: A Research Odyssey [J]. *British Journal of Management*, 2003, 14 (1): 3 – 17.

[315] MG Monetary, M Goodfriend, K Ueda, W White "Financial Stability, Deflation, and Monetary Policy" 2001.

[316] Michael McAleer, Juan – Angel Jimenez – Martin and Teodosio Perez – Amaral. Has the Basel Accord Improved Risk Management During the Global Financial Crisis? [J]. *North American Journal of Economics and Finance*, 2013, 26: 250 – 265.

[317] Miles D, Yang J, Marcheggiano G. External MPC Unit Discussion Paper No. 31 Optimal bank capital [J]. *Economic Journal*, 2011, 123 (567): 1 – 37.

[318] Mimir Y. Required Reserves as a Credit Policy Tool [J]. *B E Journal of Macroeconomics*, 2012, 13 (1): 823 – 880.

[319] Minsky H. Can "It" Happen Again? [J]. *Journal of Money Credit & Banking*, 1986, 55 (9): 28 – 35.

[320] Mishkin F S. Can Central Bank Transparency Go Too Far? [M]. *Reserve Bank of Australia*, 2004.

[321] Mishkin, F. S., 2005. The Inflation Targeting Debate. John Kuszczak Memorial Lecture, Bank of Canada.

[322] Moenninghoff S C, Ongena S, Wieandt A. The Perennial Challenge to Counter too – Big – to – Fail in Banking: Empirical Evidence from the New Interna-

tional Regulation Dealing with Global Systemically Important Banks [J]. *Journal of Banking & Finance*, 2015, 61: 221 – 236.

[323] Faia E, Monacelli T. Optimal interest rate rules, asset prices, and credit frictions [J]. *Computing in Economics & Finance*, 2007, 31 (10): 3228 – 3254.

[324] Montoro C, Moreno R. The Use of Reserve Requirements as a Policy Instrument in Latin America [J]. *Bis Quarterly Review*, 2011.

[325] Morris, S. and H. Shin. Financial Regulation in a System Context [C]. *Brookings Papers on Economic Activity* 2008, 229 – 261.

[326] Morrison, A. D., and Walther, A. (2016). Soft Budget Constraints and Systemic Risk. University of Oxford Working Paper.

[327] Moschella M, Tsingou E. Special Issue on "Regulating Finance After the Crisis: Unveiling the Different Dynamics of the Regulatory Process" [J]. *Acm Sigsoft Software Engineering Notes*, 2008, 33 (5): 40 – 45.

[328] Murphy, K. (1999), "Executive Compensation", in O. Ashenfelter and D. Card, eds., Handbook of Labor Economics, North Holland, Vol. 3B, pp. 2485 – 2567.

[329] Nelson D B. Conditional Heteroscedasticity in Asset Returns: A New Approach [J]. *Econometrica*, 1991, 59: 347 – 370.

[330] Nesvetailova A. Financial Alchemy in Crisis: the Great Liquidity Illusion [M]. *Pluto Press*, 2010.

[331] Ng J, Roychowdhury S. Do Loan Loss Reserves Behave Like Capital? Evidence from Recent Bank Failures [J]. *Review of Accounting Studies*, 2014, 19 (3): 1234 – 1279.

[332] Nier E, Jã¡Come L I, Osinski J, et al. Institutional Models for Macroprudential Policy [C]. *International Monetary Fund*, 2011.

[333] O'Hara M, Shaw W. Deposit Insurance and Wealth Effects: The Value of Being "Too Big to Fail" [J]. *The Journal of Finance*, 1990, 45 (5): 1587 – 1600.

[334] Oosterloo S, Haan J D. Central Banks and Financial Stability: A Sur-

vey [J]. *Journal of Financial Stability*, 2004, 1 (2): 257 – 273.

[335] Operationalising the Selection and Application of Macroprudential Instruments [J]. *Cgfs Papers*, 2012.

[336] Ostry J D, Berg A, Tsangarides C G. Redistribution, Inequality, and Growth [J]. *Revista De Economia Institucional*, 2014, 16 (30): 53 – 81.

[337] Paravisini D. Local Bank Financial Constraints and Firm Access to External Finance [J]. *Journal of Finance*, 2008, 63 (5): 2161 – 2193.

[338] Pastor M, Wise C. Good – Bye Financial Crash, Hello Financial Eclecticism: Latin American Responses to the 2008 – 09 Global Financial Crisis [J]. *Journal of International Money & Finance*, 2015, 52: 200 – 217.

[339] Pausch, T and C Schmaltz. A Model of Bank "Solvency" [R]. Mimeo.

[340] Pathan S. Strong Boards, CEO Power, and Risk – Taking [J]. *Journal of Banking & Finance*, 2009, 33 (7): 1340 – 1350.

[341] Peck J. Bank Portfolio Restrictions and Equilibrium Bank Runs [J]. *James Peck*, 2004, 111 (1): 103 – 123.

[342] Pelagatti M M. Nonparametric Tests for Event Studies Under Cross – Sectional Dependence [J]. *SSRN Electronic Journal*, 2013.

[343] Pérignon C, Deng Z Y and Wang Z J. Do Banks Overstate their Value – at – Risk? [J]. *Journal of Banking and Finance*, 2008, 32: 783 – 794.

[344] Peristiani S. Do Mergers Improve the X – Efficiency and Scale Efficiency of U. S. Banks? Evidence from the 1980s [J]. *Journal of Money Credit & Banking*, 1997, 29 (3): 326 – 337.

[345] Persaud A. Macro – Prudential Regulation [J]. *World Bank Other Operational Studies*, 2009.

[346] Persaud, A. (2009), Macroprudential Regulation: Fixing Fundamental Market and Regulatory Failures, Crisis Response (note number 6), Washington, D. C. : The World Bank Group, Financial and Private Sector Development, July.

[347] Philippon, T. and A. Reshef . Wages and Human Capital in the U. S. Financial Industry: 1909 – 2006 [R]. *NBER Working Paper*, No. 14644, 2009.

[348] Plantin, Guillaume, Sapra H and Shin H. S. Marking – to – Market: Panacea or Pandora's Box? [J]. *Journal of Accounting Research*, 2008, 46 (2): 435 – 460.

[349] Poorman, F., Blake, J., 2005. Measuring and Modeling Liquidity Risk: New Ideas and Metrics. Financial Managers Society Inc., Working Paper.

[350] Porter T. Technical Collaboration and Political Conflict in the Emerging Regime for International Financial Regulation [J]. *Review of International Political Economy*, 2003, 10 (3): 520 – 551.

[351] Postlewaite A, Vives X. Bank Runs as an Equilibrium Phenomenon [J]. *Journal of Political Economy*, 1987, 95 (Volume 95, Number 3): 485 – 491.

[352] Prisman E Z, Slovin M B, Sushka M E. A General Model of the Banking Firm under Conditions of Monopoly, Uncertainty, and Recourse [J]. *Journal of Monetary Economics*, 1986, 17 (2): 293 – 304.

[353] Pierret, D. Systemic Risk and the Solvency – Liquidity Nexus of Banks [R]. *Memo NYU Stern School of Business*, Volatility Institute, 2014.

[354] Puri M, Rocholl J, Steffen S. Global Retail Lending in the Aftermath of the US Financial Crisis: Distinguishing between Supply and Demand Effects [J]. *SSRN Electronic Journal*, 2009, 100 (3): 556 – 578.

[355] Quispe Z, Leon D. El Encaje Como Instrumento No Convencional de Política Monetaria [J]. *Revista Moneda*, 2010: 8 – 16.

[356] Rajan R G. Has Financial Development Made the World Riskier? [J]. *Social Science Electronic Publishing*, 2005 (11728): 371 – 379.

[357] Rajan, R. A Step in the Dark: Unconventional Monetary Policy after the Crisis [R]. *Andrew Crockett Memorial Lecture*, BIS, Basel, 23, June, 2013.

[358] Ramanna K and Watts R L. Evidence from Goodwill Non-Impairments on the Effects of Using Unverifiable Estimates in Financial Reporting [R]. *Harvard Business School Accounting & Management Unit Working Paper* No. 09 – 106, 2009.

[359] Ratnovski L, Huang R. Why are Canadian Banks More Resilient? [J]. *Social Science Electronic Publishing*, 2009, 09 (9/152): 1 – 19.

[360] Ratnovski L. Bank liquidity regulation and the lender of last resort [J]. *Social Science Electronic Publishing*, 2009, 18 (4): 541 – 558.

[361] Reinhart C M, Reinhart V R. On the Use of Reserve Requirements in Dealing with Capital Flow Problems [J]. *International Journal of Finance & Economics*, 1999, 4 (1): 27 – 54.

[362] Repullo R, Suarez J. Loan pricing under Basel capital requirements [J]. *Journal of Financial Intermediation*, 2004, 13 (4): 496 – 521.

[363] Repullo R, Saurina Salas J. The Countercyclical Capital Buffer of Basel Ⅲ: A Critical Assessment [J]. *Social Science Electronic Publishing*, 2011.

[364] Robitaille P T. Liquidity and Reserve Requirements in Brazil [J]. *International Finance Discussion Papers*, 2011.

[365] Rodrik D. Understanding Economic Policy Reform [J]. *Journal of Economic Literature*, 1996, 34 (34): 9 – 41.

[366] Rodrik D. Where Did All the Growth Go? External Shocks, Social Conflict, and Growth Collapses [J]. *Journal of Economic Growth*, 1999, 4 (4): 385 – 412.

[367] Roengpitya R, Rungcharoenkitkul P. Measuring Systemic Risk and Financial Linkages in the Thai Banking System [J]. *Social Science Electronic Publishing*, 2010.

[368] Rosen A B, Tsai J S, Downs S M. Variations in Risk Attitude across Race, Gender, and Education [J]. *Medical Decision Making*, 2003, 23 (6): 511 – 517.

[369] Rochet J C, Vives X. Coordination failures and the lender of last resort: was Bagehot right after all? [J]. *Journal of the European Economic Association*, 2004, 2 (6): 1116 – 1147.

[370] Röger, W., Székely, I., & Turrini, A. A. Banking Crises, Output Loss and Fiscal Policy. CEPR Discussion Paper No. 7815. London: Centre for Economic Policy Research, 2010.

[371] Sanders W G, Hambrick D C. Swinging for the Fences: The Effects of CEO Stock Options on Company Risk Taking and Performance [J]. *Academy of Management Journal*, 2007, 50 (5): 1055 – 1078.

[372] Sapienza P. The Effects of Government Ownership on Bank Lending [J]. *Journal of Financial Economics*, 2004, 72 (2): 357 – 384.

[373] Saunders A, Strock E, Travlos N G. Ownership Structure, Deregulation, and Bank Risk Taking [J]. *The Journal of Finance*, 1990, 45 (2): 643 – 654.

[374] Schmid M M, Walter I. Do Financial Conglomerates Create or Destroy Economic Value? [J]. *Journal of Financial Intermediation*, 2009, 18 (2): 193 – 216.

[375] Schwarz K. Mind the Gap: Disentangling Credit and Liquidity in Risk Spreads [J]. *Social Science Electronic Publishing*, 2010.

[376] Schwert, G. W., Measuring the Effects of Regulation: Evidence from the Capital Markets. Journal of Law and Economics 1981, 33, 141 – 145.

[377] Schäfer Haldane, A. G., Hoggarth, G., Saporta, V., Sinclait, P. Financial Stability and Bank Solvency [R]. In: Douglas, D., Evanoff, George, G., Kaufman (Eds.), Systemic Financial Crises, World Scientific Publishing, 2005, pp. 83 – 113.

[378] Securities and Exchange Commission (SEC). Report and Recommendations Pursuant to Section 133 of the Emergency Economic Stabilization Act of 2008: Study on Mark – to – Market Accounting [R]. 2008.

[379] Segoviano Basurto M, Goodhart C. Banking Stability Measures [J]. *Journal of Information Processing*, 2009, 23 (2): 202 – 209.

[380] Shalit H, Yitzhaki S. Marginal Conditional Stochastic Dominance [J]. *Management Science*, 1994, 40 (5): 670 – 684.

[381] Sheedy E A. Do Attitudes to Risk Vary by Country? [J]. *SSRN Electronic Journal*, 2004.

[382] Shehzad C T, Haan J D. Was the 2007 Crisis Really a Global Banking Crisis? [J]. *North American Journal of Economics & Finance*, 2013, 24 (1):

113 – 124.

［383］Shephard N. Statistical Aspects of ARCH and Stochastic Volatility ［M］. In O. E. Barndorff – Nielsen, D. R. Cox, & D. V. Hinkley (Eds.), London: Chapman & Hall, 1996, pp. 1 – 67.

［384］Shleifer A and Vishny R W. The Limits of Arbitrage ［J］. *Journal of Finance*, 1997, 52 (1): 35 – 55.

［385］Shull B. Too Big to Fail: Motives, Countermeasures, and the Dodd – Frank Response ［J］. *SSRN Electronic Journal*, 2012.

［386］Siklos P L. Communication for Multi – Taskers: Perspectives on Dealing with Both Monetary Policy and Financial Stability ［J］. *General Information*, 2011.

［387］Song C J, Thomas W B, Yi H. Value Relevance of FAS No. 157 Fair Value Hierarchy Information and the Impact of Corporate Governance Mechanisms ［J］. *Social Science Electronic Publishing*, 2011, 85 (4): 1375 – 1410.

［388］Stein J C. Regulating Large Financial Institutions ［J］. *Jeremy Stein*, 2014: 135 – 142.

［389］Stiglitz J E, Weiss A. Credit Rationing in Markets with Imperfect Information ［J］. *American Economic Review*, 1981, 71 (3): 393 – 410.

［390］Stolz, S. and M. Wedow. Banks' Regulatory Capital Buffer and the Business Cycle: Evidence for German Savings and Cooperative Banks ［R］. *Deutsche Bundesbank Banking and Financial Studies Discussion Paper*, No. 07, 2005.

［391］Strahan P E, Gatev E, Schuermann T. How do Banks Manage Liquidity Risk? Evidence from Equity and Deposit Markets in the Fall of 1998 ［J］. *Nber Working Papers*, 2005: 105 – 132.

［392］Schinasi, G. J. Safeguarding Financial Stability: Theory and Practice ［R］. *International Monetary Fund*, Washington (D. C.), 2006.

［393］Sun E, Chun, Kim H, et al. The Impact of Strengthened Basel Ⅲ Banking Regulation on Lending Spreads: Comparisons across Countries and Business Models ［J］. *Korea & the World Economy*, 2012.

［394］Squam Lake Wording Group on Financial Regulation. An Expedited

Resolution Mechanism for Distressed Financial Firms: Regulatory Hybrid Securities [R]. 2009

[395] Svensson L E O. Monetary Policy and Real Stabilization [J]. *Lars E. o. svensson*, 2003: 261 – 312.

[396] Tabak B M, Fazio D M, Cajueiro D O. The Effects of Loan Portfolio Concentration on Brazilian Banks' Return and Risk [J]. *Journal of Banking & Finance*, 2011, 35 (11): 3065 – 3076.

[397] Tarashev N, Zhu H. Specification and Calibration Errors in Measures of Portfolio Credit Risk: The Case of the ASRF Model [J]. *International Journal of Central Banking*, 2008, 4 (2): 129 – 173.

[398] Terrier G L, Rodrigo Valdés, Tovar C E, et al. Policy Instruments to Lean Against The Wind In Latin America [J]. *IMF Working Papers*, 2011, 40 (21): 3839 – 3856.

[399] Thirkell – White B. Dealing with the Banks: Populism and the Public Interest in the Global Financial Crisis [J]. *International Affairs*, 2009, 85 (4): 689 – 711.

[400] Thomas I. Palley. Asset – Based Reserve Requirements: Reasserting Domestic Monetary Control in an Era of Financial Innovation and Instability [J]. *Review of Political Economy*, 2004, 16 (1): 43 – 58.

[401] Thorsten Beck, Olivier De Jonghe, Glenn Schepens. Bank Competition and Stability: Cross – Country Heterogeneity [J]. *Journal of Financial Intermediation*, 2013, 22 (2): 218 – 244.

[402] Timothy J. Sinclair. Round Up the Usual Suspects: Blame and the Subprime Crisis [J]. *New Political Economy*, 2010, 15 (1): 91 – 107.

[403] Tirole J, Farhi E. Collective Moral Hazard, Maturity Mismatch, and Systemic Bailouts [C]. *Meeting Papers. Society for Economic Dynamics*, 2010.

[404] Tovar Mora C E, Garciaescribano M, Vera Martin M. Credit Growth and the Effectiveness of Reserve Requirements and Other Macroprudential Instruments in Latin America [J]. *Social Science Electronic Publishing*, 2012.

[405] Trichet J C. The European Economy [J]. *Vital Speeches of the Day*,

2008.

[406] Tsingou, E. (2008), Transnational Private Governance and the Basel Process: Banking Regulation and Supervision, Private Interests and Basel Ⅱ, in J. C. Graz and A. Nolke (eds), Transnational Private Governance and its Limits (London: Routledge), pp. 58 – 68.

[407] Turner, A. (2011), Reforming Finance: Are We Being Radical Enough? Clare Distinguished Lecture in Economics and Public Policy, Cambridge, 18 February.

[408] Ueda, K., Weder di Mauro, B. Quantifying Structural Subsidy Values for Systemically Important Financial Institutions. Journal of Banking and Finance, 2013, 37 (10): 3733 – 3992.

[409] Underhill G R D, Zhang X. Setting the Rules: Private Power, Political Underpinnings, and Legitimacy in Global Monetary and Financial Governance [J]. *International Affairs*, 2008, 84 (3): 535 – 554.

[410] Vale B, Moe T G, Santos J, et al. The Norwegian Banking Crisis [J]. *Norwegian Banking Crisis*, 2004.

[411] Van Oordt M R C, Zhou C. Systematic Risk Under Extremely Adverse Market Conditions [J]. *SSRN Electronic Journal*, 2011, 23 (2): 214 – 231.

[412] Vandenbussche J, Vogel U, Detragiache E. Macroprudential Policies and Housing Prices: A New Database and Empirical Evidence for Central, Eastern, and Southeastern Europe [J]. *Journal of Money, Credit and Banking*, 2015, 47 (S1): 343 – 377.

[413] Vandenbussche, Jérôme, Ursula Vogel, and Enrica Detragiache. Macro – Prudential Policies and Housing Prices—A New Database and Empirical Evidence for Central, Eastern, and Southeastern Europe [R]. *IMF Working Paper*, No. 303, 2012.

[414] Van den Heuvel, Skander. Does Bank Capital Matter for Monetary Transmission? [R]. *Economic Policy Review*, Federal Reserve Bank of New York, May, pages 259 – 265.

[415] Vander Cruijsen, C., J. de Haan, and D. – J. Jansen. How Much

Does the Public Know About the ECB's Monetary Policy? Evidence From a Survey of Dutch Households [R]. *ECB Working Paper*, 2010, No. 1265.

[416] Vargas H, Varela C, Betancourt Y R, et al. Effects of Reserve Requirements in an Inflation Targeting Regime: The Case of Colombia [J]. *Borradores De Economia*, 2010, 54.

[417] Vazquez F, Federico P. Bank Funding Structures and Risk: Evidence from the Global Financial Crisis [J]. *Journal of Banking & Finance*, 2015, 61 (29): 1 – 14.

[418] Vegh C A, Vuletin G J. Social Implications of Fiscal Policy Responses During Crises [J]. *NBER Working Papers*, 2014.

[419] Veiga B D, Chan F, Mcaleer M. It pays to violate: how effective are the Basel accord penalties in encouraging risk management? [J]. *Social Science Electronic Publishing*, 2014, 52 (1): 95 – 116.

[420] Vegh, Carlos A., Vuletin, Guillermo. The Road to Redemption: Policy Response to Crises in Latin America [R]. *In Paper Prepared for the* 2013 *IMF Annual Research Conference*, November 19, 2013.

[421] Vināls J, Pazarbasioglu C, Surti J, et al. Creating a Safer Financial System: Will the Volcker, Vickers, and Liikanen Structural Measures Help? [J]. *IMF Staff Discussion Notes*, 2013, 13 (4): 1.

[422] Vroom V H, Pahl B. Relationship between Age and Risk Taking among Managers. [J]. *Journal of Applied Psychology*, 1971, 55 (5): 399 – 405.

[423] Wagner W. The Broadening of Activities in the Financial System: Implications for Financial Stability and Regulation [J]. *Discussion Paper*, 2006, 2006 – 72: 1 – 28.

[424] Wagner W. The Liquidity of Bank Assets and Banking Stability [J]. *SSRN Electronic Journal*, 2007, 31 (1): 121 – 139.

[425] Wagner, W., Marsh, I., Credit Risk Transfer and Financial Sector Stability. Journal of Financial Stability, 2006.

[426] Wagner, Wolf, 2010, Diversification at Financial Institutions and

Systemic Crsises, Journal of Financial In-termediation 19, 373 – 386.

[427] Wallison P J. Fair Value Accounting: A Critique [J]. *Financial Services Outlook*, 2008.

[428] Walsh C E. Discussion of "Reserve Requirements for Price and Financial Stability: When Are They Effective?" [J]. *International Journal of Central Banking*, 2012, 8 (1): 115 – 126.

[429] Walter, S. (2010). Basel Ⅲ and Financial Stability, Speech Given at the 5th Biennial Conference on Risk Management and Supervision, Basel. : Bank for International Settlements (BIS).

[430] Wang B, Sun T. How Effective are Macroprudential Policies in China? [J]. *IMF Working Papers*, 2013, 13 (75).

[431] Warwick Commission (2009), The Warwick Commission on International Financial Reform: In Praise of Unlevel Playing Fields (Coventry: University of Warwick).

[432] Weber E U, Hsee C. Cross – Cultural Differences in Risk Perception, but Cross – Cultural Similarities in Attitudes Towards Perceived Risk [J]. *Management Science*, 1998, 44 (9): 1205 – 1217.

[433] Wheelock D C, Wilson P W. Do Large Banks Have Lower Costs? New Estimates of Returns to Scale for U. S. Banks [J]. *Journal of Money, Credit and Banking*, 2012, 44 (1): 171 – 199.

[434] White W. Modern Macroeconomicsis on the Wrong Track [J]. *Finance & Development*, 2009 (980): 930.

[435] Wilkinson J, Spong K, Christensson J. Financial Stability Reports: How Useful During a Financial Crisis? [J]. *Economic Review*, 2010, 95: 41 – 70.

[436] Wilson J O S, Casu B, Girardone C, et al. Emerging Themes in Banking: Recent Literature and Directions for Future Research [J]. *British Accounting Review*, 2009, 42 (3): 153 – 169.

[437] Winton A. Don't Put All Your Eggs in One Basket? Diversification and Specialization in Lending [J]. *SSRN Electronic Journal*, 1999, 311.

[438] Wise C, Armijo L E, Katada S N. Unexpected Outcomes: How Emerging Economies Survived the Global Financial Crisis [M]. Brookings Institution Press, 2009.

[439] Wiseman R M, Gomez – Mejia L R. A Behavioral Agency Model of Managerial Risk Taking [J]. Academy of Management Review, 1998, 23 (1): 133 – 153.

[440] Wong T C, Fong T, Li K F, et al. An Assessment of the Long – Term Economic Impact of the New Regulatory Reform on Hong Kong [J]. SSRN Electronic Journal, 2010, Volume 16 (2): 227 – 232.

[441] Wright P, Kroll M, Krug J A, et al. Influences of Top Management Team Incentives on Firm Risk Taking [J]. Strategic Management Journal, 2007, 28 (1): 81 – 89.

[442] Yan M, Hall M J B, Turner P. A Cost – Benefit Analysis of Basel Ⅲ: Some Evidence from the UK [J]. International Review of Financial Analysis, 2012, 25 (6): 73 – 82.

[443] Yermack D. Good Timing: CEO Stock Option Awards and Company News Announcements [J]. The Journal of Finance, 1997, 52 (2): 449 – 476.

[444] Zhiguo H E, Xiong W. Rollover Risk and Credit Risk [J]. The Journal of Finance, 2012, 67 (2): 391 – 430.

[445] Zhou, J., Rutledge, V., Bossu, W., Dobler, M., Jassaud, N., Moor, M. From Bail out to Bail – in: Mandatory Debt Restructuring of Systemic Financial Institutions [R]. In: Staff Discussion Note, SDN/12/03. International Monetary Fund, 2012.

[446] Zsamboki, B. The Effects of Prudential Regulation on Banks Pro – Cyclical Behaviour., in Studies on the Pro – Cyclical Behaviour of Banks [R]. National Bank of Hungary Occasional Papers, 2002, No. 10.

[447] 梁琪，李政，卜林. 中国宏观审慎政策工具有效性研究 [J]. 经济科学，2015 (2): 5 – 17.

[448] 廖岷，林学冠，寇宏. 中国宏观审慎监管工具和政策协调的有效性研究 [J]. 金融监管研究，2014 (12): 1 – 23.

[449] 李文泓, 罗猛. 巴塞尔委员会逆周期资本框架在我国银行业的实证分析 [J]. 国际金融研究, 2011 (6): 81-87.

[450] 张杰. 中国国有银行的资本金谜团 [J]. 经济研究, 2003 (1): 30-36.

[451] 张敏锋, 李拉亚. 宏观审慎政策有效性研究最新进展 [J]. 经济学动态, 2013 (6): 123-131.